教师学习与专业发展丛书

教师大数据应用学习

总主编 朱旭东
副总主编 舒志定 吴惠强
主 编 胡水星

浙江教育出版社·杭州

前言

互联网的飞速发展、多媒体传感设备的应用与普及，导致互联网中与人们学习行为有关的数据大大增长，人们的学习行为越来越多地在网络中进行。不知不觉中，我们进入了大数据时代，大数据正在改变着我们的生活和理解世界的方式。教育作为人类学习和认识世界的重要途径，也不可避免地发生着革命性的变革。大数据在教育领域已获得广泛应用，网络在线教育的推进、大规模开放课程资源的广泛应用等，将给教育带来革命性的变化，引起教师教学应用的大变革。

本书主要从大数据产生的背景出发，深入阐述学习分析大数据、教育数据挖掘等技术。对教育教学领域的数据挖掘和学习分析，不仅可以帮助我们找到真正起作用的教育影响因素，还可以帮助我们进一步洞察学生的真实想法，引导我们营造个性化的学习环境，从而实现正确决策、提升课堂教学效率。

本书紧跟教育改革趋势，我们深入课堂教学一线，进行大数据教育教学应用软件的设计与开发，为教师专业化成长和教学能力提升提供借鉴与启示，为大数据时代教师专业化发展提出系统、有益的思路。

本书共分为7章。第1章介绍大数据与教师专业发展；第2章介绍教育大数据实现技术；第3章介绍教育大数据学习分析；第4章介绍教育大数据挖掘与教育决策；第5章介绍教育大数据促进教师知识管理；第6章介绍教育大数据促进智慧教育；第7章介绍教师大数据软件应用与实践。

胡水星负责设计全书结构、框架编写及全书各章节的统稿和审稿工作，并具体负责编写第1章的第2节与第3节，第2章、第3章、第4章的第4节；张玲负责编写第4章的第1节、第2节、第3节和第7章的第2节；刘刚负责编写第1章的第1节，第6章、第7章的第3节与第4节；邱相彬和刘刚共同负责编写第5章；王珏负责编写第7章的第1节。

本书既是湖州师范学院精品课程"教育技术学基础"的建设成果，又是校级教学改革重点项目"教师教育实验中心实验教学体系、模式及实验课程的建设与改革"的阶段性成果，同时还是2014年浙江省社科联社科普课题"大数据教育应用读本"及2012年全国教育信息技术研究"十二五"规划重点课题"网络环境下教师教育数字化教学资源的开发与应用研究"的研究成果。

本书是集体智慧的结晶，在编写过程中参考了国内外专家学者的期刊论文和网络文献，在此对这些作品的作者表示深深的谢意。由于编写时间仓促，书中难免存在疏漏之处，敬请专家、读者及时批评指正。

胡水星

2016年3月30日

第1章 大数据与教师专业发展

目录

1.1 大数据 / 2
    1.1.1 基本概念 / 2
    1.1.2 主要特征 / 4
    1.1.3 大数据与传统数据的区别 / 5
    1.1.4 大数据时代 / 6
1.2 大数据引领教育变革 / 11
    1.2.1 大数据变革教育思维方式 / 12
    1.2.2 大数据引领教学模式改革 / 13
    1.2.3 大数据促进个性化学习构建 / 14
    1.2.4 大数据推动教学资源开发 / 15
    1.2.5 大数据实现多元教学评价 / 15
    1.2.6 大数据促进学校管理 / 16
1.3 大数据时代的教师专业发展 / 17
    1.3.1 教师专业发展 / 17
    1.3.2 大数据促进教师的TPACK专业发展 / 22
参考文献 / 25

第2章 教育大数据实现技术

2.1 大数据支撑技术 / 28
    2.1.1 大规模数据分布式处理——Hadoop / 28
    2.1.2 云计算技术 / 30
    2.1.3 人工智能 / 35
    2.1.4 数据仓库 / 38
2.2 教育大数据实现技术及应用 / 39
    2.2.1 慕课及其应用 / 39
    2.2.2 翻转课堂及其应用 / 55
参考文献 / 72

第3章 教育大数据学习分析

3.1 学习分析概述 / 75
    3.1.1 学习分析技术及其特点 / 75
    3.1.2 学习分析兴起的缘由 / 77
    3.1.3 学习分析的过程 / 79

3.1.4 学习分析的目的与作用 / 80

3.2 学习分析关键技术与分析模式 / 83
 3.2.1 学习分析技术的发展轨迹 / 83
 3.2.2 学习分析的主要方法 / 84
 3.2.3 学习分析的模式构建 / 87
 3.2.4 教育大数据学习分析的工具 / 90

3.3 教育大数据学习分析应用案例 / 95
 3.3.1 国外学习分析应用案例 / 95
 3.3.2 学习分析应用实践 / 100

参考文献 / 109

第4章 教育大数据挖掘与教育决策

4.1 数据挖掘 / 112
 4.1.1 数据 / 112
 4.1.2 数据挖掘及其过程 / 113
 4.1.3 数据挖掘方法 / 115
 4.1.4 大数据中的数据挖掘 / 117

4.2 教育大数据挖掘 / 119
 4.2.1 教育大数据挖掘的基本定义 / 119
 4.2.2 教育大数据挖掘的历程 / 120
 4.2.3 与传统教育数据挖掘的异同 / 121
 4.2.4 教育大数据挖掘的目标与方法 / 121
 4.2.5 学习分析为教育大数据挖掘提供支持 / 123

4.3 教育决策 / 123
 4.3.1 决策与教育决策 / 123
 4.3.2 教育预测 / 125
 4.3.3 大数据提升教育决策的可行性 / 128

4.4 教育大数据挖掘实践 / 130
 4.4.1 教育大数据挖掘实践一 / 130
 4.4.2 教育大数据挖掘实践二 / 137

参考文献 / 141

第5章 教育大数据促进教师知识管理

5.1 知识管理概述 / 143
 5.1.1 信息技术促进教育知识管理 / 145

5.1.2 知识管理对教育信息化的启示 / 146

5.2 教师知识管理 / 147

5.2.1 教师知识管理的概念 / 147

5.2.2 教师知识管理的目的 / 148

5.2.3 教师知识管理的策略 / 149

5.3 大数据时代教师知识管理工具与应用 / 151

5.3.1 个人知识管理系统PKM2 / 151

5.3.2 美味书签Delicious / 155

5.3.3 网络日志Blog / 156

5.3.4 个人知识库Mybase / 158

5.3.5 微软笔记工具OneNote / 164

5.3.6 印象笔记Evernote / 166

5.3.7 资料收藏大师 / 169

5.3.8 网文快捕CyberArticle / 169

5.3.9 信息管理器Mydata / 172

5.3.10 思维导图MindManager / 173

5.3.11 文献检索与管理系统NoteExpress / 194

参考文献 / 201

第6章 教育大数据促进智慧教育

6.1 智慧教育概述 / 203

6.1.1 智慧教育溯源 / 203

6.1.2 智慧教育的定义 / 204

6.1.3 智慧教育的内涵 / 206

6.1.4 智慧教育的基本特征 / 206

6.2 智慧学习环境 / 212

6.2.1 智慧学习环境的定义 / 212

6.2.2 智慧学习环境的学习形态 / 212

6.2.3 智慧学习环境的构成要素 / 214

6.2.4 智慧学习环境的技术特征 / 216

6.2.5 几种典型的智慧学习空间 / 217

6.3 智慧教育的典型应用 / 234

6.3.1 场景一 美国北卡罗来纳州——个性化云 / 235

6.3.2 场景二 美国俄亥俄州——社交网络的延伸 / 235

6.3.3 场景三 日本总务省——高支持性的"未来校园" / 236

6.3.4 场景四 韩国——与传统并行的数码教科书 / 236
6.3.5 场景五 非洲大学——跨国教育资源共享 / 237
6.3.6 场景六 英特尔——私人定制的"电子书包" / 237

6.4 智慧教育的未来发展取向 / 238

参考文献 / 240

第7章 教师大数据软件应用与实践

7.1 基于MOODLE平台的大数据教学应用 / 242
    7.1.1 Moodle概述 / 242
    7.1.2 Moodle教学应用 / 243
    7.1.3 Moodle课程评价 / 263
    7.1.4 Moodle技术支持 / 264
    7.1.5 Moodle平台与教师校本学习 / 266

7.2 基于Sakai平台的大数据教学应用 / 270
    7.2.1 Sakai概述 / 270
    7.2.2 Sakai对研究性学习的支持 / 277
    7.2.3 Sakai大数据教学应用 / 280

7.3 基于电子档案袋的教师大数据应用 / 283
    7.3.1 电子档案袋的定义 / 283
    7.3.2 电子档案袋的类型 / 283
    7.3.3 电子档案袋评价的优势与特点 / 284
    7.3.4 电子档案袋的开发平台 / 285
    7.3.5 电子档案袋的制作流程 / 288
    7.3.6 电子档案袋的应用案例 / 288

7.4 基于社会性交互软件的教师大数据教学应用 / 300
    7.4.1 社会性交互软件概述 / 300
    7.4.2 社会性交互软件的分类 / 301
    7.4.3 基于社会性交互软件的个人学习环境的构建 / 302
    7.4.4 基于社会性交互软件下的学习环境设计 / 304
    7.4.5 社会性交互软件教育应用实例 / 306

参考文献 / 329

第 1 章 大数据与教师专业发展

```
                    ┌ 基本概念
          ┌ 大数据 ─┤ 主要特征
          │        │ 大数据与传统数据的区别
          │        └ 大数据时代
          │
          │                  ┌ 大数据变革教育思维方式
大数据与教师│                  │ 大数据引领教学模式改革
专业发展   ┤ 大数据引领 ─────┤ 大数据促进个性化学习构建
          │ 教育变革        │ 大数据推动教学资源开发
          │                  │ 大数据实现多元教学评价
          │                  └ 大数据促进学校管理
          │
          │ 大数据时代的    ┌ 教师专业发展
          └ 教师专业发展 ──┴ 大数据促进教师的TPACK专业发展
```

教育领域中的大数据有广义和狭义之分，广义的教育大数据泛指所有来源于日常教育活动中的人类行为数据，它具有层级性、时序性和情境性特征；而狭义的教育大数据是指学习者产生的行为数据，它主要来源于学生管理系统、在线学习平台和课程管理平台等。

大数据能从技术层面让体验者的感受得以量化和显现，为教育教学活动提供更为鲜活的素材，从而实现教育思维从经验式向数据挖掘方式转变。大数据通过对教育过程中相关信息的记录、留存、深度挖掘和分析，不仅为教育带来革命性的变革，也为教师专业发展带来了机遇与挑战。在大数据背景下，教师的专业发展内涵得以进一步拓展。谁能更好地把握教育大数据，谁就能更好地了解学生、更好地因材施教，谁就能在未来的教育教学竞争中获得更大的主动权。

1.1 大数据

随着信息通信技术的发展，互联网、社交网络、物联网、移动互联网、云计算等逐步进入人们的日常工作和生活中，人们越来越多的学习行为在网络中发生，这导致互联网中与人类行为相关的数据大大增长，人类在不知不觉中进入了一个大数据时代。根据互联网数据中心发布的研究报告，2011年全球被创建和被复制的数据总量为1.8ZB（约1.8万亿GB），另据报告显示，全球信息总量每过两年就增长一倍。联合国在2012年发布的大数据白皮书《大数据发展：挑战与机遇》中指出，大数据时代已经到来，大数据的出现将对社会各个领域产生深刻影响。为此，世界各国都在此领域投入大量人力物力来支持大数据的相关研究和应用。

在大数据时代，浩瀚的数据成为新的生产要素，是一种继自然资源和人力资源之后的重要战略资源。大数据是人们获得新知识、创造新价值的源泉，并将成为理解和解决当今许多紧迫的全球问题所不可或缺的重要工具。大数据是促进产业结构转型升级的重要推动力。大数据催生了人们对数据海量存储、快速处理和实时分析的需求。

1.1.1 基本概念

大数据（big data），或称巨量数据，指的是数据量规模大到无法通过目前主流软件工具在合理时间内收集、管理、处理并整理成为以帮助企业经营决策更积极为目的的信息。

大数据是当今最"潮"的概念之一，已经走进了人们生活的角角落落。在大数据时代，每个人都是数据的贡献者。预计到2020年，一个中国普通家庭一年产生的数据量相当于现在半个国家图书馆的信息储量。在2015年，"大数据"第一次出现在两会政府工作报告中，这表明对大数据重要性的认识已经上升到了国家战略层面。与互联网的出现一样，大数据带来的不仅是信息技术领域的革命，它正在改变着我们的生活以及理解世界的方式，并成为众多新发明、新服务的重要源泉。

"大数据"这一概念最初起源于美国。早在1980年，著名未来学家阿尔文·托夫勒便在《第三次浪潮》一书中，称誉大数据为"第三次浪潮的华彩乐章"。

我国学界主要倾向于认为，大数据是一组庞杂的数据集合，难以用现有的数据库管理工具或传统的数据软件来处理。大数据主要有三层内涵：一是数量巨大、来源多样和类型多样的数据集；二是新型的数据处理和分析技术；三是运用数据分析形成新的价值。[1]

维基百科对大数据的定义为：没有办法在规定的时间内用常规的软件工具对内容进行抓取、管理和处理的数据集合。简言之，大数据就是传统信息技术和数据库软件无法处理的海量数据。

研究机构高德纳（Gartner）给出的大数据定义为：大数据是需要使用新处理模式才能具有更强的决策力、洞察力和流程优化能力的海量、高增长和多样化的信息资产。

美国国家科学基金会将大数据定义为：由科学仪器、传感设备、互联网交易、电子邮件、音视频软件、网络点击流等多种数据源生成的大规模、多元化、复杂、长期的分布式数据集。

全球著名咨询公司麦肯锡在2011年发布的《大数据：创新、竞争和生产力的下一个新领域》中给出的大数据定义为：那些规模大到传统的数据库软件工具已经无法采集、存储、管理和分析的数据集。[2]

维克托·迈尔舍恩伯格和肯尼斯·库克耶编写的《大数据时代》一书指出，大数据不用随机分析法（抽样调查）这样的捷径，而采用采集所有数据的方法。

欧美信息技术业界普遍认为：所谓大数据，就是用现有的一般技术难以管理的大量数据的集合。举个例子来说，就是指目前在企业数据库占据主流地位的关系型数据库无法进行管理的、具有复杂结构的数据。或者是指由于数据量的增大，导致对数据的查询响应时间超出允许范围的庞杂数据。

从2009年开始，大数据逐渐受到重视。联合国于2009年正式启动了"全球脉动"倡议项目，拉开了大数据促发展的序幕。与此同时，世界各国政府都逐渐意识到大数据的作用，着手研究大数据发展战略，并开始进行有益的尝试。最引人注目的是美国政府于2012年3月提出的《大数据研究和发展计划》，它标志着美国把大数据的研究与应用上升为国家战略。然而，究竟何为大数据，至今仍无定论。

---

[1] 徐鹏，王以宁，刘艳华，张海.大数据视角分析学习变革——美国《通过教育数据挖掘和学习分析促进教与学》报告解读及启示[J].远程教育杂志，2013(12).

[2] 陆璟.大数据及其在教育中的应用[J].上海教育科研，2013(9).

1.1.2 主要特征

大数据的特点可以归纳为"4V":海量的数据规模(volume)、快速的数据流转和动态的数据体系(velocity)、多样的数据类型(variety)和巨大的数据价值(value),如图1-1所示。通过无处不在的计算网络和传感器,大数据能够解析存在于现实世界、虚拟世界以及虚实融合世界的复杂网络关系,并适时做出判断和决策。

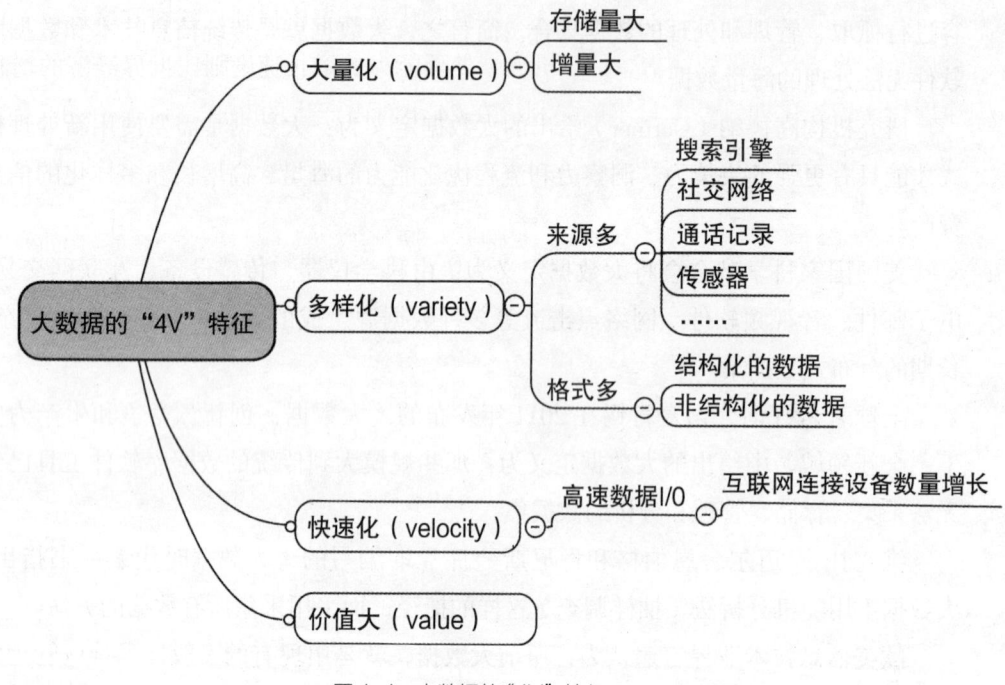

图1-1 大数据的"4V"特征

1.1.2.1 大数据容量浩大

大量的数据从各种源头通过不同渠道定期产生,数据量级已从GB、TB、PB发展至EB,甚至是ZB(1ZB等于1180591620717411303424字节)。《大数据时代》一书中曾预言,到2013年,全球数据量约达1.2ZB。另据业内相关专家分析:2011年,全球数据规模为1.8ZB,可以填满575亿个32GB的平板电脑,用这些平板电脑可以在中国修建两座长城。到2020年,全球数据量将达40ZB,如果把它们全部存入蓝光光盘,这些光盘和424艘尼米兹航母重量相当。

1.1.2.2 大数据类型繁多

这是一个数据爆炸的时代,所有信息已数据化,传统单一的结构化数据源已经无法满足时代的发展要求,而大数据以其多样化的数据类型逐渐成为相关业界的"新宠"。大数据类型包括结构化数据、半结构化数据和非结构化数据(如文档、网页、音频、图像、互联网文本数据、位置信息、传感器数据、视频等），而海量的数据信息和纷繁复杂的数据类型，使人们在数据分析、处理和集成过程中需更加关注数据间的内在关联，深度挖掘其潜在信息和内隐价值。

1.1.2.3 大数据生成快速

物联网、云计算及移动互联网等技术的迅猛发展，促使数据的产生、获取、处理、分析的速度持续加快，并形成高速的数据流，数据的实时性和快速更新的频率成为大数据的重要特征。维克托在《大数据时代》一书中提到，数据的增长速度比世界经济的增长速度快 4 倍，计算机数据处理能力的增长速度则比世界经济的增长速度快 9 倍。比如，整个日本的便利店在 24 小时内产生的 POS（point of sales）数据、电商网站中由用户访问所产生的网站点击流数据、高峰时高达每秒 7000 条的推特推文，日本全国公路上安装的交通堵塞探测传感器和路面状况传感器（可检测结冰、积雪等路面状态等），每天都在产生大量的数据。

1.1.2.4 大数据创造价值

大数据的本质是解决问题，其核心价值是预测。预测不是让机器像人一样思考，而是要把数学计算运用到海量数据上，来预测事情发生的可能性，获得洞察力和价值是大数据的最终意义。大数据隐含着巨大的经济、社会和科研价值，如何有效地挖掘、利用大数据以促进各个领域的持续创新，将对经济社会发展和科学研究产生巨大的推动作用，运用前景十分广阔。

1.1.3 大数据与传统数据的区别[1]

大数据与传统数据最本质的区别体现在采集来源以及应用方向上。传统数据的应用方式更能够凸显群体水平——如学生整体的学业水平、身体发育与体质状况、社会情绪及适应性发展、对学校的满意度等。这些数据不可能也没有必要进行实时实地采集，但可以在周期性、阶段性的评估中获得。由于这些数据完全是在学生知情的情况下，通过考试或量表调查的形式获取的，具有一定的强迫性和刻意性，因此会给学生带来一定的压力。

而大数据技术的出现，使得教育工作者有能力对每一个学生个体的微观表现进行关注——何时翻开书本，何时对听到的话语进行反馈，在每一道题上逗留的时间，在不同学科课堂上开小差的次数，对多少同学发起主动交流等。由于这些数据是高度个性化特征的体现，对其他个体都没有意义。同时，这些数据的产生完全是

---

[1] 张韫. 大数据改变教育 [J]. 上海教育，2013(4).

过程性的——课堂的过程、作业的过程、师生或生生的互动过程等。这些数据的整合能够解答诸如教课过程是否吸引学生、怎样的师生互动方式受欢迎等问题。而最有价值的是，这些数据完全是在学生不知情的情况下被观察、收集的，只需要一定的观测技术与设备的辅助，而不会影响学生的日常学习与生活，它的采集过程也非常自然、真实。

综合以上观点，我们不难发现，在教育领域中，传统数据与大数据呈现以下区别：

第一，传统数据诠释宏观、整体的教育状况，用于影响教育政策和决策；大数据可以分析微观、学生个体与课堂状况，用于调整教育行为与实现个性化教育。

第二，传统数据挖掘方式、采集方法、内容分类等都已存在既定规则，方法论完整；大数据挖掘新鲜事物，还没有形成清晰的方法、路径以及评判标准。

第三，传统数据来源于阶段性的、针对性的评估，其采样过程可能有系统误差；大数据来源于过程性的、即时性的行为与现象记录，第三方、技术型的观察采样方式误差较小。

1.1.4 大数据时代

最早提出大数据时代到来的是全球知名咨询公司麦肯锡，麦肯锡称："数据，已经渗透到当今每一个行业和业务领域，成为重要的生产要素。人们对海量数据的挖掘和运用，预示着新一波生产率增长和消费者盈余浪潮的到来。"

1.1.4.1 大数据时代的思维

在《大数据时代》一书中，维克托用了近三分之一的篇幅详尽地论述了大数据时代的三大思维变革。他认为，大数据的精髓在于分析信息时的三个转变，这些转变将改变人们理解社会的方法，调整传统的管理与决策理念。

1. 从依赖随机样本向涵盖所有数据转变

长期以来，由于技术等因素的制约，对大量数据（例如：人口数）的采集与分析，往往采取随机采样的方式，这是在难以收集和分析全部数据情况下的选择，本身就存在许多缺陷，甚至会出现"失之毫厘，谬以千里"的结果。当今，随机采样不再是采集与分析数据的主要方式。大数据开启了全数据模式，可以正确地考察任何细微的层面，并从不同的角度来观察和研究事物，因而更具科学性。

2. 从精确性向不精确性转变

传统分析方法追求的是数据精确性。因为收集的信息量较少，任意一个数据点的测量对结果都至关重要，细微的错误可能会被放大，甚至影响整个结果的准确性。

在大数据时代，强调数据的完整性和混杂性，能帮助人们进一步了解事实的真相。大数据通常用概率说话，"允许不精确"是大数据的一个亮点而非缺陷。现实生活中只有5%的数据是结构化且能适用于传统数据库的，95%的非结构化数据都无法被利用，只有接受不精确性，我们才能打开从未涉足的世界的一扇窗户。

3. 从因果关系向相关关系转变

通常情况下，人类的认知是建立在因果关系基础之上的。即使无因果联系存在，人类的思维方式还是会假定其存在，并偏向用因果联系来看待周围的一切。在大数据背景下，相关关系将大放异彩。譬如，相关关系强是指当一个数据值增加时，另一个数据值很有可能也会增加；相反，相关关系弱就意味着当一个数据值增加时，另一个数据值变化不大或几乎不会发生变化。通过运用相关关系，可以更容易、更快捷、更清楚地分析事物，帮助我们看到很多以前不曾注意到的事物之间的联系，掌握以前无法理解的复杂技术和社会动态，更好地捕捉现在和预测未来。

大数据与上述三个重大的思维转变有关，这三个转变是相互联系和相互作用的。其中，前两个转变是前提，从因果关系到相关关系的思维变革是关键。

1.1.4.2 大数据时代的生活

不管是否愿意，人们正在被卷入大数据浪潮：2015年春运期间，从百度全国迁徙图大数据分析，安徽的滁州排在迁入热门城市第五名。全国最热的迁徙路线中，上海至滁州排第一，上海至合肥排第三。两会期间，通过央视新闻联播的《两会大数据》板块，我们知道亚洲是全球最关注中国两会的区域，环保话题是最受大众关注的焦点之一等。现实生活中，很多人已经与大数据进行了"亲密接触"，但大多数人并不清楚大数据和日常生活之间究竟有哪些关联。

身处大数据时代的人们，不经意间就成了"大数据源"，发微信、刷微博、分享图片、视频、网购等，数据化的生活"痕迹"无处不在。必应搜索通过集成以往的飞机票价预测未来票价走势；谷歌利用用户搜索记录判断出美国流感疫情的走向；亚马逊会自动推荐我们感兴趣的新书；日本汽车(行情专区)制造商通过分析不同人对座椅压力的数据，发明出汽车的身份识别和防盗系统；借助车联网系统缓解汽车拥堵现象；美国塔基特百货公司（Target）研发了一套客户分析工具，可以对顾客的购买记录情况进行分析，并向顾客进行产品推荐；移动运营商会通过分析用户数据，如话费的使用情况来判断用户的流失情况；奥巴马竞选美国总统过程中也应用了大数据技术，他雇用一社交媒体联合创始人克里斯·休斯对社交网络进行分析，帮助其竞选，在最后阶段，奥巴马团队不断精准地给潜在选民发邮件，最终奥巴马竞选

获胜;[1]中科大先进技术研究院通过建立大型数据库来分析雾霾天气产生的规律;对冲基金通过剖析社交网络推特的数据信息来预测股市的表现等。大数据掀起的风暴已影响到各个行业。

1.1.4.3 大数据时代的教育

大数据被描述为信息爆炸时代产生的海量数据,并用来命名与之相关的技术发展与创新。大数据时代下的教育将何去何从呢?教育行业中的个体又应该如何应对这次信息化数据的革命呢?

2012年,美国发起的大数据研究吸引了全球的目光。奥巴马称:"通过提高我们从大型复杂的数字数据集中提取知识和观点的能力,可以加快国家在科学与工程中的步伐,加强国家安全并改变教学研究。"这透露出美国进行大数据研究的重要目标——教育。为了更好地促进美国国内大数据的教育应用,为美国高等院校及基础教育学校在大数据教育应用方面提供有效指导,耶鲁大学、哈佛大学、斯坦福大学等世界知名高校也启动了教育大数据相关研究计划;美国学校管理者协会(AASA)携手学校网络联合会(CoSN),以及全球性的信息技术研究和咨询公司高德纳共同实施了一个名为"弥合差距:将数据转化为行动(Closing the Gap: Turning Data into Action)"的项目,旨在促进学校对学生信息系统和学习管理系统中产生的大数据的使用。[2]

在信息技术化的今天,规训与教化正在撤退,支持和服务正在推进。教育本质是对学习者的支持和服务,而不是对他们的规训和教化。作为万物之灵,人类本身就有逻辑推断和自组织的能力,发掘这种逻辑和自组织的能力才是教育正道。正在发生的教育革命并不是要把传统的课堂搬到网上,而是让新技术激发人类本来就有的学习能力和天分。

大数据时代,教育领域正在发生的这场革命,其深厚的技术背景就是信息技术的进步,人类收集、存储、分析、使用数据的能力实现了巨大跨越。正如托夫勒所说:"大数据时代给人最大的难题来自信息过载所带来的'信道危机'。"在单一的信息来源情况下,比如高考的分数、固定的复习资料,教育最好的办法是重复吸收那些经过筛选的编码信息。一些重点中学非常成功地迎合了高考的"指挥棒",不过应该注意,这些中学的模式只适合信息闭塞的情况,不大适合北京、上海等信息过载的城市。在大数据时代,如何搜索、阅读、辨别信息成了一个巨大的难题。

---

[1] 喻长志.大数据时代教育的可能转向[J].江淮论坛,2013(4).
[2] 徐鹏,王以宁,刘艳华,张海.大数据视角分析学习变革——美国《通过教育数据挖掘和学习分析促进教与学》报告解读及启示[J].远程教育杂志,2013(12).

1. 国外大数据教育应用[1]

大数据实现了对学生的学习行为、考试分数乃至职业规划等所有重要信息的收集。许多这样的数据已经被诸如美国国家教育统计中心之类的政府机构储存起来，用于统计和分析。[2]

大数据分析已经被应用到美国的公共教育中，成为教学改革的重要力量。为了通过运用大数据分析来改善教育，美国教育部2012年参与了一项耗资2亿美元的公共教育大数据计划，这项计划旨在通过创造"学习分析系统"——一个数据挖掘、模化和案例运用的联合框架，向教育工作者提供更多、更好、更精确的信息，以了解学生到底是怎样在学习的。举例来说，一个学生成绩不好是因为周围环境而分心了吗？期末考试不及格是因为该学生没有完全掌握这一学期的学习内容，还是因为他请了很多病假？利用大数据的学习分析能够向教育工作者提供有用的信息，从而帮助教师回答这些现实问题。

美国的一些企业已经成功地对教育中的大数据进行了商业化运作，全球最大的信息技术与业务解决方案公司国际商业机器公司（简称IBM）就与亚拉巴马州的莫白儿县公共学区进行了大数据合作。结果显示，大数据对学校的工作具有重要作用。当IBM刚刚开始与这一学区合作时，除了学生成绩不好之外，该地还面临着辍学率为48%的严峻情况。根据联邦政府的《不让一个孩子落后法》（*No Child Left Behind*，简称NCLB），学生成绩糟糕的地方政府将受到惩罚。为了应对这一巨大挑战，该地在学生数据基础上建立了一个辍学警示工具，利用IBM技术重新构建大数据，并通过大数据分析来改善学区内所有学生的整体成绩，实现管理决策。

在美国的教育大数据领域，除了处于领先地位的IBM，还有像"希维塔斯学习"（Civitas Learning）这样的新兴企业。希维塔斯学习是一家致力于运用预测性分析、机器学习从而提高学生成绩的新公司。该公司在高等教育领域建立了最大的跨校学习数据库。借助这些海量数据，能够发现学生的分数、出勤率、辍学率和保留率的主要趋势。通过使用100多万名学生的相关记录和700万条课程记录，这家公司的软件能够帮助用户了解导致学生辍学和学业成绩不良的警告性信号。此外，还帮助用户发现那些导致无谓消耗的特定课程，并且看出哪些资源和干预是最成功的。[3]

总部位于加拿大安大略省沃特卢的教育科技公司的"渴望学习"（Desire2Learn）已经推出了基于高等教育领域的学生自己过去的学习成绩数据，预测并改善其未来学习成绩的大数据服务项目。这家公司的新产品名为"学生成功系统"（Student

---

[1] 胡德维.大数据"革命"教育让考试变得更科学[N].光明日报，2013年10月19日.
[2] 大数据在教育领域如何应用？[EB/OL] http://www.5271.sh.cn/shtml%20.asp?p=39.
[3] 胡德维.大数据"革命"教育让考试变得更科学[N].光明日报，2013年10月19日.

Success System）。渴望学习教育科技公司声称，加拿大和美国的 1000 多万名高校学生正在使用这项技术。"渴望学习"的产品通过监控学生阅读电子化课程材料、提交电子版作业、在线与同学交流、完成考试与测验，就能让其计算程序持续、系统地分析每个学生的教育数据。教师得到的不再是过去那种只显示学生分数与作业情况的结果，而会得到像阅读材料的时间长短等更为详细的重要信息，这样教师就能及时诊断问题所在，提出改进建议，并预测学生的期末考试成绩。[1]

2. 国内应用情况

教育资源的信息化联盟是国内诸多高校教育信息化专家、教育领域学者与科技界专家及互联网知名人士共同探讨大数据教育资源信息化联盟的共建共享，以及移动互联网创新发展对教学模式带来的深刻变革的平台。主要目标是通过互联网把教育资源进行数据整合和优化配置，让优质教育资源形成一种流动的良性循环，让分享和贡献资源的渠道越来越多，让学习资源发挥的效用越来越大，受用地域和受用人群越来越多，最终形成一个互通有无、交流共享、共同提升的教育资源信息化联盟。在这个联盟中，学习者可以通过文字、图片、音视频等不同方式实现知识学习，教学者可以通过多元数据库工具、远程教学平台、多媒体教学设备实现教学管理和教学内容呈现。而且学习者可以利用大量的在线学习管理系统、大规模开放课程、多样化的教学状态监测与传输设备进行碎片化、移动化、情景式和互动式的学习，实现更加人性化、个性化的学习。[2]

东华大学正在通过物联网和云技术将十多个学院的数十个实验室系统连接起来，实现实验室数据的整合、分析、可视化和报表，不再依靠人工上报，如图 1-2 所示。[3]

---

[1] 大数据在教育领域如何应用？[EB/OL].http://www.5271.sh.cn/shtml%20.asp?p=39.
[2] 移动互联网与大数据时代的教育变革 [EB/OL].http://www.chinadaily.com.cn/tech/2013-05/23/content_16525621.htm.
[3] 魏忠，张芳芳．综述：大数据与教育革命 [EB/OL].http://blog.sina.com.cn/s/blog_537ef1730101lqe9.html.

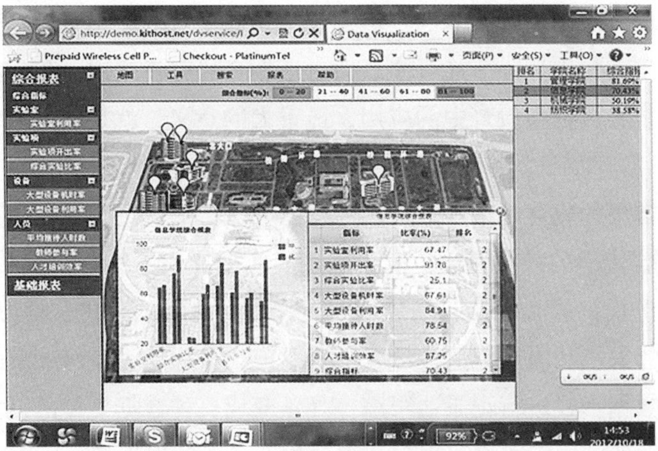

图 1-2　东华大学实验数据可视化

重庆石堰镇中心学校采用了"一对一数字化学习"的模式推动传统教育的变革。他们引进英特尔"一对一数字化学习"项目，前期先在实验班实施，通过给每一个学生都派发个人学习终端（小电脑），并在一对一数字化教学环境下，加强互动教学与整合信息技术的培养，将传统的教学模式转变为以学生为中心的自主、交互式教学。在个性化学习模式实施中，他们充分利用大数据技术，通过分析学生在学习平台上的多媒体学习资料、学习进展、互动（包括书面和音视频）、自主学习（利用平台主动学习相关领域科学知识）等记录、日志和点击率等，帮助学生完善知识结构，加快学生对自身兴趣爱好的挖掘和特长的培养，并根据每个学生在不同科目上的学习进度、兴趣爱好、知识关联的情况，有针对性地给出教学指导和建议，为提高学生的学习成绩提供个性化的服务，从而帮助学生实现个性化成长。这种学习方式体现了基于大数据的个性化学习发展方向。[1]

1.2　大数据引领教育变革

近年来，随着大数据日渐成为互联网信息技术行业的流行词汇，教育逐渐被认为是大数据可以大有作为的一个重要应用领域，有人大胆预测：大数据将给教育带来革命性的变化。同时，大数据时代对人类的数据驾驭能力提出了新的挑战，也为人们获得更为深刻、全面的洞察力提供了前所未有的空间。大数据时代的到来，让

---

[1] 教育"大数据"就在你身边[EB/OL].http://www.hnucc.com/2011/nic/ShowArticle.jsp?id=81633.

所有社会科学领域借由前沿技术的发展从宏观走向微观，使得跟踪每一个人的数据成为可能，让研究"人性"变成可能。而对于教育研究者来说，我们将比任何时候都更接近学生。大数据在教育中的应用，最重大的意义，就是"走近每一个真实的学生"。

大数据所带来的教育未来，不是一个理念、道德的社会直觉，教育将不再是一个靠理念和经验传承的社会科学，而会确确实实变成实证的科学。在大数据时代，由于教育环境的设计、教育实验场景的布置、教育时空的变化、学习场景的变革、教育管理数据的采集和决策，这些过去主要靠理念灵感加经验而决定的东西，可以实实在在地以数据形式进行记录、跟踪，真正变成一种数据支撑的行为科学。[1] 不可否认，教育发展的影响因素有很多，教育也有自身的发展规律。大数据时代的来临，将为教育发展带来新的发展机遇与挑战，将从整个社会大系统对教育子系统产生巨大的冲击与影响，并最终通过教育来影响我们的整个社会。[2]

1.2.1 大数据变革教育思维方式[3]

随着大数据时代的到来，教育大数据深刻改变着教育理念和教育思维方式。新的时代，教育领域充满了大数据，如学生、教师的一言一行，学校里的一切事物，都可以转化为数据。每个在校学生上课、读书、写笔记、做作业、发微博、实验、讨论问题、参加各种活动等，都能成为教育大数据的来源。大数据比起传统的数字具有更为深刻的含义和更高的价值。例如，对于一张得分为 90 分的试卷，90 是一个简简单单的数字，但如果换一个角度来分析，把它作为一个数据来看待，就可以得到其背后所隐含的许多充满想象的信息：可以是每一道大题的得分，每一小题的得分，每一题的选项，每一题花的时间，是否修改过选项，做题的顺序有没有跳跃，什么时候翻卷子，有没有时间进行检查，检查了哪些题目，修改了哪些题目等。这些信息的价值远大于 90 这个数字。

不单是考试，课堂、课程、师生互动的各个环节都充满了大数据。教育将不再是靠理念和经验来传承的学科，大数据时代的教育将步入实证时代，变成一门实实在在的基于数据的实证科学。大数据使得教育者的思维方式发生了深刻变化，传统的教育大多是教育主管部门和教育者依靠教学经验的学习、总结和继承而展开，但是有些经验不具有科学性，甚至常识有时会影响人们的判断。大数据时代，

---

[1] 魏忠，张芳芳. 综述：大数据与教育革命[EB/OL].http://blog.sina.com.cn/s/blog_537ef1730101lqe9.html.
[2] 喻长志. 大数据时代教育的可能转向[J]. 江淮论坛，2013(4).
[3] 赵妹淳，孙曙辉. 大数据技术及其在教育领域的应用[J]. 中小学信息技术教育，2014(3).

我们可以通过对教育数据的分析，挖掘出教育、学习、评估过程中符合学生与教学实际的情况，从而有的放矢，制定出更符合实际的教育教学政策和策略，并执行教育政策。

1.2.2 大数据引领教学模式改革

比尔·盖茨充满信心地认为，影响教育技术未来发展的关键在于大数据。他曾预言："在21世纪，随着信息技术以及其他领先科技的发展，学校的形态最终会发生改变。"不容置疑，技术的发展加速了教育变革与创新的步伐，大数据时代的大门已经打开，诸如"一对一数字化学习""翻转课堂""慕课""微课"等新型的教育教学形态层出不穷，让我们有理由相信比尔·盖茨这一预言绝非空穴来风，而正在变成现实。[1]

英特尔"一对一数字化学习"是为了适应21世纪学生发展、人文主义以及个性发展的新型学习模式出现的。它以学生为中心开展自主、交互式教学，在对学习者个人学习数据进行分析的基础上，针对每个学生在不同科目上的学习进度、兴趣爱好、知识关联差异，有针对性地给出教学指导和建议。这一基本理念有别于传统的填鸭式教学，或者传统的以教师为中心的班级授课制，这样的教学模式激发了基础教育信息化新的活力；对"一对一数字化学习"接收端的数据挖掘和统计分析，有助于我们发现学生不同的学习方法，并从中找到每一位学生个性发展的轨迹；通过对学习终端数据的学习分析，教育工作者能够掌握构成学生最好的学习环境的因素，有助于给学生创造一种个性化的学习模式。[2]

"翻转课堂"作为一种全新的教学模式，正在改变我们的教育思维方式。这是一种最先在美国流行的创新教学模式，由教师创建视频，学生在家中或课外观看视频中教师的讲解，回到课堂上师生面对面交流和完成作业。翻转课堂的教学实践颠覆了传统教学流程，给教学模式带来了深刻变革，主要体现在以下几个方面：

第一是知识与技能。翻转课堂教学模式为最大限度地利用科技来满足教师和学生的需求创造了很好的客观条件，改变了教育资源的时间配比。课堂上知识讲授少了，提问和讨论就多了，学生们可以更加有效地开展探究性、研究性学习。

第二是过程与方法。传统学习中，学生把大量的时间耗费在知识学习上，现在学习过程有了时间保证，能够真正实现课堂目标。

---

[1] 王晓波. 大数据促进教育变革与创新——专访中央电化教育馆王晓芜副馆长 [J]. 中小学信息技术教育，2013(10).
[2] 王晓波. 大数据促进教育变革与创新——专访中央电化教育馆王晓芜副馆长 [J]. 中小学信息技术教育，2013(10).

第三是课堂教学改革。课堂变得活跃了，活跃并不是教师说得多，而是学生参与得多。在这个过程中，学生不知不觉中会学到科学的思维方式、分析方法，形成有效的研究能力。这对学生终身学习习惯的形成是有好处的，对于学生的碎片化学习，也是有帮助的。

在我国的基础教育中，慕课一开始就与翻转课堂的理念联系在一起，形成了以微视频为载体的慕课加翻转课堂的先学后教模式。因而，在提供碎片化知识的同时，让教师与学生共同理解这些知识点之间的内在联系就显得尤为重要。这一模式，被称为"基于系统设计的碎片化学习方式"，其特点就在于紧扣教学目标，始终围绕课程标准进行。借助于系统设计，教师希望帮助学生更准确地把握知识与知识之间的关系，厘清本学科的知识结构，使学习变得更有意义。

1.2.3 大数据促进个性化学习构建

信息时代，云技术、物联网和基于两者的大数据技术正推动着教育发生巨大变革：未来教育在互联网等技术的作用下将变得越来越个性化，对大数据技术的应用有利于个性化教育，标准化的学习内容有助于学生自发学习，学校和教师将更多地关注学生的个性化培养，教师将由教学者逐渐转变为助学者。在大数据时代，互联网教育与学校教育将逐渐分离，更多的交往互动、个性化服务和灵活学制将使学校获得新的生机。[1]

大数据时代的到来，能从技术层面让体验者的感受得以量化。通过记录、分类、挖掘和运用学生学习过程中产生的大量非结构化数据，能够反映出学生的学习模式；通过监测、跟踪、分析和应用学生在整个学习过程中形成的数据档案，能够帮助教育工作者理解学生学习的全过程。[2] 学生在课堂中的需求与态度，经由大数据的处理变得可视，这也为教研活动提供了更为鲜活的素材，使得倾听学生心声成为可能。教师有了更好地了解学生的途径与方法，从学生的需求出发改变教学行为成为可能。因此，大数据可以帮助教育工作者洞察学生的真实情况，帮助他们实现个性化教学。大数据时代，谁能够发现数据，谁就能够赢得未来的生存；谁能够挖掘数据，谁就能够赢得未来的发展；谁能够利用数据，并利用数据提供个性化的服务，谁就能够赢得未来的竞争。"[3]

---

[1] 魏忠. 大数据时代的教育革命[EB/OL].http://www.edu.cn/bigdate_12674/20140729/t20140729_1157265.shtml.
[2] 胡德维. 大数据"革命"教育让考试变得更科学[N]. 光明日报，2013 年 10 月 19 日.
[3] 王晓波. 大数据促进教育变革与创新——专访中央电化教育馆王晓芜副馆长[J]. 中小学信息技术教育，2013(10).

1.2.4 大数据推动教学资源开发

大数据和教育资源相结合,是互联网时代科技带给教育的新思路,不断推动着教学资源的开发与应用。近年来,网络在线教育和大规模开放式网络课程层出不穷,使教育领域中的大数据获得了更为广阔的应用空间。

我们可以通过大规模在线课程平台记录鼠标的点击,研究学习者的活动轨迹,发现不同的人对不同知识点的不同反应,了解学习者用了多少时间,哪些知识点需要重复或强调,哪种陈述方式或学习工具最有效等。记录单个个体行为的数据似乎是杂乱无章的,但当数据累积到一定程度时,群体的行为就会在数据上呈现一定规律。通过分析这种规律,未来的在线学习平台将能弥补缺乏师生面对面指导交流的不足。

在这场教育领域革命中,扮演重要角色的还有课程视频数据。随着在线平台的推广和普及,越来越多的教师将自己的授课视频传至网上,并按照自己的意愿进行编辑和重新发布,这会产生海量的数据。最重要的是,互联网上的"眼睛"将使所有错误无所遁形,在无数人的编辑之下,知识传播的形式将不断优化、效率会不断提高。在不断的数据累积当中,最好的视频将会沉淀下来,成为经典的教学资源。[1]

各种以课程为载体的视频正在不断地产生、累积、过滤和沉淀,可以肯定,通过互联网上的编辑和合作,在不远的将来,全世界的每一个领域、每一门课程都会出现一些经典视频。这些视频将成为最受欢迎的学习材料。正如比尔·盖茨在2010年世界经济合作与发展论坛上所说,五年以后,你将可以在网上免费获取世界上最好的课程,而且这些课程比任何一个单独大学提供的课程都好。例如,在Udacity和Coursera这样的"在线大学",当教授发现自己录制的一段视频课程中的某几个环节或时间点被学生们反复浏览和点击的时候,他通常会意识到这可能是一个对学生来说难以掌握的知识点,或是一个自己的讲解表述不清晰的地方,接下来他就可以据此调整讲义,不断提高教学资源的质量。

1.2.5 大数据实现多元教学评价

第一,利用大数据对学生的发展进行多元评估,找出学生学业成绩背后的原因。学生获得优秀成绩有可能是因为他具有比较出色的逻辑思维能力,也可能是因

---

[1] 在线教育平台和大数据对教育领域正在发生的革命性影响[EB/OL].http:// www.cnein.ac.cn.

为他具有比较出色的记忆力。但是依靠记忆力学习的方式在低年级时也许比较奏效,而对于长期发展,对于培养高级思维能力就没那么有用了。通过大数据学习分析和评价,我们能更全面地看待学生发展,发现成绩反映不了的问题,真正从学业成绩背后发现学生全面发展方面的问题,从而帮助教师及时采取有针对性的策略,弥补学生能力上的不足。

第二,利用大数据可以进行过程性评估,发现学生的常态,改进课堂流程。理想的教学评估应该是过程性的,而非终结性的。借助课堂观察大数据终端,教师可以随时记录学生的发言质量、作业完成情况、课堂纪律等,实现对学生在课堂中点滴行为的捕捉,帮助教师了解学生对知识的掌握以及感兴趣程度,进而反思教学是否满足学生的需求,从而对学生的发展提出更有效的建议。

第三,利用大数据实现学生课外学习轨迹的跟踪。随着信息技术的发展,个人的活动得到了前所未有的记录。这种记录频度不断增加,为定量分析提供了极为丰富的资源,从而可以预测得更准确、计算得更精确。教师可以快速地进行各种调研,可以记录孩子每天课余时间的活动,包括孩子看过哪些书,去哪里游玩等。这样不但快捷,而且积累了非常有价值的数据,能让教师更清楚地了解学生课外学习的轨迹。[1]

1.2.6 大数据促进学校管理[2]

大数据对于学校管理具有重要的价值,有利于实现学校管理的精细化、科学化。学校管理离不开大数据。学校是培养各类专门人才的重要场所,拥有众多的专业学科,与国内外联系广泛,并且每天进行着各种教学、科研及管理活动,蕴藏着十分丰富的教育资源。学校管理中的各种决策和控制活动,如培养目标确定、教学计划制订、教学组织指挥、教学质量控制、教学评估、教师管理、学生管理等,都是以大量的数据为基础的。在此过程中也会不断产生各种新的数据,对其进行挖掘和处理,对学校管理起关键作用。比如,针对教务管理、行政管理、科研管理、人事管理、财务管理、后勤管理等领域,可以进行全校系统的规划、梳理,细化数据收集标准,及时归集,形成学校管理大数据。同时,针对重要管理对象,由多个源头、从不同方向进行数据记录,可以让数据之间互相印证,形成多源的管理大数据。此外,大数据分析技术为学校网络信息安全管理也提供了重要手段。比如,利用大

---

[1] 张韫.大数据改变教育——写在大数据元年来临之际[J].上海教育,2013(4).
[2] 赵妹淳,孙曙辉.大数据技术及其在教育领域的应用[J].中小学信息技术教育,2014(3).

数据分析学校信息网络运行数据，让学校信息安全管理人员能够据此监控网络环境，并查找故障点位置，然后生成报告，帮助他们制订防病毒方案，安装或升级防病毒系统，或采取其他安全措施，提升学校的信息安全防护能力。

1.3 大数据时代的教师专业发展

教师的专业发展与基础教育价值目标、职业技能需求是紧密联系的，具有知识性、学科性、创新性等特点。大数据通过教育信息的记录、留存和深度挖掘分析，为教育带来革命性变革，为教师专业发展带来了新的机遇与挑战，使教师的专业发展内涵得以进一步扩充。在大数据背景下，谁能更好地把握大数据，谁就能在未来的教育教学竞争中获得更多主动权。

1.3.1 教师专业发展

教师专业发展是指教师在专业思想、专业知识、专业技能等方面持续发展和不断完善的过程，也是新教师通过不断学习，努力成长为专家型教师的过程。技术的发展不断促进教育的变革：一方面，技术从外围给教师增加了新的"竞争对手"，促使教师不断提升技术应用水平；另一方面，技术又引发了学生学习方式的变化，从内部促进教学过程的变革。技术的渗透与倒逼，要求教师不断提升自身的专业水平。

1.3.1.1 学科教学知识是教师专业发展的基础

每一个职业角色都必须具备担任这种角色必不可少的知识。教师作为专业人员，要进行有效的教学，也必须具备本专业的知识。任何有目的的实践行为都需要相应知识做支撑。教育既是一种高度复杂的工作，又是一种根植于知识的职业行为。对教师而言，作为职业的知识基础不仅是指所教内容，还包括对"怎么教"和"教谁"这两个问题的理解和认识。[1] 针对学术界关于教师专业特性的学术性和师范性的争论，20世纪80年代，美国教育研究协会主席舒尔曼教授对"教师专业发展的范式缺失"进行了批判。他在主持一项关于"教师教学专长研究"课题的基础上，提出了学科教学知识（pedagogical content knowledge，简称PCK）的概念。[2] 舒

---

[1] 王艳玲.教师应该具备哪些知识——近20年来美国教学"知识基础"研究述评[J].外国中小学教育,2009(8).
[2] 李美凤,李艺.TPCK:整合技术的教师专业知识新框架[J].黑龙江高教研究,2008(4).

尔曼认为，学科内容知识（content knowledge，简称 CK）和教学法知识（pedagogical knowledge，简称 PK）是教师专业知识中最基本的组成元素。而由 CK 和 PK 交叉形成的 PCK 则是教师专业知识中最核心、最重要的内容，意味着教师专业知识的"教学转化"，是使学科教师区别于学科专家和一般教育学者的知识类型。教师必须具备在真实教学情境中使用的、有别于单纯学科知识和一般教学知识的学科教学知识。单纯学科内容知识和一般教学法知识都不足以支撑具体的教学，只有整合教师专业学科知识和教学能力，构建清晰的 PCK 知识体系，才能帮助教师实现在具体的教学实践中，面对特定的教学对象和教学问题时，积极有效地构建课程内容，组织教学秩序，协调教学因素，呈现学科知识。可以说，PCK 是学科知识与教育知识的"特殊合金"，是教师专业的独特的知识领域，是教师对自身专业理解的特殊形式。这种专业知识源于教师的实践智慧，经由教师教学、评价、反思与转化过程而获得。[1] 因此，从本质上来说，教师专业发展的核心就是 PCK 发展。[2]

PCK 知识体系提出以后，一直在不断地发展、补充和完善。舒尔曼教授提出 PCK 概念的核心要素有两个：一是关于学科知识的呈现；二是对学生前概念、概念以及具体学习困难的理解。强调的是如何将特定主题或问题进行重新组织与表达，以适应学习者的能力与不同的兴趣需要，实现有效教学。在舒尔曼的研究基础上，格鲁斯曼进一步把 PCK 分成四种成分：一是关于学科性质的知识，二是关于学生理解的知识，三是关于课程和教材的知识，四是关于特定课题的教学策略和知识，如图 1-3 所示。

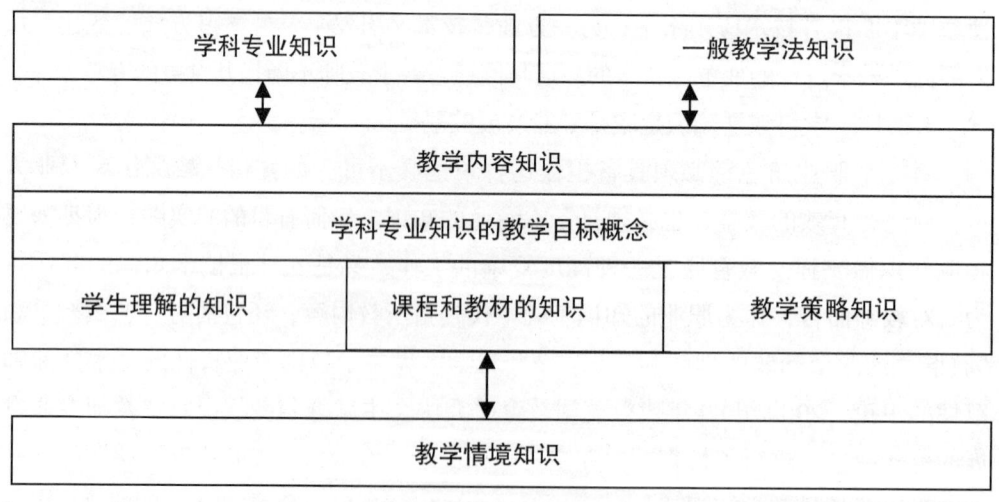

图 1-3 PCK 框架

---

[1] 冯茁，曲铁华. 从 PCK 到 PCKg：教师专业发展的新转向 [J]. 外国教育研究，2006(12).

[2] Shulman, L. S.Those who understand: Knowledge growth in teaching[J].Educational Researcher, 1986(15), 1986(5).

教师 PCK 的建构是一个长期的动态过程，带有明显的个体性、情境性与建构性，需要教师在特定的情境中不断探究，教师只有不断地在教学活动中使用学科专业知识，学科专业知识和教学知识才能融合起来形成 PCK。[1]

1.3.1.2 教师整合技术的学科教学知识专业发展

随着信息技术在教育领域的广泛应用，其影响也逐渐加大。关于信息技术在教师专业知识中的位置与作用的探讨与 20 世纪 80 年代的情形相似，相对于将信息技术视作脱离于教师专业知识之外的工具的观点，将技术融入教师专业知识的观点得到了研究者们的广泛认同。不少学者提出了一些整合信息技术的教师专业知识（如 ICT-related PCK、e-PCK 等）[2]。

依据未来学大师阿尔文·托夫勒的观点，信息时代是继农业时代和工业时代之后人类社会进入的第三个历史阶段，其标志就是以计算机和网络为核心的信息技术的普及。在人类迈入信息社会的过程中，信息技术在教育工作中的作用也越来越重要，信息技术正逐渐重构教师的知识基础。随着信息技术在课堂教学中越来越广泛地运用，教师想要在整合技术的教学环境中有效地工作，就必须拥有基于整合技术的丰富学科教学知识；教师作为信息技术与课程整合成功的关键因素，其信息技术水平、课堂教学驾驭能力，都会影响信息技术与课程整合的质量与深度。

2005 年，米什拉和科勒首次在文章中提到整合技术的学科教学知识（technological pedagogical content knowledge，简称 TPCK）的概念，将之视为教师进行有效的信息技术整合所必需的知识；2006 年，米什拉和科勒发表了《整合技术的学科教学知识：教师知识的一个框架》(*Technological Pedagogical Content Knowledge:A Framework for Teacher Knowledge*) 一文，对 TPACK 框架中的七个元素进行了详细论述，包含三个核心元素 CK（content knowledge）、PK（pedagogical knowledge）、TK（technology knowledge），以及四个由核心元素相互交织形成的复合元素 PCK（pedagogical content knowledge）、TCK（technological content knowledge）、TPK（technological pedagogical knowledge）和 TPCK（technological pedagogical content knowledge），如图 1-4 所示。[3]

---

[1] 梁永平.论化学教师的 PCK 结构及其建构[J].课程教材教法，2012(6).
[2] 詹艺.培养师范生"整合技术的学科教学知识"(TPACK)的研究[D].华东师范大学硕士论文，2011.
[3] 詹艺,任友群.整合技术的学科教学法知识的内涵及其研究现状简述[J].远程教育杂志，2010(4).

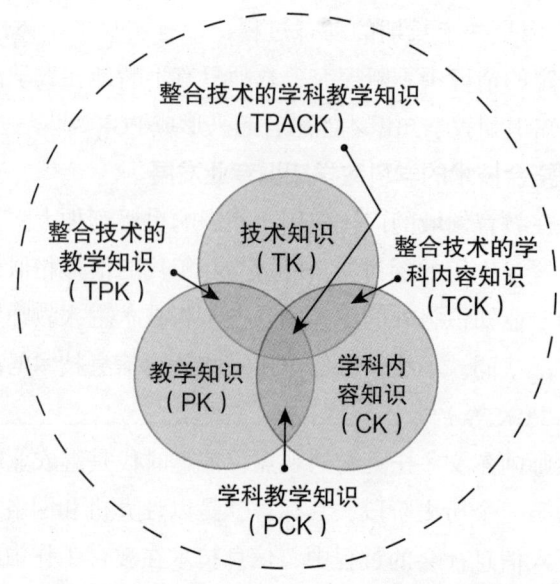

图1-4 TPACK的组成部分

关于TPACK框架中各元素的定义有很多，此处给出的定义以米什拉和科勒的观点为主，TPACK框架各元素具体含义如表1-1所示。

表1-1 TPACK框架各元素含义[1][2]

TPACK框架元素	含义
学科内容知识（CK） （content knowledge）	指教师对其所教学科的了解，包括该学科重要的事实、概念、理论、方法，组织或联结观念的理论框架，证据和实例，对学科知识的信念等。
一般教学法知识（PK） （pedagogical knowledge）	指超越具体学科内容，适用于学与教过程的一般性原则与策略，可用在促进学生学习、课堂管理、教学计划的制订与实施、教学评价等各方面。
学科教学法知识（PCK） (pedagogical content knowledge)	指有效地表征、转化、总结、呈现特定学科内容，使其便于教学且利于学生理解的种种方法；与特定学科相关，不同于可适用于所有学科的一般教学法知识。
技术知识（TK） (technology knowledge)	指关于标准教育技术手段，如教材、粉笔和黑板、实物教具及更先进的互联网、多媒体、计算机软硬件的知识，也包括操作这些教育技术手段的技能。
整合技术的学科内容知识（TCK） (technological content knowledge)	指关于教育技术与学科内容如何互惠作用的知识；更先进的教育技术意味着更多变、更灵活地呈现学科内容的方式，教师应了解新技术给学科内容呈现所带来的种种变化。

---

[1] 阮士桂.TPACK框架下《现代教育技术》公共课设计研究[D].东北师范大学硕士论文，2013.
[2] 郝宁，吴庆麟.技术—教学法—内容知识：对教师的新要求[J].首都师范大学学报（社会科学版），2009(1).

续表

整合技术的教学知识（TPK） (technological pedagogical knowledge)	指关于教育技术在教学和学习情景中的存在形式、使用要素和作用效力的知识，包括了解可完成某一特定教学任务的种种教育技术手段，选择最恰当的且当前可用的技术手段，使用技术手段执行教学法策略完成教学等。
整合技术的学科教学知识（TPCK） (technological pedagogical content knowledge)	指由学科内容知识、一般教学法知识和教育技术知识交互所形成的一类新知识，但远远超越了此三类知识的各自内涵。这种知识不同于学科专家或教育技术专家所具有的知识，也不同于可用于各学科的一般教学法知识，它是与学科相关的关于如何利用教育技术有效呈现内容以利于教学和学生理解的知识。

TPACK是一种基于对学科内容、教学法和信息技术之间相互作用理解的知识。这种知识既不同于学科专家和技术专家拥有的知识，也不同于那种与学科无关的一般教学法知识，它是指导教师使用技术来转换学习者理解有困难或教师表达有困难的特定主题，从而使教学更有效的知识。[1]TPACK是高于三个核心元素的知识，产生于三个核心元素的互动之中。传统的观点认为，教学法和技术的选择与使用是由学科内容决定的。但事实上，新技术通常会引发教育工作者对学科内容和教学法的思考和重构（如互联网的出现对教学和学科知识产生的影响），教学法也同样能够影响具体技术和学科内容的选择和设计（如将电脑游戏作为一种教学方法，必须对技术和内容进行重新设计）。这便是TK、CK、PK三者之间张力和动态平衡的表现。

由于每个教学问题或教学情境都是独一无二的，教师要使用技术进行有效教学，就必须深刻理解CK、PK、TK以及它们之间的张力和动态平衡，并能不断根据三个元素的变化重新平衡它们之间的关系。总的来说，TPACK在PCK基础上，加入了技术元素，并突出了技术使用中学科内容和教学法的角色，以及技术对它们产生的反作用，同时强调了三个核心元素的平等性和统一性。这一框架克服了以往将技术元素作为孤立的、外在的元素（隐含着技术是中立的这一思想）来思考整合技术的教学局限。[2]

借助技术进行教学需处于一定情境中，教学情境性是发展教师TPACK策略的重要出发点，大数据时代，运用各种数字化技术构建教学情境是教学取得成功的关键。因此，在具体的教学实践中，教师的TPACK发展框架需要关注如何应用技术整合学科体系、课程教材、内容呈现和认知工具等。具体来说有以下几点：一是关于整合技术教授特定科目的整体观念；二是关于将技术与教学整合的本学科课程以

---

[1] 闫志明，徐福荫.TPACK：信息时代教师专业化的知识基础[J].现代教育技术，2013(3).
[2] 詹艺，任友群.整合技术的学科教学法知识的内涵及其研究现状简述[J].远程教育杂志，2010(4).

及课程材料的知识;三是关于学生使用技术理解、思考和学习的知识;四是关于使用技术教授特定主题的教学策略及呈现形式的知识。

大数据时代,各种数字化分析技术、存储技术、媒体技术层出不穷,随着这些技术的发展和渗透,数字逐渐变成了一个动态的、不透明的教学要素,而TPACK数字把技术作为一个独立的、不可或缺的要素纳入教师专业知识中,凸显了大数据时代数字技术在教学环境中的重要作用,为深刻理解技术和学科知识之间的关系提供了一个理论分析框架。同时,可以更好地了解潜在的新兴技术在教育中的贡献,使技术在教育中的应用变得更加透明和无处不在。[1]

大数据时代,TPACK不仅是教师使用技术进行有效教学所必需的知识,也是将技术有效整合到课堂中的必备知识框架。在具体的教学实践中,教师不但要知道在教学中使用什么技术(what),还要知道为什么使用这种技术(why)和在教学中怎么使用技术(how)。基于这种知识技术的整合是大数据背景下教师专业发展的趋势,也是教师专业发展的核心。[2]大数据可以很好地融合到TPACK知识体系和能力发展中去,为教师专业发展提供良好的现实技术基础,为教师教育变革带来新的契机。

1.3.2 大数据促进教师的TPACK专业发展

大数据正在改变人们的生活以及理解世界的方式,正在成为新发明的源泉;教育大数据将开启一次重大的教育变革,推动教育持续不断地发展;教育大数据能够充分有效地融合于TPACK知识体系中,为教师的专业化发展提供一个新的视角。

1.3.2.1 大数据有利于教师多元发展

TPACK所处的境脉实际上即为教学情境,它是复杂的、多元的,其中包含学校的理念和期望,教师和学生的人口学特征,教师的知识技能和性格,教师和学生的生理、心理、社会、经验特征,教室的物理特征等因素,以及这些因素的协同作用。这些因素会以直接或间接的方式影响学生的学习。[3]大数据利用多媒体技术、虚拟现实和智能技术,可以为学习者创建一种学习情境,为学习者的学习行为提供持续的引导、评价和支持,帮助学习者形成科学的学习方法和习惯等;利用Blog等大数据互动交流工具,可以创建互动交流的协作学习环境;运用Moodle、Sakai等开源课程管理平台,可以构建网络学习共同体和教师专业发展开放论坛,不仅创造了新的知识传播载体,还搭建了有效的学习环境,帮助教师通过任务教学、日志排

---

[1] 吴焕庆等.整合技术的学科教学法知识(TPACK)研究的现状和发展趋势[J].远程教育杂志,2012(6).
[2] 詹艺.培养师范生"整合技术的学科教学知识"(TPACK)的研究[D].华东师范大学硕士论文,2011.
[3] 詹艺,任友群.整合技术的学科教学法知识的内涵及其研究现状简述[J].远程教育杂志,2010(4).

名、学习效果反馈、社交网络等激发学生巨大的学习热情；数字视频与网络通信技术可以在短时间内实现有效对接，构建一对一、一对多的学习情境。[1] 大数据背景下，丰富的学习情境为学习方式和内容选择提供了多样化的可能，为教师的多元发展奠定了基础。

1.3.2.2　大数据可以提升教师的教学策略

教师 TPACK 专业发展的关键是利用技术整合学科教学知识，教学中新技术的应用通常会引发教育工作者对学科内容和教学法的思考和重构。技术作为一种工具与手段，是教师教学和专业能力发展不可忽视的一个重要方面。在大规模在线开放课程涌现和教育大数据的时代背景下，教育大数据以其可视化和个性化的特征，为多用户提供了多层面的学习支持。记录在线学习过程与结果的大量统计数据迅速生成，为教学策略制定和学习策略形成提供了海量的信息。教育大数据具有极强的可追踪性和个性化特征，多角度、深入、有效的分析能够为参与在线学习的各方提供即时感知、实时监控和早期预警等方案。基于大数据的学习分析技术，可以对学习者的学习行为、习惯、情绪、兴趣等信息进行记录和追踪，并通过分析与可视化、个性化的显示，为在线教育的学习者、教师、研究者、教育管理者等提供多层次的学习支持，帮助学习者进行自我认知、学习反思以及意义建构，不断提升制定教学策略和学习认知能力。[2]

1.3.2.3　大数据可以拓展学科知识的广度与深度

TPACK 强调学科知识内容的呈现，要求教师了解新技术为学科内容呈现所带来的种种变化，并充分利用各种新技术更加灵活地呈现学科内容，使学科内容能够更加有效地得以转化、总结、呈现，学科知识的深度与广度得以拓展，以便学生理解，最终实现有效的教学。

在大数据时代，学科知识的收集、分析和使用越来越便利，知识的边界不断延伸，教育学科知识的存储、分析和使用实现了巨大的飞跃。大数据时代信息流动快、传播广度大，信息无处不在，唾手可得。在线教育，运用知识管理等各种信息整理、组织和加工技术，生成系统的知识以大规模开放课程的形式推上互联网，能够实现教育大数据的服务共享、协作创新，让学习真正成为一种高度个性化的主动建构过程。

正如麻省理工学院的布林约尔弗森教授所说，大数据好比几个世纪之前人类发明的显微镜对当时的影响。显微镜把人类对自然界的观察和测量水平推进到了"细

---

[1] 涂子沛. 大数据 [M]. 广西师范大学出版社，2014.
[2] 张振虹等. 学习仪表盘：大数据时代的新型学习支持工具 [J]. 现代远程教育研究，2014(3).

胞"级别,带来了历史性的进步和革命;而大数据将成为观察人类自身行为的"显微镜",这个新的"显微镜"将再一次扩大科学的范围,推动人类的知识增长,引领社会发展。如概念图可以更加清晰地记录与表达各种学科知识框架;博客、播客等在行动研究、教学反思、思想冲撞、心得体会、资源积淀、知识呈现、情感交流等方面有卓越的功能,有利于教师认知结构中难以用语言表达的知识、信念、态度和价值体系等内隐知识显性化;云存储、智能传感技术对教育数据的海量积累,对个人在真实世界获得前所未有的记录产生了深刻影响,从而为教育科学的定量分析提供了极为丰富的资源;以社交媒体为特征的 Web 2.0 等技术已经把人与人之间通过网络进行的交流互动推向了新的高度,知识的传播与生成有了新的途径,学科知识不仅仅是那些约定俗成的专业领域知识,更是通过网络协作、情景互动、动态构建所生成的知识。大数据使学科知识不断地产生、积累、过滤和沉淀,拓展了学科知识的广度与深度,推动了教师专业化知识的增长,引领了教师专业化发展。

1.3.2.4 大数据可以促进课堂教学管理与评价

TPACK 关注课堂教学的管理与评价,一个优秀的教师一定能很好地驾驭课堂教学管理与评价。大数据给教育领域的评价、记录和分析带来了便利,大数据支撑的教学不是单纯的数字视频教学,不仅是一个镜头、一段远程录像这么简单,而是利用大规模数据存储和分析技术,尤其是慕课等大规模开放视频教育的兴起,变革了传统的在线教育形态,增加了统计分析、互动互助、行为评价等环节,使师生可以随时对话。计算机能够记录网上的每一次提问,可以分析每个学习阶段学生参与讨论、提交作业等情况,并在统计分析的基础上对学习行为进行管理和评价。电子档案不仅记录了教师专业成长的经历,而且通过多媒体视频等大数据技术表现和展示了教师的个人成就,以实时跟踪技术进行教学过程的及时记录和数字化存储,并通过及时的教学反馈实现教师主体的能动参与、自我反思、和谐发展,然后在"实践—反思—发展"的过程中促进教师专业能力的持续发展。[1] 电子档案袋为教师发展创设了开放的环境,促进了教育资源的共享;将教师发展的过程清晰呈现,为教师专业发展评价提供证据,促进了多元评价和过程性评价的实施。

大数据背景下的知识管理为教师专业发展提供了数字化管理平台,实现了教师的知识管理,其实就是实现了教师学科知识和教学智慧的组织管理、持续创造与传递——通过大数据技术对知识进行数字化获取、加工、存储,并通过数字网络进行广泛传播,将知识管理作为一种知识的开发、组织和集中的手段,通过与他人的交流与共享,实现了对教师个人的管理,促进了教师的整体发展。

---

[1] 魏志春,季磊.创建教师专业发展的开放环境——探索以网络为载体的电子档案袋评价模式[J].开放教育研究,2006(3).

参考文献

[1] 陆璟.大数据及其在教育中的应用[J].上海教育科研,2013(9).

[2] http://www.stcsm.gov.cn/gk/ghjh/333008.htm.2013年8月7日检索.

[3] 张韫.大数据改变教育——写在大数据元年来临之际[J].上海教育,2013(4).

[4] 喻长志.大数据时代教育的可能转向[J].江淮论坛,2013(4).

[5] 徐鹏,王以宁,刘艳华,张海.大数据视角分析学习变革——美国《通过教育数据挖掘和学习分析促进教与学》报告解读及启示[J].远程教育杂志,2013(12).

[6] 胡德维.大数据"革命"教育 让考试变得更科学[N].光明日报,2013年10月19日.

[7] 大数据在教育领域如何应用[EB/OL].http://www.5271.sh.cn/shtml%20.asp?p=39.

[8] 移动互联网与大数据时代的教育变革[EB/OL].http://www.chinadaily.com.cn/tech/2013-05/23/content_16525621.htm.

[9] 魏忠,张芳芳.综述:大数据与教育革命[EB/OL].http://blog.sina.com.cn/s/blog_537ef17301011qe9.html.

[10] 教育"大数据"就在你身边[EB/OL].http://www.hnucc.com/2011/nic/ShowArticle.jsp?id=81633.

[11] 赵妹淳,孙曙辉.大数据技术及其在教育领域的应用[J].中小学信息技术教育,2014(3).

[12] 王晓波.大数据促进教育变革与创新——专访中央电化教育馆王晓芜副馆长[J].中小学信息技术教育,2013(10).

[13] 大数据时代的教育革命[EB/OL]http://bbs.pinggu.org/forum.php?mod=viewthread&tid=2632887&page=1

[14] 在线教育平台和大数据对教育领域正在发生的革命性影响[EB/OL].http://www.cnein.ac.cn.

[15] 魏忠.大数据时代的教育[EB/OL].http://www.edu.cn/bigdate_12674/20140729/t20140729115 7265.shtml.

[16] 魏志春,季磊.创建教师专业发展的开放环境——探索以网络为载体的电子档案袋评价模式[J].开放教育研究,2006(3).

[17] 王艳玲.教师应该具备哪些知识——近20年来美国教学"知识基础"研究述评[J].外国中小学教育,2009(8).

[18] 李美凤,李艺.TPCK:整合技术的教师专业知识新框架[J].黑龙江高教研

究,2008(4).

[19] 冯茁,曲铁华.从PCK到PCKg:教师专业发展的新转向[J].外国教育研究,2006(12).

[20]Shulman,L.S.Those who understand:Knowledge growth in teaching[J]. Educational Researcher,1986(15),1986(5).

[21] 梁永平.论化学教师的PCK结构及其建构[J].课程教材教法,2012(6).

[22] 詹艺.培养师范生"整合技术的学科教学知识"(TPACK)的研究[D].华东师范大学硕士论文,2011.

[23] 詹艺,任友群.整合技术的学科教学法知识的内涵及其研究现状简述[J].远程教育杂志,2010(4).

[24] 维基百科 http://www.tpack.org/tpck/index.php?title=Main_Page.

[25] 阮士桂.TPACK框架下《现代教育技术》公共课设计研究[D].东北师范大学硕士论文,2013.

[26] 郝宁,吴庆麟.技术—教学法—内容知识:对教师的新要求[J].首都师范大学学报(社会科学版),2009(1).

[27] 闫志明,徐福荫.TPACK:信息时代教师专业化的知识基础[J].现代教育技术,2013(3).

[28] 吴焕庆等.整合技术的学科教学法知识(TPACK)研究的现状和发展趋势[J].远程教育杂志,2012(6).

[29] 涂子沛.大数据[M].广西师范大学出版社,2014.

[30] 张振虹等.学习仪表盘:大数据时代的新型学习支持工具[J].现代远程教育研究,2014(3).

第 2 章　教育大数据实现技术

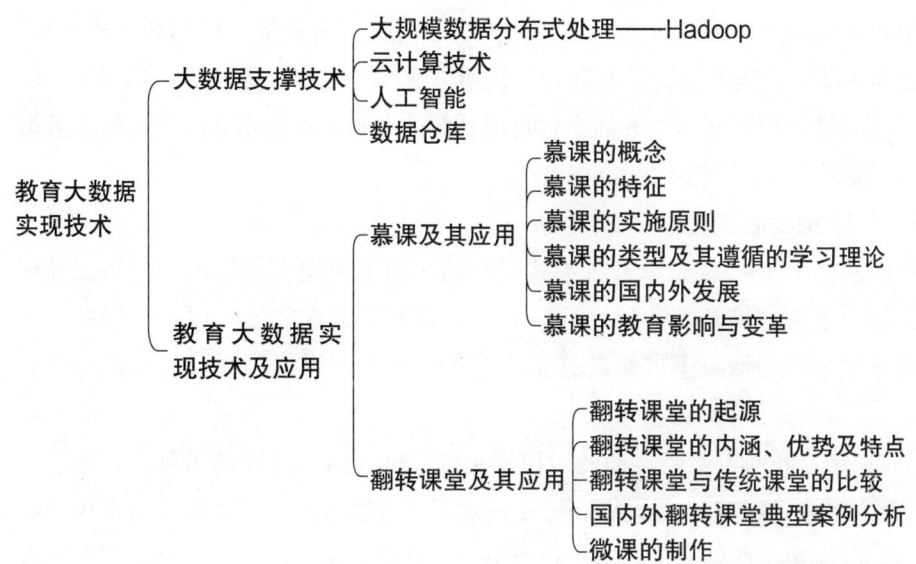

信息技术的进步推动了大数据的发展,从第一台电脑诞生到移动通信、互联网,再到大数据,都是技术推动了社会进步。信息技术在教育领域的应用推动了教育大数据时代的到来,新的大规模数据分布式处理技术实现了结构化与非结构化数据存储;联机分析和数据挖掘实现了教育的探索性分析;人工智能提高了教育管理与决策的质量;云计算实现了开放教育资源的共享;慕课与翻转课堂为教育大数据的广泛应用提供了现实技术。

2.1 大数据支撑技术

2.1.1 大规模数据分布式处理——Hadoop

要想实现大数据的全部价值，就必须采用新的方法来采集、存储和分析数据。传统的工具和基础设施不能高效处理如今快速生成的更大型、更多样的数据集。而 Hadoop 作为一种可以在通用服务器上运行的开源分布式处理技术，成为目前大数据浪潮的第一推动力量。

2.1.1.1 Hadoop 的概念[1]

简单地说，Hadoop 就是以开源形式发布的一种对大规模数据进行分布式处理的技术，是一个更容易开发和运行处理大规模数据的软件平台。用户可以在不了解分布式技术细节的情况下，开发分布式程序，充分利用集群的威力高速运算和存储。

Hadoop 是互联网上最受欢迎的对搜索关键字进行内容分类的工具。它通过并行执行机制加快处理速度，大大提高了使用效率，可以解决许多伸缩性要求极大的问题；Hadoop 是一个能够对大量数据进行分布式处理的软件框架。通过对多个工作数据副本的维护，它能够对失败的节点重新进行分布处理，实现一种可靠、高效、可伸缩的数据处理。

2.1.1.2 Hadoop 的开源框架

Hadoop 是由 Apache 软件基金会开发的一个开源软件，其目的是将应用程序细分在集群中任意节点上，这些节点都可以执行成百上千个工作负载，并分配给多个节点来执行；其理论基础是美国谷歌公司于 2004 年发表的一篇关于大规模数据分布处理的文章，题为"MapReduce：大型集群中的简化数据处理（MapReduce: Simplified Data Processing on Large Clusters）"。[2]Hadoop 其实是将 MapReduce 通过开源方式进行实现的框架名称。作为大数据分析的一种完整开源框架，主要由分布式文件系统、并行处理框架和多种不同的组件构成，支持数据获取、工作流协调、任务管理以及集群监控等功能。Hadoop 的大数据处理优势在于比传统方法能更经济、

---

[1] 大规模分布式数据处理平台 Hadoop 的介绍 [EB/OL].http://www.nowamagic.net/librarys/veda/detail/1767.
[2] 城田真琴著.周自恒译.大数据的冲击 [M].人民邮电出版社，2013.

高效地处理大型非结构化数据集。

Hadoop 实现了一个分布式文件系统（Hadoop Distributed File System，简称 HDFS）。HDFS 有着高容错性的特点，并且适合用于部署在低廉的硬件上。它适合那些有着超大数据集的应用程序。HDFS 放宽了 POSIX 的要求，这样可以更高效地访问文件系统中的数据。

Hadoop 还实现了 MapReduce 分布式计算模型。MapReduce 是 Hadoop 中的软件编程框架，是一个用于大规模数据处理的分布式计算模型，能够简化大数据集的处理工作，为编程人员定义和协调复杂的处理任务提供了一种通用方法。MapReduce 最初是由谷歌工程师设计的，他们定义 MapReduce 是一种编程模型。很多现实世界中的任务都可用这个模型来表达，具体如图 2-1 所示。

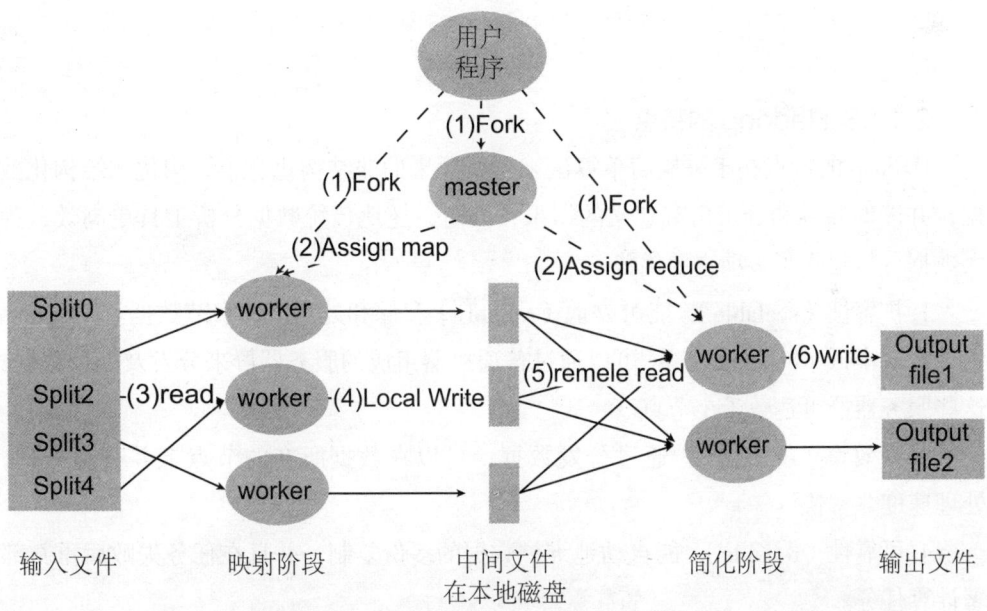

图 2-1 MapReduce 模型计算示意图

MapReduce 应用的工作原理如下：Map（映射）任务将数据集分拆为独立数据块进行并行处理，之后系统对 Map 任务输出结果进行排序，并提交至 Reduce（化简）任务。这些任务的输入和输出信息均存储在 Apache Hadoop 分布式文件系统。这一系统通常在相同的节点上处理和存储数据，从而能够更高效地在数据驻留的节点上协调任务，在节点间实现更高的聚合带宽。MapReduce 通过安排任务、监视活动和重新执行失败的任务来简化应用编程人员的工作，具体处理流程如图 2-2 所示。

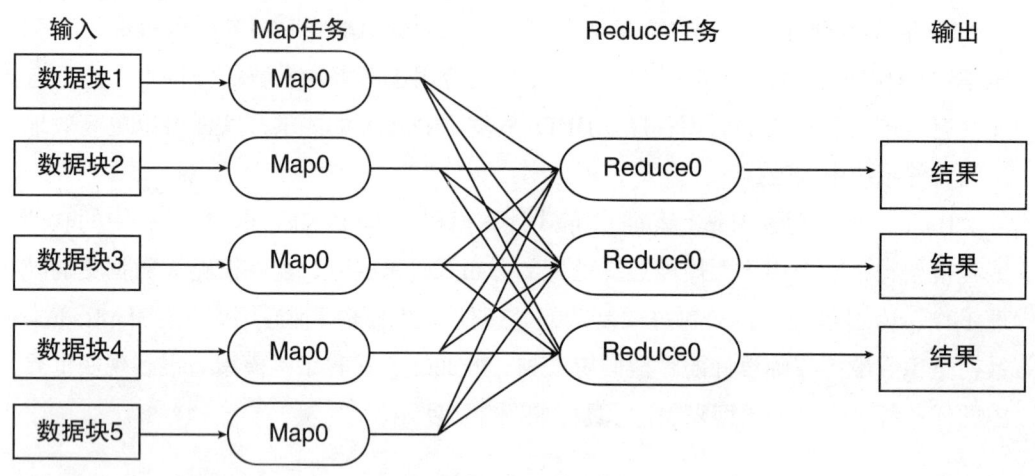

图 2-2　MapReduce 数据处理图

2.1.1.3 Hadoop 的特点

Hadoop 的特点在于采用简单算法来分析原来的非结构化、半结构化和结构化数据，并能够探寻和分析出有意义的结果；同时，还比传统数据分析工具更高效，为大数据分析建立了多项重要优势：

1. 扩容性（scalable）：能可靠地（reliably）存储和处理千兆字节数据。

2. 成本低（economical）：可以通过普通机器组成的服务器群来分发及处理数据，这些服务器群可达数千个节点。

3. 高效率（efficient）：通过分发数据，可以在数据所在的节点上并行地处理，处理速度非常快。

4. 可靠性（reliable）：能自动地维护数据的多份复制，并且在任务失败后重新部署计算任务。

2.1.2　云计算技术

大数据要求通过服务器集群支持相应的工具，以满足大数据的庞大容量、生成速度和多样化的格式要求。云计算已经在服务器池中部署，并且可根据大数据的需求向上或向下扩展。因此，云计算能够以经济高效的方式为大数据技术和高级分析应用提供支持，进而实现重大的实用价值。

2.1.2.1 云计算概念

云计算不仅指基于互联网的相关服务增加、使用与交付模式,也指在数据中心里提供这些服务的硬件和软件。[1]

专业的信息技术名词百科 Whatis.com 广义地将云计算解释为一切能够通过互联网提供的服务。服务类型有软件即服务(Software as a Service, SaaS)、平台即服务(Platform as a Service, PaaS)、基础设施即服务(Infrastructure as a Service, IaaS)三个层次。

亚马逊认为,云计算就是不同系统之间相互提供服务,软件在不同系统之间以服务的方式运行,在互联网提供服务时,这些系统的总体就成了"云"。

Salesforce.com 认为,云计算实质上是一种更加友好的业务服务模式,在该服务模式下,用户通过登录互联网就可以获得个性化的服务定制,实现高效、快捷地使用共享应用程序。[2]

国际商业机器公司认为,云计算是一种创新的信息技术商业服务消费形式,实现一种共享的网络交付模式,并按服务使用情况付费。[3]

综上所述,"云计算模式的核心是硬件与软件资源被封装成服务,在物理上分布式共享,在逻辑上的单一整体呈现",[4] 帮助用户实现通过网络按需访问与使用,并根据需要进行动态扩展与配置。这种模式的主体是所有连接着互联网的实体(人、设备或程序),客体是服务本身,业务的创建、发布、执行与管理全部在网络上进行,而使用者只需按资源的使用量或者业务规模付费。

2.1.2.2 云计算的种类

云计算可以按照提供的服务类型与服务方式进行划分。每种划分都有具体的分类标准,有利于对云计算进行深入了解。参照美国国家标准技术研究院(NIST,2009)以服务类型分类,本书中将云服务分成软件即服务 SaaS、平台即服务 PaaS 与基础设施即服务 IaaS 三类,具体如图 2-3 所示。

---

[1] Cloud computing[EB/OL].http://en.wikipedia.org/wiki/Cloud_computing.
[2] 刘小帅.PC 制造商转型与 HaaS 商业模式创新的研究[D].北京邮电大学硕士论文,2010.
[3] 丁守哲.基于云计算的建筑设计行业信息系统开发模式与实现技术研究[D].合肥工业大学硕士论文,2012.
[4] 严梅.传感器网络云仿真平台架构设计[D].中南大学硕士论文,2010.

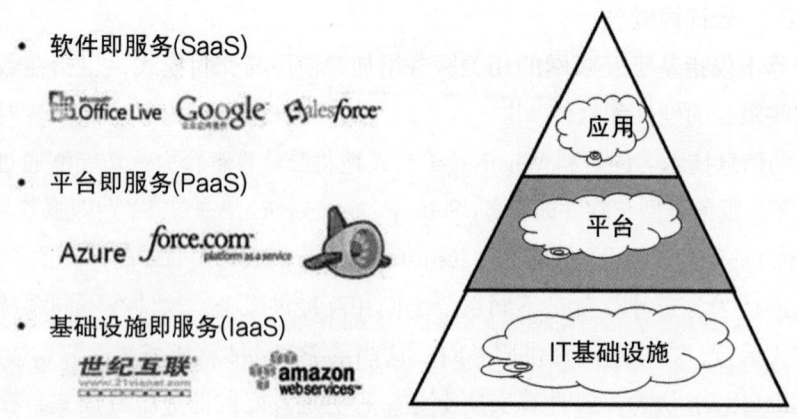

图 2-3　云计算服务类型

1. 基础设施云（Infrastructure Cloud）

基础设施云主要为用户提供最底层的操作硬件资源的服务接口。用户通过调用服务接口可以直接获取各种存储资源与计算服务，而且不受限制。亚马逊弹性计算云（Amazon Elastic Computer Cloud，EC2）是 IaaS 的一个经典运用，可以将计算处理能力打包为资源提供给用户，并快速地初始化和回收虚拟服务器资源。

2. 平台云（Platform Cloud）

平台云主要为用户提供统一的服务托管平台，只要服务应用的开发与部署参照平台的规则与约束，都能够将其托管到云平台中，所涉及的动态资源调整等管理工作即完全由平台负责。谷歌的 App Engine 是 PaaS 的典型运用，主要为 Web 应用提供运行环境。[1]

3. 应用云（Application Cloud）

应用云能够为用户提供针对某一特定功能的、基于浏览器的个性化服务应用。应用云其实是开发完成的软件，只要进行一些定制开发就可以交付用户直接使用，但灵活性较低。Salesforce.com 是 SaaS 的典型运用，为满足客户不断改进的业务需求，将专业的客户关系管理应用模块打包成解决方案提供给用户。

其实，正如我们所熟悉的软件架构范式自底向上依次分为"计算机硬件—操作系统—中间件—应用"，这种云计算的分类也暗含了相似的层次关系。不同类型的云其实就是云的不同层次提供的服务。综上所述，可以将云计算进行如下服务类型划分（如表 2-1 所示）。

---

[1] 刘小帅.PC 制造商转型与 HaaS 商业模式创新的研究 [D]. 北京邮电大学硕士论文，2010.

表 2-1　按服务类型划分云计算[1]

分类	服务类型	运用灵活性	运用的难易程度
基础设施云	接近原始的计算存储能力	高	难
平台云	应用的托管环境	中	中
应用云	特殊功能的应用	低	易

这三种云服务向使用者提供了不同程度的共享，基础实施服务共享物理硬件，平台服务允许租户共享同一个操作系统与应用框架，软件服务一般共享整个软件栈。这三种服务表现了对优化和灵活性方面的不同取舍，具体如图 2-4 所示。优化方面，充分考虑多租户与大规模的可伸缩性；灵活性方面，考虑融合各种不同约束和自定义的功能。[2]

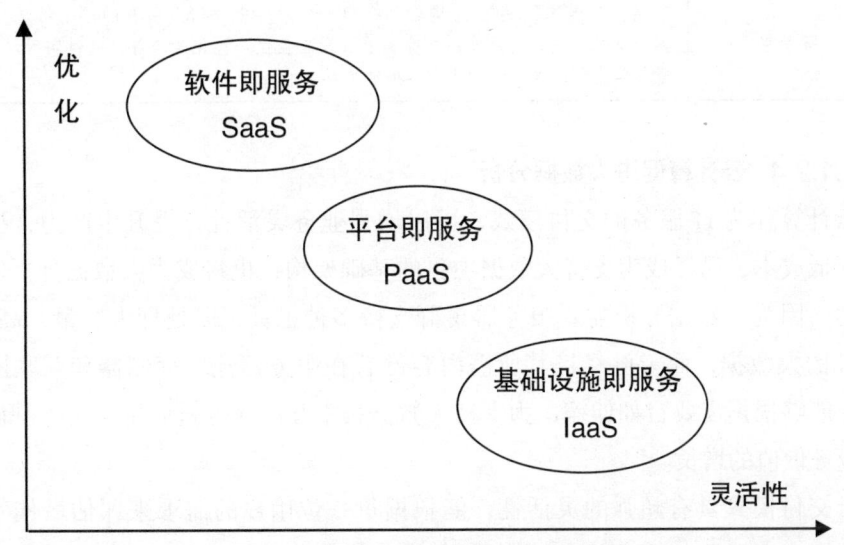

图 2-4　软件、平台与基础设施即服务

2.1.2.3　云计算的特点

同云计算的概念一样，云计算的特点也是丰富多彩的。谷歌公司提出了云计算的六个方面特点，美国国家标准和技术委员会（National Institute of Standards and Technology, NIST）提出了九个特征，国内学者刘鹏等人总结了七个特征。在综合国

---

[1] 崔倩楠. 基于云计算环境的虚拟化资源平台研究与评价[D]. 北京邮电大学硕士论文，2011.
[2] John Rhoton, Risto Haukioja著. 赵龙刚, 金振林等译. 云计算架构解决方案设计手册[M]. 机械工业出版社，2012.

内外学者研究的基础上，结合云计算的概念进行比较分析，本书从云数据、云性能、云服务端、云客户端四个方面对云计算的特点详细列表分析，具体如表2-2所示。

表2-2 云计算的四维度特点分析[1]

技术维度	特征分析与解释
云数据	数据在云端存储，任何终端设备通过接入互联网都可以同时访问数据文件，并与多人异地共享，真正实现随时随地随需地进行数据访问；云中的数据既可靠又安全，不需要考虑因硬盘损坏或者计算机病毒入侵而导致存储数据的丢失。
云性能	应用通用性好，不受特定应用的束缚，同一个云同时可以支撑多种应用的运行；具有海量存储空间、超强计算能力、超强可扩展性和性能优异的特点。"云"支持千变万化的应用，潜力无限。
云客户端	客户端设备设施门槛低，只要能够接入互联网，不需要电脑硬件的特定升级与环境配置，不需要安装与升级应用软件，不需要系统维护；终端设备接入形式多元化，智能手机、PDA、平板电脑、普通个人电脑等都可接入，使用方便，价格低廉。
云服务端	可利用普通的PC组云，构建一个超大的服务器集群；所有的应用扩展、迁移、备份集成为虚拟资源池；按需部署、动态提供个性化的服务；通过实时动态扩展服务器集群，提升云计算的服务能力。

2.1.2.4 云计算促进大数据分析

云计算作为IT服务的交付模式，可以增强业务灵活性，提升生产力，提高效率，降低成本，已经成为支持大数据项目的基础架构，也将成为大数据分析发展的推动力。因为大数据分析需要服务器集群支持多种工具，以处理大容量、高速度、多样性的大数据，而云已经将其所需内容部署在服务器池、存储器和互联网资源上，并能够根据需要自如伸缩，为支持大数据技术和高级分析应用奠定了基础，能推动业务价值的增长。

云交付模式具有超强的灵活性，能根据每一位用户的需求来评估最佳实践方案，既支持内部私有云环境，可选择添加大数据分析内部服务，又可以使用服务提供商的云服务，或是创建混合云，保护私有云中的敏感数据，并利用公用云中的重要外部数据资源和应用程序。

利用云基础架构分析大数据非常有价值，具体分析如下：

1. 大数据分析可推动建设更高效、经济的基础架构

支持分布式计算模式的资源，往往位于内部的大中型数据中心，私有云能够提供更高效、更经济的模式实现内部数据分析，同时借助公有云服务补充内部资源。

2. 大数据可以混合内部和外部的数据源

---

[1] 宁宁. 高校数字化教育资源云共享模式与机制研究[D]. 浙江师范大学硕士论文，2011.

敏感数据往往保存在内部，而第三方生成的大体量数据往往存储于外部，其中部分数据已存储在云环境中。无论数据在内部或公共数据中心，还是位于边缘系统和客户端，就地分析数据更具合理性。

3. 攫取大数据价值需要数据服务

根据需求和应用场景，对IT预算的最佳利用是重点实施分析即服务（AaaS），因为它既支持内部私有云、公有云，也支持混合云。

4. 释放云中大数据的潜力

云计算模式有助于释放可扩展分析的潜能。在数据存取、洞察发掘和价值创造方面，云能体现绝佳的灵活性和高效性。通过云服务提供大数据分析，可以选择利用私有云来降低风险并加强控制；或利用公有云基础架构、平台或分析服务继续提升扩展性能；或使用组合私有云和公有云资源和服务的混合模式。

2.1.3 人工智能

人工智能领域的一些理论和比较实用的方法，已经开始应用于大数据分析，并初步显现出令人振奋的结果。在人工智能领域，经过长期的研究，已经积累了很多研究方法和应用技术，例如自然语言语义分析、信息提取、知识表现、自动化推理、机器学习等。目前，这些技术正在逐步应用于大数据技术的前沿领域，挖掘大数据蕴含的规律和价值，为人类决策提供支撑。在人工智能和大数据技术不断相互促进下，人工智能技术有可能使机器真正获得自主学习和研究的能力，以便处理未预先定义的新情况，并使其变成机器拥有的一种新知识，甚至发展成为机器的创造能力，真正实现与人类相似甚至超越人类的智能。因此，大数据时代的到来，也开启了人工智能的新篇章。

2.1.3.1 人工智能概述

人工智能作为一门交叉学科，涉及计算机科学、生理学、心理学、哲学和语言学等多个领域，是一门研究运用计算机模拟和延伸人脑功能的综合性科学。它通过运用计算机模拟人脑的感知、推理、学习、思考、规划等人类智能活动，来解决需要用人类智力才能解决的问题，以延伸人类智能。研究内容主要包括：知识表示、自动推理和搜索方法、机器学习和知识获取、知识处理系统、自然语言理解、计算机视觉、智能机器人、自动程序设计。

知识表示是人工智能的基本内容。推理和搜索都与表示方法密切相关。常用的知识表示方法有逻辑表示法、产生式表示法、语义网络表示法和框架表示法等。

自动推理是知识的使用过程。由于有多种知识表示方法，相应地就有多种推理方法。推理过程一般可分为演绎推理和非演绎推理，谓词逻辑是演绎推理的基础，结构化表示的继承性推理是非演绎性的。由于知识处理的需要，近几年来提出了多种非演绎推理方法，如连接机制推理、类比推理、基于示例的推理、反绎推理和受限推理等。

搜索是人工智能的一种问题求解方法。搜索策略决定着推理步骤中知识被使用的优先关系，可分为无信息导引的盲目搜索和用经验知识导引的启发式搜索。启发式知识常由启发式函数来表示，启发式知识利用得越充分，求解问题的搜索空间就越小。

机器学习是人工智能的重要课题。机器学习是研究如何使用机器来模拟人类学习活动的一门学科。从人工智能的角度来讲，机器学习就是根据生理学、认知科学等对人类学习机理的了解，建立人类学习过程的计算模型或认知模型。发展各种学习理论和学习方法，研究通用的学习算法并进行理论上的分析，建立面向任务的、具有特定应用的学习系统。按照学习机制的不同，主要分为归纳学习、分析学习、连接机制学习和遗传学习等。

知识处理系统主要由知识库和推理机组成。当知识库存储系统所需要的知识量较大而又有多种表示方法时，知识的合理组织与管理是重要的。推理机在问题求解时，规定使用知识的基本方法和策略，推理过程中为记录结果或通信需建数据库或采用黑板机制。如果在知识库中存储的是某一领域（如医疗诊断）的专家知识，则这样的知识系统称为专家系统。为适应复杂问题的求解需要，单一的专家系统需向多主体的、分布式人工智能系统发展，这时，知识共享、主体间的协作、矛盾的出现与处理将是研究问题的关键。

2.1.3.2 人工智能促进教育变革[1]

在教育中，人工智能的应用虽然不能改变教育过程的实质，但却可以改变教育过程的组织序列，拓展教育教学问题的思路，使教学效果明显改善乃至引发教育模式的重大创新。人工智能广泛地应用于教育领域，促进了教育的变革与创新，它不仅可以多媒体化、网络化地呈现教学内容，也可以智能化、决策化地进行教学策略指导，还可以进行情境化、过程性的教学评价。

1. 教学过程个性化、交互性

智能代理和智能教学系统的应用，为实现教学过程的个性化、交互性奠定了技术基础。从技术的角度看，智能代理是由各种技术支撑着的许多实用应用的集合，利用这些特性来扩展应用功能，可以达到自动执行用户委托任务的目的。学生可以

---

[1] 钟琦，胡水星. 人工智能在教育中的整合应用研究[J]. 赣南师范学院学报，2011（32）.

使用智能代理技术进行搜索、导引、查询有效知识。由于它具备学习功能，能够主动、高效地从网络信息空间中发现和收集用户所需信息，因此有助于解决使用单一关键字匹配查询时搜索引擎引起的大量无关信息的涌现、信息检索的精确度较低等问题，使得教师和学生在教与学的过程中，提高知识提取效率，加强交互学习和自主能动学习。尤其是智能教学系统的运用，在教育过程中，它可以根据不同的学习者模型和学习请求，经过推理，智能地选择最佳教学策略和教学素材来进行教学，较好地实现个性化教学。

2. 教学内容多媒体化、网络化

多媒体技术、超媒体技术迅速兴起和蓬勃发展，并被迅速应用到教育中来。多媒体、超媒体信息载体具有多样性、交互性、集成性、非线性等特点，将改变教学的模式、内容、手段、方法。多媒体、超媒体能提供理想的、视听资源合一的多模式综合教学环境，对教育、教学过程产生深刻的影响。同时，通过互联网开展的合作学习模式引起了人们极大关注，并成为多学科交叉发展的一个新领域。教学内容网络化的发展趋势使得资源共享成为整个教育系统的有机组成部分，有利于促进各学科领域之间的整合交叉。人工智能已经与多媒体技术、网络技术、数据库技术等有效融合，为提高学习效率和效果提供了有力的技术支持，并引起了教育技术界的广泛关注。

3. 教学策略智能化、决策科学化

专家系统的开发和应用，为教育教学的智能化、决策科学化提供了有力技术支撑。专家系统是一个具有大量专门知识与经验的程序系统，它使用人工智能技术，根据某个领域中一个或多个专家提供的知识和经验进行推理和判断，以解决那些需要专家解决的复杂问题。专家系统主要由知识库、综合数据库、推理机、解释器和接口五部分组成。教学专家系统的主要功能是根据对学生知识水平、性格特点等方面的分析，设计最适合的教案并选择不同的教学方法对具有不同特征的学生进行相应的教学和辅导。

4. 教学评价的情境化、过程化

针对传统仿真模型和建模方法的局限性，将人工智能与仿真技术结合，可以衍生出智能仿真技术。在日常教学的实验环节和智能仿真技术的实验系统中，该技术可以很好地对实验数据进行预处理，生成实验模型，选择有效的实验方法并对实验结果进行分析，从而构建真实的实验情景。人工智能与人工神经网络的结合，主要是指人工智能中的专家系统与人工神经网络的结合，可以大大提高整个专家系统的智能性，使其能更好地应对纷繁复杂的现实问题，并提出解决方案。教育专家系统与人工神经网络的结合，可应用于教育评价管理，提高过程性评价的有效性。

2.1.4 数据仓库[1]

大数据不仅是数据仓库技术的升级版,同时也是一场革命。大数据的宣言:毋庸置疑,大数据是一场大变革。谈到大数据,首先想到的是数据管理。在数据管理方面,容易联想到的是 Hadoop 和 MapReduce 等新兴技术,但是这些新兴技术并不能解决所有的数据管理问题。数据仓库作为一种传统的数据管理技术,在大数据时代依然保持着活力,数据仓库和大数据的结合就是通过技术手段来解决业务问题。随着大数据的发展,数据仓库对于企业决策的支持作用将会越来越大。由此,数据仓库也会成为大数据解决方案的技术支撑。

2.1.4.1 基本概念

数据仓库之父比尔·恩门在 1991 年出版的《建立数据仓库》一书中所提出的定义被广泛接受,他把数据仓库定义为一个面向主题的(subject oriented)、集成的(integrate)、相对稳定的(non-volatile)、反映历史变化(time variant)的数据集合,用于支持管理决策。数据仓库是一个过程而不是一个项目,是一种环境而不是一件产品。数据仓库为用户提供决策支持的当前和历史数据,这些数据在传统的操作型数据库中很难或无法得到,数据仓库技术是为了有效地把操作数据集成到统一的环境中以提供决策型数据访问的各种技术和模块的总称。它的目的是为了让用户更快、更方便地查询所需信息,并向用户提供决策支持服务。

2.1.4.2 数据仓库的组成

1. 数据库

数据库是整个数据仓库的核心,是数据存放的地方,提供对数据检索的支持。相对于操作型数据库,其突出的特点是对海量数据和快速检索技术的支持。数据仓库借助 NoSQL 数据库支持结构化、非结构化和半结构化数据,有效实现对关系型数据库管理系统(RDBMS)相关功能的补充,为教育大数据的数据挖掘和学习分析提供技术支持,而且还能够提供实时数据分析,这将是未来的发展趋势。

NoSQL 数据库具有数据结构简单、不需要结构定义、不对数据一致性进行严格保证、通过横向扩展实现可扩展性等特点,这非常适合以非结构化数据为中心的大数据处理,可以实现对社交媒体、传感器网络等产生的图片、视频、网页等各种非结构化和半结构化教育信息的存储、共享与管理,进而实现对教育信息的实时分析。

2. 数据抽取工具

---

[1] 数据仓库.[EB/OL]http://baike.baidu.com/link?url=BsCqyXt1TU6Qt520aUZtrkWcAV41wKMIwrF5aTwwyKyfTqsNdpGBS3cJZYXZIdgP.

数据抽取工具的功能是把数据从各种各样的存储方式中抽出来,进行必要的转化、整理,再存放到数据仓库中。对各种不同数据存储方式的访问能力是判断数据抽取工具优劣的关键,但应都能生成 COBOL 程序、MVS 作业控制语言(JCL)、UNIX 脚本和 SQL 语句等,以访问不同的数据。数据转换包括删除对决策应用没有意义的数据段、转换统一的数据名称和定义、计算统计和衍生数据、赋给缺省值、把不同的数据定义方式统一。

3. 元数据

元数据是描述数据仓库内数据结构和建立方法的数据,是数据仓库运行和维护的中心,数据仓库服务器利用它来存储和更新数据,用户通过它来了解和访问数据。元数据为访问数据仓库提供了一个信息目录,这个目录全面描述了数据仓库中的数据类型及其获取途径和访问途径,据此可将其分为技术元数据和商业元数据两类。

技术元数据是数据仓库的设计和管理人员用于开发和日常管理数据仓库时使用的数据,包括数据源信息,数据转换的描述,数据仓库内对象和数据结构的定义,数据清理和数据更新时的规则,源数据到目的数据的映射,用户访问权限,数据备份历史记录、数据导入历史记录、信息发布历史记录等。

商业元数据从商业的角度描述了数据仓库中的数据,包括业务主题的描述包含的数据、查询、报表。

4. 访问工具

访问工具为用户访问数据仓库提供手段,包含数据查询和报表工具,应用开发工具,管理信息系统工具,联机分析处理工具,数据挖掘工具等。

2.2 教育大数据实现技术及应用

2.2.1 慕课及其应用

2.2.1.1 慕课的概念

2008 年,斯蒂芬·唐斯和乔治·西蒙斯创造的"大规模开放式在线课程(Massive Open Online Courses)",简称"慕课"(MOOC),被定义为网络学习下一步演变的方向。最初,"慕课"的概念实质上是一种网络课程,始于 2008 年加拿大阿萨巴斯卡大学的一门名为"连通主义和关联知识"(Connectivism and Connective Knowledge)的课程,面向全世界人们开放,课程的参与者成千上万,遍布全球。

慕课旨在进行大规模的学生交互参与，开展基于网络的开放式资源获取的在线课程。与传统网络课程不同的是，慕课除了提供视频资源、文本材料和在线答疑外，还为学习者提供各种用户交互性社区，建立交互参与机制。[1]它是由精英大学率先启动的、以致力于学习革命为目的的非营利性高深知识传播体，为全球各国不同人群提供了优质的教育资源。首先，它不同于通过电视广播、互联网、辅导专线、函授等形式开展远程教育的传统教育形式，也不完全等同于近期兴起的教学视频网络共享——公开课，更不同于基于网络的学习软件或在线应用。就目前的大规模开放式在线课程（包括 Coursera、Edx、Udacity 等）而言，在慕课模式下，学校的课程、课堂教学、学生学习进程、学习体验、师生互动过程等得以完整地、系统地在线实现。慕课的发展演变如图 2-5 所示。

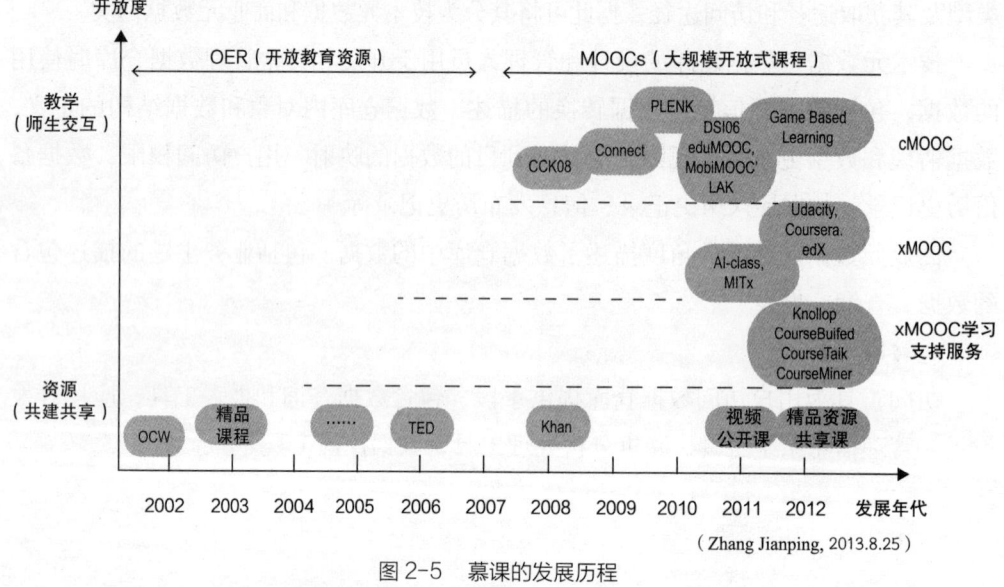

图 2-5　慕课的发展历程

2.2.1.2　慕课的特征

慕课反映的是"以学为本"的教学价值取向，宗旨是充分调动学生主动学习的积极性。在慕课环境中，视频课程被切割成 10 分钟甚至更小的"微课程"，在课程中嵌入随堂测试，就像游戏里的通关设置，只有答对了才能继续听课，学生的注意力需要高度集中。同时，微课程能满足随时随地的学习需求。[2]

关于慕课，可以从课程模式、教育形式、学习环境等不同角度去理解。

1. 一种课程模式：有较完整的课程结构（课程目标、协调人、话题、时长、

---

[1] 王颖, 张金磊, 张宝辉. 大规模网络开放课程 (MOOC) 典型项目特征分析及启示 [J]. 远程教育杂志, 2013(4).
[2] 方鸿琴. "慕课"能否引发大学教学模式变革 [J]. 中国社会科学报, 2013(9).

作业等）；

2. 一种教育形式：开放课程（人数、时间、地点、资源开放，网络传播）；
3. 一种巨型课程：学习人数众多，学习资源丰富；
4. 一种生成式课程：学习者通过讨论、组织活动、思考和交流获得知识；
5. 一种开放性的学习环境：学习者可选择多种工具或平台参与学习。

大规模在线开放课程是互动的，学生不仅能和上课的教授在线交流，而且能进入学习社区和成千上万的同学交流讨论。课程上有着完整的学习和管理系统。慕课的这些特征与教育创新需求不谋而合：它无时无处不在，公众可随时随地聆听名师讲课；它的特点是教学相长，教和学互相影响和促进，亦学亦师，学习者相互学习。它利用网络教育，为全球数百万希望得到学习机会的人们提供崭新的教育途径。[1]

2.2.1.3 慕课的实施原则[2]

1. 汇聚：大部分内容是动态汇集的，学习者可根据兴趣爱好选择学习内容。慕课课程的核心与要点在于，提供一个在不同地方在线开发、海量学习内容的起点，这些学习内容随后被聚集在一起，作为一种简报或者一个网页，使参与者可以定期访问浏览。它与传统课程的重要区别在于：在传统课程中，学习内容是由教师提前准备好的；而在慕课课程中，大部分内容是动态汇集的，课程为分布在互联网各处的海量内容提供了一个集合点，这些内容会通过网页或课程通信等形式聚合以提供给课程的使用者。学习内容是无止境的，学习者无法读完所有的内容，他们可以根据自己的兴趣选择学习内容。

2. 混合：学习过程中学习者将课内外内容混合，相互连接，相互引用与联系，将学习者自己的资源和课程资源混合，重新组织在一起学习。例如通过撰写博客、社会性书签记录和分享新资源，参与论坛讨论、发表简短的意见等。

3. 转换：根据学习目标转换聚合的课程资源以及混合后的资源，鼓励学习者编撰新的内容。根据学习者自己的目标，量身定做适应于每一位学习者和参与者的课程资源，转换聚合的课程资源以及混合后的资源进行学习。课程的目标不是让学习者重复课程已有的内容，而是鼓励他们在此基础上有所创新。学习者基于课程已有知识，可以根据自己的理解和想法编撰新的学习内容。

4. 分享：学习者积极与他人分享自己所创作、混合或转换的创意和内容，能引起更多的回应和评论。分享的内容可以是新资源、新观点、新见解等。这些内容中有价值的部分也会被课程协调人汇聚到课程中。

---

[1] 徐倩. MOOCs 慕课，引领学习模式新变革——C9 高校共享在线开放课程[J]. 上海教育，2013(25).
[2] 吴淑苹. MOOC 课程模式下云学习环境研究[J]. 软件导刊，2013(3).

2.2.1.4 慕课的类型及其遵循的学习理论

1. 慕课的分类

不同的意识形态驱动慕课呈现不同的课程设计倾向，慕课在探索中出现了多种教学模式。按教学模式不同，慕课分为基于内容的（xMOOC）、基于网络的（cMOOC）及基于任务的（tMOOC）三类。

xMOOC 与一般网络远程教学课程无异，以行为主义教学理论为基础，属于知识复制型。以斯坦福的《人工智能》慕课为例，学生通过观看教学视频学习，辅以在线测评、同伴互助及编程练习达到学习目的。

cMOOC 是让学生运用社交软件围绕专题开展研讨，每1到2周探究一个专题，以联通主义理论为指导，属于知识建构型。

tMOOC 采取基于任务的学习方式，以建构主义理论为指导。例如：在新媒体传播课程中，要求学生利用工具独立编写数字故事，然后在网上提交作品，其间，老师仅起到指点的作用。

三种分类及具体区别见表2-3。

表 2-3　慕课的三种分类[1]

类型	cMOOC	tMOOC	xMOOC
类型特点	在对话、社交中建构知识	在完成多种任务中重技能获取	在传统授课方式中进行知识获取
理论基础	联通主义	建构主义	行为主义
课程组织	侧重于自组织、内容动态生成	侧重于自组织、内容动态生成	侧重于他组织、内容动态生成
评价方式	用传统方式评价较难	用传统方式评价较难	机器评价
典型项目	西蒙斯："Plenk"关联主义和关联知识"	格鲁姆：DS106 莱恩：POT cert	Edx, Coursera, Udacity

2. 遵循的学习原理

（1）cMOOC：联通主义（connectivism）学习观

联通主义学习观直面网络时代学习的问题和挑战。在互联网时代，知识量变得极大，信息资源匮乏成为历史；知识更新速度不断加快，知识更新周期越来越短；人人都可能是信息和资源的生产者，知识和学习越来越呈现出复杂、混沌、非线性等特征。然而，人类的认知能力并没有随之增强，我们的精力、注意力毕竟有限，

---

[1] 吴淑苹.MOOC课程模式下云学习环境研究[J].软件导刊，2013(3).

这就导致信息过载、认知负荷加重、理解不完全等一系列问题。这些学习问题的解决需要新的学习理论指导，联通主义学习观就是其中的一种。

联通主义学习观主要观点为以下几点："信息"是节点，"知识"是联接，"理解"是网络的突出特性；学习者通过"路径寻找"和"意义建构"对知识领域进行探索和协商，其中路径寻找涉及信息导航的各类线索，意义建构是创建联接的过程；学习者通过人工制品来表示对知识的理解。[1] 其主要特征如下：[2]

①基于社交网媒的互动式学习联通主义。慕课集成了社交网络互连、专家辅导和免费访问在线资源。几乎所有类型的社交网媒都被 cMOOC 所采纳，学习者可以在社交网媒中开展交流和协作，实现知识分享和构建。

②非结构化的课程内容。cMOOC 没有标准化的教学内容，学习者面对的是非结构化的、处于演变中的、具有不确定性的课程内容。cMOOC 一般以一周为周期安排教学，每周设置一个主题。组织者为每个主题列出推荐阅读资料，这些资料多为网络上的相关文章或报告；每周还会安排专家进行同步交流，交流的实况录制供未能同步参与的学习者浏览；参与者可以通过网页分享工具分享网络上的更多相关资料，也可以通过博客来创建自己的资源。可见，就每个主题来说，学习内容是丰富的、非结构化的、没有边界的。

③注重学习通道的建立。cMOOC 注重学习通道的建立，希望学习者通过"路径寻找"和"意义建构"构建自己的学习和知识网络。学习通道包括学习者与其他参与者之间的交流通道，也包括学习者与各类资源的交互通道。学习者与其他参与者和各类资源建立连接的过程也是意义建构的过程，其结果是生成学习者的"内部知识网络和外部生态网络"。

④学习者的高度自主。学习者在 cMOOC 中拥有高度自主性。其一，cMOOC 没有明确的学习预期，学习者可以自设学习目标；其二，虽然有特定的学习主题可以参考，但在什么时间、什么地点学习，阅读多少资料，投入多少精力，进行何种形式和程度的交互等都由学习者决定；其三，没有正式的课程考核（需获取学分的在校学生除外），学习者根据自己的学习预期对学习收获进行评判。可以说，cMOOC 几乎完全依赖于学习者的自我调控。

⑤学习具有自发性。cMOOC 没有固定的教学安排，没有班级，学习者基于对课程的兴趣而自发地聚集在一起。在 cMOOC 学习环境中，学习者自己组织参与学习，他们的分享、交流和协作行为具有自发性和非正式性。

---

[1] 樊文强. 基于关联主义的大规模网络开放课程（MOOC）及其学习支持[J]. 远程教育杂志, 2012(3).
[2] 樊文强. 基于关联主义的大规模网络开放课程（MOOC）及其学习支持[J]. 远程教育杂志, 2012(3).

（2）xMOOC：行为主义（behaviorism）学习观

行为主义者认为学习是刺激—反应的联结，行为主义的典型代表——斯金纳曾提出"程序教学"，他认为行为之所以发生变化就是因为强化作用。程序教学一般要遵循以下原则：积极反应、小步子呈现、及时反馈、自定步调。xMOOC 遵循程序教学的一般原则：学习者可以选择自己感兴趣的课程进行学习，视频被切割成微课程，每一小节微课程结束都配有随堂测验，好比游戏里的关卡设置，学生需积极地参与答题，答对后才有机会进入下一环节的学习。整个过程充满挑战，让学习者不自主地"上瘾"。机器评分实现了及时的学习反馈，能够及时引导学生积极地思考互动，从而更好地促进有意义学习的发生。[1]

相对于 cMOOC 来说，xMOOC 的结构化课程体系和系统化平台支持服务更容易被学习者接受，并与以学位教育为主的主流、正规、高等教育课程接轨。虽然 xMOOC 也具有传统课堂教学的一些特征，但它更是先进技术支持下课程模式的突破和创新，具有不同于传统课程教学和网络教学的特征。[2]

①完整的课程结构。与传统网络课程相比，xMOOC 除了提供视频资源、文本材料和在线答疑外，还为学习者提供各种用户交互性社区，注重对学生的学习支持服务，关注学生的学习体验。完成课程的学生还可获得证书，选择特定课程的学生还可获得学分。

②重视学习路径导航。在课程开始前，授课教师以邮件的方式告知课程开始时间和需做的相应学习准备，并发布在平台公告上。课程材料发布以周为单位向前推进，学习资源按学习过程的纵向需求进行分布，学习者很容易找到本单元的学习材料、测试内容、讨论版块等。为了方便学习者及时获悉课程动态，授课老师会将课程的动态以邮件和公告两种途径通知学习者。

③及时的学习过程反馈。xMOOC 的测试方式有两种，分别是基于视频的嵌入式测试和单元测试，测试题目以客观题为主。xMOOC 利用机器测评的方式及时反馈测评结果，学生可以及时地了解自己的学习成果。教师根据学生的测试结果分析学生的掌握程度并给予个性化的学习反馈指导和学习资源推荐。

2.2.1.5 慕课的国内外发展

1. 国外三大慕课平台

2012 年，以大规模开放在线课程为核心的互联网公司纷纷涌现并飞速发展，出现了 Udacity, Coursera, Edx 三大慕课平台，这三大平台获得了数千万的投资支

---

[1] 王晓彤，解继丽. 从 OER 到 MOOC：单纯的资源到以人为本课堂的转变 [J]. 楚雄师范学院学报，2013(11).

[2] 王颖，张金磊，张宝辉. 大规模网络开放课程 (MOOC) 典型项目特征分析及启示 [J]. 远程教育杂志，2013(4).

持,推出了近百门课程,越来越多的大学加入多种形式的慕课实践中。美国《纽约时报》撰稿人劳拉·帕帕诺将2012年称为"慕课之年"。三大平台发展图,如图2-6所示。

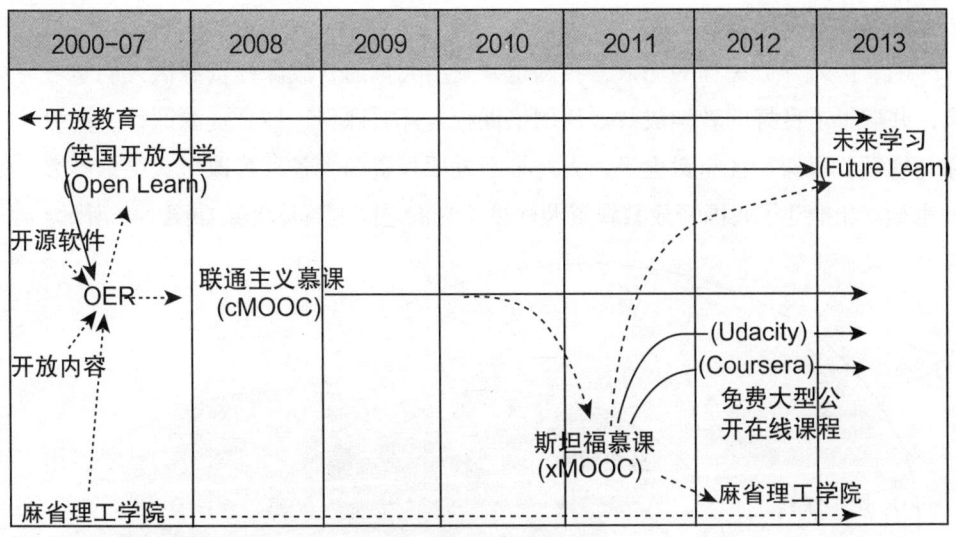

图2-6 慕课三大平台发展图

（1）Udacity

Udacity（https://www.udacity.com/）是由一名斯坦福大学教授塞巴斯蒂安·特龙于2012年2月创办的私立性教育机构,塞巴斯蒂安·特龙立志要"颠覆大学"。他把自己在斯坦福大学的"人工智能导论"课程搬到了互联网上,并向所有人免费开放。于是他的学生不再局限于教室里的几百人,而是遍布互联网。其课程以灵活多变和交互性强著称,他甚至还在课程中嵌入游戏以帮助学生更好地理解内容。

（2）Coursera

Coursera（https://www.coursera.org）是由美国斯坦福大学两名计算机科学教授安德鲁·恩格和达芙妮·科勒于2012年11月创办的。其首批合作院校包括斯坦福大学、密歇根大学、普林斯顿大学、宾夕法尼亚大学等美国名校,已有80多所成员高校或机构加入联盟,上线课程超过300门,注册学生超过280万,涵盖5种语言,是目前规模最大的慕课课程提供平台。

（3）Edx

Edx（https://www.edx.org/）是由美国哈佛大学和麻省理工学院于2012年5月联合推出的非营利性开源平台,旨在以突出的教学设计帮助学生进行互动式在线学习,创建一个反映学科广度和深度、为学生提供新的在线学习体验的网络课程平台。它最独特之处在于设有虚拟实验室，学生能够在电脑前开展模拟试验，目前已有来自世界各地的 27 所高校加入 Edx。Edx 提供了横跨 15 个学科领域的 32 门课程，注册者超过 90 万。

2. 我国慕课联盟的发展

随着国外开放课程的涌入，我国也开发出大量的开放课程资源供人们学习与交流，并取得了良好的教学成效。从网络课程、开放课程、精品资源课程、资源共享课、视频公开课、视频课程等到大规模开放课程资源，各种慕课形式层出不穷，极大地丰富和推动了我国开放教育资源建设。它们之间的具体关系如图 2-7 所示。

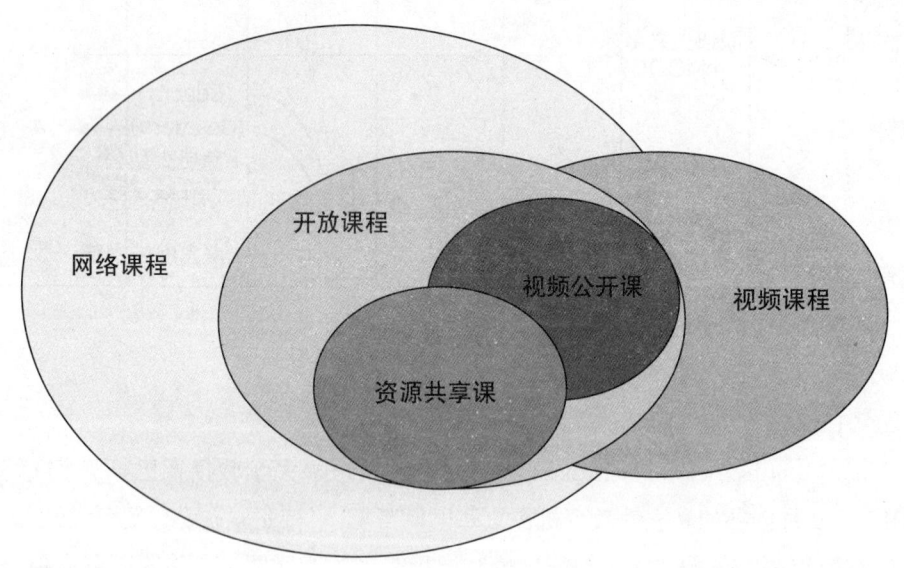

图 2-7　开放课程资源的演进

（1）高等教育领域

慕课"以学为本"的教学价值取向冲击着我国的大学教育，我国的大学也纷纷采取行动赶上这趟前所未有的教育变革浪潮。2013 年 5 月 21 日，美国在线教育平台 Edx 发展了亚洲首批成员——清华大学、北京大学、香港大学、香港科技大学等高校。自 2013 年 9 月 23 日起，北京大学在 Edx 上的四门课程已经陆续上线；除此之外，9 月 30 日，北大又在 Coursera 上再上线三门课程。

2013 年 7 月 8 日，上海交通大学也与 Coursera 签订了协议，建立合作伙伴关系，正式加入慕课大家族，向全球提供慕课在线课程。由此，上海交大成为加盟 Coursera 的第一所中国内地高校，将和耶鲁大学、麻省理工学院、斯坦福大学等世界一流大学共建、共享全球最大在线课程网络平台。与此同时，复旦大学也宣布与 Coursera 合作，正式加入慕课平台。

（2）基础教育领域

2013年8月12日，由华东师范大学"考试与评价研究院中外名校研究中心"与国内二十余所著名高中共同发起的C20慕课联盟（高中）筹建大会在华东师范大学召开。C20慕课联盟（高中）旨在推动中国高中开发大规模在线公开微视频课程，促进翻转课堂的实施，改善人才培养模式。联盟成员学校包括上海华东师大二附中、哈尔滨三中、东北师大附中、清华大学附中、辽宁实验中学、广东中山纪念中学、上海七宝中学、青岛二中、郑州外国语学校、上海交大附中、山西大学附中、成都七中、西安交大附中、福州一中、天津耀华中学、浙江宁波镇海中学、南京金陵中学、江苏锡山高级中学、湖南长沙长郡中学、西北师大附中、贵阳一中等二十余所国内著名高中。[1]

我国著名高中筹建慕课联盟，既是这些学校承担社会责任的需要，也是提升自身声望的需要。在基础教育领域，借助于慕课平台，教师可以实施"翻转课堂"，实现学校教学模式的变革，为拔尖创新人才的培养创造良好环境。

2.2.1.6 慕课的教育影响与变革

慕课首先是教学手段的革命，它将学生从课堂中解放出来，将知识传授从校园拓展开来，具有极大的应用潜能；其次是教学方法的革命，教师必须重新思考如何在网络环境下有效地传授知识和技能；再次是学习方法的革命，学生可以根据自己的需求，有针对性地选择学习内容，不再像以往那样，必须跟着教师的节奏学习；最后，慕课使得大学与社会的关系发生了根本性改变，从实质上拆除了大学的"围墙"，使得优质教育资源能够在极大范围内实现共享。[2]

1. 慕课带来的教育影响

（1）对学生提出了新要求

首先，慕课在知识传递上比传统的实体课堂更加符合学习规律与要求，使学习者的学习更加有效。根据心理学研究，人的高效专注时间一般在15到20分钟，慕课课程内容通常按照这个时长编排视频，方便学习者利用碎片时间进行高效学习；学生如有疑问，可反复观看视频直到理解为止，这在面授课堂上几乎是不可能的；在线观看视频时，经常会有插入的随堂测试题检验学习者的理解程度，课后的在线测试也可以及时对学习者的答题情况进行反馈，这符合学习理论中反馈规律的要求。当然，这种充分自由的学习方式，要求学习者具有更强的自主性和自我控制能力。

（2）对教师提出了新挑战

在线视频作为教学的线上环节，要求学生在课堂外先听课，在课堂内则侧重深

---

[1] 徐倩. MOOCs慕课，引领学习模式新变革——C9高校共享在线开放课程[J]. 上海教育，2013(25).
[2] 方鸿琴. "慕课"能否引发大学教学模式变革[J]. 中国社会科学报，2013(9).

入地分享、探讨和解决问题。这种翻转课堂模式有助于促进教师角色的转变，使教师从一个讲授者、讲解者真正变为学习的激励者、启发者。毫无疑问，慕课对教师提出了前所未有的挑战，也为教学评价与质量评估提供了一种新的方法和思路。当学生能在网上找到内容相同、上课时间灵活并且费用更低，甚至免费的课程时，教师的教学水平就成了学生选择的重要指标，包括内容是否有用、丰富，讲解是否清晰、生动，课程节奏是否合理等。没有学生会选择教学水平差的教师，这将迫使教师认真备课。由于学生也可能预先或同时在线学习一门同样的课程，这也会对现实课堂上的教师产生无形的压力。[1]

2. 慕课带来的教育变革[2]

（1）学习方式的变革

大规模在线开放课程的发展使传统教育的学习方式面临巨大变革。慕课课程可以帮助任何人进行学习，学习者的数量不受限制，而且学习者只要拥有一台联网电脑就可以按自己的需要和兴趣进行学习，这样就打破了学校的"围墙"，打破了空间和时间上的限制，极大地方便了自学者。在当前的中小学教育改革中，我们一直试图利用网络将学习延伸到课堂外，让家长更多地参与孩子的学习与成长，让孩子能够随时随地进行学习和交流。慕课课程为这一理想的实现提供了可能，它利用社交功能建立虚拟学习社区，实现师生之间、生生之间随时随地的交流与互动。例如学校可以将教学重难点开设成在线课程，在课堂学习中没有完全掌握教学内容的学生，可以随时参与学习。此外，还可以将体、音、美以及拓展类课程开设成在线课程，学生可以和家长一起在家里学习和探索。

（2）评价方式的变革

在线开放课程基于大数据分析，可以全面跟踪和掌握学生的个性特点、学习行为、学习过程，并帮助教师进行有针对性的教学，更准确地评价学生，提高学生的学习质量和学习效率，大幅度提升人才培养质量。众所周知，学生评价一直是中小学教育改革的热点，尤其是在班额普遍偏大的情况下，如何关注每一名学生、实现差异化教育是困扰教师的难题，也是当前教师负担过重的原因之一。而慕课课程的大数据分析功能可以帮助教师轻松完成对学生的分析与评价，并实时调整教学方法，家长也可以亲身参与这一过程，随时随地了解孩子的学习及成长状况。

（3）教育观念的变革

慕课教学评价与质量评估提供了一种新的方法和思路。在当前的中小学教育过程

---

[1] 李曼丽，张羽，黄振中. 慕课正酝酿一场新教育革命[N].中国青年报，2013年5月23日.

[2] 杜华. MOOC：一场教育风暴的来临[J].教学仪器与实验，2013(10).

中，因为教学评价的约束，教学内容枯燥且大量重复训练，学生的学习负担重，厌学情绪严重。虽然针对教学方式和内容的探索从未停止，但是评价方式的滞后严重影响了教师创新——无法承担因采用新的教学方式而带来的学生学业成绩下降的责任，这也成为一些教师不愿创新的借口。但是慕课课程的出现使教师有了危机感，当学生能在网上找到内容相同、时间灵活的课程时，教师的教学水平就成为学生选择的重要指标。大量优秀开放课程的引入与在线共享，迫使教师不得不精心准备每一节课。可以想象，随着慕课的不断完善和发展，也许许多基础性的、不需要师生面对面互动的课程某一天将会被取代，那些敷衍了事、照本宣科的课程也将消失。这对于得过且过的教师来说将是一场灾难，但对于学校教育和学生来说，无疑是一场非常有利的教育教学变革。

（4）教学方式的变革

慕课在线课程为教学方式的多样化提供了新的途径，这种模式将更受校园外的学习者欢迎。课堂教学与在线教学相结合，可以实现更加深入和个性化的学习，显著提高教与学的质量和效率。学生可以按照自己的节奏、进度和方式随时随地学习基础内容，课堂时间更多地用来进行师生间的深度互动、讨论重点和疑难问题。每学习一段内容之后的测试和即时反馈有利于学生学习效果的巩固。这种翻转课堂模式有助于促进教师角色的转变——帮助教师从一个讲授者、讲解者真正转变为学习的激励者、启发者。而在校园之外，在线开放课程自由、开放的学习模式将成为人们接受高质量教育的一个重要途径，是人们提高职业技能、实现自我提升的一个重要方式。

2.2.1.7 慕课的教育应用

1. 慕课教育的特点

（1）课程的开放性

宽带网络、智能手机和移动技术的迅速普及，使慕课教育的受众越来越广泛。所谓"大规模、开放式"，就是说任何人都可以注册，学习者的数量不受限制，除了需要特定的证书和学分的之外，学习者也不需要缴纳任何费用。对于学习者来说，这样的课程进入门槛很低，学习者只要拥有一部联网电脑，就可以按自己的需要和兴趣进行学习，时空和经费对学习需求的限制降到极小。

（2）教学的透明性[1]

在慕课平台上，学生可以根据自己的不同兴趣、不同学习准备情况及空闲时间注册需要的课程；完成注册后，在课程的开放周期内，可以观看教学视频、完成并提交作业、在社区讨论、互评作业、参加测试；按要求完成以上学习环节，就有可

---

[1] 李曼丽，张羽，黄振中，慕课正酝酿一场新教育革命[N].中国青年报，2013年5月23日.

能取得证书乃至学分。在线课程直面学生、市场的考量与选择，教学质量评估在自由选择的市场环境中变得简单而公正；在线课程使某一高校的课程与教学质量不再是某个学校的事情，而在全球范围内变得透明、具体。

（3）资源的易获取性

对于学习者而言，慕课让世界上每一个学生都有机会选修最顶尖大学的优秀课程。慕课平台是非营利机构，免费提供知名高校的优质课程。信息技术的快速发展，让全球各国不同人群共享优质教育资源成为可能。

（4）教育的公平性

在慕课模式下，不同学校的课程、课堂教学、学生学习进程、学生学习体验、师生互动过程等被完整地、系统地在线实现。慕课能为广大学生提供更高质量、更高效的教育资源和更便利的学习平台，使大部分教育资源缺乏的学校的学生也能够享受到优质的教育资源。除特定的证书或学分外，学校还可以提供优质免费的素质教育课程资源，从而在一定程度上实现教育公平。

2. 基于慕课的学习模式应用

传统的教学注重知识的传授，主要采用讲授形式的课堂教学模式，慕课带来了课堂教学模式的变革，为新型课堂教学模式的构建提供了新思路。慕课通过网络互动、视频观看、慕课下载、协作交流等形式进行课堂教学建构，积极进行基于慕课的新型学习模式的构建与应用，具体如图2-8所示。

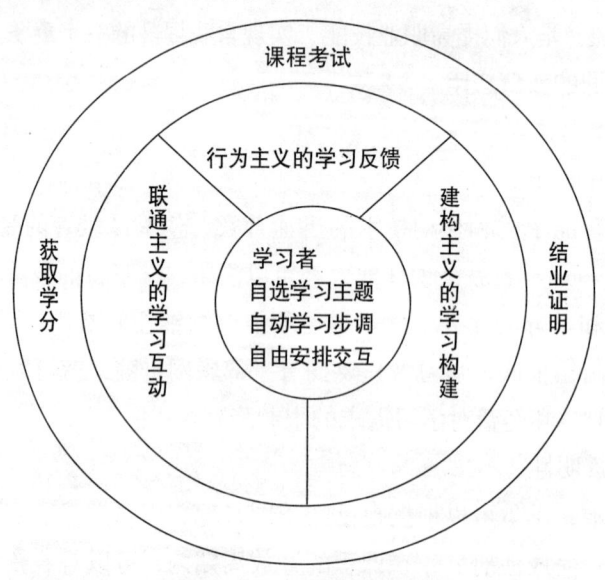

图2-8 基于慕课的学习

（1）慕课课程资源的设计

慕课大数据技术结合广泛的学习需求，将视频以"微课程"的形式呈现，具有既方便学习者按主题学习，又便于利用零碎时间观看的特点；课程也不再局限于教室场景，学习者可以随身携带，在公交车上、咖啡馆内、公园里等，都能随时进行学习。因此慕课课程资源与传统课程资源设计有很大不同，它重视的是课程知识点的小而精，共享性、课程反馈与评价的及时性和课程学习的参与性，具体体现在跨平台、浸入式和社交化三个方面。

跨平台：跨平台是软件开发中重要的概念，既不依赖于操作系统，也不依赖于硬件环境。一个操作系统下开发的课程，放到另一个操作系统下依然可以运行。对于慕课教学资源，可以进行多元的开发，不仅在台式电脑、便携式笔记本电脑上展示视频课程，也可在平板、手机等移动终端上播放，既可以在一般的微软视窗操作系统上运行，也可以在苹果、安卓等操作系统上运行，真正在移动开发领域实现跨平台开发集成，有效解决了不同操作系统、不同类型终端的开发难题，为慕课课程资源的共享提供良好的技术支持。

浸入式：完全浸入在慕课课程资源中学习，慕课课程资源不仅作为学习者学习资源，也作为学习者认知、探究知识的学习工具。浸入式教学使孤立的传统教学向信息技术与课程内容整合的方向转变，真正实现技术支持下的学习，为学习者学习情景的构建等提供丰富的课程资源。

社交化：社会化网络致力于人与人的网络沟通，倡导通过网络拓展人际关系圈，让用户尽情享受社交和沟通的乐趣，通过互动、交流与合作进行知识的建构与学习，社会化学习强调"我们参与，故我们存在"，注重学习过程中人的参与、协商与智慧构建。课程资源设计过程中关注各种社会性软件的应用，尤其在进入 Web 2.0 时代后，人们可以借助于 Web 2.0（技术、服务、平台以及人之间的分享、交流、协作等）进行网络学习。

（2）基于关联主义的交互学习

大数据互联时代，学习具有互联的特征，不再是个人孤立的活动。慕课课程提供在线交流论坛，鼓励学习者通过博客、社交网站等进行学习交互，这种教与学、学与学的交互不仅是网状的，而且是即时的。通过学习者的交互，建立新的认知结构。

基于关联主义学习理论的大规模网络开放课程具有不同于传统教学的特征和结构，它将学习者置于真实的网络环境之中，让他们自发地交流、协作、建立连接、构建学习网络，即进行学习的自组织；同时，课程组织者设定学习主题、安排专家互动、推荐学习资源、促进分享和协作，承担大量幕后支持工作，即进行学习的他组织。[1]

在慕课中，学生成为学习的主导和控制者，一切教学资源以学生为中心进行汇集，真正实现了"学习自由"。由于大量的课程内容分散在各种网络上，学习者可以使用多种平台进行资源分享和话题讨论，这就要求作为独立自主的学习者必须进行智力、学习技巧和意识的培养。在慕课背景下，以计算机为媒介的通信网络为建立与社会深度整合的学习共同体创造了条件，学习者可以通过论坛和虚拟社区进行广泛的交流与互动，打破学校内部交往与外部交往之间的严格界限，实现集体知识的建构。慕课在开放的网络空间中进行，不仅能够突破时间和地点的限制，而且不局限于校内人员，学习者通过在线测验、练习和提问即时得到反馈信息，能够实现更充分的师生互动和生生互动，实现对学习内容更具深度和广度的理解。由于加入了更为丰富的社会文化力量，这种集体知识的构建更具有情景性、协作性和交互性，所实现的意义建构也不同于个人的意义建构，而是会产生新的整合作用和集体价值，更具有社会意义。[2] 具体建构如图2-9所示。

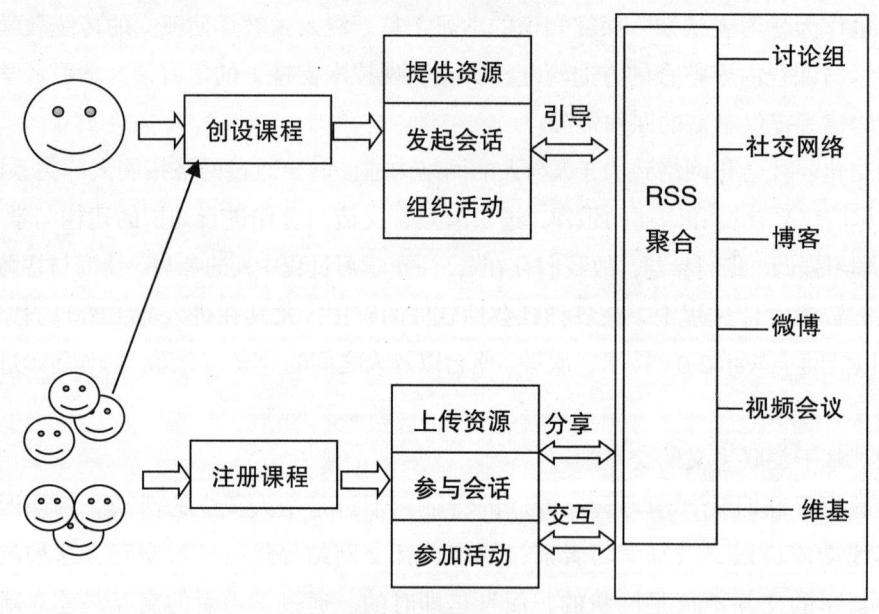

图2-9　基于联通主义的慕课学习

基于联通主义的慕课学习的一般结构主要包括以下组成要素：①学习者。学习者处于中心地位、数量众多，且在年龄、学识、背景等方面具有很大异质性。②课

---

[1] 樊文强. 基于关联主义的大规模网络开放课程（MOOC）及其学习支持[J]. 远程教育杂志, 2012(3).
[2] 杨红旻. 教育思想的继承、超越与变革[J]. 教育发展研究, 2014(7).

程网站。一般有一个集中的课程网站,用于发布课程的基本信息、内容介绍、帮助信息等,用来支持学习者注册课程。③社交网媒。参与者通过社交网媒与其他参与者分享资源、协作交流,如果没有社交网媒的支持,就难以实现大规模的在线互动学习。④群组。具有相同兴趣的学习者在社交网媒中相遇、了解、熟识,并自发形成多个群组。⑤RSS聚合工具。将参与者在博客、微博等社交网媒中的信息聚集到一起,以方便学习者浏览。⑥教师。相关专家、学者经常与学习者进行实时交流和互动。[1]

基于联通主义的慕课学习,在具体实施过程中具有一定的操作步骤:确定学习目标;在博客、微博等社交网媒空间充分展示自己,最好附上照片方便别人寻找;形成参与交互的习惯,如确定固定时间段用来交互;积极进行评论、分享、连接,构建属于自己的网络;考虑如何管理自己的课程资源,包括重要的文章、以后可能会引用的文章等;创造和分享,积极撰写博客、创建概念图、制作视频短片等;发现课程中的问题和不足,积极解决和弥补;管理好自己的期望,不要在意别人是否关注自己的博客、微博等;努力坚持参与。[2]

(3)基于行为主义的学习反馈

基于行为主义的慕课课程遵循程序教学的一般原则,即学习者选择自己感兴趣的课程进行学习,视频被切割成微课程,每一小节微课程结束都配有随堂测验,好比游戏里的关卡设置,学习者积极参与答题,答对后才有机会进入下一小节的学习,整个过程充满挑战。基于行为主义理论的慕课则是在传统高等教育体制内对教学模式的延伸性突破,网络课程从固化的课程资源向动态网络学堂转变,学生从消极的知识消费者向积极的知识生产者转变,形成一种良性循环的新型学习文化。[3]

基于行为主义理论的慕课课程已经成为正规课堂学习之外的另一种学习途径,每一门课程都以学习者的学习路径为出发点进行设计,整个学习周期都伴随着学生注册、课表安排、随堂测验、结课考试及证书认证等。基于行为主义的慕课学习如图2-10所示。

---

[1] 樊文强. 基于关联主义的大规模网络开放课程(MOOC)及其学习支持[J]. 远程教育杂志, 2012(3).
[2] 樊文强. 基于关联主义的大规模网络开放课程(MOOC)及其学习支持[J]. 远程教育杂志, 2012(3).
[3] 王颖, 张金磊, 张宝辉. 大规模网络开放课程(MOOC)典型项目特征分析及启示[J]. 远程教育杂志, 2013(4).

（2）伟谷州立大学数学实验课的翻转课堂实践

该校的罗伯特副教授在大一新生的数学实验课上采用了翻转课堂教学。该课程每周有2个课时，大约80分钟。课程开始前，每一个学生需申请一个博客。他是这样翻转课堂的：课堂外，学生需先观看由他借助录屏软件录制并发布到博客上的6~8分钟的主题视频，对要学习的主题内容进行整体性的了解，然后再根据教师提供的与该学习主题相对应的知识和能力进行自主学习，之后再完成相应的练习来巩固学到的内容，同时要按照教师要求，将完成的任务提交到博客上；课堂上，教师让学生用5分钟时间做几道多项选择题，以此了解他们对基本知识的掌握情况，接下来教师会花5~10分钟来解决学生课前学习中出现的问题，再将剩余的60分钟让学生以小组形式来做与主题相关的实验，在此过程中教师给予针对性的指导。

罗伯特副教授的实验结果显示，学生的学习能力有了很大提高，学生真正成为了学习者，而且学生愿意继续使用这种教学方式。这归功于罗伯特副教授结合大学生学习的特点以及该课程的特点进行了层层递进的教学设计。

（3）美国马里兰州波托马克市布里斯学校AP微积分课的翻转课堂教学实践

该校的教师史黛丝·罗桑在她的AP微积分课上进行了翻转课堂实践：学生在家观看她使用平板电脑录制并上传到iTunes的讲解视频，学生可快进、倒退或反复观看视频，若有疑惑还可以与朋友交流讨论。课堂上，学生的主要任务就是在教师创设的情境下，解决自己还没弄懂的问题并完成课堂作业。

史黛丝·罗桑实施的翻转课堂是基于平板电脑的"家校翻转"：在家，学生通过教师布置的教学视频吸收新知识，在这个过程中，学生需要记录自己遇到的疑惑，当然也可以请教朋友；在学校，教师通过设置不同的情境对学生存在的问题加以解决，如有时间会再布置相应的课堂作业，在此过程中教师可对学生进行针对性的辅导。

2. 国内典型案例分析

在翻转课堂的实践方面，我国还没有国外做得那么成熟，但我国的很多课改项目也具备翻转课堂的某些特征，例如江苏洋思中学的"先学后教，当堂训练"，山西新绛中学的"自学—展示模式"，江苏木渎高级中学的"问题导向自主学习模式"等，但它们并不是真正意义上基于信息技术的翻转课堂实践。在我国，最契合翻转课堂特征的是重庆市聚奎中学、深圳市南山实验学校及广州市天河区"天云项目"的教学实践。

（1）重庆聚奎中学的翻转课堂教学实践

重庆聚奎中学翻转课堂的实践走在我国前列，他们的翻转课堂是基于视频和学习管理平台的，而且每位学生都有平板电脑作为自己的学习终端。

课前，教师集体备课，制作导学教案，并由学科组教师代表录制10至15分钟的教学精讲视频，上传到"校园云"服务平台。学生根据教师发布的导学教案，通过观看相应的教学视频进行自主学习，然后在网络学习平台上做测试题；教师则通过平台，及时了解学生的学习情况，并调整课堂教学。

课堂中，学生先独立做教师布置的作业，通过小组、师生之间讨论和协作解决难题。教师巡视课堂，给学生必要的指导。随后，学生完成网络平台或其他资料上的相关练习，并通过观看教师录制的习题评析视频，进行自主探究。

（2）深圳南山实验学校的翻转课堂教学实践

为了真正落实"以人为本"的教学理念，让学生学得快乐、学得幸福，2012年，深圳南山实验学校开始推行云计算环境下的翻转课堂实验。课前，学生可以在家通过平台观看教师录制好的微课，看完之后通过测试来检查自己的掌握情况。测试提交之后，平台立刻会将测评结果反馈给学生，学生根据反馈结果继续进行提高学习。在第二天的课堂上，教师通过平板打开翻转课堂平台，详细查看每道题的错误率、错误答案等，然后选择正确率低的题目进行重点讲解，解决学生的疑问，再给学生布置练习题来巩固或者拓展学习。

（3）广州天河区"天云项目"中的翻转课堂教学实践

在这个项目实施中，很多教师都尝试了"家校翻转"的翻袋式教学。项目组每个月对参与的教师进行一次培训，每次培训后教师要选择一次课进行翻转式教学实践，并提交相应的任务给项目组。培训共进行了三次，教师们的翻转教学实践也基本进行了三次。方老师是将翻转课堂常态化实践的唯一初三政治教师。她结合初中政治的学科特点以及家校的客观情况，将翻转的整个过程放在课堂内，设置A型课和B型课。A型课是学生的自学课，教师为学生提供学习指引、微课视频、课本资料、学习任务等学习资源，学生按照学习指引独立完成对基础知识的掌握，并完成相应的任务，同时也可通过平台记录不懂之处，并将问题反馈给教师。B型课则是由教师创设情境解决问题：教师通过平台统计出学生任务的完成情况，并整理出学生在平台上提出的问题，然后创设情境(自主探究、小组协作解决、教师答疑)来解决学生自学中出现的问题。这些基本问题解决之后，教师再通过设置课堂测试加强学生对常考点和易错点的理解和巩固。如有时间，教师在课堂上最后会布置一些拓展训练，让学生以小组的形式合作完成。方老师的课型组织是AAB、ABB或AB型，这要根据每次课的教学内容及学生的自学完成情况来选择。

2.2.2.5 微课的制作

教学总离不开知识传授和知识吸收两个自然承接过程，传统教学知识传授的发生地点在正式课堂，而知识吸收则在课外。而翻转课堂则把知识传授地点进行调换,让学生在课前先自习,而正式上课时,教师则专门负责答疑解惑,帮助学生完成知识内化。不仅两个过程的时间、地点发生了翻转,教师的角色也由原来"知识传授"向辅助学生吸收知识转变。因此,翻转课堂的定位是师生角色的转换。微课作为一种新型的教育资源,在翻转课堂中的作用就是代替教师,帮助学生在自习中完成知识吸收这一过程。

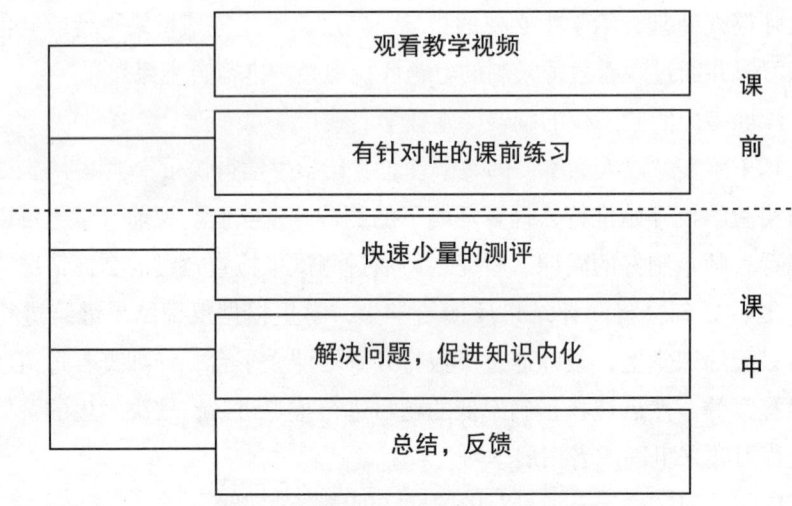

图 2-14 翻转课堂实施结构模型

1. 微课的定义

微课程(micro-lecture)概念最早由美国新墨西哥州圣胡安的高级教学设计师、学院在线服务经理戴维·彭罗斯于 2008 年提出。戴维·彭罗斯认为,微课既可以作为一种知识挖掘的工具,也可以作为一种知识脉冲。

目前,由萨尔曼·汗创立的可汗学院,及 TED 在社交媒体上推出的新频道 TED-Ed 在微课程领域做得较有特色和影响力。

在我国,基于现有教育信息资源利用率低的现状,广东省佛山市教育局胡铁生率先提出了以微视频为中心的新型教学资源——微课。他认为:"微课是指按照新课程标准及教学实践要求,以教学视频为主要载体,反映教师在课堂教学过程中针对某个知识点或教学环节而开展教与学活动的各种教学资源的有机组合。"

从这个定义可以看出:微课的核心内容是课堂教学视频(课例片段),同时还包含与该教学主题相关的教学设计、素材课件、教学反思、练习测试及学生反馈、教师点评等教学支持资源,它们以一定的结构关系和呈现方式共同营造了一个半结构化、主题突出的资源单元应用生态环境(如图 2-15 所示)。因此,微课既有别于传统单一的教学课例、教学课件、教学设计、教学反思等资源类型,又是在其基础上发展起来的一种新型教学资源。

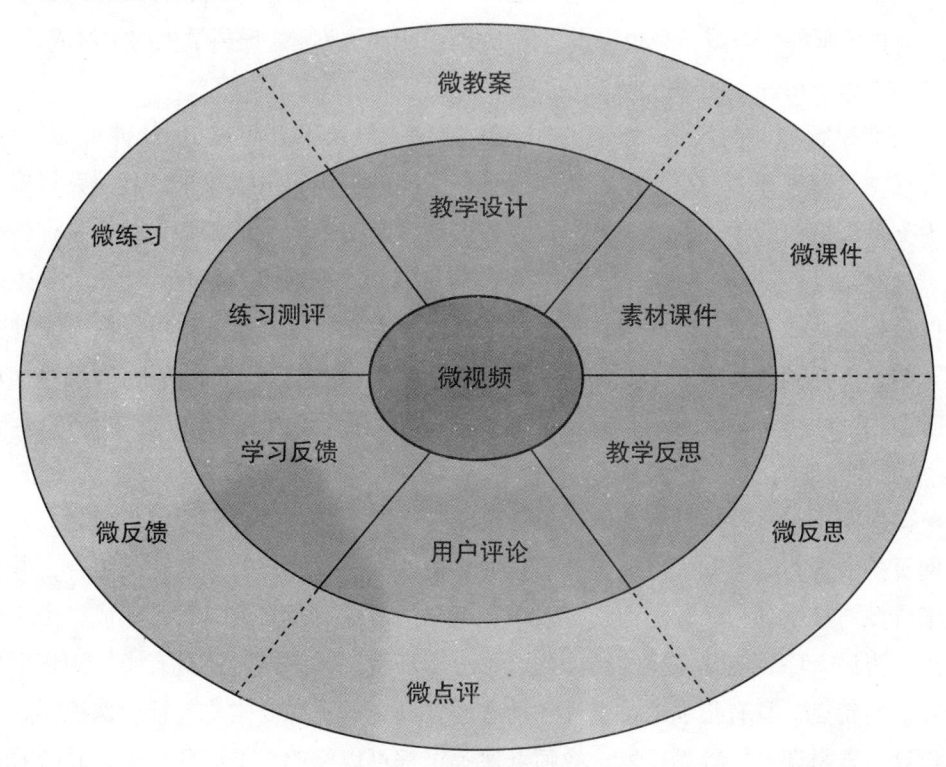

图 2-15　微课的构成

2. 微课的特点

微课是针对传统单一资源类型的局限性而发展起来的一种新教学资源建设和应用模式，它的主要特点是：

（1）主题突出，指向明确

微课主要是为了解决课堂教学中某个学科知识点（如教学重点、难点、疑点内容）教学，或是反映课堂某个教学环节、教学主题的教与学的活动。相对于传统课堂所要完成的复杂众多的教学内容、达成多个教学目标而言，微课的教学目标相对单一，教学内容更加精简，教学主题更加突出，教学指向（包括资源设计指向、教学活动指向等）更加明确，其设计与制作都是围绕某个教学主题展开的。

（2）资源多样，情境真实

微课以课堂教学视频为核心，并统整了课堂教学设计（包括教案或学案）、教学素材和课件、教师教学反思、学生反馈评价及学科教师互动点评等多种资源，它们共同构成了一个主题鲜明、类型多样、结构紧凑的主题单元资源包，营造了一个与具体教学活动紧密结合、真实情境化的微教学资源环境。教师在这种具体的、典型案例化的教与学情境中，能达到隐性知识、默会知识等高阶思维能力的培养，并实现教学观念、技能、风格的模仿、迁移和提升，从而快速提高教师的课堂教学水平，促进教师的专业成长，也有助于激发学生的学习兴趣，提高学生的学习成绩。

（3）短小精悍，使用方便

微课视频的时间较短，一般为5至8分钟（最长不宜超过10分钟），因而更符合视觉驻留规律和中小学生的认知特点。微课的资源容量也较小，其视频格式一般为支持网络在线播放的流媒体格式，加上与教学主题配套的教学设计（又称微教案）、教学课件（又称微课件）、教学反思及专家点评等资源也只有几十兆。学生既可以流畅地在线观看微课课例，查看教案课件和教师点评信息，也可灵活方便地将其下载、保存到各种多媒体数码终端设备（如笔记本电脑、手机）上，实现移动远程听课和个性化学习，同时也非常适合于教师的课例观摩、评课、反思和研究。

（4）半结构化，易于扩充

微课既不是多种类型资源的简单堆砌，也不同于以往的教学资源包概念。它是以网页的方式将某个知识点或与教学主题相关的教学资源进行结构化的组合，并在教学资源与教学任务、教学活动、教学环境之间建立有意义的关联，形成一个主题突出、资源有序、内容完整的结构化资源应用环境。微课同时还具有半结构化框架的开放性特点，具有很强的再生性和动态性，其中的资源要素（包括微课视频、教学设计、素材课件、教学反思、教师点评等）都可以修改、扩展和再生，并随着教学需求和资源应用环境的变化而不断充实，实现动态更新。

3. 微课的开发步骤

完整的微课开发环节应该包括微课的选题、设计、制作、教学应用、反馈与完善等环节，而微课教学应用后的反馈反思能够进一步促进微课的再设计与完善。各个环节之间的关系如图2-16所示。

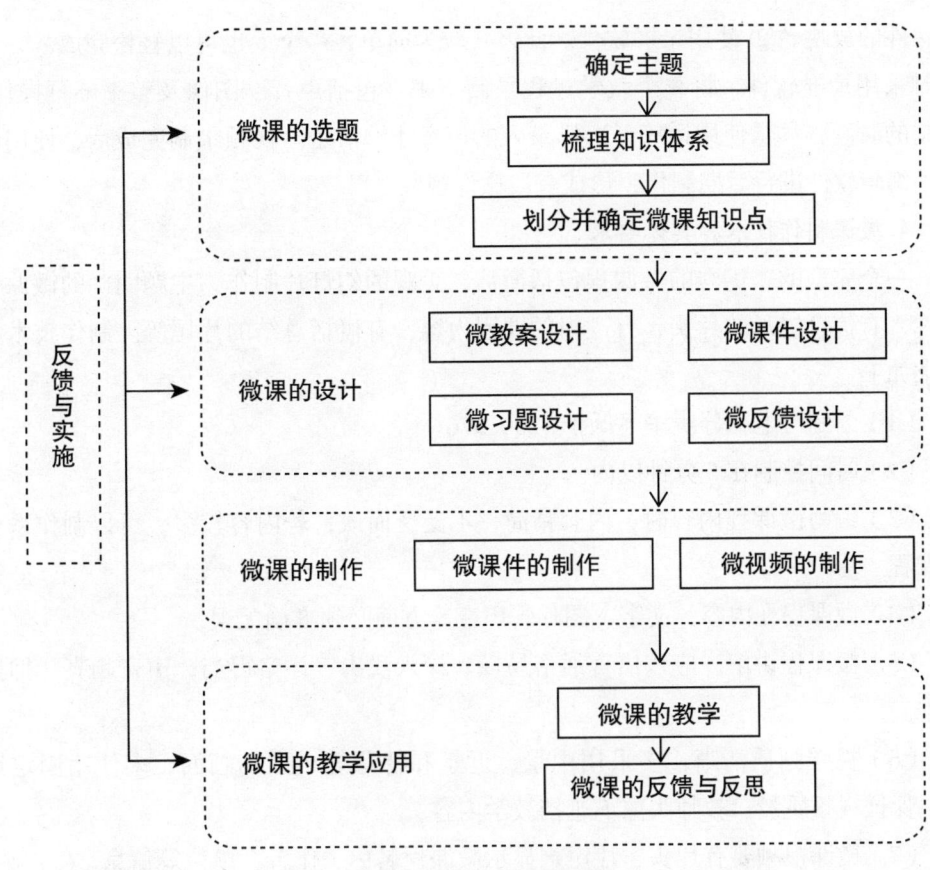

图 2-16　微课的开发步骤

（1）选题

微课主要针对某一知识点展开，所以在选题上不宜选择较多的知识点，而应该致力于将某个知识点讲清楚。

（2）教案编写

微课不仅仅是一段视频，它还包括教案、教学课件等其他资源要素，所以在做好选题后，就可以着手进行教案的编写。教案编写一般包括教学背景、教学目标、教学方法和教学总结等。

（3）课件制作

微课的课件通常采用幻灯片格式，针对选定的知识点设计。一段好的微课，课件很重要。课件制作尽量简洁明了，不要有过多的文字。

（4）微视频制作

完成以上步骤之后，就可以着手微视频制作了。首先，选择视频录制的方法。视频录制方法有：① 摄像机加黑板。此方式是以黑板或投影作为背景，教师在黑板前板书或投影，用摄像机将全过程摄录下来。此方法最好是有助手配合控制摄像机和课件的放映。② 使用录屏软件。此方式较为简单，一个人也可以轻松完成。在录制时采用录屏软件，将整个教学过程录制下来，包括声音、图像及整个屏幕操作。录制的时候，尽量使用话筒，这样录入的声音才够清楚。视频录制完成后，使用非线性编辑软件进行后期制作，形成一段微课视频。

4. 微课制作技术和具体要求

一个完整的、优秀的微课程包括简洁、美观的幻灯片制作，主题明确的微课程名称，有信息提示的片头，有逻辑的课程内容，有概括总结的片尾等。制作技术和要求如下：

（1）录制时电脑分辨率不低于720×576。

（2）时间控制在5分钟以内。

（3）编写微课程内容时，内容精简，不泛泛而谈；若内容较多，可以制作系列微课程。

（4）微课程在内容、文字、图片、声音等方面必须准确无误。

（5）微课程讲解，应该语言通俗易懂、深入浅出、详略得当，声音响亮、抑扬顿挫。

（6）视频画质清晰，多采用中景、近景和特写等小景别画面，多使用固定镜头，保证视频质量。教师头像不遮挡教学内容。

（7）微课视频要有片头、片尾，显示微课程名称、作者、单位等信息。

（8）视频格式：Flv、MP4，视频尺寸：640×480或320×240。

（9）音频采样率44.1 K，比特率64～320，音画同步<100ms，音频格式为AAC (.aac，.m4a，.f4a)、MP3或Vorbis(.ogg，.oga)。

5. 微课的制作方法

（1）幻灯片录制法

①设备配置：Microsoft Office 2010办公软件一套、多媒体电脑一台和相关主题教案。

②基本方法：使用Microsoft Office 2010办公软件PPT中自带的录制功能，对幻灯片进行直录。

③制作流程：第一步，制作好微课主题的幻灯片；第二步，用Microsoft Office 2010软件打开PPT，在菜单栏找到"幻灯片放映"，在"幻灯片放映"的下拉菜单中，先设置自己要录制PPT视频的分辨率，然后再点击录制按钮图标；第三步，在录制过程中，可以暂停录制的PPT视频，在中途点击键盘"Esc"键结束，还可以在PPT放映完成之后，自动结束；第四步，在"文件"下拉菜单中选择"另存为"，自由设置文件名和视频的存放路径，但在"文件类型"选项框中，必须选择Windows

Media 视频格式；第五步，PPT 生成视频需要一段时间才能打开。下图是录制微课视频的过程。

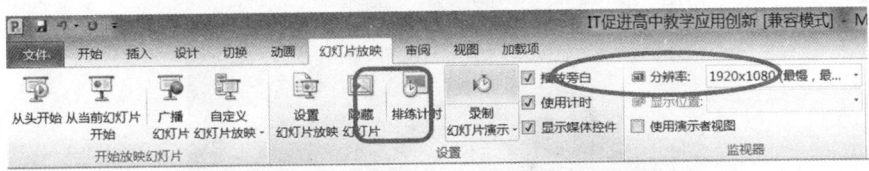

图 2-17　录制界面

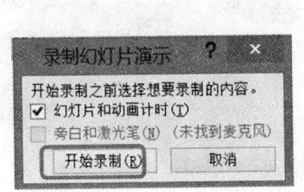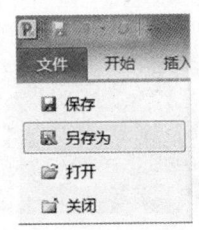

图 2-18　开始录制按钮　　图 2-19　另存为界面

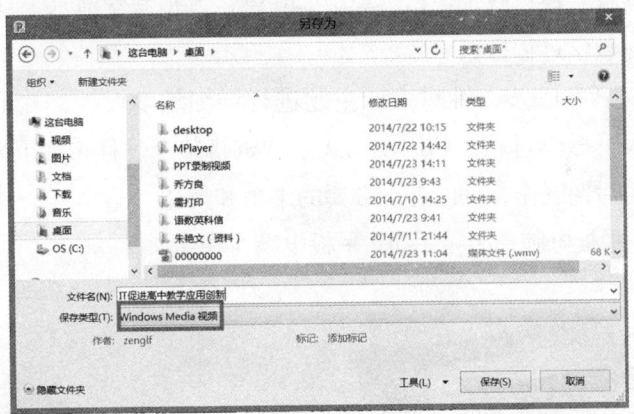

图 2-20　视频文件保存界面

（2）摄像机拍摄（DV 录像机 + 黑板 / 白板）

图 2-21　摄像设备

①工具与软件：便携式录像机、黑板、粉笔、其他教学演示工具。

②方法：对教学过程摄像。

③过程简述：第一步，针对微课主题进行详细教学设计，并形成教案；第二步，利用黑板展开教学过程，利用便携式录像机将整个过程拍摄下来；第三步，对视频进行简单的后期制作，可以进行必要的编辑和美化。

（3）手机／平板电脑拍摄（手机／平板电脑＋白纸）

图 2-22　手机／平板拍摄

图 2-23　纸张与笔

①工具与软件：可进行视频摄像的手机或平板电脑、一打白纸、几支不同颜色的笔、相关主题的教案。

②方法：使用便携摄像工具对整个教学过程进行录制。

③过程简述：第一步，针对微课主题进行详细的教学设计，形成教案；第二步，用笔在白纸上展现教学过程，并在他人的帮助下，用手机或平板电脑将教学过程拍摄下来，尽量保证语音清晰、画面稳定、演算过程逻辑性强、解答或教授过程明了易懂；第三步，进行必要的编辑和美化。

（4）录屏软件录制（屏幕录制软件+PPT）

图 2-24　Camtasia Studio 录屏软件

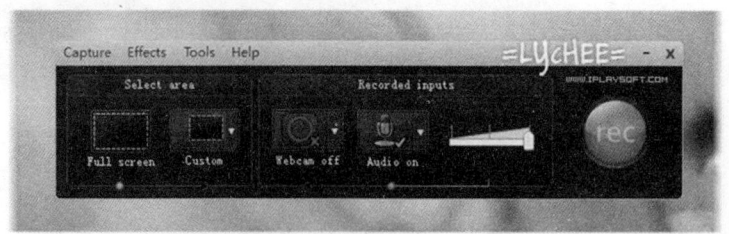

图 2-25　Camtasia Studio 捕捉设置界面

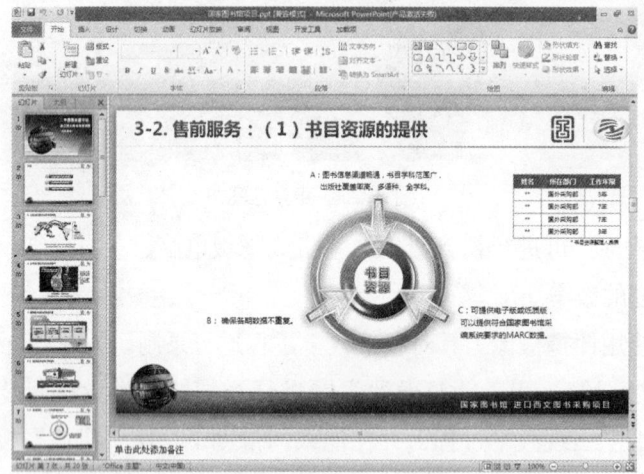

图 2-26　准备录制的 PPT

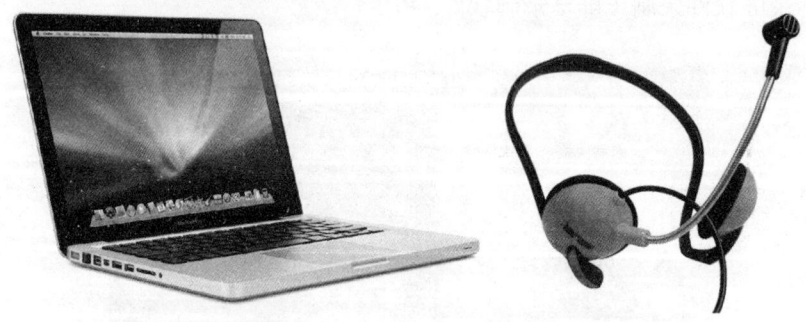

图 2-27　电脑与耳麦

①工具与软件：电脑、耳麦、视频录像软件（Camtasia Studio、Snagit 或 CyberLink YouCam）、PPT 软件。

②方法：对 PPT 演示进行屏幕录制，辅以录音和字幕。

③过程简述：第一步，针对所选定的教学主题，搜集教学材料和媒体素材，制作 PPT 课件；第二步，在电脑屏幕上同时打开视频录像软件和教学幻灯片，教师戴好耳麦，调整好话筒的位置和音量，并调整好幻灯片界面和录屏界面的位置，然后单击"录制桌面"按钮开始录制，教师一边演示一边讲解，可以配合标记工具或其

他多媒体软件和素材,尽量使教学过程生动有趣;第三步,对录制完成后的教学视频进行必要的处理和美化。

(5)可汗学院模式(录屏录制软件+手写板+画图工具)

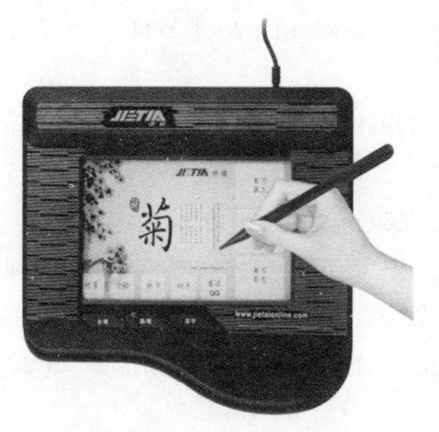

图 2-28　手写板

图 2-29　画图工具

①工具与软件:视频录像软件(Camtasia Studio、Snagit 或 CyberLink YouCam 等)、手写板、麦克风、画图工具(如 Windows 自带绘图工具)。

②方法:通过手写板和画图工具对教学过程进行讲解演示,并使用视频录像软件录制。

③过程简述:第一步,针对微课主题进行详细的教学设计,并形成教案;第二步,安装手写板、麦克风等工具,使用手写板和绘图工具对教学过程进行演示;第三步,通过视频录像软件录制教学过程并配音;第四步,进行必要的编辑和美化。

(6)录屏录制软件+电子白板模式

图 2-30　录屏录制软件+电子白板模式

在电子白板上书写演算过程或图解,用录制工具捕捉白板笔在电子白板上的操作。这样做既符合教师的书写习惯,又定位准确。

参考文献

[1] 大数据入门——详实步骤助力 IT 经理充分利用 Apache Hadoop 软件. 英特尔 IT 中心, 2013(2).

[2] 大规模分布式数据处理平台 Hadoop 的介绍 [EB/OL].http://www.nowamagic.net/librarys/veda/detail/1767.

[3] 城田真琴著. 周自恒译. 大数据的冲击 [M]. 人民邮电出版社, 2013.

[4] Anand Rajaraman, Jeffrey David Ullman 著, 王斌译. 大数据:互联网大规模数据挖掘与分布式处理 [M]. 人民邮电出版社, 2012.

[5] 云中大数据:融合技术. 如何运用基于云的大数据分析, 创造商业竞争优势. 英特尔 IT 中心, 2013(2).

[6] 数据创库.MBA 智库百科 [EB/OL].http://wiki.mbalib.com/wiki/%E6%95%B0%E6%8D%AE%E4%BB%93%E5%BA%93.

[7] Cloud computing[EB/OL]. http://en.wikipedia.org/wiki/Cloud_computing.

[8] 王新磊. 云计算数据安全技术研究 [D]. 河南工业大学硕士论文, 2012.

[9] 刘小帅.PC 制造商转型与 HaaS 商业模式创新的研究 [D]. 北京邮电大学硕士论文, 2010.

[10] 丁守哲. 基于云计算的建筑设计行业信息系统开发模式与实现技术研究 [D]. 合肥工业大学硕士论文, 2012.

[11] 严梅. 传感器网络云仿真平台架构设计 [D]. 中南大学硕士论文, 2010.

[12] 崔倩楠. 基于云计算环境的虚拟化资源平台研究与评价 [D]. 北京邮电大学硕士论文, 2011.

[13] John Rhoton, Risto Haukioja 著. 赵龙刚, 金振林等译. 云计算架构解决方案设计手册 [M]. 机械工业出版社, 2012.

[14] 宁宁. 高校数字化教育资源云共享模式与机制研究 [D]. 浙江师范大学硕士论文, 2011.

[15] 钟琦, 胡水星. 人工智能在教育中的整合应用研究 [J]. 赣南师范学院学报, 2011(32).

[16] 数据仓库 [EB/OL].http://baike.baidu.com/link?url=BsCqyXt1TU6Qt520aUZtrkWcAV41wKMIwrF5aTwwyKyfTqsNdpGBS3cJZYXZldgP.

[17] 方鸿琴. "慕课"能否引发大学教学模式变革 [J]. 中国社会科学报, 2013(9).

[18] 徐倩. MOOCs 慕课, 引领学习模式新变革——C9 高校共享在线开放课程 [J]. 上海

教育, 2013(25).

[19] 吴淑苹. MOOC 课程模式下云学习环境研究 [J]. 软件导刊, 2013(3).

[20] 王颖, 张金磊, 张宝辉. 大规模网络开放课程 (MOOC) 典型项目特征分析及启示 [J]. 远程教育杂志, 2013(4).

[21] 樊文强. 基于关联主义的大规模网络开放课程（MOOC）及其学习支持 [J]. 远程教育杂志, 2012(3).

[22] 王晓彤, 解继丽. 从 OER 到 MOOC: 单纯的资源到以人为本课堂的转变 [J]. 楚雄师范学院学报, 2013(11).

[23] Kerry Wu. Academic Libraries in the Age of MOOCS[J]. Reference Review, 2013(3).

[24] 杜华. MOOC: 一场教育风暴的来临 [J]. 教学仪器与实验, 2013(10).

[25] 李曼丽, 张羽, 黄振中. 慕课正酝酿一场新教育革命 [N]. 中国青年报, 2013 年 5 月 23 日.

[26] 杨红旻. 教育思想的继承、超越与变革 [J]. 教育发展研究, 2014(7).

[27] 翻转课堂与微课程教学应用过程 [EB/OL]. http://t.30edu.com/053813138/Article.do?ID=5aaac302-cc6e-4972-939d-c3bc3c2db719.

[28] 郑艳敏. 国内外翻转课堂教学实践案例分析 [J]. 中小学信息技术教育, 2014(2).

[29] 张金磊, 王颖, 张宝辉. 翻转课堂教学模式研究 [J]. 远程教育杂志, 2012(4).

[30] 钟晓流, 宋述强, 焦丽珍. 信息化环境中基于翻转课堂理念的教学设计研究 [J]. 开放教育研究, 2013(2).

[31] 关于翻转课堂——我们的教育是否需要翻转课堂 [EB/OL]. http://blog.sina.com.cn/s/blog_6d3018dd01015o7m.html.

[32] MOOC、微课、翻转课堂的差别 [EB/OL]. http://www.jxteacher.com/xjez/column78111/36a900e8-be58-4616-996f-e354edb5c473.html.

第 3 章　教育大数据学习分析

```
                    ┌─ 学习分析技术及其特点
          ┌ 学习分析概述 ─┤ 学习分析兴起的缘由
          │            │ 学习分析的过程
          │            └─ 学习分析的目的与作用
          │
教育大数据 ─┤            ┌─ 学习分析技术的发展轨迹
学习分析    │ 学习分析关键技术 │ 学习分析的主要方法
          ├ 与分析模式 ──┤ 学习分析的模式构建
          │            └─ 教育大数据学习分析的工具
          │
          │ 教育大数据学习 ┌─ 国外学习分析应用案例
          └ 分析应用案例 ─┴─ 学习分析应用实践
```

大数据作为信息技术发展的新趋势，已经渗透到当今很多行业和业务职能领域，成为重要的生产因素，在各行各业中掀起了变革巨浪。随着我国教育信息化水平的不断提高，教育领域各类学习管理系统中学习信息和学生信息逐渐增多。教育数据的急剧增长，使教育管理、教育服务、教学研究、教育评价等领域也面临大数据问题，教育大数据时代已经悄然来临。教育信息爆炸式增长的数据量以及相关技术创新发展进入了人们的视野，这些数据信息的利用程度，在很大程度上影响着学习、知识信息的传递，以及教学决策和学习的相关优化服务等重要方面，成为当前教育工作者和学习者最为关注的内容。

在数据分析驱动教育变革的大数据时代，教育领域同样蕴藏着具有广泛应用价值的海量数据。利用教育数据挖掘和学习分析技术，构建教育领域的相关模型，探索教育变量之间的关系，为教育教学决策提供有效的支持，将成为未来教育的发展趋势。作为一种新兴技术，学习分析技术改变了传统教学的经验模式，既能为学生提供高质量、个性化的学习体验，又能改进教育工作者的教学方式，完善教学过程。[1] 数据分析的应用有利于实现真正意义上的个性化学习，从而实现教育公平。

---

[1] 陈律. 大数据背景下学习分析技术对教学模式的变革 [J]. 中国教育信息化，2013(24).

3.1　学习分析概述

荷兰著名的行为观察软件商诺达思公司研究表明,在一节40分钟的普通中学课堂里,一个学生所产生的全息数据约有5～6GB,而其中可归类、标签,并且进行量化分析的数据约有50～60MB。那么,如何有效挖掘、分析和利用这些数据来更好地改进教学?学习分析技术给出了很好的答案。[1]作为一门正在发展的新兴学科,学习分析技术不仅是技术促进学习研究中增长最快的领域之一,也是当前的研究热点之一。2010年度与2011年度,美国新媒体联盟与美国高校教育信息化协会主动学习组织开展的新媒体联盟地平线项目报告预测,基于数据的学习分析技术将在未来的4到5年内成为主流;[2]2012年美国国家教育部发布的《通过教育数据挖掘和学习分析促进教与学》报告,对美国国内大数据教育应用领域及其案例,以及应用实施所面临的挑战进行了详细介绍,并对学习分析技术在教学、学习、研究和知识更新等方面所具有的作用进行了系统分析,勾勒出了学习分析技术广泛的教育应用前景。

3.1.1　学习分析技术及其特点

3.1.1.1　学习分析技术定义

目前,学习分析尚未形成一个统一的严密定义。加拿大阿萨巴萨卡大学乔治·西蒙斯教授认为,学习分析通过对学习者产生的数据进行挖掘,构建分析模型,实现数据的测量、收集、分析和呈现,达到探究信息和社会联系、理解和优化学习情境的目的,从而为学习做出预测和建议。美国高等教育信息化推进组织认为,学习分析就是使用数据和分析模型预测学生学习进程和绩效,并据此及时进行信息干预。新媒体联盟认为,学习分析是未来教育技术发展的主流技术,通过对一系列分散数据(如学生的学习投入、绩效和学习进程等数据)进行分析,并及时运用研究结果调控教学、修改课程和实施评估,为改进教学和干预学生学习提供了科学依据。[3]《新媒体联盟2012年地平线报告(高教版)》认为,学习分析技术是通过对学

---

[1] 陈律.大数据背景下学习分析技术对教学模式的变革[J].中国教育信息化,2013(24).
[2] 于淼楠,贾骥,白小艳.国内外学习分析技术的比较研究分析[J].课程教育研究,2014(7).
[3] 李青,王涛.学习分析技术研究与应用现状述评[J].中国电化教育,2012(8).

生生成的海量教育数据的挖掘与分析,发现潜在的问题以评估学生的学术进展,并预测未来教育发展和学生表现。[1]

从上述定义中可以发现,学习分析的研究对象是学生及其学习环境,目的是通过对海量教育数据的分析和建模,发现潜在问题,优化学习过程,预测学习者在学习中的表现。由此可见,学习分析技术是围绕与学习者学习信息相关的数据,运用不同的方法和模型来解释这些数据,并根据结果探究学习过程与情境,发现学习规律,为学习者提供相应的反馈来促进他们的学习。学习分析技术利用数据挖掘、数据解释与数据建模等优势,测量分析学习平台中积累的大量数据,改善人们对教学和学习的理解,并为个别学生量身定制更有效的教育方式,进而改善和提升教与学的质量与效能。[2]

3.1.1.2 学习分析的特点

学习分析技术的特点是能够提供实时信息,学习者、教师和管理者可以利用这些实时信息来提高学习成绩。学习分析技术旨在通过对历史数据和当前数据的研究,来预测学习者的学习需求,提供学习帮助。学习分析主要涉及数据来源、分析工具、可视化呈现、服务对象等。虽然人们对学习分析的理解有些差异,但是对其基本概念的理解还比较一致,主要特点如下:[3][4]

(1)多样化的数据来源、复合化的数据采集。用于分析的数据大部分来自学习管理系统(LMS)、课程管理系统(CMS)和学生档案库等数据库,也有些来自学生个人的、非正式知识管理系统(如个人主页、博客、微博等),或是学生在传统环境下的数字化学习资料、作业、作品等。这些数据包括学生的基本信息、学习行为与课程信息。其中,学生基本信息包括性别、年龄、民族、教育背景与起点能力等要素;学习行为包括学生的登录与退出时间、学习频率与进度、学习路径与方法、作业与测试成绩、交互内容、发帖频率等要素;课程信息主要是指课程的目标、性质、主讲人与教学模式等要素。[5]数据的采集过程是自动化、复合化的,具有海量的数据规模,比如,学习管理系统,已经积累了大量的关于学生学习行为的信息,其中包括学生网络学习行为、同伴互动、与教学人员的交互以及访问教学信息系统的有效数据。

(2)多重角度的分析技术,个性化的服务支持。由于学习网络的动态变化、学

---

[1] 魏顺平.学习分析技术:挖掘大数据时代下教育数据的价值[J].现代教育技术,2013(2).
[2] 杨庆安,赵伟男,张海.大数据在教育领域应用的学习分析框架构建[J].软件导刊·教育技术,2013(5).
[3] 李青,王涛.学习分析技术研究与应用现状述评[J].中国电化教育,2012(8).
[4] 顾小清,张进良,蔡慧英.学习分析:正在浮现中的数据技术[J].远程教育杂志,2012(1).
[5] 赵磊,朱泓.网络开放课程之学习分析模式探微[J].江苏开放大学学报,2014(8).

习者关系的变化以及学习内容的复杂多变，使得网络学习的研究过程变得非常复杂，因此，要进行有效的分析，必须采用语义分析、内容分析、社会网络分析以及系统建模等现代化的分析工具和方法。通过数据分析与挖掘，能够评估课程质量与学生的学业表现，预测学习者未来的学习路径与成长趋势，可以帮助教师与教学管理人员为具有不同需要与能力的学生提供教育干预，促进其个性化学习与深度学习。数据分析结果聚焦于学习过程，从多重角度关注数据挖掘、数据聚合，结合定量研究与定性研究方法，透过教育数据对教育过程进行合理解释，可以为个性化学习提供服务支持。

（3）可视化的分析结果，有利于教育预测或判断。自动化的数据分析与可视化的数据呈现，方便用户根据需求实时提取，以可视化和直观化形式显示数据，可以预测学习结果和提高学习效率。学习分析所用工具和技术必须降低技术门槛，分析结果必须是可视化或者直观化的，以便不具备统计和分析知识的学生和教师能通过直观的分析结果对自身的学习或教学情况做出预测和判断。可视化的方式方便师生解读学习者的参与程度或者预测学习者的努力程度，如社会网络分析软件 SNA（social network analysis）可以分析学生个人、学习小组、教师和计算机之间的信息交互关系，并提供对数据的直观解读。

（4）面向学生、教师与教学管理者的多元化理论基础。学习分析技术的理论基础包括分析理论知识和实践两部分：第一是协同过滤算法、贝叶斯网络、关联规则挖掘、聚类等理论分析方法和技术；第二是学习理论、良好的教学实践、知识共同体的构建、学生的学习动机和毅力以及相关领域的知识积累。学习分析的直接服务对象是教师和学生，它通过对学习者学习过程、学习行为、学习网络的跟踪和分析，对在线学习过程中产生的各种数据进行挖掘，为教师的教学过程提供依据，帮助教师提高教学质量、教学水平和职业技能；为学习者的适应性学习提供建议，并且帮助学生提高学习质量和考试通过率；为教学管理者制定决策等提供依据。

3.1.2 学习分析兴起的缘由[1]

大数据技术在教育领域的运用日益广泛，产生的教育数据集也越来越大，越来越复杂。要想从海量教育大数据中获取知识，形成对教育的深刻洞察，发现新的教

---

[1] 祝智庭, 沈德梅. 学习分析学：智慧教育的科学力量[J]. 电化教育研究, 2013(5).

育价值，教育研究人员就不得不转向依靠数据挖掘、学习分析和可视化分析技术。[1]

3.1.2.1 教育大数据是学习分析技术出现的契机

有人认为，学习分析学源于网络大数据的出现，包括政府类数据，随着Web 2.0的出现，产生了大量的社交网络数据、移动终端数据（如GPS定位数据等）。随着此类数据的激增，一些公司如谷歌、亚马逊、雅虎等分析利用此类数据，将其结果作为扩张市场的依据或者提供个性化服务的方向，使公司得以快速成长。大数据的出现和潜在的价值也引起了各国政府的关注。例如，美国政府2012年宣布，每年将在大数据研究应用方面投资超过2亿美元，致力于科学探索、环境、生物医学、教育和国家安全方面的研究。在远程教育领域，学习管理系统（如Blackboard和Moodle等）的应用也越来越广泛。这些系统每天都记录着大量的学生交互信息、个人数据、系统数据等。从这些数据中获取信息成为学习分析技术出现的一大契机。

3.1.2.2 教育数据挖掘为学习分析技术奠定了基础

在学习分析概念出现之前，与之相关的技术、工具已经在教育教学领域得到广泛应用，如人工智能系统、智能导师系统、教育数据挖掘等，这为学习分析技术奠定了一定的理论与实践基础。西蒙斯认为，与学习分析密切相关的是学术分析学（academic analytics, AA）和教育数据挖掘。学术分析能够为高等教育机构的运营和财务方面的决策提供所需数据，发现影响学生毕业率的因子等。教育数据挖掘是为更好地理解学生以及他们所处的学习环境，从教育数据中获取知识，针对教育环境内独特的数据类型而进行的获取数据、整理数据、形成分析报告等研究。

3.1.2.3 教育教学变革需要学习分析技术

在线学习给学习者提供不受时空限制的学习机会，同时也带来一定的挑战。例如，学生有可能缺少与老师和同学的联系，有可能遇到技术问题或者失去学习动机等。此外，由于网上学习环境中缺少视觉线索，教师也难以判断学生对课程的态度。因此，学者们认为，教师难以评判学生的参与度和学习质量，而解决这个问题成为学习分析出现的另外一个契机。

学生的学习成绩、学校入学率以及毕业率等情况都需要大量数据来验证。以往教育机构和学校获得学生学习数据的主要方式为调查问卷及访谈等，这些方式存在诸多弊端，如花费大、耗时多、规模小等。由于数据挖掘可以追踪用户的电子信息使用记录，并且自动分析整体数据而不需要选样，因此，新的数据技术使学校在数据收集方面不再需要花费大量人力和财力，并且获得的数据能反映所有用户的全部

---

[1] 陆璟. 大数据及其在教育中的应用 [J]. 上海教育科研, 2013(9).

信息，而并非选取的一部分。同时，数据在自然状态下获得，不需要利用访谈、观察等方式，这使得数据更加真实可靠。

3.1.3 学习分析的过程[1]

理解学习分析过程，需要构建一定的学习分析概念模型。对于学习分析的过程和应用模型，国内外许多学习分析专家从不同的角度进行了诠释，其中马尔科姆·布朗就认为，学习分析作为教育技术发展的第三次浪潮，其核心在于数据的收集和学习行为的分析，主要包括数据收集、分析、学生学习、反馈和干预五大元素。[2]

（1）数据收集：数据收集过程中需要使用各种方案、脚本以及其他方法，这些数据可能来自单一系统，也可能来自多种数据源，这一过程所形成的海量数据，要根据具体的项目目标，处理为结构化数据或非结构化数据。

（2）分析：非结构化数据往往需要在分析之前处理为某种结构化数据。这些数据可以采用定量和定性相结合的方式进行分析，并将分析的结果以可视化的（如图表等）形式进行呈现。

（3）学生学习：是学习分析区别于其他分析类型的核心。学习分析图会告诉我们学生在做什么、将时间花在什么地方、获取了哪些内容、学生学习的进展如何等。

（4）反馈：学习分析的结果可以提供给教师、学生以及管理者，他们可以对学生的学习进行适当干预。其中教师采取的是课程层次的干预，管理者采取的是院系、部门和机构层次的干预。如何收集数据、采用何种工具和方法进行分析根据不同需要而有所区别。

（5）干预：进行学习分析的目的是要在个体、课程以及部门或者机构层次上采取适当的干预。因此，学习分析不仅是判定学生处于何种状态，更重要的是，通过学生学习产生的数据，可以观察学生在课程学习中的特定活动，为学生个性化学习和指导提供帮助。

西蒙斯将学习分析的过程总结为图3-1所示的过程，并构建了学习分析的应用模型：主要包括收集、分析、预测和调整几个阶段。从数据来源来看，学习分析的数据来自两个方面，一是学习者在软件环境中，利用移动终端、社会性软件、个性

---

[1] 李逢庆,钱万正.学习分析：大学教学信息化研究与实践的新领域[J].现代教育技术,2012(7).
[2] 李青,王涛.学习分析技术研究与应用现状述评[J].中国电化教育,2012(8).

化学习环境以及学习管理系统平台产生的学习数据；二是智能数据，是指学习者在现实场景中，包括课程学习中课堂活动的音视频、考试评价、提交课程论文等一系列学习过程中产生的数据。我们利用各种分析技术对所收集的数据进行分析，结合学习者的自我鉴定及数据推断，对学习者目前的学习处境、学习困境以及未来行为可以进行预测，以便对学习者进行相应干预。

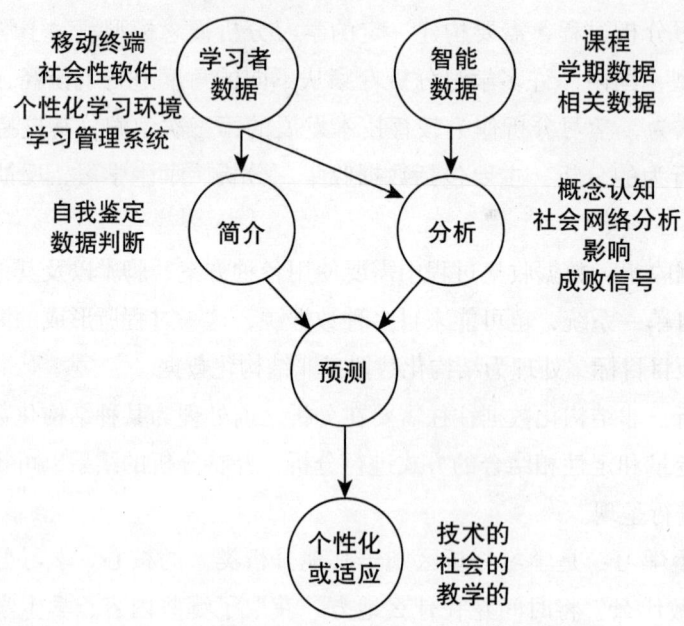

图 3-1 学习分析的过程[1]：西蒙斯提出的学习分析模型

总之，可以把学习分析过程粗略地理解为数据收集、数据处理、数据应用和反馈三个阶段，并且这三个阶段在实施过程中循环往复。[2]学习分析的核心是收集和使用与学生学习相关的分析数据。学习分析的目的是监控和理解学习行为，以采取适当的干预措施。学习分析的宗旨是帮助教师和学校管理者根据学生的需要和能力水平提供个性化的学习支持。

3.1.4 学习分析的目的与作用

教育大数据促进了学习分析技术的应用与实践，通过对教育数据的学习分析与挖掘，使教学实践从关注宏观群体转向关注微观个体，并使教育个性化服务成为可能。基于教育大数据的学习分析以学生群体和学习环境为主体，以设计出更加完善

---

[1] 顾小清,张进良,蔡慧英.学习分析：正在浮现中的数据技术[J].远程教育杂志，2012(1).
[2] 李青,王涛.学习分析技术研究与应用现状述评[J].中国电化教育，2012(8).

的教学模式与方法为目标，致力于个性化的学习感知与体验，不断提高教学效果。

3.1.4.1 学习分析的目的[1]

学习分析使隐藏的信息显露出来并融入背景数据，监控和比较社会交往的信息流动，可以为参与者提供新的见解，提高组织的有效性和效率。这种新信息可以支持个人学习过程以及组织知识管理流程，以便对学习活动进行反思与预测。

（1）反思。数据客户端通过分析自己的数据集，来获得批判性自我评价。例如，教师可以从学生的数据集来反思自己的教学风格。高阶参与者可以通过从较低的组别中获得的所有数据集进行反思。在个人层面上，学习分析支持学习过程反思，并提供个性化信息，显示学习者的进度。在体制层面上，学习分析可以加强监测过程，并提出干预措施。但需要注意，学习分析是为决策过程提供技术支持，其中也存在着潜在危险，如个别教师或学生对未经调查原因的分歧的制止可能会影响创新和个性化。

（2）预测。除了支持反思实践，学习分析也可以用于预测和活动建模。例如，使用机器学习技术可以动态地创建学习配置文件，节省学习者填充和配置文件数据的时间。预测的结果在于建立使学习效率提升的自动决策行为，从而节省教师时间。但是预测在判断个人方面受到限制，如果参数有限，可能会限制学生的潜力。例如，并不是每一个在二级知识学习有困难的人，都会掌握不了三级知识。我们必须防止因区域、社会阶层、性别以及认知水平的原因而限制个别学生的现象。

原始数据是分析的基础，只有采集到数据，并赋予这些数据意义才能使其变为信息，信息经过分析和综合形成知识，知识通过运用转变为智慧（学识）。[2] 于是就有了如何认识数据的问题。倘若人类仅仅停留在获取数据这个层面，意义还是有限的。只有对用户有用的数据信息，用户才会感兴趣。但信息还属于低级层面，用户更感兴趣的是知识。换句话说，从数据到信息到知识再到智慧这四个层次的演变值得探讨。借助于传感器或软件采集和处理信号，从而形成一系列数据，经处理后变成信息，再通过挖掘形成知识，最终上升到智慧层次，如图 3-2 所示。人们最关心的往往是金字塔顶上的东西，只有最上层（智慧）才能成为人类最感兴趣的东西。换言之，人们不只想知道感知到的是什么数据，还想知道这些数据代表什么，更想知道应该采取什么样的应对策略。要想做到这一点，就需要很好的工具，这就涉及大数据分析问题。

---

[1] 杨庆安，赵伟男，张海. 大数据在教育领域应用的学习分析框架构建 [J]. 软件导刊·教育技术，2013(5).

[2] 马婧，韩锡斌，周潜，程建钢. 基于学习分析的高校师生在线教学群体行为的实证研究 [J]. 电化教育研究，2014(2).

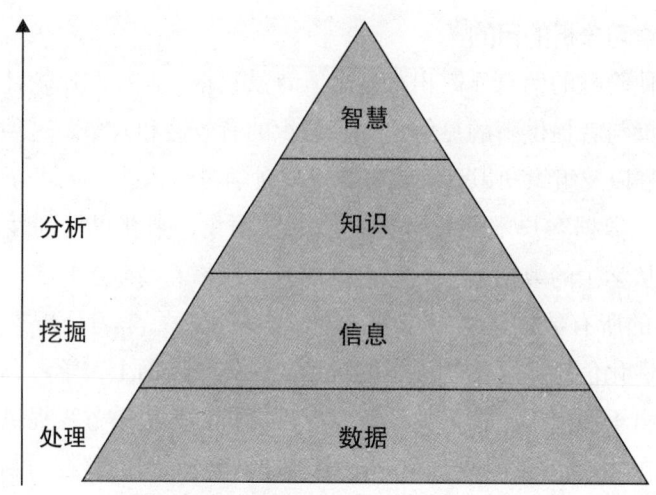

图 3-2　数据演变过程

3.1.4.2　学习分析的作用[1]

数据支撑下的个性化教学使得学与教的实时数据得以保存,而学习分析使得学习过程中产生的大量有价值的反馈信息得到关注和利用。学习分析结果对学习者、教师和教育管理者都会产生积极作用。学习者可以利用实时反馈信息及时调整学习进度和方法;教师可以通过实时反馈的数据信息了解学习者的学习情况,以及时调控教学进程;教育管理者可以利用实时反馈信息制定有效的教学决策。[2]

(1)在学习方式变革上,学习分析技术通过分析学生数据,可以评估学习者的学习效果与状态,可视化的学习结果反馈不仅方便学生对自己的学习情况进行深入了解,也便于教师了解学习者学习中可能存在的问题,预测学习者可能出现的学习风险和困难,以便对学习过程进行优化,提升学习者的自我学习能力,使学习者主动利用数据进行自我评价。[3]在学习分析过程中,通过对学习系统中数据的收集、分析和建模,学生结合学习分析报告,可以了解学习中的不足;反思和回顾个人学习过程中的内容和困惑,并不断地优化自己与团队之间的联系与合作。学习分析成了学生自我评估、自我诊断、自我引导的重要依据。[4]同时,使用学习分析技术一段时间后,教师可以通过信息追踪和分析,判断自己的教学方法是否有效,并进行相应调整。因此,每个学生都能拥有一套量身定制的个性化学习课程。[5]

---

[1] 周馨.大数据时代教育数据价值挖掘[J].信息与电脑,2013(8).
[2] 张振虹,刘文,韩智.学习仪表盘:大数据时代的新型学习支持工具[J].现代远程教育研究,2014(3).
[3] 李艳燕,马韶茜,黄荣怀.学习分析技术:服务学习过程设计和优化[J].开放教育研究,2012(10).
[4] 李逢庆,钱万正.学习分析:大学教学信息化研究与实践的新领域[J].现代教育技术,2012(7).
[5] 陈律.大数据背景下学习分析技术对教学模式的变革[J].中国教育信息化,2013(24).

（2）在教学管理方式上，学习分析技术可以用来评估教学课程、教学程序和相关机构，为教育管理和教育行政部门提供更深入的教学分析数据，帮助教师解决实际问题，优化教学决策，改善学校考核方式、课程设置和管理方式等，实现教学和学习效能的评价。[1]学习分析技术的运用将使教师不再仅仅是教师，同时也承担了"分析师"的角色。传统意义上的教学主要是经验式的，教师凭借自己的主观判断来选择教授课程的内容和方式，然后通过一次次的反复实践来验证。而大数据时代下的学习分析技术有助于教师从传统的教学模式中解放出来，教师所做的决策将不再是纯粹的经验式判断，而是建立在数据分析基础上。[2]

（3）在教学方式改革上，学习分析针对课程教学效果和当前学习者的学习绩效进行评估，让教师对学生的知识掌握情况有所了解；通过对与学习过程相关的数据进行深入分析与阐释，发现学习者的学习偏好与模式，实现学习风险预测，从而为学习者提供优化路径和适当的学习支持。[3]通过对教学环境中大量复杂的数据进行分析，自动识别学习情境，发现学习者的特征信息，根据其需要推送适应的目标资源，并提供学习建议以协助学习者调整学习任务；[4]利用学习分析的相关工具和技术，教师可以获得学生的行为数据，包括系统登录的时间、资源的访问、与其他同伴的交互等。通过这些数据的分析建模，教师可以更有针对性地满足学生的学习需要，并根据学生学习中的具体问题提供有针对性的建议和指导意见，促进学生发展。

3.2 学习分析关键技术与分析模式[5]

3.2.1 学习分析技术的发展轨迹[6]

从纵向发展角度来看，学习分析技术是计算机管理系统（CMI）与数据驱动决策系统（DDDM）发展的产物，而从横向发展角度来看，学习分析技术又是网络分析技术（Web analytics）与学术分析技术（academic analytics）综合应用的结果。从

---

[1] 李艳燕，马韶茜，黄荣怀. 学习分析技术：服务学习过程设计和优化[J]. 开放教育研究，2012(10).
[2] 陈律. 大数据背景下学习分析技术对教学模式的变革[J]. 中国教育信息化，2013(24).
[3] 李艳燕，马韶茜，黄荣怀. 学习分析技术：服务学习过程设计和优化[J]. 开放教育研究，2012(10).
[4] 陈永. 大数据时代学习分析与高职院校教育改革[J]. 成人教育，2014(7).
[5] 周馨. 大数据时代教育数据价值挖掘[J]. 信息与电脑，2013.(8).
[6] 顾小清，张进良，蔡慧英. 学习分析：正在浮现中的数据技术[J]. 远程教育杂志，2012(1).

商业应用领域发展起来的网络分析技术向教育领域的扩展,推动了学术分析技术的诞生,而学术分析技术在教育应用中的深度发展产生了学习分析技术。

分析技术虽然在近年来才成为热门的研究主题,但是其发展却有相当长的历史。分析技术发展至今经历了很多阶段,涵盖了很多领域,包括统计学、商业智能、Web分析、运筹学、人工智能和数据挖掘、社会网络分析、信息可视化、文献统计学和科学计量学、学习分析等,然而其每一个领域的应用都存在一些问题和局限性。[1]

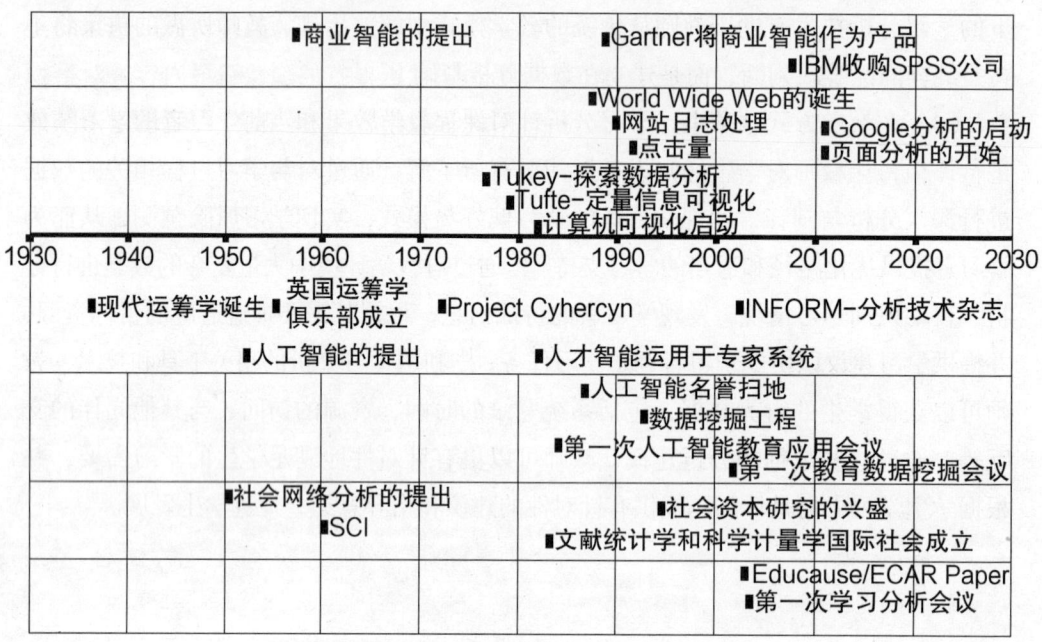

图 3-3　分析技术简史（库柏，2012）

3.2.2 学习分析的主要方法

笼统地讲,大数据分析学就是大数据分析技术。那么,大数据分析技术具体是指什么?迄今为止,还没有权威人士给出明确的答案。但目前人们认识到有两大问题是大数据分析技术重点:一是文本的分析学,二是机器学习。文本分析学之所以重要,是因为文本在大数据里占了很大比重,电子邮件、因特网网页、电子医疗病历、各类系统的运行日志等都以文本形态呈现。机器学习也在分析学上占了很重要的地位,一个典型例子就是物联网应用。物联网通过传感器获取大量数据,包括流媒体数据和经济数据。这些数据量越来越大,面对纷乱繁杂的海量数据,如何从这

---

[1] 马红亮,袁莉,郭唯一,许楠,杨洋.反省分析技术在教育领域中的应用[J].现代远程教育研究,2014(4).

些数据中找到有用的东西,确定这些数据反映了什么,我们该对此采取何种对策,都需要机器学习来帮助。[1]

3.2.2.1 内容分析法(Content Analysis)

内容分析法是一种对文献内容作客观、系统的定量分析的专门方法,它不仅可以分析传播内容的信息,还可以分析传播内容的作用。它实际上是一种半定量研究方法,其基本做法是把媒介上的文字,非量化的、有交流价值的信息转化为定量的数据,建立有意义的类目分解交流内容,并以此来分析信息的某些特征。其目的是弄清或测验文献中本质性的事实和趋势,揭示文献所含有的隐性情报内容,对事物发展情况做出预测。通过对学习行为信息中的学习内容、学习时间以及学习诊断信息中的成绩考核进行分析、数据编码量化,以可视化的形式呈现分析结果[2],不仅可以对学习者学习过程的数据进行定量分析,描述学习者分析维度的特征和相互关系,寻求学习者的行为模式,还可以对其进行定性分析,运用已有的经验来预测当前的学习者行为,为学习者提供个性化的学习资源服务,也便于教师预测学生的行为动态、预测学习者在各维度的趋势并推断异同点等。目前,内容分析方法支持聚类、分类、情感分析、分词、字频统计、共现分析、社会网络、依存分析、共现矩阵等分析方法。[3]

3.2.2.2 话语分析法(Discourse Analysis)

话语分析法是对学习过程中的交互信息进行搜集和定性分析的方法。运用话语分析技术,有助于我们了解网上学习交流中话语的文本性含义,理解学习者如何建立自己的观点,以便探究知识建构的过程,这将有助于我们明晰学习发生的过程。分析的对象主要包括面对面的对话内容、网络课程与会议中产生的文本内容、网上异步交流内容、符号语言等。只要是由一系列连贯的句子、命题或言语行为构成的序列,都可以成为话语分析的对象。话语分析法的应用能弥补传统教学模式下学习观察的不足,使观察更具操作性和客观性。[4]通过对学习者所处的特定学习环境及其话语交流进行解释,可以了解到学习者在不同学习环境中的学习交互情况。[5]可以说,人文科学所有的知识分子都是在利用话语的生产模式行使权力,传播权力的影响。目前,进行语境分析的工具有很多,例如,可用于对话语和文本进行分析的维基工具(The Digital Research Tools)等。

---

[1] 顾君忠.大数据与大数据分析[J].软件产业与工程,2014(4).
[2] 马凤英,陈晓慧,刘红梅.基于学习分析下的学习信息收集方法与策略研究[J].中小学电教,2014(1).
[3] 张泸月.基于学习分析技术的个性化学科服务模式研究[J].图书馆学研究,2014(13).
[4] 张泸月.基于学习分析技术的个性化学科服务模式研究[J].图书馆学研究,2014(13).
[5] 马凤英,陈晓慧,刘红梅.基于学习分析下的学习信息收集方法与策略研究[J].中小学电教,2014(1).

3.2.2.3 社会网络分析法（Social Network Analysis）

社会网络分析法是由数学方法、图论等发展而来的一种定量分析法。它可以用于描述和测量网络学习过程中的角色和关系，反映出人们为支持自身的学习如何在网络中建立并开展相互联系。运用网络分析法既可对学生开展个体研究，也可对学习进展状况进行分析。[1]对在线学习过程进行系统的社会网络分析，可以使用很多相关的工具和方法，如对网络学习过程中学习者的参与程度，可以用 Gephi 工具进行交互式分析；对网络学习过程中学习者与教育者或学习伙伴之间的讨论情况进行可视化分析，可以用学习网络可视化评估工具，如 NAPP。

3.2.2.4 语境分析法[2]（Contextual Analysis）

移动设备正在改变学习者获取内容的方式，通常情况下，很多学习者都在特定的地点、时间参与同样的活动。但在其他情况下，学习也往往发生在异步环境中。因此，学习者的自主学习可能会发生在网络、特定小组或者实践社区中。而在不同的情境中，学习者的学习活动及话语往往也会相应发生变化。因此，要对学习者的行为和内容进行分析，就需要先采用语境分析对学习者所处的特定环境进行解释，以求对学习者语境的深入理解。

3.2.2.5 聚类分析法（Cluster Analysis）

聚类分析法也叫群分析，它是在"物以类聚"这一理念之上，对样品进行必要分类的一种相对多元的统计分析方法。这种方法专门对大量样品按各自的特性进行合理分类，即使未曾事先验知，也不会参考任何模型。聚类分析是研究事物特性的一种方法，可以把类似的事物分类整合。原则上，聚类分析依据事物的相似性进行归类，它具有以下三个特点：

一是非常适合检测未曾验证的事物。在没有数据标准参考的情况下，设定相对完善的分类变量就可以对数据进行合理聚合，得到相对客观的分类信息。

二是能够处理多个变量的分类。多个变量的分类一般相对比较复杂，聚类方法完全可以胜任针对此类数据的分类。

三是聚类分析法的探索性相对较高，可以根据事物的内在属性和规律，依据原则上的相似性对数据进行分类，这已被广大工作者广泛采用。

---

[1] 张泸月. 基于学习分析技术的个性化学科服务模式研究 [J]. 图书馆学研究，2014(13).

[2] 李逢庆，钱万正. 学习分析——大学教学信息化研究与实践的新领域 [J]. 现代教育技术，2012(7).

3.2.3 学习分析的模式构建

大数据促进了教育数据的快速增长和数据类型的日益丰富，实现了在线学习过程与结果数据的实时生成；教育大数据的极强可追踪性和个性化特征，为教育教学提供了多角度、多元的情境分析结果，实现了即时感知、实时监控和早期预警的结合。学习分析技术涉及多种分析方法和关键技术，在具体运用时，通过对学习过程各要素的分析，整合学习分析技术的若干方法和工具，并针对具体的教学应用情境构建特定的应用模式，从而推动教育大数据学习分析的应用和发展。

3.2.3.1 教育大数据学习分析模式

学习分析模式由学习分析流程、工具与算法、数据与信息三要素构成。学习分析流程包括数据收集、数据预处理、分析、预测、应用等环节，根据应用情境的不同，学习分析流程各环节也有所区别；工具与算法为学习分析流程提供支撑，它们从学习分析关键技术与主要工具中选取；数据与信息既有向工具与算法输入的数据，又有从工具与算法输出的信息或知识。一种用于学习过程分析任务情境的学习分析模式如图 3-4 所示。[1]

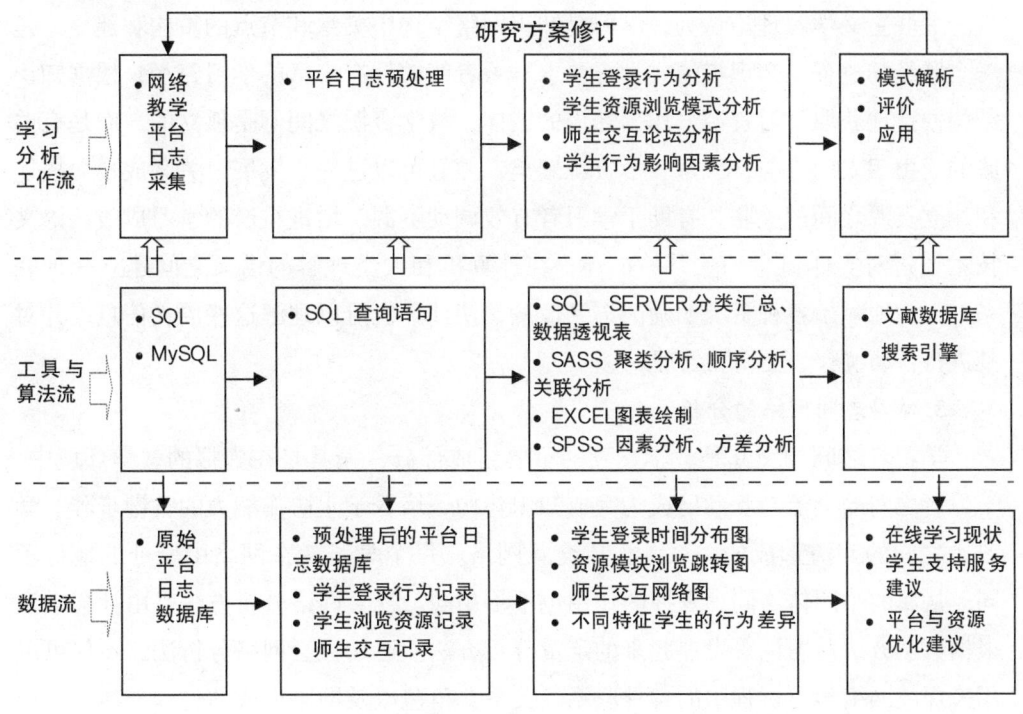

图 3-4　学习分析模式

---

[1] 葛道凯,张少刚,魏顺平.教育数据挖掘：方法与应用[M].教育科学出版社，2012.

3.2.3.2 教育大数据学习分析类型

数据分析是学习分析中的关键环节，目的是在看似杂乱无章的海量数据中，智能地集中、萃取和提炼学习者的相关信息，从中发现一些潜在信息，以便更加了解学习者和学习环境。数据分析在识别情景、挖掘学习者模型、获知学习需求等方面，为智慧学习环境构建提供了有力支撑。根据分析对象的不同，有五类典型的数据分析方法。[1]

1. 教与学过程的交互分析

教学交互是学习过程中的重要环节，能够帮助学习者对学习内容做出正确调整，目的是在学习过程中改变学习者，并使学习者的变化逐渐逼近教学目标，从而实现学习目的。教学交互可以分为教师与学习者交互、学习者之间的交互以及学习者与学习资源的交互。不同于社会网络分析方法，教与学过程的交互分析并不关注由交互所形成的社会团体结构和效应，而是有效利用学生学习过程中产生的大量、具体交互信息，通过这些交互文本以及交流传播内容，深层次挖掘分析学生知识建构过程，研究协作学习的层次等问题。

2. 教学资源的分析

关联主义学习理论认为，学习是知识网络结构中关系和节点的重构和建立，是一个联结的过程。知识贯通式学习要求学习者能够拥有丰富的学习路径，根据知识结构便捷地获取学习资源。作为知识的载体，教学资源之间不是孤立的，而是有关联的。由于人的参与，大量教学资源聚集，并且可以进一步发展，关联成长。描述和建立资源之间的关联，有助于学习者有效调动资源、增进自己的学习成效。语义技术通过对实体概念和关系的描述，在计算机和人类理解的语义之间建立一种联系，人为地赋予各种资源明确的语义信息，使计算机可以理解这些语义信息，并对其进行自动解释、交换和处理。

3. 学习者间网络的分析

学习者之间的交互是教学交互的重要组成部分，尤其是在虚拟的教学环境中，学习者之间的交流与互动已成为完成知识建构、培养学生协作能力的关键步骤。学习者之间的交流形成的关系，构成交互网络。每个学习者在网络中所处的地位不同，从属的小团体不同，发挥的作用也不尽相同。社会网络分析方法是由社会学家根据数学方法、图论等发展起来的定量分析方法。运用社会网络分析法，不仅可以用来探究网络学习过程中的各种联系、关系、角色以及网络形成的过程与特点，还可以了解学习者如何在网络学习中建立并维持关系，从而为其提供支持。当以学习

---

[1] 李艳燕，马韶茜，黄荣怀.学习分析技术：服务学习过程设计和优化[J].开放教育研究，2012(10).

者个体为研究对象时，运用社会网络分析法可以判断哪些学习者从哪些同伴那里得到启示，学习者个体对哪些内容产生了认知困难，哪些情境因素影响了学习过程等。社会网络分析主要关注的是网络学习中信息的分布以及学习的进展情况。在应用社会网络分析的时候，可从微观（社会角色层次）、中观（组织和群体层次）、宏观（社区制度层次）来分析社会结构，从而得到有意义的信息。

4. 学习者的特征分析

识别学习者的特征，特别是学习者群体的特征，并能够按照关键特征对学习者群体进行划分，是教育大数据领域学习分析技术的重要应用。对学习者特征的分析有利于做好教学设计，并为个性化的学习环境构建提供支持。学习者特征分析的相关数据不仅可以从网络教学平台、教学管理系统中获取，还可以从网络教学平台的历史记录、适应性学习系统中获得，从而进一步分析出学生的学习模型、认知状态、认知风格。[1] 学习者作为学习活动的主体，具有的认知、情感等特征都将对学习过程产生影响。因此，要取得教学设计的成功，必须重视对学习者的分析。在智慧学习环境中，可以通过对学习者的日志信息进行分析，挖掘学习者的个人兴趣偏好，建立精确的学习者模型，以达到个性化的学习目标。数据挖掘领域应用的技术主要包括决策树、规则归纳法、人工神经网络、贝叶斯网络、统计算法和视频分析技术等。

5. 学习者行为与情感分析

研究学习过程中学生的行为，其中最重要的环节就是使计算机准确无误地感知包括手势语言、面部表情等在内的人类表达方式。目前，手势识别技术主要分为基于数据的手势识别和基于视觉的手势识别。对自然手的研究是趋势，因此基于视觉的手势识别是顺应潮流的。手势技术可用于虚拟环境的交互，有利于创造沉浸式的学习环境，让学习者更为真实地进行体验式学习，增强临近感；还可用于手势语言的识别分析，有利于了解学习者在某段学习过程中的情感和心态变化等。情感分析根据分析的介质不同分为文本情感分析和视频情感分析。文本情感分析是指对带有情感色彩的主观性文本进行分析、处理、归纳和推理的过程。随着互联网上大量的、带有情感色彩的主观性文本的出现，研究者逐渐从简单的情感词语的分析研究过渡到更为复杂的情感句研究以及情感篇章研究。基于此，按照文本处理的不同粒度，情感分析可分为词语级、短语级、句子级、篇章级以及多篇章级等若干研究层次。通过分析学习者创建的文本，包括学习日志、讨论、作业中有关情感的部分，能够获知学习者的学习态度、学习动机和学习状态，了解学习者的意见和想法；运用视音频分析技术，可以对

---

[1] 葛道凯，张少刚，魏顺平. 教育数据挖掘：方法与应用 [M]. 教育科学出版社，2012.

课堂录像进行分析,分析学习者的注意力集中程度、学习情绪、学习动机等变化情况,由此形成学习者学习状态的评估和教师教学评估。[1]

3.2.4 教育大数据学习分析的工具

学习分析工具在学习分析过程中起着重要作用,为学习分析的顺利实施提供了技术基础和工具支持。依据不同的标准,可以进行不同分类。根据专业程度的不同,可分为通用工具、专用工具和综合工具;根据分析结果的描述方法,可以分为可视化的工具和非可视化的工具;根据工具的可扩展性,可分为可二次开发的工具和非二次开发的工具;根据分析工具提供的服务类型可以分为开源的工具与非开源的工具;根据学习工具所侧重的分析对象与类型,可分为学习网络分析工具、学习内容分析工具、学习能力分析工具、学习行为分析工具及其他综合分析工具。[2]

3.2.4.1 常见学习分析工具

学习分析工具种类繁多,且仍在快速发展之中。例如,Nvivo 可以对文本内容、多媒体内容等进行标注、编码,还可以进行简短评论;Gephi、JUNG、Guess 可以用来进行社会网络分析;WMatrix、CATPAC 可以进行学习内容分析;SPSS 可以进行数据统计分析等。常见的学习分析工具具体如表 3-1 所示。

表 3-1 常见学习分析工具[3][4][5]

类型	名称	特点	介绍	适用范围
通用工具	Mixpanel Analytics	可视化、实时分析	一种实时数据可视化工具,显示用户使用网站的情况,可用于追踪用户在网站上的各种行为,能实时产生数据并显示报表。该软件提供了多元化的分析方式,具有事件追踪、漏斗分析、A/B 测试等功能。此外还提供苹果和安卓手机使用情况分析,为手机用户界面、应用程序的功能调整和改进提供参考依据。	学习行为分析工具

---

[1] 葛道凯,张少刚,魏顺平.教育数据挖掘:方法与应用[M].教育科学出版社,2012.
[2] 孟玲玲,顾小清,李泽.学习分析工具比较研究[J].开放教育研究,2014(8).
[3] 李青,王涛.学习分析技术研究与应用现状述评[J].中国电化教育,2012(8).
[4] 孟玲玲,顾小清,李泽.学习分析工具比较研究[J].开放教育研究,2014(8).
[5] 严琴琴,戴心来,陈峰.学习分析:在线学习研究与实践的新方向[J].中国教育信息化,2014(7).

续表

类型	名称	特点	介绍	适用范围
通用工具	Userfly	可用性、用户跟踪	一种可用性测试工具,可记录用户访问网站的行为,并且可回放分析。可监控用户在网站上的大部分操作,并录制视频。可记录鼠标的移动、点击和选取、文本框的输入、选取,页面的缩放和滚动、页面浏览的跳转、链接和按钮的点击等用户活动。	学习行为分析工具
	Gephi	开源、可视化、交互分析	一种开源的可视化网络分析软件,主要用于分析各种网络和复杂系统,提供动态和分层的交互可视化分析。主要应用领域:探索性数据分析、链接分析、社交网络分析和生物网络分析等。	学习网络分析工具
专用工具	Socrato	基于题库、学习评估	一种基于标准题库的在线学习分析工具,可以用于记录和跟踪学习过程,进行形成性或总结性评估,还可以对学生个体或团体进行诊断性评估。可分析学生、班级、教学中心的优劣势和个人学习绩效,并形成评估报告。	学习能力分析工具
	SNAPP	可视化、社会网络、行为模式识别	一套可视化分析软件,可以从 Blackboard 和 Moodle 等主流学习管理系统中收集数据,显示学生和内容以及学生间的互动频次、时长并绘制社会化网络图。在该软件帮助下,教师可以快速识别课程教学活动中的各种用户行为。	学习网络分析工具
	LOCO-analyst	行为跟踪、社会交互分析	一种基于情境的学习分析工具,帮助教师跟踪和分析在线学习环境中学生的学习过程,以改进网络课程的内容和结构。该软件可分析学生参与或表征出的各种活动、学生对在线课程内容的使用情况以及虚拟学习环境中学生的社会互动。	学习内容分析工具
综合工具	WEKA	可视化、贝叶斯网络编辑	通过对数据的挖掘获取趋势和模式分析,支持多种经典数据的挖掘任务,可对大规模数据进行预处理、分类、回归、聚类、关联规则分析,具有可视化工具显示所有属性的散点图(二维或三维)矩阵和可视化显示知识流,可进行贝叶斯网络编辑。	综合学习分析工具
	SPSS	可视化、包含各种基础分析模块	集数据输入、编辑、统计分析、图表制作、生成结果报表为一体,可支持从策划到数据收集、分析、报告和部署各环节。基础分析模块有数据汇总、计数、交叉分析、分类、描述性统计分析、因子分析、回归及聚类分析等功能,支持二次开发。	综合学习分析工具
	SSAS	可视化、多数据集分析	它是微软 SQL 服务器中的联机分析处理、数据挖掘与报告工具,广泛用于多个数据库或不同类表中的信息处理。可对来自数据集市或数据仓库中的数据进行更深入和更快速的数据分析,以创建多维数据集。	综合学习分析工具

学习分析工具在学习分析过程中具有举足轻重的作用，不同的学习分析工具有不同的特点，研究者应根据各种工具的特点和优势，选择合适的工具并加以有效利用，发挥学习分析技术巨大的应用潜力，实现其学习改进的价值。[1]

3.2.4.2 仪表盘学习分析工具[2]

早在学习分析出现之前，在商业领域以及信息管理和情报学领域就有大量的关于数据分析和预测的工具，这些工具包括数据可视化、决策树、神经网络、回归分析、机器学习以及人工智能等。其中比较典型的是仪表盘技术（dashboard technology）。仪表盘技术是公认的高效智能工具，它可以向用户形象地展现数据分析的结果，也可以通过动态交互的方式实现用户的自助式分析。仪表盘技术通常有三种：使一线员工和主管追踪核心运营流程并接受异常报警的运营仪表盘；强调机构不偏离预期目标的战略仪表盘；追踪各个部门的流程和项目的策略仪表盘。[3] 国内外诸多在线教育平台正致力于根据自身的服务群体和学习情境设计学习仪表盘，为学习者的学习、复习和考试等提供服务，以便起到支持认知和社会交互的双重功能。表 3-2 列举了目前国内外 18 个较为成熟的学习仪表盘，在服务对象与信息追踪维度上的基本特点，其中"快乐学"是国内学习仪表盘发展较为成熟的代表。

表 3-2　学习仪表盘服务对象及信息追踪维度

序号	学习平台	目标人群		学习支持		学习评价		
		教师	学生	认知交互	社会交互	时间记录	练习考试	学习作品
1	Khan Academy	+	+	+	+	+	+	
2	Duolingo		+	+	+	+	+	+
3	TUT Circle		+		+			
4	Teacher Advisor	+		+			+	
5	CALM System		+			+		
6	Classroom View	+				+		
7	Course Vis	+		+	+		+	+
8	GLASS	+		+	+	+		
9	LOCO Analyst	+		+		+		
10	Moodle	+		+	+	+	+	+
11	OLI	+						
12	SAM	+	+	+				
13	Course Signals	+		+	+	+	+	
14	SNAPP	+			+			+

---

[1] 孟玲玲，顾小清，李泽．学习分析工具比较研究 [J]．开放教育研究，2014(8)．

[2] 张振虹，刘文，韩智．学习仪表盘：大数据时代的新型学习支持工具 [J]．现代远程教育研究，2014(3)．

[3] 李逢庆，钱万正．学习分析：大学教学信息化研究与实践的新领域 [J]．现代教育技术，2012(7)．

续表

序号	学习平台	目标人群		学习支持		学习评价		
		教师	学生	认知交互	社会交互	时间记录	练习考试	学习作品
15	Step Up	+	+	+	+	+		+
16	Student Inspector	+	+	+			+	+
17	Tell Me More		+				+	
18	快乐学	+	+	+	+	+	+	+

1. 可视化特征

数据可视化旨在借助图形化手段,清晰有效地传达信息,使它们能够为人们利用和理解。数据可视化关键在于创建友好的用户界面,将信息转化成为有效的知识。

学习仪表盘最典型的特征是将学习过程和学习结果的分析数据进行可视化显示。一方面,可视化图表使得信息传递更为形象直观。学习仪表盘基于美学、传播学、心理学等原则和规律进行可视化设计,并常常把数字和图表等集中在同一个界面内,使重要信息可以迅速被提取;另一方面,可视化图表使得信息传递更加精准。学习仪表盘利用大量信息来集中衡量某一维度上的学习活动,并整合多种相关的图表数据,辅之以简洁的文本标注,使信息解读更为准确。学习仪表盘提供的学习分析数据,可以有效支持学习过程、教学设计和教学管理等,具有巨大的教育价值。学习仪表盘将处理后的学习分析结果以可视化的方式呈现出来,方便教师或学生掌握学习的总体情况,从而避免在学与教的过程中"开盲车"。

2. 个性化特征

通过对学习行为与活动的跟踪、分析及可视化显示,学习仪表盘将学习过程中的认知与元认知相融合,有助于学习者对个人学习的全过程负责并进行管理和调控,如根据自身的需求确定个性化的学习目标及路径,自主选择个性化的学习材料,确定个性化的学习方法与方式,进行个性化的课后练习和阶段性测试等。在这个意义上,学习仪表盘实现了真正的个性化,即学习者自行定位价值观与标准,真正实现自我调控与管理,增加学习的自主性,不断建构和调整自身的学习状态以及对个人位置的思考模式。相比较而言,传统学习系统支持的个性化只是实现了由学习系统针对学习者的学习进度和成绩自动选取学习路径的个性化,学习者相对于学习系统来说仍然处于被动地位,无法与系统形成全方位的交互,这种个性化只是虚假的个性化或部分的个性化。

3.2.4.3 SPSS 学习分析工具

SPSS 是"Statistical Package for the Social Sciences"的英文缩写,全名为"社会科学统计软件包",它集数据输入、编辑、统计分析、图表制作、生成结果报表为一体，可支持从策划到数据收集、分析、报告和部署各环节。随着 SPSS 产品服务领域的进一步扩大和服务深度的加深，2000 年其英文名称更改为"Statistical Product and Service Solutions"，意即"统计产品与服务解决方案"。该工具包含必备的基础分析模块及 15 个拓展模块。基础分析模块有数据汇总、计数、交叉分析、分类、描述性统计分析、因子分析、回归及聚类分析等功能；拓展模块可实现高阶的统计分析功能，如分析过程数据、复用小样本数据模拟大样本结果、用二维图与感知图呈现数据关系等进行数据处理与数据挖掘分析。此外，该工具支持利用 Python 和 R 语言进行编程二次开发。[1]

1. 方差分析

方差分析形式上是比较多个总体的均值是否相等，本质上是研究变量之间的关系。方差分析既可以用于多组均值之间的显著性检验，又可以用于方差之间的显著性检验。一般用于研究一个或多个分类自变量与一个数值型因变量之间的关系，即研究分类自变量对数值型因变量的影响时，方差分析是主要方法之一。通过检验总体的平均数是否相等，可以判断分类型自变量对数值型自变量的显著性影响。

2. 均值检验

均值检验是一种比较常见的统计分析技术，主要用来检验两组或两组以上样本数据的平均值是否有显著差异，从而推断它们是否来自具有相同均值的总体。一般可以具有 t 检验和方差检验两种方法。

3. 回归分析

在教育和心理学实际研究领域，会遇到彼此有关系的两列或多列变量。通过大量的观察数据，可以发现变量之间存在的统计规律，并可以用一定的模型来表述。而回归分析就是探讨变量之间关系的常用统计方法，通过建立变量间的数学模型对变量进行预测和控制。

4. 因子分析

因子分析是在处理多变量数据的时候，为了揭示多变量之间的关系，利用降维方法进行统计分析的一种多元统计方法；实现从为数众多的、可观测的变量中概括和综合出少量因子，用较少的因子变量最大限度地概括和解释原有的观察信息，从而建立起简洁的概率系统，用来揭示事物之间的本质联系。

5. 聚类分析

人们认识某类事物时往往会先对这类事物的各个对象进行分类，以便寻找其中相同与不同的特征。聚类分析就是进行这种分类的一种基本方法。作为对研究样本

---

[1] 孟玲玲,顾小清,李泽.学习分析工具比较研究[J].开放教育研究，2014(8).

或指标进行分类的一种多元统计方法，它是一种探索性的分析，能在没有先验知识的情况下，将具有相似性的一批样本数据按照它们在性质上的亲密程度，自动进行分类。[1]

总之，学习是学生与教师、学生与课程、教师与课程、学生之间以及学习环境等因素相互影响的复杂过程，因此学习分析工具和方法要根据具体问题、特定情境、学习分析结果用途的差异等来选择。而这些方法和工具的综合应用以及学习分析视角的选择也往往会影响其分析结果对实践的作用和影响力。无论如何，随着学习分析工具和方法的不断成熟完善，它将对学生的学习过程、学习成效的提升起到重要作用。

3.3 教育大数据学习分析应用案例

3.3.1 国外学习分析应用案例[2]

国内外较早应用学习分析的一个案例是美国普渡大学的信号项目。该项目于2007年正式启动，基本操作方式是将数据从学生信息系统、课程管理系统和课程成绩单中提取出来，按照学习表现进行分类，从而对那些极有可能不及格或辍学的学生有针对性地提供服务。

美国教育发展中心（Education Development Center）和学生与技术中心（Center for Children and Technology）对如何利用数据帮助美国纽约市公立学校的教师进行教学决策展开了研究。他们与一家公司进行合作，对学生在数学学习过程中的数据进行了记录与分析，最后生成了可供教师分析的书面报告和网络报告。书面报告为教师提供了全班学生学习情况的标准报告，为教师根据学生的需求进行分组、关注学生的个体特点等提供了依据。网络报告则为学校不同层次的员工提供了不同层次的信息。美国加利福尼亚州奥兰治县的马鞍峰社区学院通过"高等教育个性化服务助理"或称 SHERPA（Service-Oriented Higher Education Recommendation Personalization Assistant）系统，运用学生数据成功地实施了个性化教育。该软件为每个学生建立了详细档案，记录了其在校期间的完整日程信息、跟随导师学习的经历以及其他个

---

[1] 杨晓明. SPSS 在教育统计中的应用[M]. 高等教育出版社，2012.
[2] 学习分析. 地平线报告 2013 基础教育版.

人信息；接着对这些信息进行分析，提出对时间管理、课程选择的建议，并分析其他有助于学生在学业上获得成功的要素。[1] 除了上述应用，国外学习分析技术应用列表具体如表 3-3 所示。

表 3-3　学习分析技术应用项目列表[2]

国别	教学机构	系统/项目名称	简介
美国	马里兰大学巴尔的摩分校	Check My Activity	该工具配合 Blackboard 使用，能够检查学习者在网络课程中的活动和使用频率，根据自身表现获得不同等级的评价，并可以了解同级同学（匿名）的学习情况，影响学生的原认知。
美国	波尔州立大学	Emerging Media Initiative	用于协作学习的信息可视化系统，鼓励持续的形成性评价，并提高协作者的原认知。
美国	北亚利桑那大学	Grade Performance Status (GPS) Tools	主要用于评估全日制学生的课堂学习成效，收集学习者在课堂中的学习情况信息，通过邮件给予学生一定建议。
比利时	荷语天主教鲁汶大学	Student Activity Monitor(ROLE Showcase Platform Tool)	提供多种数据可视化分析，如学生网上学习时长、使用文件的数量、任务花费时间，并与其他学习者进行比较。通过数据分析和可视化呈现，可以提高教师和学生的自我反思水平。
德国	亚琛工业大学	El.ta(exploratory Learning Analytics Tool)	可帮助教师挖掘学习者的用户属性、用户行为和内容的使用情况，并做出评估。通过可视化图表帮助教师了解学习者的个人兴趣，以改善教学方法。
澳大利亚	伍伦贡大学	SNAPP(Social Networks Adapting Pedagogical Practice)	从学习管理系统和论坛中提取学习者的行为数据和互动数据，以可视化的形式绘制学生的学习网络，分析学习网络对学习的影响，调整教学方法并为学习者提供指导。

3.3.1.1　国外学习分析案例[3]

国外进行了大量的学习分析实践，2012 年 10 月，美国教育部发布了《通过教育数据挖掘和学习分析促进教与学》的报告，不仅耶鲁大学、哈佛大学、斯坦福大学等世界知名高校纷纷加入学习分析实践活动，密歇根大学、普渡大学、奥斯汀州立大学等高校也参加了教育大数据学习分析应用项目的实践活动，这些实践活动不

---

[1] 陈律.大数据背景下学习分析技术对教学模式的变革[J].中国教育信息化，2013(24).
[2] 李青，王涛.学习分析技术研究与应用现状述评[J].中国电化教育，2012(8).
[3] 马红亮，袁莉，郭唯一，许楠，杨洋.反省分析技术在教育领域中的应用[J].现代远程教育研究，2014(4).

仅促进了美国大学的教育大数据应用,更为美国 K-12 学校的大数据教育应用提供了有效的指导。国外关于学习分析的研究,早期主要聚焦在评价和分析学生在一门课程或项目学习中所面临的困难,根据这些困难设计有针对性的人工干预方案,以解决学生短期内面临的学习问题。

1. 普渡大学的课程警示系统

早期学习分析具有代表性的例子是普渡大学的课程警示系统。该系统通过分析学生个体的表现,预测那些处在学业危险中的学生,以便为这类学生提供积极的干预。教师利用课程警示系统,与处在学业危险中的学生进行交流并提供不同程序的干预,例如,与学生会面或者利用教学工具为学习者自动推送一些辅助性资源。课程警示系统通过特定算法来判断学生是否处于学业危险中,以及处于高风险、中风险或低风险的哪一个阶段,同时还能为学生和教师呈现一种具有不同状态的、类似交通信号灯的警示信号,如图 3-5 所示。该系统预测学生在某门学科中的危险程度有四个依据:表现,指学生在课程学习中获得积分的百分比;努力,指学生在 Blackboard Vista(普渡大学的学习管理系统)中进行的交流,并与其他学习者进行比较;入学前的基础,包括入学准备、中学 GPA、标准测试得分;学生特点,包括居住地、年龄、获得的学分等。

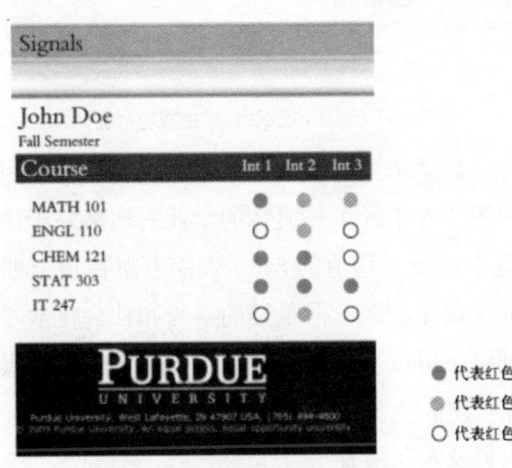

图 3-5　课程警示系统的网页用户界面

阿诺德和皮斯泰利于 2012 年使用课程警示系统进行了一项为期三年的调查研究。研究发现,自从引入课程警示系统后,学习者的成绩在 A 和 B 等级上提高了 10%,在 D、F 以及退选方面下降了 6.41%。他们的调查结果证明课程警示工具在学生获得学业成绩的过程中发挥了重要且积极的作用,包括辨别处在学业危险中的学生,使学生变得更积极或者更早地开始做作业,以及对作业提出更多的问题。

2. Desire2Learn 的学生成功系统

Desire2Learn 的学生成功系统（Student Success System）能够提供如下服务：查看当前学生的学习情况、辨别处于学业危险中的学生并进行跟踪干预、提供干预的结果、形成相应的报告。该系统具有各种模型管理、行为预测和数据可视化功能，教育机构可以根据自身的要求定制相应功能。Desire2Learn 系统旨在准确地预测处于学业危险中的学生并提供相应干预。相比之下，普渡大学的课程警示系统只有单一的预测模型，而该系统具有多样化的预测模型，而且这种多元化的预测模型可以适合更多的课程。

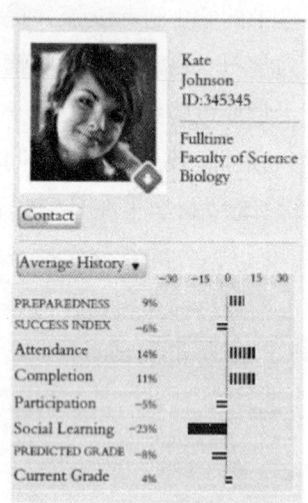
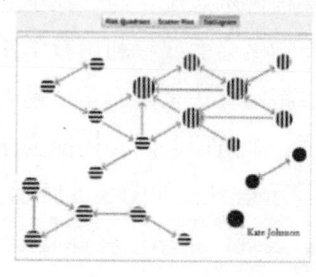

图 3-6　Desire2Learn 学生成功系统

对于每个学生而言，该系统列举出了影响学生成功学习的因素，目的在于帮助学生建立适当干预。如图 3-6 中，虽然凯特的学业表现略好于该班级的平均值，但系统预测她的成绩会低于班级平均值的 8%。表面上凯特是个理想的学生，她的准备指数、出勤率和完成率都比较高，但是她的参与和社会化学习程度却比较低。通过深入分析她的社会网络图可以发现，凯特基本上不使用社交媒体进行交流，因此可以针对这个问题设计干预。[1]

3. 开放大学的"数据牧人"项目

"数据牧人"（data wrangler）是这样一类人：能够得心应手地处理和操作数据并使之可视化，同时能够与课程专家协作参与课程设计。他们的工作就是尝试使用不同的工具解释数据并使之可视化，同时与课程专家分享这些信息以形成行动计划。该项目旨在利用学习分析促进课程设计开发，改善学习者的学习体验，而这些都是通过在线系统自动、定期收集的数据实现的。这些数据主要围绕学生在做什么以及

---

[1]Van Harmelen et al., 2012.

他们在开放大学学习的感受而收集的。"数据牧人"项目采取一系列不同的方法收集数据,包括学生与在线系统 Moodle 交互的统计数据、课程结束时的问卷调查以及其他更多来源的数据,如描述课程学习设计的实施报告,其中包括活动和评价以及日常管理过程中形成的数据。数据仓库将这些不同来源的数据汇集在一起,以方便调查人员查询和比对。"数据牧人"项目的价值体现在三个方面:对于一门特定的课程,综合学习者网上论坛的参与情况、教学设计意图和学生的反馈,能够说明一些诸如"异步交流对学生来说是多么有用"的问题;对于毕业率,调查表明"学习活动的减少"是一个很好地反映学生辍学率的指标,而不是虚拟学习环境的登录次数;对于成功的预测,在学生开始学习之前,基于对学生的了解而开发的灵活的模型是预测学生学业成功与否的重要指标。

4. 奥斯汀州立大学的学位指南针系统

除了上述三个典型案例之外,美国奥斯汀州立大学的学位指南针系统(Degree Compass)也值得关注。受亚马逊和潘多拉等商业公司所开发的推荐系统启发,奥斯汀州立大学开发了学位指南针系统。该系统能够把学生与合适的课程进行匹配,从而为学生自动推荐最适合的课程。该系统使用基于学生成绩和注册数据的预测性分析技术,按照对完成专业学习影响程度的大小对课程进行排序。

5. 密歇根大学的电子导师 E2Coach 系统

E2Coach 系统是密歇根大学开发的一个相对成熟的开源软件。它根据学生的不同特点量身定制个性化系统,专门为物理学专业的学生提供导学服务。它能够分析学生在开课之初所填写的问卷,能够从学生成绩簿上获得信息以及获得过去 14 年里修读物理学导论课程的将近 50000 名学生的历史数据。根据分析结果为学习者提供有关学习习惯、实践作业、进度反馈和鼓励等方面的个性化推送服务。首先,教师在开课前告诉每个学习者这个系统的功能,然后调查学习者专长、教育者和行为专家的建议,最后结合调查信息,为学习者创建个性化服务内容。[1] 该系统最引人注目的功能是它能够准确地预测,如果学生改变学习课程的方式,他们将会取得怎么样的进步。在课程学习的关键点上,每个学生都会接收到:针对当前学习状况的具体反馈意见,与其他同学相比他们的学习情况如何,以及如果他们继续以原有方式学习可能得到的最终成绩,从而帮助学习者了解自己的学习动机,认识自己的优势和劣势,并顺利地完成课程。

6. 美国宾州 EDLINE 项目

美国宾州为了对学生的学习过程和效果进行监控,开发了一个 EDLINE 网站,

---

[1] 严琴琴,戴心来,陈峰. 学习分析:在线学习研究与实践的新方向[J]. 中国教育信息化,2014(7).

并将学生每次的作业、考试成绩记录在网络数据库中，完成学生经年累月的日常 GPA(Grade Point Average) 积累。通过对 GPA 存储数据的实时跟踪与分析，学生、家长和教师都能获得重要信息，从而为学生的学习、教师教育管理、家长教学监控提供重要依据。最终根据 GPA 和学生的学术能力评估测试（SAT）、美国入学考试（ACT）分析报告，就能预测学生的大学去向。

3.3.2 学习分析应用实践

3.3.2.1 学习分析应用实践一

为了深入了解翻转课堂在教学改革实践中的应用情况，尤其是微视频学习资源对学习效果的影响，我们从一所现代教育技术试验学校随机抽取某个班级，进行翻转课堂教学有效性实证分析。

我们选取某小学五年级一个班（共 40 个学生）为研究对象，具体实施过程中随机将学生分成两个组，每组 20 个学生。两组学生的学习起点相同，都没有进行过新课内容的系统学习；两组学习者任课老师和授课内容都相同。但第一组使用传统的教学方式，课堂讲授新内容，课后复习巩固，进行知识吸收；而第二组采用翻转课堂的教学形式，学生课后通过观看视频进行知识学习，带着问题在课堂上进行交流和协作，进行知识吸收。当该课程知识点学习完成后，全班同学进行学习测试，相关考试成绩如表 3-4 所示。为了进一步分析翻转课堂的有效性，我们采用 SPSS 进行了统计分析。

表 3-4 不同教学模式下两组学生的成绩

传统教学模式	60	70	60	80	70	75	80	81	69	85	60	70	75	70	85	83	56	70	68	68
翻转课堂教学模式	77	78	70	85	85	78	85	88	70	82	70	77	80	83	85	95	78	80	85	81

通过探索性统计分析，相关案例汇总表如表 3-5 所示。表明所有的成绩项都是有效的。

表 3-5 案例进程汇总

实验类型		案例					
		有效值		丢失值		总计	
		N	Percent	N	Percent	N	Percent
表现情况	传统教学模式	20	100.0%	0	0.0%	20	100.0%
	翻转教学模式	20	100.0%	0	0.0%	20	100.0%

通过 SPSS 统计分析得到如下统计分析表（表 3-6）。从中可以看出，传统教学模式下学生平均得分为 71.75 分，而翻转课堂教学模式下学生平均得分为 80.6 分，分数有了一定程度的提高。

表 3-6　统计分析

		实验类型		统计数	标准误差
表现情况	传统教学模式	平均		71.7500	1.94243
		95% 平均置信区间	下界	67.6845	
			上界	75.8155	
		5% 截尾均值		71.8889	
		中值		70.0000	
		差异		75.461	
		标准偏差值		8.68680	
		最小值		56.00	
		最大值		85.00	
		范围		29.00	
		四分位距		12.00	
		偏斜度		−0.077	0.512
		峰度		−0.828	0.992
	翻转课堂教学模式	平均		80.6000	1.40563
		95% 平均置信区间	下界	77.6580	
			上界	83.5420	
		5% 截尾均值		80.3889	
		中值		80.5000	
		差异		39.516	
		标准偏差值		6.28616	
		最小值		70.00	
		最大值		95.00	
		范围		25.00	
		四分位距		7.75	
		偏斜度		0.027	0.512
		峰度		0.451	0.992

为了对样本进行独立 t 检验，首先要检验两个总体服从正态分布，通过 SPSS 的 Explore 统计分析，得到正态分布检验表如 3-7 所示。从表中可以发现传统课堂教学模式和翻转课堂教学模式的成绩分布 P 值都大于 0.05，表明数据服从正态分布。

表 3-7 正态性检验

实验类型		斯米尔诺夫检验			夏皮罗-威尔克检验		
		统计值	自由度	显著性	统计值	自由度	显著性
表现情况	传统教学模式	0.180	20	0.089	0.935	20	0.194
	翻转课堂教学模式	0.142	20	0.200*	0.941	20	0.248
a. Lilliefors 意义校正							
*. 这是实际意义的下界							

两种得分的正态分布图如图 3-7 和图 3-8 所示。

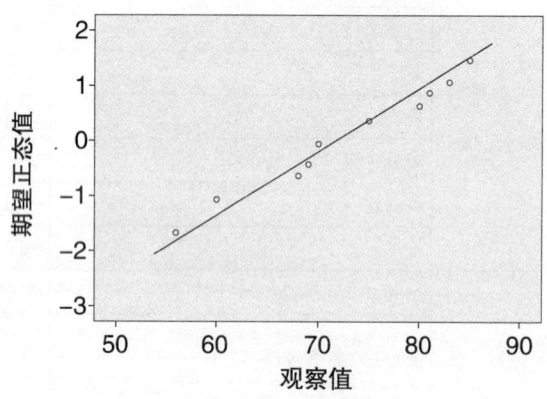

图 3-7 传统教学模式下学习成绩正态 Q-Q 图

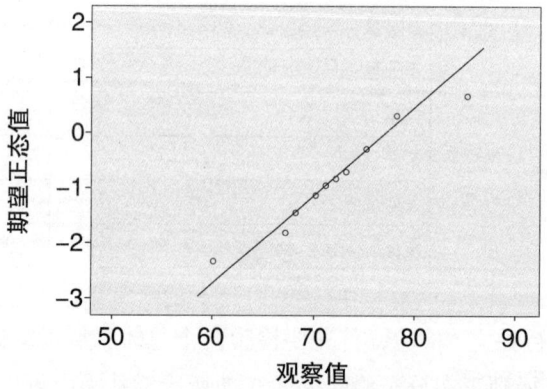

图 3-8 翻转课堂教学模式下学习成绩正态 Q-Q 图

从图 3-7 和图 3-8 中可以看出，以变量的实际值与期望值为坐标的点落在趋势线附近，并表现出一定的集中趋势，均值附近聚集的点较多，而两端点较少。进一步观看图表可以发现，传统教学模式下，学生成绩偏离对角线的点比翻转课堂教学模式下多，因此可以判断，翻转课堂教学模式下学生成绩的正态性分布要比传统教学模式下好。

通过配对 t 检验，可以得到配对样本的相关分析表，如表 3-8 所示。得分 1 表示传统教学得分，得分 2 表示翻转课堂教学得分。可以发现两组测试样本的相关系数为 0.721，伴随概率为 0.000（小于 0.05），说明两者相关性显著。

表 3-8　配对样本校正

		数量	校正	显著性
配对 1	执行 1 和执行 2	20	0.721	0.000

为研究翻转课堂教学模式对学生成绩的实际影响，进一步进行配对样本检验分析，得到如表 3-9 所示的结果。从表中可以发现，翻转课堂教学模式和传统课堂教学模式下，学生得分两两相减的差值均值为 8.85，配对检验结果 t 值为 6.575，伴随概率为 0.000，小于 0.05，这表明传统教学模式和翻转课题教学模式在提升学生学习成绩上是有显著差异的，翻转课堂教学模式有助于提升学生学习成绩。

表 3-9　配对样本检验

		配对差					t	df	Sig. (2-tailed)
		均值	标准差	标准误差均值	95% 置信区间的差异				
					下界	上界			
配对 1	执行 2- 执行 1	8.85000	6.01992	1.34610	6.03259	11.66741	6.575	19	0.000

3.3.2.2　学习分析应用实践二

为了对翻转课堂教学模式有更深入的了解，相关中小学都积极邀请信息技术教育专家，进行翻转课堂教学评价指标体系构建和重要性评价工作。结合国内翻转课堂教学模式的应用和实践，我们从资源利用、微视频质量、教学设计、知识吸收、知识传递、使用效果、自主学习、学习兴趣、监督指导等 9 个维度对翻转课堂教学模式进行有效性评价。专家在具体打分的时候，采用 6 个等级的里克特量表，分别为特等、优秀、良好、一般、较差、非常差。为了确保评价的准确性和可信性，本次活动邀请了三位专家对翻转课题教学模式的有效性进行了评分，具体评分结果见

表 3-10。

表 3-10　三位专家对翻转课堂教学模式有效性评分

专家 \ 维度 等级	资源利用	视频质量	教学设计	知识内化	知识传递	使用效果	自主学习	学习兴趣	监督指导
专家1	2	2	2	4	5	3	5	2	5
专家2	4	1	1	5	4	4	5	2	6
专家3	3	2	3	5	4	3	6	3	6

根据等级变量相关分析，得到如表 3-11 的相关性分析统计表。

表 3-11　相关性分析统计

			专家1	专家2	专家3
Kendall's tau-b 检验	专家1	相关系数	1.000	0.726*	0.786**
		Sig.(双侧)		0.016	0.009
		数量	9	9	9
	专家2	相关系数	0.726*	1.000	0.834**
		Sig.(双侧)	0.016		0.005
		数量	9	9	9
	专家3	相关系数	0.786**	0.834**	1.000
		Sig.(双侧)	0.009	0.005	
		数量	9	9	9
斯皮尔曼相关系数	专家1	相关系数	1.000	0.810**	0.879**
		Sig.(双侧)		0.008	0.002
		数量	9	9	9
	专家2	相关系数	0.810**	1.000	0.897**
		Sig.(双侧)	0.008		0.001
		数量	9	9	9
	专家3	相关系数	0.879**	0.897**	1.000
		Sig.(双侧)	0.002	0.001	
		数量	9	9	9

*. 相关显著性在 0.05 水平（双侧）。
**. 相关显著性在 0.01 水平（双侧）。

从上表中可以看出，三位专家之间的相关关系以相关系数矩阵的形式呈现出来。专家1与专家2、专家1与专家3、专家2与专家3对肯德尔评分等级和斯皮尔曼评分等级相关系数分别为 0.726 和 0.786、0.834 和 0.810、0.819 和 0.897，而且统计检验的判别概率小于 0.05，因此两次评分显著相关，并且为正相关，从而说明三位专家评分标准较为一致，具有较高的一致性。

3.3.2.3 学习分析应用实践三

主要调查对象是某高级中学的高一、高二和高三的 438 名学生,学科主要是文科、理科和综合。通过高中生学情调查的样本数据分析年级、性别以及学科对学风的影响,并比较不同年级的学生在学风上的差异。

首先通过对样本数据的方差分析 SPSS 处理,得到因素统计表,具体情况如表 3-12 所示。从表中可以看出样本数据在年级、性别和学科等方面的分布情况。

表 3-12 因素变量表

		变量标签	数量
年级	1	高一	124
	2	高二	120
	3	高三	194
性别	1	男	292
	2	女	146
学科	1	文科	243
	2	理科	115
	3	综合	80

进一步进行单变量多因素方差分析,得到全模型方差分析表,具体如表 3-13 所示。

表 3-13 方差分析表

Dependent Variable: 学风					
变异来源	类型 III 平方和	df	均方	F	Sig.
修正模型	789.270a	17	46.428	2.704	.000
	86634.136	1	86634.136	5045.095	.000
年级	16.004	2	8.002	.466	.628
性别	60.781	1	60.781	3.540	.061
学科	85.296	2	42.648	2.484	.085
年级 * 性别	118.144	2	59.072	3.440	.033
年级 * 学科	111.313	4	27.828	1.621	.168
性别 * 学科	73.711	2	36.855	2.146	.118
年级 * 性别 * 学科	105.769	4	26.442	1.540	.190
误差	7212.221	420	17.172		
总计	210381.000	438			
修正后总计	8001.491	437			
a. R^2=0.099(修正后 R^2=0.062)					

从表中可以看出,三个因素的主效应都大于 0.05,说明三个主因素对学风成绩没有显著影响;在多因素交互效应中,只有"年级和性别"的交互效应概率为 0.033

（小于 0.05），其余的交互效应伴随概率都大于 0.05。这说明年级和性别的交互作用显著，其他因素间的交互作用不显著。通过 SPSS 制作出各种因素交互效应作用下的轮廓图，进一步用可视化图形进行解释，具体情况如图 3-9、图 3-10 所示。

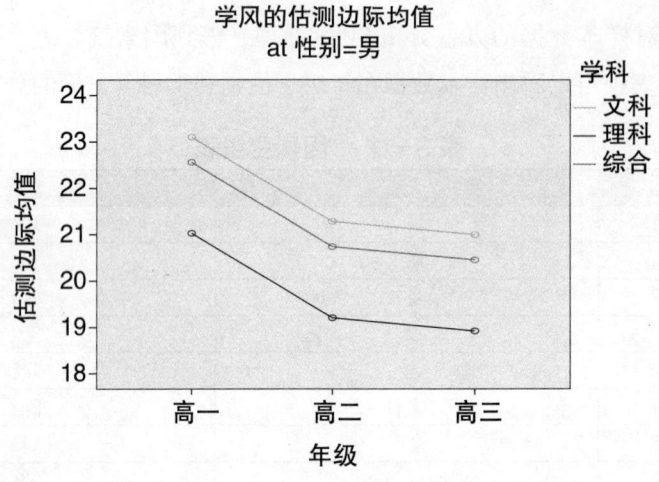

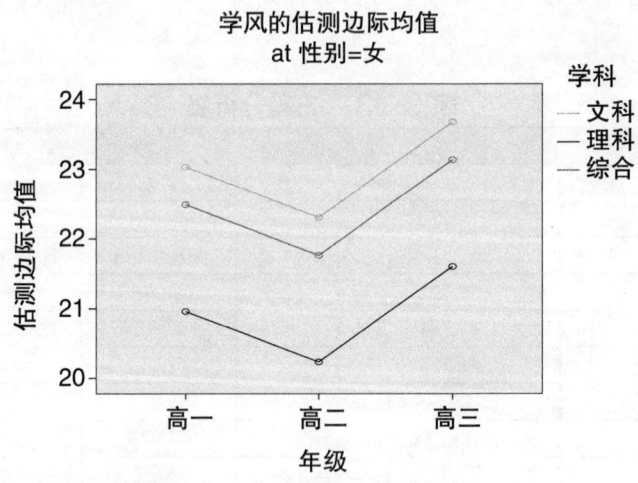

图 3-9　性别、年级、学科交互作用的轮廓图

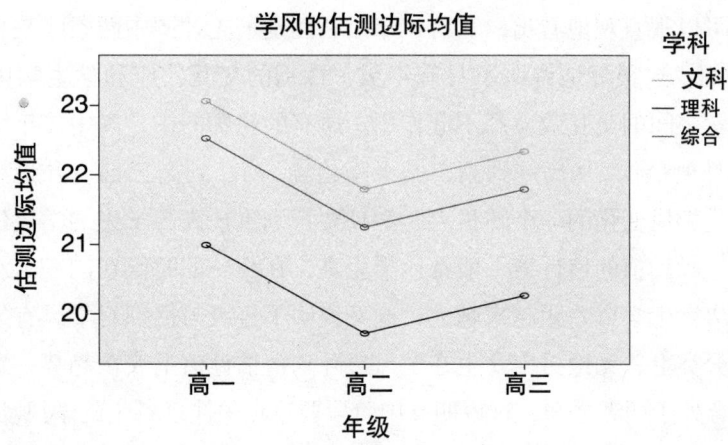

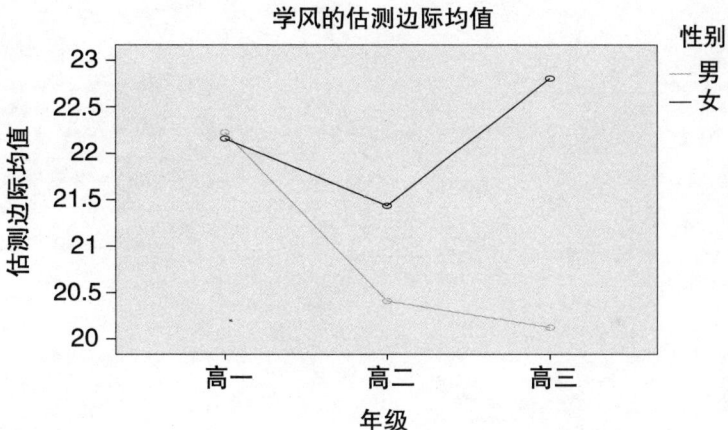

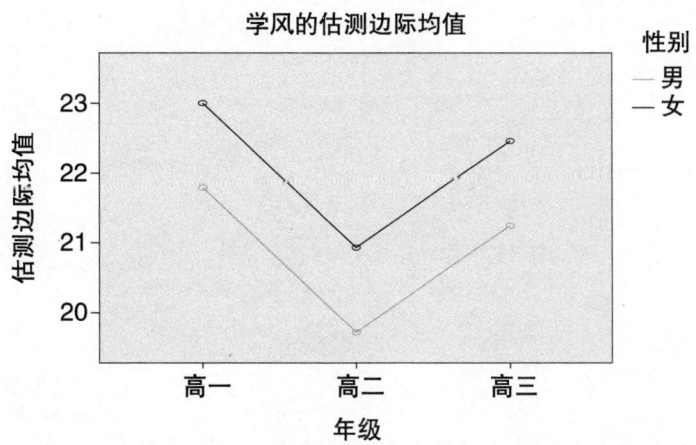

图 3-10　年级、学科，年级、性别和学科、性别交互轮廓图

从图中可以很直观地看出，只有"年级和性别"轮廓图中两条线是相交的，其他都是平行的，这很好地说明了只有年级、性别的交互效应和学生学风有显著作用，其他因素之间的交互效应都不起作用。所有的轮廓图中，高中二年级的学风边际均值的估计值最低，从高一到高二是下降趋势，高二到高三是上升趋势，这也说明高二学生是学风变化的一个转折点，学校要特别重视高二学生的学风建设；图中女生的学风边际均值的估计值一般都比男生高，在高一的时候在同一个水平，随着年级的升高男女生学风差距越来越大，这又说明了年级与性别对学风有显著交互作用；在学科分类上，无论男生女生在学风边际均值估计值上表现趋势一致，文科好于理科，综合处于两者之间，这说明高中阶段要重点关注理科生的学风动态。

参考文献

[1] 陈律.大数据背景下学习分析技术对教学模式的变革[J].中国教育信息化，2013(24).

[2] 于淼楠，贾骥，白小艳.国内外学习分析技术的比较研究分析[J].课程教育研究，2014(7).

[3] 李青，王涛.学习分析技术研究与应用现状述评[J].中国电化教育，2012(8).

[4] 魏顺平.学习分析技术：挖掘大数据时代下教育数据的价值[J].现代教育技术，2013(2).

[5] 杨庆安，赵伟男，张海.大数据在教育领域应用的学习分析框架构建[J].软件导刊·教育技术，2013(5).

[6] 顾小清，张进良，蔡慧英.学习分析：正在浮现中的数据技术[J].远程教育杂志，2012(1).

[7] 赵磊，朱泓.网络开放课程之学习分析模式探微[J].江苏开放大学学报，2014(8).

[8] 祝智庭，沈德梅.学习分析学：智慧教育的科学力量[J].电化教育研究，2013(5).

[9] 陆璟.大数据及其在教育中的应用[J].上海教育科研，2013(9).

[10] 李逢庆，钱万正.学习分析：大学教学信息化研究与实践的新领域[J].现代教育技术，2012(7).

[11] 李艳燕，马韶茜，黄荣怀.学习分析技术：服务学习过程设计和优化[J].开放教育研究，2012(10).

[12] 马婧，韩锡斌，周潜，程建钢.基于学习分析的高校师生在线教学群体行为的实证研究[J].电化教育研究，2014(2).

[13] 周馨.大数据时代教育数据价值挖掘[J].信息与电脑，2013(8).

[14] 张振虹，刘文，韩智.学习仪表盘：大数据时代的新型学习支持工具[J].现代远程教育研究，2014(3).

[15] 陈永.大数据时代学习分析与高职院校教育改革[J].成人教育，2014(7).

[16] 张进良，何高大.学习分析：助推大数据时代高校教师在线专业发展[J].远程教育杂志，2014(1).

[17] 马红亮，袁莉，郭唯一，许楠，杨洋.反省分析技术在教育领域中的应用[J].现代远程教育研究，2014(4).

[18] 顾君忠.大数据与大数据分析[J].软件产业与工程，2014(4).

[19] 马凤英，陈晓慧，刘红梅.基于学习分析下的学习信息收集方法与策略研究[J].中小学电教，2014(1).

[20] 张泸月.基于学习分析技术的个性化学科服务模式研究[J].图书馆学研究，2014(13).

[21] 葛道凯，张少刚，魏顺平.教育数据挖掘：方法与应用[M].教育科学出版社，2012.

[22] 孟玲玲，顾小清，李泽.学习分析工具比较研究[J].开放教育研究，2014(8).

[23] 严琴琴，戴心来，陈峰.学习分析：在线学习研究与实践的新方向[J].中国教育信息化，2014(7).

[24] 杨晓明.SPSS在教育统计中的应用[M].高等教育出版社，2012.

[25] 马红亮，袁莉，郭唯一，许楠，杨洋.反省分析技术在教育领域中的应用[J].现代远程教育研究，2014(4).

[26] 徐鹏，王以宁，刘艳华，张海.大数据视角分析学习变革——美国《通过教育数据挖掘和学习分析促进教与学》报告解读及启示[J].远程教育杂志，2013(12).

[27] 张羽，李越.基于MOOCS大数据的学习分析和教育测量介绍[J].清华大学教育研究，2013(4).

[28] Marie Bienkowski.,Mingyu Feng,Barbara Means. Enhancing teaching and learning through educational data mining and learning analytics:An issue brief. U.S. Department of Education Office of Educational Technology，2012.10.

[29] 学习分析.地平线报告2013基础教育版.

第4章 教育大数据挖掘与教育决策

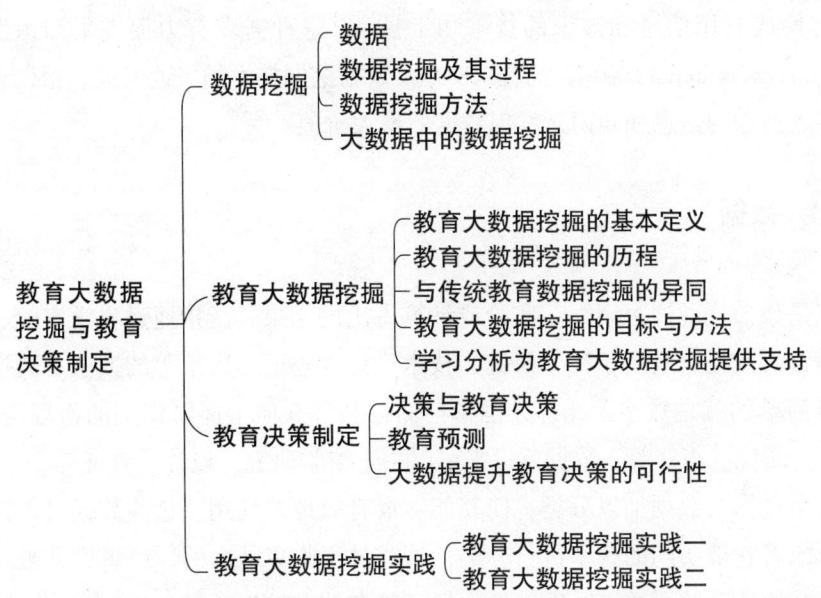

随着互联网的飞速发展、多媒体传感设备的应用与普及，互联网中与人学习行为有关的数据呈爆炸式增长，人们的学习行为越来越多地在网络中发生。不知不觉中，我们进入了大数据时代，大数据正在改变着我们的生活方式和理解世界的方式。联合国在2012年发布的大数据白皮书《大数据促发展：挑战与机遇》中指出，大数据时代已经到来，大数据的出现将会对社会各个领域产生深刻影响。目前，数据已是大多数行业及其相关业务领域必须考虑的因素[1]。如何高效利用和挖掘这类数据信息已经成为提高效率的新浪潮。教育大数据挖掘已经成为教育研究的热点和趋势，通过数据挖掘可以对教育数据进行从微观到宏观的统计、分析和推理，解决教育教学实际问题，探索教育现象之间的相互关联和规则，以便更好地做出教育预测和实施教育决策。

---

[1] Big Data for Development: Challenges & Opportunities[EB/OL].http://www.unglobalpulse.org，2012,05.

4.1 数据挖掘

需求乃发明的直接动力。面对信息社会中数据的爆炸式增长,原有的数据分析和从中提取有用信息的能力已经远远不能满足实际需要,迫切需要一种能够把海量数据转换成有用信息和知识的技术和工具。[1]这种需求有力促进了知识发现(knowledge discovery in databases,简称KDD)及数据挖掘技术的飞速发展,帮助人们找出蕴藏在数据中的信息和知识,发现数据的最大价值。[2]

4.1.1 数据

数据就是数值,即通过观察、实验或计算得出的结果,泛指通过科学实验、检验、统计等方式获得以及用于科学研究、技术设计、查证、决策等的数值。数据有很多种,最简单的就是数字。此外,也指存储在某种介质上能够识别的物理符号,可以是文字、图像、声音等。数据反过来可以用于科学研究、设计、查证等。

数据分类是指对数据加以分类,使其能够最有效地被使用。这些数据可以按照它的临界值或者它被访问的频率进行分类,这些处于临界状态的,或者经常被使用的数据存储在快速存储介质里,而其他数据可能存储在较慢(而且比较廉价)的存储介质中。分类的目的是使多重用途的数据存储使用达到最优化——技术最优化、管理最优化、合法最优化。除了按照其重要性或者使用频率进行分类外,数据还可以按照其他标准进行分类。一个很好的、按照计划的数据分类系统,通常很容易找到重要数据。

需要指出的是,广义上来说,数据、信息也是知识的表现形式,但是人们更愿意把概念、规则、模式、规律和约束等看成知识,而把数据作为形成知识的源泉,好像从矿石中采矿或淘金一样。原始数据可以是结构化的,如关系数据库中的数据;也可以是半结构化的,如文本、图形和图像数据;甚至可以是分布在网络上的异构型数据。发现知识的方法可以是数学的,也可以是非数学的;可以是演绎的,也可以是归纳的……发现的知识可以用于信息管理、查询优化、决策支持和过程控

---

[1] 宋蕾. 数据挖掘在远程教育中的应用 [D]. 山东科技大学硕士论文, 2006.
[2] 牛祥春. 基于数据挖掘的学生综合测评系统应用研究 [D]. 山东科技大学硕士论文, 2006.

制等，也可以用于数据自身的维护。

4.1.2 数据挖掘及其过程

数据本身并不能体现其价值，数据的价值是隐藏的，需要挖掘、整理、分析才能形成。例如，2014年春节推出的百度地图之"春节人口迁徙图"，腾讯QQ推出的"春节国人都去哪儿了"迁徙图等，就是基于用户登录地点变化的统计数据，来分析春节期间人们迁徙地点的变化。这不但可以作为新闻来传播，而且可以为春运期间的铁路、公路、民航等交通领域资源调配提供建议和参考，这就是数据挖掘的一个应用缩影。

数据挖掘（data mining），有些人翻译为数据采矿、资料探勘，就是指从大量的、杂乱的、不完全的、模糊且随机的实际应用数据中，提取隐含在其中的、有潜在应用价值的信息或知识的过程。另外，也有些人将数据挖掘视为流行术语"知识发现"的同义词。其他一些人只是把其视为知识发现过程中的一个步骤。

数据挖掘是多学科交叉、渗透、融合而成的一门新学科，以数据库、人工智能、数理统计、可视化四大技术为基础，主要利用了来自统计学的抽样、估计和假设检验理论，以及人工智能、模式识别和机器学习的搜索算法、建模技术和学习理论。当然，数据挖掘也迅速地接纳了来自其他领域的思想和观点，包括最优化、进化计算、信息论、信号处理、可视化和信息检索等。

数据挖掘一般包括数据准备、数据预处理、数据挖掘和模式解释几个阶段。具体过程如图4-1所示。

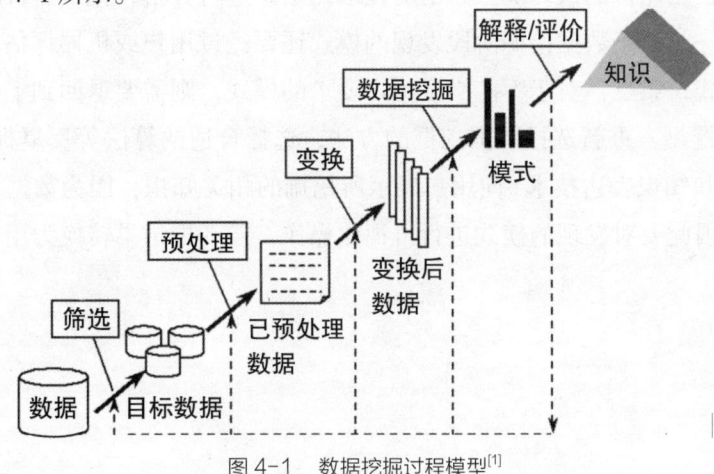

图4-1 数据挖掘过程模型[1]

---

[1] 魏顺平. 教育数据的挖掘、分析、应用[J]. 中小学信息技术教育，2013(10).

为了对数据挖掘过程模型有深入的了解，我们对模型实施步骤做进一步解释。[1]

4.1.2.1 数据准备阶段

即按照预定目标而采用一定工具与方法对信息系统中的电子数据进行采集的过程。该阶段主要是对数据挖掘应用领域进行前期了解，熟悉相关背景知识；通过数据挖掘需求分析明确使用需求。这个阶段又可以进一步细分为数据选择、数据预处理和数据变换等过程。数据选取主要指从已存在的数据库或数据仓库中提取相关数据，确定目标数据，并将来自多数据源中的相关数据整合到一起；数据预处理指通过对提取的数据进行处理，检查数据的完整性和一致性，检查拼写错误，消除冗余数据和数据噪声，去掉重复记录，补上缺失数据，使之符合数据挖掘的要求；数据变换的主要目的是根据知识发现的任务对预处理数据进行再处理，通过降维等操作消减数据维数，减少数据量。

4.1.2.2 数据挖掘阶段

数据挖掘阶段是整个模型中很重要的一步，这个阶段是数据挖掘分析者和相关领域专家最关心的阶段，也可以称之为真正意义上的数据挖掘，其作用就是利用智能方法挖掘数据模式或规律，是数据挖掘核心技术的体现。其操作步骤是先确定采用何种类型的数据挖掘方法，如数据总结、分类、聚类、关联规则发现或序列模式发现等，方法的选取往往依据不同的数据而定。其次是选择挖掘算法，即针对该挖掘方法和不同的需求选择一种算法，由于算法的精确度不同，算法选择会直接影响挖掘模式的质量。最后，采用合适的方法和算法，在数据集上进行数据挖掘。

4.1.2.3 模式解释与知识评价阶段

该阶段根据用户的最终决策目的对提取的信息进行分析，把最有价值的信息提炼出来。第一，对于数据挖掘阶段发现的模式还要经过用户或机器评估，删除冗余或无关的模式；第二，对于不能满足用户要求的模式，则需要退回到上一阶段，重新进行数据挖掘，重新选择数据挖掘的方法，选择合适的算法等反复提取；第三，利用可视化和知识表达技术，向用户展示所挖掘的相关知识，因为数据挖掘的最终用户是人，因此要对发现的模式进行可视化操作，或者把结果转换为用户易理解的其他方式。

---

[1] 姜红艳．数据挖掘在学习成绩分析中的应用[D]．吉林大学硕士论文，2005．

4.1.3 数据挖掘方法[1][2]

有了数据后,数据能否说话、如何说话、应该说什么话,是核心问题。只有让数据说话,即通过数据挖掘帮助人们做出决策、对事物做出评价等,数据挖掘才算有了价值。而挖掘需要借助一定的技术与方法,一般根据不同的挖掘需求采取不同的挖掘方法,主要包括传统的数理统计、聚类分析、决策分类、相关规则、神经元网络、遗传算法、预测、可视化等方法。

4.1.3.1 关联规则

数据关联是数据库中存在的一类重要的、可被发现的知识。它描述了一个事物中某些属性同时出现的规律和模式,反映了某个事件和其他事件之间的依赖或关联。其技术原理是变量或者数据之间存在某种相似性,存在相似性则说明它们存在某种关联,可以建立起这些数据项的关联规则。关联的方法就是通过计算数据之间的相似性,找出数据库中数据之间的关联信息网。在计算关联性的过程中,支持度和可信度是度量关联规则的标准,通过调节这两个参数,能使关联计算更为精确。

4.1.3.2 聚类分析

聚类是按照数据的相似性归纳成若干类别,同一类别中的数据距离较小、彼此相似;不同类别中的数据距离偏大、彼此相异,类间差别尽可能大,类内差别尽可能小。通过建立聚类宏观概念,能增强人们对客观现实的认识,加深人们对事物内部规律的印象,提升人们的认识能力。聚类的目的是要找出相似的元素并将其分类。好的聚类结果是将相似的元素划分为一类,不同的元素归于不同的类中,类与类之间不兼容。这样就可能找出数据的属性等特征,发现数据的组成关系。

4.1.3.3 决策树分类

分类就是按照分析对象的属性、特征,建立不同的组来描述事物。就是为每一个类找到一种准确的概念描述,并用这种描述来构造模型,实现对尚未分类的测试数据的分类。分类的目的是为了得到不同的类别,找到代表不同类数据整体信息的描述。分类的方法是一个学习的过程,通过学习得到分类的标准,然后再根据这个标准进行分类,经过不断的学习和分类过程,逐步精确分类结果。常用的分类方法是决策树分类方法,决策树分类是以实例为基础的归纳学习法,采用自上而下的递归方式,从无次序、无规则的元组中推断出决策树表示形式的分类规则。从根到叶

---

[1] 谢代邑. 基于数据挖掘的福建师范大学教学质量评估系统设计与实现[D]. 电子科技大学硕士论文, 2013.
[2] 姜红艳. 数据挖掘在学习成绩分析中的应用[D]. 吉林大学硕士论文, 2005.

连接节点的一条路径就对应着一条合取规则。[1]

4.1.3.4 数理统计方法

这是利用数理统计学原理对数据库中的数据进行分析的方法,统计分析既是一门独立的学科,也是数据挖掘的一大方法。统计分析方法包括:相关分析(求相关系数来度量变量间的相关程度)、回归分析(解回归方程来表示变量间的数量关系,寻找目标变量对其他多种变量的依赖关系)、差异分析(从样本统计量的数值得出差异,来确定总体参数之间是否存在差异)、聚类分析(直接比较各样本之间的差异,将差异较小的归为一类,而将差异较大的分在不同类别中)、因子分析(利用降维方法进行统计分析的一种多元统计方法,从变量群中提取共性因子,将本质相同的变量归入一种因子以减少变量的数目)、判别分析(建立一个或多个判别函数,并确定一个判别标准,利用判别函数将未知对象划归某一个类别)。

4.1.3.5 可视化分析技术

面对海量数据,可以借助数据挖掘的可视化工具将数据库中每一个数据项作为单个图表元素表示。大量的数据集则构成数据图像,研究分析人员可以从不同的维度观察数据,对数据进行更深入的观察和分析。可视化数据分析技术拓宽了传统的图表功能,实现了数据的多维度呈现,使用户对数据的剖析更清楚,能洞察到数据不同层次的细节。例如,把数据库中多维的数据变成多种图形,对于揭示数据状况、内在本质以及规律能起到重要作用。可视化数据挖掘的目的是使用户能够交互地浏览数据及其挖掘过程,提高数据挖掘效果。可视化技术在数据挖掘的各个阶段都扮演着重要角色,例如,在数据准备阶段,使用散点图、直方图等统计可视化技术显示源数据,可以帮助人们对数据形成初步的了解,为更好地选取数据打下基础。在挖掘阶段,用可视化形式描述各种挖掘过程,可以方便用户了解数据从哪个数据库中抽取、怎样抽取以及怎样预处理、怎样挖掘等。在表示结果阶段,用可视化技术可以使发现的知识更易于理解。

4.1.3.6 预测

预测是利用历史数据找出变化规律,建立模型,并用此模型对未来数据的种类及特征进行预测。典型的预测方法是回归分析,即利用大量的历史数据,以时间为变量建立线性或非线性回归方程。预测时,只要输入时间值,通过回归方程就可求出该时间的状态。除了线性回归预测,神经网络方法(如 BP 模型)实现了非线性样本的学习,能进行非线性函数的判别与预测;基于事例的推理方法 CBR,在预测未来情况或进行正确决策时,系统将寻找与现有情况相类似的事例,选择最佳的解决方案。

---

[1] 王长娥. 数据挖掘在教育评价中的应用研究 [D]. 山东师范大学硕士论文, 2007.

4.1.4 大数据中的数据挖掘

4.1.4.1 大数据挖掘注意要点

传统数据挖掘的对象主要是关系数据库。随着信息技术的发展和数据库的扩展，数据挖掘技术逐步进入空间数据库、时态数据库、文本数据库、多媒体数据库、环球网 Web 等。文字、音频、图像、视频等多媒体非结构化数据已逐渐成为信息领域的重要表现形式，也成为大数据挖掘的主要对象。

自 20 世纪 60 年代以来，数据库技术已经从原始的文件处理演化到复杂的、功能强大的数据库系统开发。自 70 年代以来，数据库系统的研究和开发已经从层次和网状数据库系统发展到关系数据库系统、数据建模工具、索引和数据组织技术。此外，用户通过查询用户界面、优化的查询处理和事务管理，可以方便、灵活地访问数据。联机事务处理将查询看成只读事务，它对关系技术的发展，广泛地将关系技术作为大量数据有效存储、检索和管理的主要工具做出了重要贡献。

谷歌和脸书（Facebook）是最早实施大数据发掘的公司，在大数据的分析和发掘上远远走在前面。例如谷歌在全球有数十万台服务器，背后就是一个全球最大的数据库系统，对这些数据的分析挖掘让其发现了新的世界。

大数据技术涉及存储、搜索、传输、计算、挖掘等多个方面，而大数据挖掘就是从大数据中挖掘出未知且有用的知识。通过挖掘，大数据的价值才得以体现，所以挖掘对大数据来说，让枯燥乏味的数据变得有活力起来，是赋予其"生命"的过程。

大数据中的数据挖掘有两个基本问题，即"挖什么（what to mine）"与"怎么挖（how to mine）"。这是在数据的收集、处理、挖掘的整个过程中都必须认真考虑的问题。前者决定从数据中抽取什么样的信息，统计什么样的规律；后者决定怎样进行具体抽取与统计。前者是在数据的收集、处理、挖掘中都要考虑的问题，后者往往仅在挖掘阶段需要考虑。"怎么挖"通常是数据挖掘的核心，但是"挖什么"在数据挖掘的应用中往往更为重要，因为它决定了挖掘结果的价值。要明白从数据中要挖掘什么，首先要对数据有深入的了解，对数据要进行认真细致的观察。只有对数据有深刻的认识，才有可能挖掘出深层的意义。

收集数据是数据挖掘的第一步，判断记录、采集哪些数据直接影响能从数据中挖掘什么样的知识。"巧妇难为无米之炊"，没有某一方面的数据，也就无法从中进行相关的挖掘。提高数据挖掘效率的关键是记录、采集有用的数据。因此，需要对收集数据的内容进行合理的判断，应该尽量设想挖掘的场景，在此基础上将可能有用的数据全部记录、采集。

判断收集什么样的数据牵涉到如何认识世界这一哲学问题。哲学家康德的一个核心观点是：我们所认识的世界是我们用拥有的理论对自己观察的现象做出的解释。纸上的一条墨迹，可以把它看成是平面上的直线；可以把它看成汉字的"一"……其实，想怎样看世界从某种程度上决定了看到的世界是什么样的。只有对数据挖掘内容有比较清晰的认识，才能对数据的收集范围有比较明确的界定。所以，尽量设想挖掘场景是必不可少的。

事实上，我们很难事先穷尽所有可能的挖掘场景，所以也就很难准确地判断应该收集哪些数据，不应该收集哪些数据。作为弥补措施，在存储、处理能力允许的条件下，我们可以尽量多方面收集数据。

让数据发挥更大作用的办法是将相关数据整合在一起用于挖掘。数据整合有助于人们了解事物的全貌，发现事物之间未知的关系，提高预测的准确率。局部数据只是"冰山一角"，而整体数据才是"弥天大网"。

从这个角度来讲，如果不去应用分析数据，那么这些数据只能用来归档存储，形成不了价值。如何有效、快速、准确地分析并整理数据，是大数据应用的难点，经过归类整理、优化建模分析之后，有价值的部分才会浮出水面。

4.1.4.2 大数据挖掘事例[1]

互联网搜索引擎每天搜索几十亿以上的网页、收集几十 TB 的日志数据，这些都是典型的大数据查询。互联网中的搜索查询内容，或者表示多个语义，或者表示事物的多个侧面，统称为副主题（subtopic）。例如，查询"Harry Shum"意味着用户可能要搜索微软的副总裁，也可能是搜索美国的演员；查询"xbox"意味着用户可能想找游戏攻略，也可能想购买游戏机。如果能判断出查询的副主题，那么可以将该搜索结果进行聚类，把同一个副主题的网页放在一起，帮助用户迅速找到所需信息。

了解副主题对提高搜索效率有重要意义，根据副主题对搜索结果聚类是一个热门研究课题。传统方法是根据搜索结果中网页摘要的相似度对网页进行聚类，但效果并不理想。如果事先从搜索日志数据中挖掘出副主题，然后根据挖掘的副主题对查询结果进行聚类，效果会显著提升。

总之，大数据挖掘的关键是决定挖什么，这比怎么挖更为重要。收集数据时，应该尽量设想挖掘的场景，尽量多方面地记录和采集数据；收集数据后，应该尽量将数据整合在一起；数据挖掘前，应悉心观察数据，以判断挖掘什么样的知识。只

---

[1]Yunhua Hu, Yanan Qian, Hang Li, Daxin Jiang, & Jian Pei. Mining Query Subtopics from Search Log Data. In Proceedings of the 35th Annual International ACM SIGIR Conference (SIGIR'12), 305-314, 2012.

有这样，大数据挖掘的价值才能体现。

4.2 教育大数据挖掘

目前，数据挖掘已经被广泛应用于银行、电信、保险、交通和零售等商业领域。在这些商业领域，数据挖掘已经取得了令人瞩目的成绩，能解决诸如数据库营销（database marketing）、客户群体划分（customer segmentation & classification）、背景分析（profile analysis）、交叉销售（cross selling）等市场分析问题，以及客户流失性分析（churn analysis）、客户信用记分（credit scoring）、欺诈发现（fraud detection）等商业问题[1]。

同理，随着计算机的不断普及和多媒体技术的快速发展，教育教学模式早已不再只是简单的传统课堂教学方式，基于网络的课程教育和远程教育已逐渐被大家所熟知和接受。教育领域已存在众多的学习管理系统，各式各样的教育系统和教育信息数据库中积累了大量的教育数据，在这些软件系统中存储着海量的学习者信息及学习过程数据。

当然，教育领域中的大数据有广义和狭义之分。广义的教育大数据泛指所有来源于日常教育活动中人类的行为数据，具有层级性、时序性和情境性的特点；而狭义的教育大数据是指学习者行为数据，主要来源于学生管理系统、在线学习平台和课程管理平台等。

如何利用这些大数据，使其转变为信息、知识，并为教学决策、学习优化服务，已成为教育工作者以及学习者所关注的内容。如果将数据挖掘应用于教育教学领域，就能从这些数据中挖掘出大量有价值的信息来促进教育发展。因此，大数据时代，教育数据挖掘（educational data mining，简称EDM）将成为未来教育的主流需求。

为了对教育数据挖掘有全面的认识，我们将从内涵定义、挖掘历程、方法技术等方面对此进行深入阐述。

4.2.1 教育大数据挖掘的基本定义

教育数据挖掘是综合运用数学统计、机器学习和数据挖掘的技术和方法，

---
[1] 孙中祥等. 数据挖掘在教育教学中的应用综述 [J]. 智能计算机与应用，2012(2).

对源自各种教育系统的原始数据进行处理和分析，通过数据建模，发现学习结果与学习内容、学习资源、教学行为等的相关关系，预测未来的学习趋势，并为教师、学生、家长、教育研究人员以及教育软件开发人员提供支持，实现教育系统中教育资源的良性互动，最终达到改进学习的目的。[1] 数据挖掘在教育系统中所处的位置与作用如图 4-2 所示。[2]

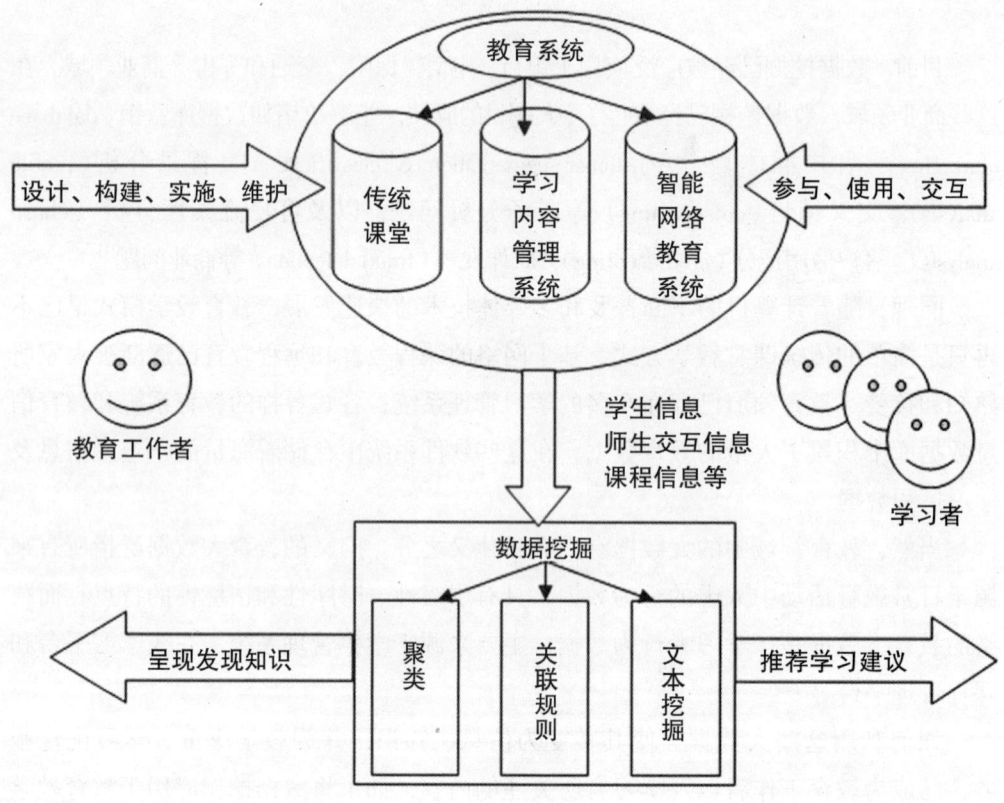

图 4-2　数据挖掘在教育系统中的位置与作用

4.2.2　教育大数据挖掘的历程

自 2005 年以来，国际上许多与计算机应用有关的会议均设置了关于教育数据挖掘的研讨会，教育数据挖掘这一研究领域也得到了越来越多研究者的关注，并且这些研究者还组成了一个共同体——国际教育数据挖掘工作组（网址：http://www.educationaldatamining.org）。该工作组创办了在线学术期刊——《教育数据挖掘杂志》，

---

[1] 魏顺平. 教育数据的挖掘、分析、应用 [J]. 中小学信息技术教育，2013(10).
[2] 魏顺平. 教育数据的挖掘、分析、应用 [J]. 中小学信息技术教育，2013(10).

并从 2008 年开始独立召开教育数据挖掘国际会议，而不再依附于其他国际学术会议。国际上相关高校也对教育大数据挖掘进行了研究，如耶鲁大学、哈佛大学、斯坦福大学等世界知名高校率先启动了教育大数据的相关研究计划；另外，美国学校管理者协会（AASA）携手学校网络联合会（COSN），以及全球性的信息技术研究和咨询公司高德纳共同实施了一个名为"弥合缺口：把数据转化为行动（Closing the Gap: Turning Data into Action）"的项目，旨在促进学校对学生信息系统和学习管理系统中大数据的挖掘。

4.2.3 与传统教育数据挖掘的异同

（1）样本不一样。在 2011 年麦肯锡公司对大数据做界定时，由于当时传统数据库有效支持的数据容量一般在 10～100TB，因此 10～100TB 通常成为大数据的门槛。国际数据公司（IDC）2012 年发表第一份全球大数据技术和服务市场报告时，也把大数据的规模阈值设在 100TB。随着数据库分析技术的发展，大数据的门槛也在逐渐提高，目前，一般认为 PB 级以上数据才是大数据。

（2）技术不一样。传统意义上的数据处理方式包括数据挖掘、数据仓库、联机分析处理等，而在大数据时代，数据已成为人们借助专用的手段从大量看似杂乱繁复的数据中收集、整理和分析数据足迹，以支撑社会生活的预测、规划和商业领域的决策的资源。大数据因其独特性对数据分析处理系统提出了极高要求。无论是存储、传输还是计算，在大数据分析技术平台上，将会出现技术的激烈交锋。目前，云计算是大数据分析处理技术的核心，也是大数据分析应用的基础平台。

4.2.4 教育大数据挖掘的目标与方法

4.2.4.1 教育大数据挖掘目标

（1）通过整合学习者知识、动机、元认知和态度等详细信息进行学习者模型的构建，预测学习者未来的学习发展趋势。

（2）探索和改进包含最佳教学内容和教学顺序的模型。

（3）研究各种学习软件所提供教学支持的有效性。

（4）通过构建包含学习者模型、领域模型和教育软件教学策略的数据计算模型，促进学习者有效学习。

4.2.4.2 教育大数据挖掘方法

为达到以上四个挖掘目标，主要采用以下五类技术方法，如图 4-3 所示：

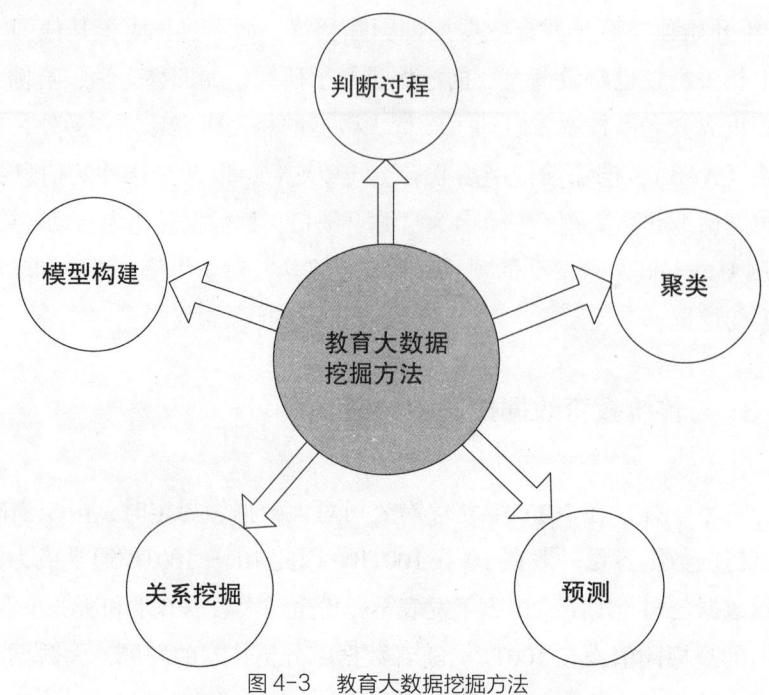

图 4-3　教育大数据挖掘方法

（1）预测（决策树、回归分析、时序分析）。建立一种能够从整合多个预测变量推断单一被预测变量的模式。如通过观测学习者参与在线讨论、测试等，来预测学习者在该门课程的学习中是否有学习困难的倾向。

（2）聚类（聚类分析离群点分析）。按照数据特性，将一个完整的数据集分成不同的子集。如根据学习者面临的学习困难、交互模式等，将学习者分成不同的群组，进而为不同的群组提供合适的学习资源，组织合适的学习活动。

（3）关系挖掘(关联规则挖掘、序列模式挖掘、相关分析)。探索数据集中各变量之间的相关关系，并将相关关系作为一条规则进行编码。例如，研究者利用关系挖掘，探索学习者在线学习活动和学习成绩的相关关系，进而用于改进学习内容呈现方式和序列，以及在线教学方法。

（4）人类判断过程简化。用一种便于人类理解的方式描述数据，以便人们能够快速地判断和区分数据特征，该方法主要以可视化数据分析技术为主，用以改善机器学习模型。

（5）模型构建。通过对数据集的聚类、相关关系挖掘等过程，构建供未来分析的有效现象解释模型。

4.2.5 学习分析为教育大数据挖掘提供支持

学习分析是近年来大数据在教育领域较为典型的应用。学习分析是运用信息科学、社会学、计算机科学、心理学和学习科学的理论和方法，通过对广义教育大数据的处理和分析，利用已知模型和方法去解释影响学习者学习的重大问题，评估学习者学习行为，并为学习者提供人为的适应性反馈。例如，教师和学校根据学习分析的结果，调整教学内容，对有学习困难的学生进行干预等。学习分析一般包括数据采集、数据存储、数据分析、数据表示和应用服务五个环节。

国际上还有专门针对学习分析研究和应用的国际会议——学习分析技术与知识国际会议，目前已举办多届。首届会议提出，学习分析是"测量、收集、分析和报告有关学习者及其学习情景的数据集，以理解和优化学习及其情景"[1]。学习分析主要是通过研究分析学习者学习参与、表现和过程的相关数据，从而对课程、教学和评价进行适时修正。学习分析过程一般包括数据采集、数据存储、数据分析、数据表示和应用服务五个关键环节，每一环节都始终围绕与学习者学习信息有关的数据展开。

新媒体联盟将学习分析定义为：利用松散耦合的数据收集工具和分析技术，研究分析学习者学习参与、学习表现和学习过程的相关数据，进而对课程、教学和评价进行实时修正。中国学者顾小清认为，学习分析是围绕与学习者学习信息相关的数据，运用不同的分析方法和数据模型来解释这些数据，并根据解释的结果来探究学习者的学习过程和情景，发现学习规律；或者根据数据阐释学习者的学习表现，为其提供相应的反馈，从而促进其更加有效地学习。

4.3 教育决策

4.3.1 决策与教育决策

决策是人们在政治、经济、技术和日常生活中普遍存在的一种行为，是管理中经常发生的一种活动，是人们为了实现特定的目标，根据客观的可能性，在占有一定信息和积累一定经验的基础上，借助一定的工具、技巧和方法，对影响目标实现

---

[1]Siemens, G. Learning and Knowledge Analytics—Knewton—the Future of Education?[EB/OL]. http://www.learninganalytics.net/?p=126.

的诸因素进行分析、计算和判断选优后，对未来行动做出规划的行为。

赫伯特·西蒙（由于在决策理论研究方面的突出贡献，1978年被授予诺贝尔经济学奖）认为，决策贯穿管理的全过程，决策程序就是指管理的全过程。全部决策过程是从确定组织的目标开始，随后寻找为达到该项目标可供选择的各种方案，比较并评价这些方案，选择并做出决定，然后执行选定方案，进行检查和控制，以保证实现预定目标。

教育决策是实施某项教育事务的过程，一般与教育行政决策同义。马超山等研究员认为："所谓教育决策，就是为了达到教育的某个或若干个目的，而对教育未来实践的方向、目标、原则和方法所做的决定，或者可以说，为了教育的某个或若干个目的，而对教育活动实施方案的选择。"[1] 顾明远先生主编的《教育大词典》中的解释是："教育决策是为实现预定的教育目标，采用科学的理论和方法，从多种预选方案中选择一种最佳行动方案或就一种方案所作出的决定。" 而卫道治教授、吕达教授在其主编的《英汉教育大词典》中对教育决策的定义是："从可供选择的若干方案中选择一个最佳方案或者就某一重大问题做出决定。" 黄乃荧教授认为："教育决策乃是透过经营或行政管理，决定并落实教育计划或方针的过程与结果。任何引导教育活动进行的动力因和目的因，即为教育决策。"王晓辉教授认为："教育决策首先是一种政治行为，是教育行政部门或权力部门对重大教育问题的决定，可以体现为一项决定、一个条例或一种规章，也可以通过立法机构成为法律法规，其次是对教育发展和改革具有重大影响的政治行为，是一种宏观决策，而不是日常教育活动中教育管理人员关于学校或班级工作的某项决定。"

综合分析上述理论和相关定义，不难发现，教育决策是一项决定，是回应一定的问题或对一项活动的未来进展进行有效指导的决定。一般来说，一个决策主要解决某一问题或某一问题的主要方面，不可能解决所有的问题。因此，做教育决策时往往有很多个决策，可以是同时段做出的，也可以是分时段做出的。另外，由于教育本身是具有滞后性和前瞻性的，教育无法避免自身的滞后性，无法发挥自身所具有的前瞻性优势，因此就需要参与教育活动的人员采取一定措施来将教育这种前瞻性发挥出来，从而响应教育外部事物的发展，主要是适应社会的发展。发挥教育本身所固有的前瞻性，使教育既不违背自身发展规律，能超前发展，又可以避免自身的滞后性，从而适应社会的发展。

从这个意义上来说，如果教育活动的主体——人，不能有效地对瞬息万变的局面进行判断和掌控，那样的决策肯定是失败的。

---

[1] 马超山,温善策.教育决策论[M].辽宁教育出版社,1988.

4.3.2 教育预测

预测是在分析过去和现在有关信息的基础上对未来发展做出的推测。教育预测是指依据教育发展的规律,利用科学预测的原理和方法,对未来教育发展的前景做出推测活动。基本功能是通过预测未来教育发展变化的性质、结构特点及其时间规律,为教育决策、计划和规划部门提供多种可选择的途径和方案。

大数据的核心就是预测。就像互联网通过给计算机添加通信功能而改变了世界,大数据也将改变我们生活中最重要的方面,因为它为我们的生活创造了前所未有的可量化的维度。大数据已经成为新发明和新服务的源泉,而更多的改变正蓄势待发。[1]

2014 年,百度预测网站开通了全新预测功能——高考预测。高考预测是基于百度大数据的品牌项目,旨在为参加高考的考生提供考前作文参考和考后志愿填报指南。通过高考预测,考生可以知道今年高考作文的可能命题方向以及全国大学和专业哪些热门、哪些好考,自己所在省份考生对于全国大学或专业的喜好程度等。具体内容如图 4-4 所示。

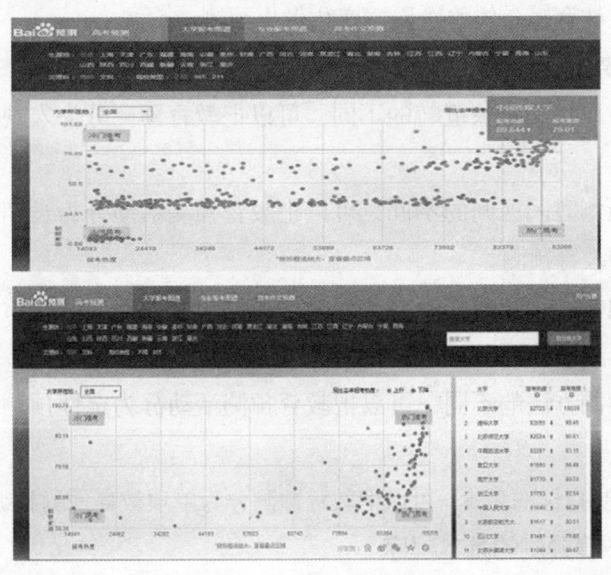

图 4-4 百度高考大数据预测[2]

百度推出的这个高考预测,受到人们广泛赞誉,并且一致被认为填补了我国大

---

[1] 维克托·迈尔—舍恩伯格. 大数据时代 [M]. 浙江人民出版社,2013.
[2] 百度推出高考预测 填补大数据教育预测领域空白 [EB/OL].http://www.cctime.com/html/2014-6-10/20146101636173 81.htm.

数据教育预测领域的空白。那何为教育预测？其内容、目的、分类、程序、理论基础又是如何？

4.3.2.1 教育预测的基本定义

教育预测是根据对教育发展客观规律的认识去推测和判断未来教育发展可能性的活动。它不仅要研究未来教育发展变化的性质、范围和程度，还必须推测、判断这些变化发生的时间和可能性。教育预测的目的在于为研究和制定教育发展战略和政策提供科学依据，甚至提供可行的决策方案，以避免教育发展决策的失误，使教育有计划、有目的并合乎规律地发展。

4.3.2.2 教育预测的主要内容

（1）关于教育发展的总体预测。这主要是指对未来教育制度、教育观念和教育思想等方面的发展、变化做出预测。

（2）关于教育结构的预测。这主要是指对社会教育体系各组成部分、各种不同类型的教育形式和机构在连接顺序、构成比例等方面的发展、变化做出预测。

（3）关于教育社会功能的预测。这主要是指对教育对未来社会、经济、文化发展的促进作用，对社会成员的成长及其社会活动的影响做出预测。

（4）关于未来教育形式的预测。这主要是指对未来实施教育的组织形式、教育技术和方法以及教育媒介体的发展、变化做出预测。

4.3.2.3 教育预测的分类

（1）按照教育预测对象范畴的不同，可以把教育预测分为宏观教育预测和微观教育预测。

（2）按照预测时间区间的不同，可以把教育预测活动分为长期教育预测、中期教育预测、短期教育预测。

（3）按照预测活动性质的不同，可以把教育预测活动分为探索型预测、规范型预测和反馈型预测三种类型。

（4）按照预测方法的不同，可以把教育预测活动分为定性预测、定量预测和概率预测。

（5）按照预测指标的多少，可以把教育预测分为单项教育预测和综合性教育预测。

4.3.2.4 教育预测的基本程序

（1）明确预测目的和任务：在确定预测课题的基础上，明确预测课题的目的要求、预测对象的范围、预测的环境条件、预测的指标体系及预测的基本假设等。

（2）收集信息资料。

（3）确定预测方法：根据预测目的、占有资料情况以及预测条件等情况选择适当的预测方法。

（4）进行预测：通过整理信息资料、建立预测模型、实施预测运算、修改预测模型、重新进行预测运算等步骤，最终得到预测结果：

（5）预测结果评价：评价预测结果的准确度，分析、说明其中存在的误差及原因，评价预测的信息资料、预测方法和预测模型的科学性。

（6）提交预测研究报告。

4.3.2.5 教育预测学的理论基础

（1）连续性原理，即在事物发展过程中，只要其实质不发生变化，该事物的本质和规律就是连续的，因而，通过分析教育的过去与现在就可以预测其未来。

（2）因果性原理，即在一定的因果作用范围内，只要把握了事物发展的现实原因，就可以推知事物发展的结果。因而，通过对教育现状的分析就可以把握教育未来的发展结果。

（3）相似性原理，即不同的客观事物虽然千差万别，但只要发展程度及内外条件相似，则其未来的发展也就相似。因而，根据某一已知教育过程的变化与结果，就可以推知另一未知教育过程的变化与结果。

这三个原理就是教育预测学的理论基础，同时也是教育预测活动所应遵循的基本原理。此外，正是依据这些基本原理才可以设计出各种不同形式的预测方法。

4.3.2.6 教育预测的主要方法

（1）定性预测法，又称直观预测法，是指依靠人的直观判断能力和思维能力以及有关的知识和经验，对预测对象未来状况进行定性估计。这种方法通常用于预测教育发展过程中重大事件的出现和新的发展趋势。比较常用的定性预测方法有专家预测法、头脑风暴法、德尔菲法、主观概率法、关联树法、形态分析法等。

（2）定量预测法，即通过建立一定的数学模型，进行一系列的数学运算，来推测未来教育发展可能达到的量值，以期对未来教育发展变化的趋势、规模、速度以及师资需求和教育投资条件等动态过程做出详细描述。比较常用的定量预测方法有平均数预测法、趋势外推法、移动平均法、指数平滑法、回归分析与相关分析法、最小二乘法、联立方程法、弹性系数法等。

（3）概率预测方法，指通过多次重复性试验或大样本的统计观察，掌握某一事件出现的可能性，并在此基础上做出概率估计的客观概率预测方法，它包括客观概率法与主观概率法两种类型；在未经观测和试验的情况下，对某一事件出现的可能程度做出主观估计的方法叫概率预测方法。比较常用的概率预测方法有马尔柯夫预测法、交叉影响矩阵法等。

此外，由于教育发展是外因和内因共同作用的结果，因此，要准确地预测未来教育的发展，就必须把握教育发展的外部条件、内部根据以及外因通过内因起作用的机制。同时，教育系统本身也有其特定的结构和运行机制。在教育预测活动中，只有掌握并利用好教育发展的内、外部条件，才能保证预测的准确性。

4.3.3 大数据提升教育决策的可行性

今天的社会与政府治理不仅处于大数据时代中，而且必须面对大数据时代所催生的新的理解世界和决策的视角。随着信息网络的发展，种类多样、增长迅速且体量庞大的信息都在实时地产生且被记录，大数据正在改变着人们的方方面面。目前，在各类教育信息化平台中，逐步储存的各类数据正在海量增长着。充分整合并利用这些数据，作为教育决策参考，可提高决策的客观性、科学性。因此，处在教育决策地位和数据处理中枢的教育决策者们需要具备搜集、提取、处理这些数据的领导力，将大数据时代治理与政策决策所带来的危机化为机遇。

4.3.3.1 大数据直接作用于人，可以提高教育决策者的思想认识

人是决策的核心要素，具有主观能动性。数据无所不在，并且通过大数据时代的数据储备和技术理念，以前所未有的方式为我们呈现事物的发展趋势，影响人们的价值体系、知识体系和生活方式。在大数据时代背景下，人们已经极大地改变了对大数据及其潜在价值的认识和态度。

大数据思维影响教育变革与教育决策。教育变革与决策已经慢慢地回归到促进学习者个体发展上来，教育模式也从传统课堂的集体教学向数字化个性教育发展。大数据时代，学习者在学习过程中会留下很多数字碎片，通过分析这些数字碎片，可以发现学习者的各种学习行为模式。

大数据时代的到来，也给教育理论创新和教育教学变革提供了前所未有的大好机遇。大数据的思维和理念可以为优化教育政策、创新教育教学模式、变革教育测量与评价方法等理论研究提供客观依据以及新的研究视角，更好地推动技术与教育的深度融合，在大数据支持下制定更具有前瞻性和引导性的教育政策。

传统教育政策的制定通常只是决策者通过自己或群体的有限理解推测教育现实，调研的方法也常常是被指定"抽样"和座谈的样本，使得随机中掺杂了更多的人为干预因素，所以制定出来的教育政策就容易出现失灵的现象。在大数据支持下，各级决策者可以用"数据说话"的理念汲取大数据对政策决策影响的思考，从传统的政策调研和观点式决策，向多元、丰富的政策证据为支撑、大数据为助力的现代教育治理模式转变。

4.3.3.2 大数据可以给教育决策带来革命

大数据在实践领域的应用主要表现在数据的获取、分析和智能信息挖掘等方

面，它可以为教育决策提供实时数据信息，帮助人们做出科学的决策，为教育教学活动提供客观依据，从而最大限度地发挥教育教学活动的功能与价值。对于教育决策制定来说，这种变化最大限度地反映了教育决策系统的革命性变革。

教育决策系统是一个以计算机和通信网络为基础，对教育信息进行收集、存贮、检索、加工和传输，使其应用于教育决策领域的人机系统。该系统能准确、及时地反映教育教学各项工作的当前状态，利用各类数据预测未来，并从全局出发帮助人们做好决策。

从宏观来讲，大数据带来的新技术、新方法能帮助教育管理部门有效开展各项业务，及时掌握管辖范围内的教育动态，探讨发展趋势，提供对策、建议等数据信息支持，并据此制定相关的发展政策，使政策的制定依据更加可靠。

大数据提供的支持，使教育决策的制定不再是简单的经验模仿，也不再是政策制定者自己经验的总结，而是从大量教育数据中挖掘出来的，在事实基础上采取有针对性的措施，从而使教育决策过程更加科学化，制定出的教育政策更加符合教育教学发展的需要，能更好地发挥教育政策的引导作用。譬如，2014年9月广东省佛山市南海区发布了《南海区教育发展状态报告》。该报告的制定历时五年多，其中通过近五年来全面收集的详尽数据，对南海教育生态进行全面深入的梳理与分析，为教育发展过程中出现的各种问题寻找科学的答案。该报告的发布，正式宣布南海区迈入大数据时代。

从微观来讲，云计算和大数据使教师与学生不仅能够共享存储在云服务端的教育资源，还能通过对各种非结构化数据分析，挖掘其中隐藏的信息价值，并为师生提供最合理的教与学资源。大数据与云计算的结合，可以根据学生在教育资源库的操作"痕迹"，掌握他们对学习资源的动态需求；也可以通过分析学习者对学习资源的点击、下载、评价等数据信息，对优质教学资源进行客观划分。这种情况下，不仅使得资源的获取和存储变得简单，还可以避免资源的重复建设和优质资源浪费，使优质资源在最大范围内得到共享和利用。

大数据给课堂教学决策带来的主要影响是使教师从依赖以往的教学经验转向依赖海量数据教学分析，使学习者对自我发展的认识从依赖教师的有限理性判断转向对个体学习过程的数据分析，进而使传统的集体教育转向个性化教育。而谈到个性教育则必然要提及目前流行的大规模在线开放课程"慕课"教育，它被寄予厚望的主要原因是学习分析技术和大数据支持。有了学习分析和大数据技术，优质的教学资源、课程资源和服务等就可以通过数据真实、客观地呈现出来。比如：对每一门课程资源和支持服务系统的建设和维护都建立在学习者学习过程中产生的数据分析的基础上，以便使提供的课程内容更符合学习者的需求，教学指导更具有针对性，

有效提高学习者的学习积极性,促进学习目标的实现。

学习者在慕课平台上学习时,教师可以通过大数据对学习者的学习行为进行理性干预,比如:通过预测认知模型为学习者提供合适的学习内容和学习活动方案;通过作业情况、留言板以及问题讨论情况可以发现学习困难的学习者,以便及时对其学习进行有效干预等。总之,大数据的应用可以在实现大规模在线教育的同时兼顾学习者的个人需求。

4.4 教育大数据挖掘实践

4.4.1 教育大数据挖掘实践一[1]

由于数据具有不同的计量单位,为了使用计算机对所有数据信息进行处理,并做进一步的统计分析,需要对每一个变量的数据进行标准化处理。数据标准化的主要功能就是消除变量间的量纲关系,从而使数据具有可比性。以某省高校教育信息化建设与应用的调研数据为例。本研究采用 Z 标准化方法,即均值为 0,方差为 1。标准化处理后的数据具体如表 4-1 所示,利用社会科学统计软件 SPSS 因子分析方法分析影响高校教育信息化的主要成本与效益因素,统计出成本与效益综合得分,并分析了其相关性,为高校教育信息化的绩效评估提供了一种可借鉴的方法。

4.4.1.1 主成分分析模型的建立

假设有 n 所高校,影响高校教育信息化成本效益的 p 个因数分别为 x_1, x_2, …, x_p,它们构成了原始数据矩阵 $x=(x_{ij})n×p$,其中: i=1, 2, …, n; j=1, 2, …, p。

(1)首先将原始数据进行标准化处理,这样可消除量纲的影响以及各指标在数量级上的差别。

(2)建立标准化数据的相关系数矩阵 $R=[r_{ij}]_{p×p}$。其中 r_{ij} 是原始数据 ZX_i 和 ZX_j 的相关系数。

(3)计算特征值及其特征向量。

计算相关系数矩阵 R 的特征值 λ_i 及其相应的单位特征向量 u_1, u_2, …, u_p, 其中 $\lambda_1 \geq \lambda_2 \geq \cdots \geq \lambda_p > 0$; $u_i = (u_{i1}, u_{i2}, \cdots, u_{ip})$。

---
[1] 胡水星,张剑平.高校教育信息化成本效益分析与评价[J].现代远程教育研究,2012(6).

（4）计算各主成分的方差贡献率和累积方差贡献率：$a_k = \dfrac{\lambda_k}{\sum_{i=1}^{p} \lambda_i}$，$a(k) = \dfrac{\sum_{i=1}^{k} \lambda_k}{\sum_{i=1}^{p} \lambda_i}$

其中，方差贡献率 a_k 表示第 k 个主成分提取原始 p 个指标因数的信息量，反映了第 k 主成分综合原始变量信息的百分比；累计方差贡献率 $a(k)$ 表示前 k 个主成分保留的原始成本效益的信息量，反映了前面 k 个主成分综合原始变量信息的百分比。

（5）确定主成分的个数。

确定主成分个数的基本原则是，用较少的主成分获取足够多的原始信息。一方面，要使 k 尽可能地小；另一方面，要使 $a(k)$ 尽可能地大。在实际应用当中，一般取 $a(k) \geqslant 85\%$。当前 k（$1 \leqslant k < p$）个主成分的累计贡献率 $a(k)$ 较大，说明前 k 个主成分已包含了原始变量的绝大部分信息，此时可以取前 k 个主成分构成综合评价函数。

（6）写出主成分并给出各主成分的得分函数。

得到 k 个主成分，可以得到因子载荷，并得到其评价函数：

$$y_i = u_{i1} x_1 + u_{i2} x_2 + \cdots + u_{ip} x_p, \quad i = 1, 2, \cdots, k \quad (4.1)$$

（7）用主成分进行综合评价。

主成分能够反映出各所高校教育信息化的绩效，故可用主成分计算各样本的综合评价值，进而对各样本进行排序和比较。由于主成分之间互不相关，一般可用加权算术平均来综合，并且以各主成分的方差贡献率为权重。即综合评价函数为：

$$F = a_1 y_1 + a_2 y_2 + \cdots + a_k y_k \quad (4.2)$$

综合评价函数即为高校教育信息化的综合评价指标，将每所高校的 p 个成本效益指标因素标准化后代入（4.1）式算出其主成分值，即主成分得分；再由（4.2）式可得到其综合评价函数值。综合得分越高，表明该高校信息化的成本效益越好，得出各样本学校的主成分综合评价值后，即可进行综合比较和排序分析。

表 4-1　某省高校信息化建设和应用水平调查问卷回收数据标准化

学校	服务器总价值（万元）	校园网覆盖（个）	校园网带宽（兆）	无线网络总数（个）	电子邮件系统总数	视频会议系统数	图书馆电子资源经费（万元）
大学1	-0.22716	-0.60354	1.68819	-0.48969	-0.62251	-0.47469	-1.01035
大学2	-0.22264	-1.00729	-0.56273	-0.48969	-0.52468	-0.47469	0.97077
大学3	-0.2225	0.87046	1.68819	1.83823	-0.49207	3.32284	-1.0048
大学4	-0.22584	1.25499	-0.56273	-0.24027	0.29058	-0.47469	1.58677
大学5	-0.22745	-0.2831	-0.56273	-0.48969	-0.64756	-0.47469	-0.8772
大学6	-0.22781	0.04374	1.68819	-0.47307	-0.58377	-0.47469	0.26678
大学7	-0.22377	1.57542	-0.56273	-0.38993	-0.59897	0.28481	1.76276

续表

学 校	服务器总价值（万元）	校园网覆盖（个）	校园网带宽（兆）	无线网络总数（个）	电子邮件系统总数	视频会议系统数	图书馆电子资源经费（万元）
大学 8	−0.22491	−0.66442	−0.56273	−0.48969	−0.56903	−0.47469	−1.0532
大学 9	−0.2277	−0.95602	−0.56273	−0.48969	−0.65923	−0.47469	−0.78921
大学 10	−0.225	−0.60354	−0.56273	−0.43981	−0.59642	−0.47469	0.17878
大学 11	−0.22482	−0.2831	−0.56273	−0.32341	−0.62251	−0.47469	−0.8332
大学 12	−0.22718	−0.98806	−0.56273	1.17311	−0.65512	−0.47469	1.58677
大学 13	−0.22634	0.93455	−0.56273	0.07566	0.81234	0.66457	−0.34921
大学 14	−0.2271	−0.60354	1.68819	−0.44812	0.61668	−0.47469	−0.26121
大学 15	−0.22751	−0.2831	−0.56273	−0.48969	0.39923	−0.47469	−0.70121
大学 16	4.24832	−0.34719	−0.56273	−0.07399	1.46455	−0.47469	−0.72321
大学 17	−0.22701	0.22959	−0.56273	−0.40655	0.81234	1.42407	−0.17321
大学 18	−0.22437	−0.34719	−0.56273	−0.24027	−0.49207	−0.47469	0.13478
大学 19	−0.22754	−0.73171	−0.56273	−0.48969	−0.55729	−0.47469	−0.47417

4.4.1.2 成本和效益的主成分因素分析

成本分析：将标准化的信息化成本数据导入 SPSS 软件，利用主成分分析可以分别得到方差解释表、碎石图（用来形象地表示可以提出的主成分或者因子的个数），具体如图 4-5；所示因子载荷矩阵，具体见表 4-2 所示。

表 4-2 方差解释表

成分	初始特征值			提取平方和载入		
	合计	方差的 %	累积 %	合计	方差的 %	累积 %
A1	4.883	30.522	30.522	4.883	30.522	30.522
A2	2.418	15.114	45.635	2.418	15.114	45.635
A3	2.120	13.247	58.883	2.120	13.247	58.883
A4	1.495	9.343	68.226	1.495	9.343	68.226
A5	1.297	8.107	76.333	1.297	8.107	76.333
A6	1.096	6.853	83.186	1.096	6.853	83.186
A7	0.828	5.173	88.359			
A8	0.511	3.192	91.551			
A9	0.350	2.185	93.736			
A10	0.316	1.973	95.709			
A11	0.286	1.785	97.493			
A12	0.179	1.119	98.612			
A13	0.112	0.700	99.312			
A14	0.093	0.583	99.895			
A15	0.011	0.066	99.962			
A16	0.006	0.038	100.000			

提取方法：主成分分析法。

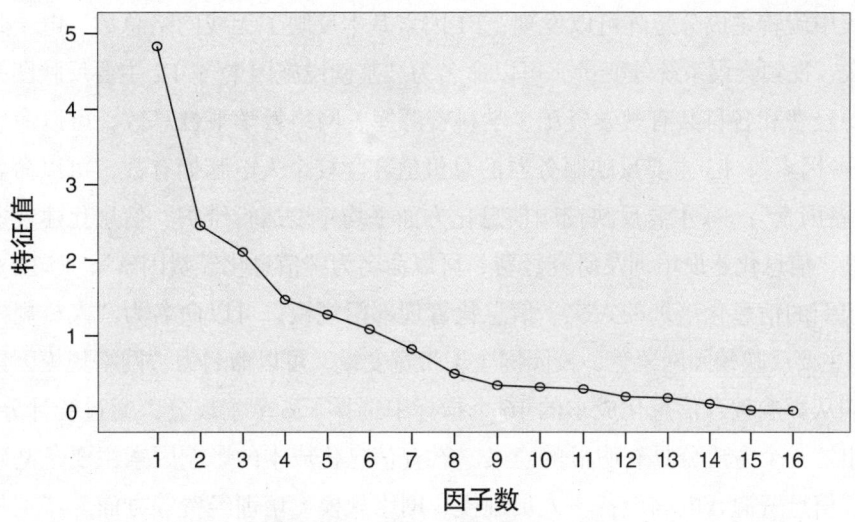

图 4-5 碎石图

由 SPSS 软件输出的方差解释表及碎石图可以看出，前六个特征值较大，其余较小。前六个公共因子对样本的方差贡献率之和为 83.186%，于是选择前六个公共因子，见表 4-3 所示。

表 4-3 旋转主成分矩阵

	因子					
	F1	F2	F3	F4	F5	F6
A1 服务器的总价值	0.067	0.024	0.933	−0.091	−0.099	0.043
A2 校园网覆盖	0.029	0.074	−0.048	0.022	0.498	0.793
A3 校园网主干带宽	0.469	−0.324	−0.243	−0.107	−0.139	0.642
A4 无线网络总数	0.888	−0.084	−0.095	0.108	0.053	0.059
A5 电子邮件系统	0.699	−0.052	0.360	0.262	0.033	0.055
A6 视频会议系统	0.768	−0.142	−0.152	0.017	−0.090	−0.098
A7 图书馆电子资源经费	0.228	0.662	−0.176	0.221	0.462	0.036
A8 各科共有各种教学资源	0.562	0.943	0.268	−0.234	−0.145	0.065
A9 学科资源库	−0.128	0.919	0.176	−0.071	0.306	−0.161
A10 网络教学平台总数	0.144	0.714	0.004	0.001	−0.009	−0.024
A11 学校个人电脑拥有数	0.007	0.012	0.821	0.360	0.101	0.153
A12 近三年信息化校园方面年度平均运行维护费	−0.036	0.064	0.005	0.599	−0.084	0.162
A13 近三年信息化建设资金投入总额	0.402	−0.099	0.089	0.801	−0.201	0.325
A14 近三年信息化建设培训及研究经费	−0.011	0.057	0.014	0.944	0.124	0.184
A15 学校组织信息化培训的人次	−0.033	0.033	0.218	−0.170	0.834	0.052
A16 信息化管理部门规模（人数）	−0.081	0.396	−0.074	−0.137	0.849	−0.112

提取方法：主成分分析法。
旋转方法：方差正交最大旋转。
旋转汇聚 6 次迭代。

由表中旋转主成分矩阵可以发现：F1 因素基本反映了无线网络总数、电子邮件系统总数、视频会议系统等变量，可以命名为"基础设施因素"；F2 主要反映图书馆电子资源经费和各科共有教学资源、学科资源库、网络教学平台总数，可以命名为"信息资源因素"；F3 主要反映服务器的总价值和学校个人电脑拥有数，可以命名为"电脑设备因素"；F4 主要反映校园信息化方面平均年度运行维护、信息化建设资金投入总额、信息化建设培训及研究经费，可以命名为"信息化经费因素"；F5 主要反映学校组织的信息化培训的人次、信息化管理部门规模，可以命名为"人员规模因素"；F6 主要反映校园网覆盖、校园网主干带宽变量，可以命名为"网络规模因素"。

我们从影响教育信息化成本的 16 个指标中选择了 6 个主成分，通过统计分析，可以看出这 6 个主成分具有明显的意义。教育信息化成本的影响因素主要是基础设施建设、信息资源、电脑设备、人员规模、网络规模、培训经费等方面。特别是基础设施建设因素占成本总量最大，其次是信息资源。建设过程中要注重基础设施的投资和信息化教学资源的开发与利用这两个主要影响因素。

效益分析：参照教育信息化效益指标中 14 个影响效益的指标，对调查问卷数据进行整理并标准化，在 SPSS 软件中利用主成分分析可以得到方差解释表（见表4-4）和主成分矩阵（见表 4-5）。

表 4-4　方差解释表

成分	初始特征值			提取平方和载入		
	合计	方差的 %	累积 %	合计	方差的 %	累积 %
1	3.709	26.493	26.493	3.709	26.493	26.493
2	2.575	18.395	44.888	2.575	18.395	44.888
3	1.736	12.397	57.286	1.736	12.397	57.286
4	1.599	11.423	68.709	1.599	11.423	68.709
5	1.235	8.824	77.533	1.235	8.824	77.533
6	1.002	7.158	84.692	1.002	7.158	84.692
7	0.703	5.024	89.716			
8	0.561	4.008	93.724			
9	0.308	2.201	95.925			
10	0.242	1.729	97.655			
11	0.173	1.233	98.887			
12	0.085	0.607	99.495			
13	0.052	0.374	99.869			
14	0.018	0.131	100.000			

提取方法：主成分分析法

从方差解释表中可以发现前六个主成分占累积方差的 84.692%，基本保留了原来指标的信息。

表 4-5 主成分矩阵

	因子					
	F1	F2	F3	F4	F5	F6
P1	−0.454	0.650	−0.037	−0.099	−0.058	0.302
P2	0.018	−0.102	0.145	−0.265	0.308	0.716
P3	0.368	0.074	0.408	−0.270	0.174	−0.496
P4	0.239	0.113	0.172	0.044	0.037	0.848
P5	0.146	0.047	0.484	−0.088	0.576	−0.105
P6	0.825	0.253	0.131	0.097	0.150	−0.011
P7	0.036	0.010	−0.303	0.271	0.703	−0.256
P8	0.165	−0.132	0.870	0.051	0.026	0.022
P9	0.252	−0.365	−0.033	0.758	0.049	0.184
P10	−0.007	0.052	0.267	0.842	−0.100	−0.033
P11	0.084	0.108	−0.690	−0.264	0.014	−0.141
P12	−0.847	−0.003	−0.010	−0.047	0.030	−0.182
P13	0.202	0.764	−0.088	−0.316	−0.164	−0.151
P14	0.263	0.841	−0.146	0.099	0.117	0.087

提取方法：主成分分析法。
旋转方法：方差正交最大旋转。
旋转汇聚 13 次迭代。

从表 4-5 主成分矩阵负载表可以看出：因子 F1 主要反映了信息化管理部门中大专（含）以上学历的人员比例、网上科研信息发布与更新等指标变量，因此可以命名为管理科研人员素质因素；因子 F2 主要反映校园网出口带宽利用率、校园网主干带宽利用率、多媒体教室利用率等指标变量，可以命名为多媒体网络利用因素；因子 F3 主要反映学校和研究机构注册的二级网站总数占全部研究机构总数的比例、采用统一身份管理与认证的信息系统占全部信息系统的比例，可以命名为信息化管理应用因素；因子 F4 主要反映数据库科研检索次数和图书馆电子科研资源下载篇次，可以命名为信息资源科研利用因素；因子 F5 主要反映学生宿舍、教学、科研与管理楼宇的网络运用比例、学校统一部署的无线网覆盖学校公共区域的比例等变量，可以命名为信息网络普及因素；因子 F6 主要反映最近一学年采用多媒体辅助教学的课程占总课程比例、配备多媒体设备教室占教室总数比例、网络教学平台占全校该学年课程总门数的比例等指标变量，可以命名为多媒体教学利用因素。

影响效益的指标从原来的 14 个转化为 6 个新因子成分，通过教育信息化效益的主成分分析，可以更好地、有重点地解释教育信息化效益的影响因素。每个新因子成分都有新的含义，在信息化建设与效益评价中，要重点考察管理科研人员素质、多媒体网络利用率、信息化管理应用、信息资源科研利用、信息网络普及、多媒体教学利用等效益影响因素。这6个因素是教育信息化在教学效益、科研效益、管理效益方面的进一步细化，有利于继续进行教育信息化绩效评价。

4.4.1.3 成本与效益的相关性分析

通过上述分析可以得到各个高校的成本因子综合得分 F_c、效益因子综合得分 F_e，如表 4-6 所示，上面为 F_c 的各个值，下面为 F_e 的各个值。

表 4-6　成本与效益的综合得分

−0.44	0.09	0.82	0.36	−0.48	0.24	0.48	−0.30	−0.65	−0.17
−0.48	−0.25	0.04	0.11	−0.74	−0.37	−0.03	−0.03	−0.13	−0.08
−0.02	−0.39	0.36	−0.24	−0.43	0.75	0.03	0.25	−0.26	
−0.20	0.28	0.55	−0.20	−0.56	0.29	1.27	0.28	0.25	

为了分析成本与效益之间的关系，把这两组数据输入 SPSS，进行相关性分析，得到表 4-7。

表 4-7　成本与效益相关性

		成本综合得分 F	效益综合得分 F
成本综合得分 F	相关系数	1.000	0.532*
	Sig.（双侧）		0.019
	数量	19	19
效益综合得分 F	相关系数	0.532*	1.000
	Sig.（双侧）	0.019	
	数量	19	19
* 在置信度（双测）为 0.05 时，相关性是显著的。			

从表 4-7 中的统计结果可以看出，成本综合得分与效益综合得分的 Spearman 相关系数为 0.532，其显著性检验结果（双侧）为 0.019，小于 0.05，说明成本与效益之间有显著的相关性，教育信息化成本投入会影响到教育信息化效益。在进行教育信息化评价时要综合考虑成本投入与效益产出之间的关系，这样才能对其进行全面综合性评价。

4.4.2 教育大数据挖掘实践二

教育大数据技术可以促进教师的专业发展,两者具有一定的相关性,国内许多文献对两者进行了深入研究。我们抽取国内近 11 年来在期刊上出现的教师专业发展和教育大数据相关的关键词,利用内容分析、文本分析等方法对关键词出现的共篇关系进行共词矩阵构建,并采用 Ochiia 相似性系数法进行计算,将共词矩阵转换成相关矩阵,在相关矩阵的基础上,进一步构建相异矩阵,并采用多维度尺度分析法进行分析,以构建教育大数据背景下教师专业发展的知识体系谱系图,从而对教育大数据应用提供良好的决策指导。

期刊论文一般都有几个关键词,用以说明本篇论文的主要研究领域和主题等,如果某些关键词在多篇期刊论文中重复出现,就说明这些关键词之间存在某种关系;如果几个关键词共现的频次比较高,说明这些关键词关系稳定,可以看成一种必然的联系。

通过文献管理软件 NoteExpress 提取了大数据和教师专业发展相关文献中的关键词,并经过人工核对,按关键词出现的频次进行了汇总、统计和排序。为了清晰展现数据挖掘过程,提取出现频次较高的 10 个关键词,以内容分析的视角建立高频关键词共词矩阵,具体如表 4-8 所示。

表 4-8 高频关键词共词矩阵

共现词条	大数据	数据挖掘	学习分析	翻转课堂	慕课	个性化学习	教师专业发展	教师TPACK	教师信息素养	教学绩效评估
大数据	124	26	20	12	22	11	12	15	12	25
数据挖掘	26	122	29	11	13	10	6	35	15	20
学习分析	20	29	120	1	0	4	2	25	15	30
翻转课堂	12	11	1	85	1	3	7	15	20	10
慕课	22	13	0	1	59	16	1	18	25	12
个性化学习	11	10	4	3	16	54	8	7	8	8
教师专业发展	12	6	2	7	1	8	51	50	30	15
教师TPACK	15	35	25	15	18	7	50	70	45	20
教师信息素养	12	15	15	20	25	8	30	45	50	18
教学绩效评估	25	20	30	10	12	8	15	20	18	45

共词矩阵是一个相关矩阵，对角线上的数据为关键词出现的频次，如关键词"大数据"共出现了124次，它与"数据挖掘"同时出现在26篇文献中，也就是说有26篇论文关键词中同时含有上述两个关键词。

由于多元统计方法对矩阵的数据结构有不同的要求，为了统计分析方便，我们利用Ochiia相似性系数法对共词矩阵进行相似矩阵转换。Ochiia相似性系数法的具体计算公式为：Ochiia 系数 $=N_{ij}/(N_iN_j)*1/2$。其中 N_i 和 N_j 分别代表关键词 i 和 j 出现的频次，N_{ij} 表示两者共同出现的频次。经过统计分析，可以得到表4-9的结果。

表4-9　表征大数据与教师专业发展相关的关键词相似矩阵

共现词条	大数据	数据挖掘	学习分析	翻转课堂	慕课	个性化学习	教师专业发展	教师TPACK	教师信息素养	教学绩效评估
大数据	1	0.2114	0.1640	0.1169	0.2572	0.1344	0.1509	0.1610	0.1524	0.3347
数据挖掘	0.2114	1	0.2397	0.1080	0.1532	0.1232	0.0761	0.3787	0.1921	0.2699
学习分析	0.1640	0.2397	1	0.0099	0	0.0497	0.0256	0.2728	0.1936	0.4082
翻转课堂	0.1169	0.1080	0.0099	1	0.0141	0.0443	0.1063	0.1945	0.3068	0.1617
慕课	0.2572	0.1532	0	0.0141	1	0.2835	0.0182	0.2801	0.4603	0.2329
个性化学习	0.1344	0.1232	0.0497	0.0443	0.2835	1	0.1524	0.1139	0.1540	0.1623
教师专业发展	0.1509	0.0761	0.0256	0.1063	0.0182	0.1524	1	0.8368	0.5941	0.3131
教师TPACK	0.1610	0.3787	0.2728	0.1945	0.2801	0.1139	0.8368	1	0.7606	0.3563
教师信息素养	0.1524	0.1921	0.1936	0.3068	0.4603	0.1540	0.5941	0.7606	1	0.3795
教学绩效评估	0.3347	0.2699	0.4082	0.1617	0.2329	0.1623	0.3131	0.3563	0.3795	1

相似矩阵中的数字为相似数据，数字的大小表明相应两个关键词之间的距离远近。为了进一步进行多维尺度分析，用1与全部相似矩阵上的数据相减，得到表示两关键词间相异程度的相异矩阵，具体情况如表4-10所示。

表 4-10　表征大数据与教师专业发展相关的关键词相异矩阵

共现词条	大数据	数据挖掘	学习分析	翻转课堂	慕课	个性化学习	教师专业发展	教师TPACK	教师信息素养	教学绩效评估
大数据	0	0.7886	0.836	0.8831	0.7428	0.8656	0.8491	0.839	0.8476	0.6653
数据挖掘	0.7886	0	0.7603	0.892	0.8468	0.8768	0.9239	0.6213	0.8079	0.7301
学习分析	0.836	0.7603	0	0.9901	1	0.9503	0.9744	0.7272	0.8064	0.5918
翻转课堂	0.8831	0.892	0.9901	0	0.9859	0.9557	0.8937	0.8055	0.6932	0.8383
慕课	0.7428	0.8468	1	0.9859	0	0.7165	0.9818	0.7199	0.5397	0.7671
个性化学习	0.8656	0.8768	0.9503	0.9557	0.7165	0	0.8476	0.8861	0.846	0.8377
教师专业发展	0.8491	0.9239	0.9744	0.8937	0.9818	0.8476	0	0.1632	0.4059	0.6869
教师TPACK	0.839	0.6213	0.7272	0.8055	0.7199	0.8861	0.1632	0	0.2394	0.6437
教师信息素养	0.8476	0.8079	0.8064	0.6932	0.5397	0.846	0.4059	0.2394	0	0.6205
教学绩效评估	0.6653	0.7301	0.5918	0.8383	0.7671	0.8377	0.6869	0.6437	0.6205	0

相异矩阵中的数据为不相似数据，数据越大表明关键词之间的距离越远，相似度越小；反之则表明关键词之间的距离越近，相似度越大。基于上述的相异矩阵，我们采用 SPSS 的"分析——度量——多维尺度"进行关键词图谱分析，得到如图 4-7 所示的教育大数据与教师专业发展高频关键词多维尺度图。

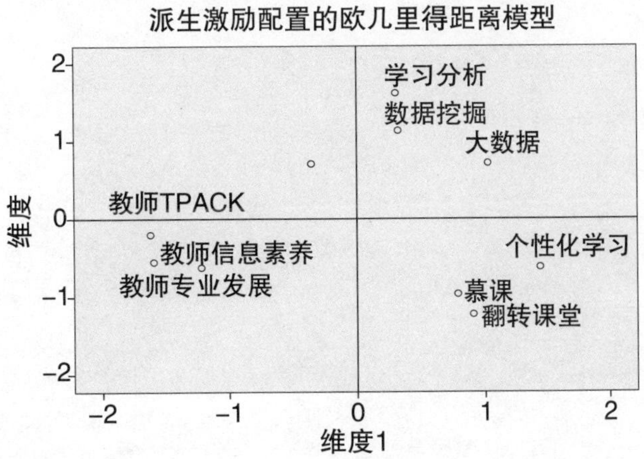

图 4-7　教育大数据与教师专业发展高频关键词多维尺度图

从上图中可以发现，几块相对集中的研究领域分别是象限一、象限三和象限四。

其中第一象限属于大数据范畴，主要关注"大数据""学习分析""数据挖掘"；第三象限主要属于教师专业发展范畴，主要包括"教师信息素养""教师TPACK""教师专业发展"；第四象限属于个性化学习技术范畴，关注"慕课""翻转课堂""个性化学习"。相对这几个关键词集中的象限，第二象限只有教学绩效评估，这说明教学绩效评估和其他几个范畴共同联系相对少些。图中关键词分布也比较符合我们对相关文本内容的分析，文本分析对教师教育专业化发展具有很好的决策指导作用，因此，在进行大数据学习应用时应该重视学习分析和数据挖掘的学习；在进行教师专业化培训时应该重视教师TPACK能力和信息素养的培养；在进行个性化学习支持服务时应积极利用翻转课堂和慕课进行学习环境构建和学习模式创新。

参考文献

[1] Big Data for Development: Challenges & Opportunities [EB/OL] .http://www.unglobalpulse.org,2012 ,05.

[2] 宋蕾. 数据挖掘在远程教育中的应用 [D]. 山东科技大学硕士论文，2006.

[3] 牛祥春. 基于数据挖掘的学生综合测评系统应用研究 [D]. 山东科技大学硕士论文，2006.

[4] 魏顺平. 教育数据的挖掘、分析、应用 [J]. 中小学信息技术教育，2013(10).

[5] 姜红艳. 数据挖掘在学习成绩分析中的应用 [D]. 吉林大学硕士论文，2005.

[6] 谢代邑. 基于数据挖掘的福建师范大学教学质量评估系统设计与实现 [D]. 电子科技大学硕士论文，2013.

[7] 孙中祥等. 数据挖掘在教育教学中的应用综述 [J]. 智能计算机与应用，2012(2).

[8] 王长娥. 数据挖掘在教育评价中的应用研究 [D]. 山东师范大学硕士论文，2007.

[9] Siemens, G. Learning and Knowledge Analytics–Knewton–the Future of Education?[EB/OL].[2011-04-14].http://www .learninganalytics.net/?p=126.

[10] 马超山，温善策. 教育决策论 [M]. 辽宁教育出版社，1988.

[11] 维克托·迈尔–舍恩伯格. 大数据时代 [M]. 浙江人民出版社，2013.

[12] 百度推出高考预测 填补大数据教育预测领域空白 [EB/OL].http://www.cctime.com/html/2014-6-10/20146101 63617381.htm.

[13] 胡水星，张剑平. 高校教育信息化成本效益分析与评价 [J]. 现代远程教育研究，2012(6).

第 5 章 教育大数据促进教师知识管理

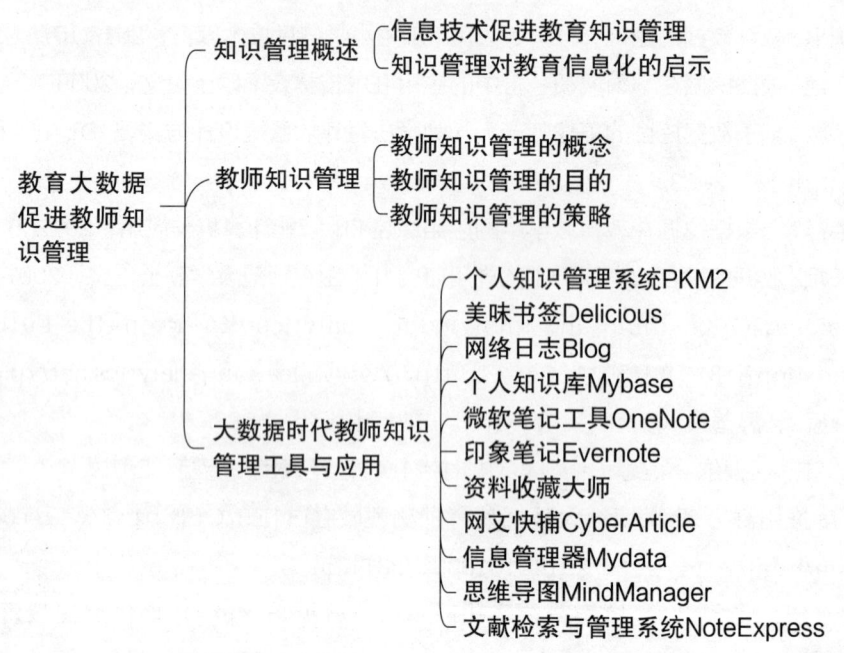

随着人们对知识在社会发展中重要地位的认同加深，以及为迎接知识经济时代的挑战，知识管理运动日渐兴起，并成为引发当前基础教育改革，特别是教师教育变革的新切入点。进行教师管理，不仅可以使个体的隐性知识在转化和创新中得到有益推广，也使自己的知识观和教学观逐渐转变。其中营造出的知识共享的组织文化氛围，不但有利于教师的共同成长，而且能够使教师的教学水平不断趋向理性化、科学化、专业化。

5.1 知识管理概述

21世纪是信息时代，知识在其中扮演着重要的角色。有学者称，未来的竞争优势源自组织所拥有的知识，以及能够较其竞争对手拥有更快的学习能力。早在2000年世界经济合作与发展组织（OECD）出版的《学习社会中的知识管理》就特别指出："我们的社会正经历一项重要转型，而知识是兴起中的生产模式的核心要素。"

知识可以分为显性知识和隐性知识。显性知识可以通过语言、书籍、文字等编码方式传播和学习；而隐性知识则是"只可意会，不可言传"的，需要实践与体验才能获得。知识管理主要研究显性知识与隐性知识间的组合、内化、社会化和外化，它的实质在于知识的共享与创新，目的就是要在恰当的时机、用最佳的方式把适当的知识传递给恰当的人。

知识管理诞生于知识经济逐渐兴起、信息技术飞速发展、商业竞争日益加剧的环境中。知识管理与信息技术密不可分，两者共同构建了企业商务智能，并成为企业核心竞争力的源泉。

知识管理（knowledge management，简称KM）就是为企业实现显性知识和隐性知识共享提供新的途径，利用集体的智慧提高企业的应变和创新能力，在知识资产管理、学习型组织、人力资源管理和信息化四个方面进行深化和突破。知识管理是企业在面对非连续变化导致重大变革之际，建立的包含资料、资讯技术与整个组织流程、企业精神等的整合过程及成果，包含了全体员工的创新力和创造力。

早在20多年前，管理大师彼得·德鲁克就对知识管理进行了阐述，他提出组织应以知识为本，组织必须将它们机构内的专家组织起来，并建立有效的管理架构，以发挥知识的力量。[1]美国德尔福集团创始人之一卡尔·费拉保罗认为："知识管理就是为企业实现显性知识和隐性知识共享提供的新途径，运用集体的智慧，通过知识共享，提高企业的应变和创新能力。"埃利奥特·马斯（Masie）认为，知识管理是一个系统地发现、选择、组织、过滤和表述信息的过程，目的是改善雇员对特定问题的理解。还有人认为，知识管理是将组织得到的各种信息转化为知识，并将知识与人联系起来的过程。知识管理是对知识进行正式的管理，以便于知识的产生、获取和重新利用"。

---

[1] 曲岩. 知识管理对信息技术应用的影响[J]. 党政干部学刊，2010(2).

综合上述定义可以看出，知识管理就是企业对其所拥有的资源进行管理，以协助收集、分享、应用、创新知识的系统方法。知识管理的目标是实现四个基本过程：一是信息向知识的增值过程；二是显性知识与隐性知识的相互转化过程；三是信息技术、人力资源与知识创造的统一过程；四是信息系统向知识管理策略的转变过程。

知识管理注重人际共享、交流和协作，以实现隐性知识（人力资源）和显性知识（信息资源）的相互转化，推动知识创新[1]。知识管理流程（如图5-1所示）可以从知识的沉淀、共享、学习、应用和创新等方面展开。

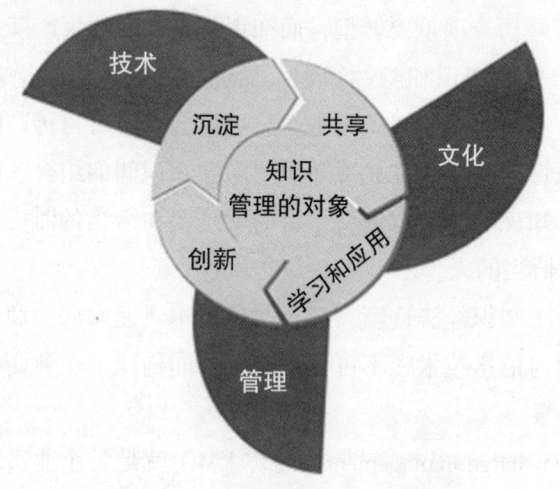

图5-1 知识管理的知识之轮模型

第一个环节是知识沉淀，又称为知识编码，是指提高知识显性化程度，促使知识从无序到有序、隐性到显性的过程；

第二个环节是知识共享，是指知识为更多组织成员所学习和应用的过程；

第三个环节是知识学习，指的是组织成员对组织内的隐性和显性知识的吸收和消化过程，它与共享环节一起改善知识在组织内的扩散程度；

第四个环节是知识应用，是指将所学知识应用于工作实践从而创造价值的过程；

最后一个环节是知识创新，是指组织成员获取外部新知识或提升内部知识层次，改善对知识的掌握程度，从而使该部分知识能在应用中产生直接价值的过程。

---

[1] 魏建良，朱庆华.服务科学发展面临的挑战[J].中国科技论坛，2008(1).

5.1.1 信息技术促进教育知识管理

在信息时代，知识已成为最主要的财富来源，而知识工作者就是最有生命力的资产，组织和个人最重要的任务就是知识管理。知识管理能够使组织和个人具有更强的竞争实力，并做出更好的决策。

网络已经把全世界的信息资源连接在一起，形成全球最大的信息资源库，为学习者的学习提供了极为丰富的教育信息来源。如何准确、迅速地对大量教育信息进行科学、有效和富有个性的加工、处理、组织、创造，挖掘隐藏在信息背后的知识已成为一个刻不容缓的问题。教育知识管理由此应运而生。所谓教育知识管理，就是利用现代信息技术捕获教育或与教育相关的各种信息，进行加工、处理、组织、创造，进而使其转化成知识和智慧，并通过网络传播以促进全球教育知识共享和知识创新。教育知识管理是教育信息管理在知识经济时代和信息社会的延伸和发展。

教育知识管理就是知识增值和服务创新，通过知识管理、信息技术和网络联合提供的现代服务，丰富教育知识；通过将知识创新的理念和教育服务的文化相互融合，使服务和被服务的观念都发生转变：不是走出去找服务，而是让服务无处不在，无时不在。服务已变成一种理念、一种文化，融合在服务和被服务者思想中。

现在大家已经普遍认识到信息资源的重要性，但是如此繁多的信息如何能够更好地为教育服务？如何能够更加有效地应用到全体成员的发展当中去？这就需要用到知识管理理论。知识管理理论正是以知识为研究对象，以实现个体和组织的知识收集、共享、应用和创造为目标的新理论，为教育信息化建设提供了全新的发展思路。要想实现教育信息化，必须充分发挥人的认知潜能。只有让学习者完全融入信息化进程，使个人、团体、组织之间实现无障碍的知识交流，才能实现高度信息化，才可以帮助人们获得知识，帮助人们进行反思，发展支持知识交流的技术和内部组织结构，促进团体运用集体智慧提高知识传播的效率，提高个人和团体利用、发现、创新知识的能力。知识管理是知识增值的过程，是显性知识和隐性知识的转化过程，知识管理视角的数字化学习分类对教育资源信息化建设具有借鉴意义，同时对教育信息化的难点问题亦具有启迪作用。

知识管理具有组合化、内化、社会化、外化四种功能。其中，组合化是显性知识传递或联系的过程；内化是显性知识转变为隐性知识的过程；社会化是隐性知识传递而引起学习者共鸣的过程；外化是隐性知识展示成为显性知识的过程。

在教师教育信息化过程中，知识管理策略应更加关注人的需求，充分考虑人的情感、认知、人际关系、协同团队因素；更加重视面向用户需求的范畴分类和界面设计，使之更加个性化和可视化；更加重视知识和信息的多样化；更加重视显性知识和隐性知识的转换；更加重视文化氛围、多维动态应用环境、人与人之间的联系以及社团联系等。具体情况如图 5-2 所示。

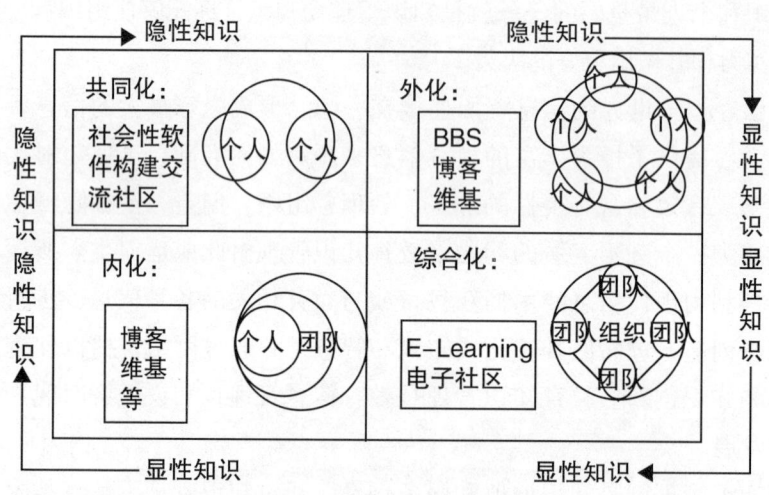

图 5-2 基于知识螺旋理论的 SECI 模型[1]

5.1.2 知识管理对教育信息化的启示[2]

5.1.2.1 实施知识管理，整合信息资源建设与共享能力

对于教育信息化而言，丰富、优秀的数字化教育资源是基础，但目前数字化教育资源的匮乏已经成为制约教育信息化发展的重要因素。通过教育信息化资源的知识管理，建立资源建设的标准规范，使教育信息资源的标识、提取、归类、存储、传输、检索、转换和利用规范有序，进而提高教育信息资源的科学性，实现数据资源的共享与重用，促进资源库的扩展，有效地解决资源匮乏问题，提升教育资源的价值。注重提升师生的知识管理意识和能力，可以使师生在日常工作和学习中积累的经验显性化，并积极与他人交流共享，从而不断丰富知识资源库，扩大知识储备。根据师生的学习需求，从教育资源库、网站、教学参与者等不同来源获取信息，并进行协调组织，从而将网络化、分散化、无序化的教学资源整合起来，使师生能更方便、高效地利用信息资源。

---

[1] 王德禄.知识管理的 IT 实现——朴素的知识管理 [M].电子工业出版社，2003.
[2] 孙永丽.信息化教育中的知识管理 [D].曲阜师范大学硕士论文，2004.

5.1.2.2 实施知识管理，提升资源的生命力与使用价值

开展教育信息化建设，资源建设是基础，资源运用是核心，资源的生命力体现在师生对其使用的过程中。教育信息化过程应该从知识管理的思路来研究资源的生成、流通问题，让每一位师生既是教育资源的使用者，又是教育资源的提供者和评价者；注重动态资源的建设，从着眼于"物"的静态库的建设发展到着眼于"人"的动态的、有生命力的知识流动和管理系统，以注意力引导信息流、知识流，在师生的活动中生成资源流。让每一个网络教育的参与者成为信息、知识和教育资源的建设者，将教育资源的建设融入师生的生命活动之中，从而形成一种开放的资源建设观，体现知识型社会知识管理的思想。

在信息技术环境下的现代服务是一种增值服务，即通过服务产生更大的附加值。现代服务业中，有75%的利润是通过服务赚取的，服务处于产业链的上端。现代服务业中管理和服务合二为一，管理就是服务，服务是管理的核心；服务就是管理，管理是服务业内核。在此情况下知识管理自然成为现代服务业的重要研究内容。[1]

知识管理理论为社区教育信息化的发展提供了一种全新的思路，可以帮助人们获得知识，进行反思，发展支持知识交流的技术和内部组织结构，促进团体运用集体智慧提高知识传播的效率，提高个人和团体创新知识、发现知识、利用知识的能力。知识管理所提出的信息向知识的增值过程，显性知识和隐性知识的转化过程，隐性知识的编码、共享及内化等多种观点，对于当前的社区教育信息化建设具有重要的借鉴意义，对于教育信息化的难点问题，即如何展开研究性学习、协作学习，如何进行体验教学，如何促进网络学习中文化氛围的形成和学习型组织建设等都具有重要意义。[2]

5.2 教师知识管理

5.2.1 教师知识管理的概念

教师知识管理是指教师利用学校内的教学资源和个人的知识与经验，主动对教

---

[1] 段晓芳.试论知识管理与教育信息化[J].唐山师范学院学报，2006(7).
[2] 陈录庭，程永军.知识管理对教育信息化的启示[J].白求恩军医学院学报，2006(6).

学情景中的教学知识与经验不断学习、积累、交流、分享和创新的过程。教师知识管理立足于教师的个体知识，目的是帮助教师完善理论知识体系和丰富实践知识。教师知识管理具有知识管理的共性，同时又具有鲜明的个性特点。教师的理论、实践知识是有外显与内隐之分的，要想对教师的知识进行有效的管理，就必须使教师的显性知识和隐性知识都能够得到传播、分享和创造性地应用。[1]

从教师知识管理的定义和分析中，可以总结出教师知识管理几方面的要点：第一，教师知识管理是教师主动对知识进行获取、存储、运用、分享和创新的过程；第二，教师知识管理需要依赖一定的资源和技术，其中包括学校内的软硬件设施和知识交流与分享平台；第三，知识的交流和分享是教师知识管理的重点，而教师内隐知识的转化是教师知识管理的难点；第四，教师知识管理需要教师做到知、行、意相统一，知就是对教师知识管理的基本理论知识要有一定的了解，行就是在平时的教学和学习过程中去践行知识管理，意就是认识知识管理的重要性，在管理过程中要有端正的态度和开放的心态，乐于交流和共享知识。

5.2.2 教师知识管理的目的

中国台湾学者封四维将教师知识管理的目的总结为以下几点：
（1）提升教师的应变能力、运用知识的能力以及持续学习的能力。
（2）帮助教师建立知识活用与创造的新思维。
（3）强调教师教学效率与效能的提升，并培养教师终身学习的习惯以及独立思考能力。
（4）重点不在于知识本身，而在于如何把知识转化为能力。
（5）塑造学校的组织文化与适应变革的能力。

结合封四维对教师知识管理的论述，学者刘省权认为：发展教师知识管理的目的，并不仅仅在于管理教师现有的专业知识，而在于将分别隶属于个别教师且潜藏在其大脑中的知识通过取得、分享、运用、创新的过程，提升其价值。发展教师知识管理，一个积极的目的就是增进教师专业知识的成长、教学技术的精进与教学观念的蜕变。换言之，通过对教师知识的有效管理，不但要在教学上使教师的知识发挥更高的应用价值，更要能避免教师专业知识发展与时代脱节而阻碍教育革新的步伐。[2]

---

[1] 杨敏. 论教师知识管理能力的提升 [J]. 教育教学研究, 2013(2).
[2] 刘省权. 教育领域的知识管理：教师的知识管理研究 [D]. 江西师范大学硕士论文, 2004.

5.2.3 教师知识管理的策略[1]

知识管理策略是指导教师进行知识管理实践的重要参考方法。莫滕·汉森等学者曾在此项研究上做出过重要贡献。结合他们的研究成果，我们对其在教师知识管理上的应用作以下的探讨。[2]

5.2.3.1 系统化策略

系统化策略的核心思想是强调通过对组织中的知识结构化与标准化，将其存入组织的知识库中，使组织中的使用者无须与最初的知识源接触就能实现知识的反复使用。系统化策略应用到教师的知识管理上，具体有以下参考做法：

1. 建构教师知识地图

知识地图是指知识的"库存目录"，通常包含了人员、文件和数据库等，它可以显示组织中重要知识的所在位置，在知识管理上主要用来整合组织专业知识的资源体系，以实现对知识的挖掘和应用。教师知识地图可以表示教师知识的项目资源及其分布位置，让需要寻求知识的教师可以按图索骥，找到知识的来源。就像使用城市地图或图书馆文献索引一样，能迅速找到所需信息与知识的存储位置。

2. 建置教师知识库

知识库是知识储存、分享、应用与创造的重要系统平台。建置教师知识库的目的在于将优秀的教师专业知识以便于获取及理解的形式，呈现给需要这方面知识的其他所有教师。知识库是知识交换的主要媒介，因而知识库的品质决定了其包含的内容。因此，学校应将教师的优秀知识与经验，无论是结构化或是非结构化的，包括教材、教案、参考资料、个人学习心得、研究论文、教师个人独特的教学方法、对某个问题的独特解决方法等等，以文件、报告的形式外显出来并对其进行数字化，再经由系统分类、整理，建置成教师知识库，作为支持教师教学或研究之用。当然，教师知识库在架构及内涵上的建置，应该搭配教师知识地图，进行一致的规划与设计。教师知识库的发展，也必须通过教师、专家、技术人员及相关人员的精诚合作才能顺利完成。但值得注意的是，任何知识库都无法包含未来的、创新的知识，它只是包含了以往的旧知识，甚至是隐藏了部分过时的以及无用的知识。因此，知识库必须持续不断地进行更新和充实。对于知识管理而言，教师知识库系统中的数据、语言、文字、符号及图像、视频等都是表述某种意义和概念的重要工具。因此，教

---

[1] 刘省权.教育领域的知识管理——一场正在兴起的研究革命，[J].现代教育技术，2007(17).
[2] Morten T. Hansen, Nitin Nohria, Thomas Tiemey. What's Your Strategy for Managing Knowledge. Harward Business Review, 1999.

师在进行知识管理时，也需要进行理性判断与推理，真正赋予知识库以生命。

3. 设立教学资源中心

教师要做好知识管理工作，还应建置教学资源中心，提供教学所需的大量资源，以促进教学品质的提升，追求教学效能的最大化。过去，书籍、期刊、报纸杂志等纸质媒体是人们学习资料的主要来源，视听媒体则是促进学习经验的辅助教材。但信息技术的发展，尤其是数字化技术的发展，各项资源，尤其是多元化的丰富学习资源，促成了教学资源中心的形成。教学资源中心的主要功能在于提供教学所需的各项资源与服务，包括提供课程与教学咨询、教材资料服务、协助师生设计与制作教学媒体等。换句话说，教学资源中心是一个主动为教师提供各项教学与支持服务、培养教师自我学习和独立研究的资源库，而非类似传统图书馆被动式地储存图书资料的附属学习设施。从知识管理的观点来看，教学资源中心必须结合教学、学习、服务和信息等，发挥多元整合功能。教学资源中心除了提供教师教学、教材制作与专家咨询外，还可增加教师进修功能。教学资源中心可以由学校图书馆或信息中心转型而成，也可以采取跨校联合成立的形式，甚至由政府进行统一规划设置，以提供更广泛的教师专业成长所需的各项学习与服务。

以上各项系统化策略的建构，虽属于一种机制，但彼此之间息息相关、相辅相成，其重点在于协助、支持教师进行知识管理。

5.2.3.2 个人化策略

个人化策略的核心思想是通过人与人之间的沟通与合作达到知识分享与经验传承的目的，而不是过多地与知识库中的知识文件打交道。因此，将个人化策略的核心理念应用到教师知识管理上，具体有以下参考做法：

1. 建构教师专业共同体

教师专业共同体是指教师与学校内外的其他教师及教育工作者，基于平等互惠、民主开放的原则，进行专业对话、实践、批判、反思，共同研究教育教学问题，以促进共同体中每一位教师的专业发展。教师应使自己成为相关学科专业共同体中的一员，与其他教师共同参与教学情境的对话，不断检视自己的知识结构，并愿意与他人分享知识与经验。教师专业共同体的成员之间要找时间共同讨论、协商和探究，讨论教学问题，交换经验心得，通过专业对话促进专业知识的分享。此外，另一种以虚拟组织模型为基础的教师专业网络共同体，力图打破时空的界限，值得推广。当然，在这样一个虚拟的专业共同体组织中，唯有建立共同体成员之间的信任感、使命感，才能更好地促进教师专业知识交流、分享与创新。

2. 建立有效知识分享机制

知识分享是重要的人与人之间的沟通过程，也是知识拥有者与需求者之间重要的知识转移过程。知识分享的实现，特别是隐性知识分享的实现，在于拥有者与需求者之间的沟通与互动：知识拥有者必须愿意贡献自己的知识，当然，需求者也必须愿意倾听和学习对方的知识。他人分享知识通常并不是符合人的本性的，人们长久的传统思维形成了"物以稀为贵"的观念，对知识拥有者而言，要求分享其拥有的专业知识，必将造成其独特性的消失。因而，建立一种有效的分享机制是实现知识管理个人化策略的一个重要环节。

教师的专业知识中，属于内隐知识的部分居多，具有非常主观的特性，而且与个别情境及经验有关，难以具体化和外显化，而这些宝贵的隐性知识又恰恰是教师知识管理的核心。因此，要更好地实现教师的这部分专业知识的管理，必须培养教师愿意与他人分享与贡献的习惯，建立有效的分享与对话机制。通过这种分享机制的建立，达成让教师知识在学校组织中快速扩散，进而实现知识的增值和创新。当然，这种机制的形成并非易事，它特别有赖于合作、协同文化的创生。这就意味着学校应积极为知识拥有者与需求者的传递知识与吸收提供诱因、创设机会，甚至包括建立一种奖惩制度，从而激发并增强教师分享知识的动机和意愿。知识分享是知识管理活动中的核心概念，唯有教师对此具有充分的认知并达成共识，愿意与他人分享专业知识，并将其视为一种责任，才能开启学校教师知识管理之门。

总的来说，系统化策略在管理教师的显性知识方面有着非常明显的优势，而个人化策略则更适合实现教师之间的隐性知识传承。因而，学校组织在发展教师知识管理时，应注重发挥两种策略的作用。

5.3 大数据时代教师知识管理工具与应用

5.3.1 个人知识管理系统 PKM2 [1]

PKM2 是基于内容的个人知识管理系统，可以将所有文字、图片信息全部转储为 HTML 格式文档保存到数据库中。这些信息包括用户的笔记、网上的网页内容、本地机器里的文档内容。PKM2 将这些资料全部保存到用户的项目中进行管理，不会因系统或软件崩溃丢失数据。PKM2 可以进行基于内容的采集、编辑、整理、检索、发布，为个人知识管理提供有力支持。PKM2 适用于程序员、研究者、学生、信息专家、

---
[1] 九款个人知识管理工具介绍 [EB/OL].http：//www.360doc.com/content/081128/09/22953_2009404.html.

以及以互联网为主要信息来源的网上阅读者、信息搜集者和信息发布者。

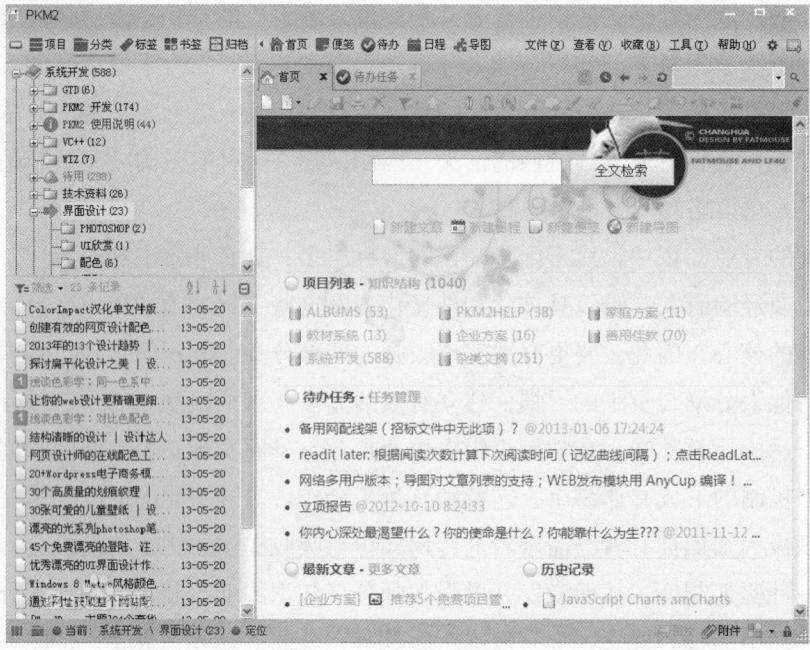

图 5-3　PKM2 界面截图

5.3.1.1 PKM2 的特色

（1）便携性。PKM2 是一款绿色免费软件，可以放在 U 盘或移动硬盘中，作为便携式个人知识库使用，成为使用者的"外脑"。

（2）易用性。PKM2 是一款傻瓜式的软件，主要功能均通过拖放操作完成。网上的文字和图片等内容可以拖放到悬浮窗保存，目录的分类可以通过拖放重组完成，文章也可以通过批量拖放重新分类，附件也可以通过向附件框拖放批量导入。

（3）安全性。备份和恢复操作简单，所有数据均保存在软件 PROJECTS 目录的各个子项目中，拷入、拷出相应文件夹即可完成数据的备份与恢复。

（4）交互性。可以便捷地进行数据的导入与导出。网上的页面数据和本地的文档（HTML、DOC、RTF、TEXT 等）都可存入或导入 PKM2。PKM2 中的数据可以导出为 HTML、DOC 等格式文件，或发布为 CHM 电子书、EXE 电子书，也可直接导入 WEB 系统，在网站上做内容发布。

（5）规范性。PKM2 的文档数据基于都柏林核心元数据集中十个元素（资源标识符、标题、作者、关键词、分类、备注、创建者、创建日期、修改日期、资料来源）对资料进行标引，并在编辑器中集成了标引工具，对标题、作者、关键词和备注进行半自动标引。

（6）开放性。PKM2 采用 HTML 标准管理资料，将所有文件转换为 HTML 格式进行统一管理。基于 HTML，用户可以按照统一的方式编辑、管理文件。同时，由于 HTML 的开放性，用户也可以方便地进行二次开发。

（7）通用性。PKM2 采用 MS Access 数据库，只要计算机是 Windows 系统即可使用本管理系统。同时，Access 也是目前通用性较好的数据库之一，使用常见的数据库转换工具即可将 Access 数据库中的数据转入其他数据库中。

5.3.1.2 PKM2 的结构

PKM2 是基于内容的个人知识管理系统，其中所有文档均需转为 HTML 格式，HTML 由文本数据和关联文件构成。PKM2 将所有文本数据保存在数据库（database）中，所有关联文件保存在附件目录（attachment）中，这样既可避免数据库过度膨胀，又可依托数据库的安全性和稳定性使资料得到可靠保护。同时，由于数据库的开放性，用户也可以直接管理自己的数据。

系统结构如下：

- PKManager.exe：系统主程序。
- RESOURCES：系统相关资源目录，与用户数据无关。
- PROJECTS：用户数据均保存在该目录下各项目目录中。

PROJECTS 目录结构如下：

- DATABASE：项目数据库位置，用于存放 HTML 文本数据。
- ATTACHMENT：项目附件存放位置，用于存放文档关联文件。

5.3.1.3 PKM2 功能

1. 信息收集

- 保存网页内容，包括其中的图片、Javascript 等元素。
- 收集网页中的图片。
- 保存网页中的选中部分。
- 收集选中部分包含的图片、链接等。
- 可以把网页保存为纯文本格式。
- 可从本地计算机导入文件。
- 可从本地计算机导入文件夹，并保留原有目录结构。

2. 信息管理

- 支持多种来源、多种格式的信息管理，如网页、文本文件、Word 文档、信息片段等。
- 可为保存的信息指定标题、关键词、作者、备注、附件等。
- 所有信息保存在 PKM2 项目文件中既安全可靠，又可支持对数据文件的压缩、备份、优化等操作。

3. 信息组织

• 收集的信息以"目录+列表"的方式组织,可以通过拖放随意分类、快速存取。

• 支持对文件夹、文件的多选批量操作。

• 提供关键词自动提取与主题标引功能。

• 提供回收站,使用户误操作的损失降到最低。

4. 信息评估

• 可以通过饼图可视化地统计并展示个人知识库中知识的存量和分布情况。

• 多种文件列表视图:最近阅读过的文章、经常阅读的文章、很少阅读的文章、最近添加的文章、最近修改过的文章、含有书签的文章等。

• 与 MS OneNote 标记一样好用的书签功能,可自定义二十个书签,用于帮助分析与评估知识点。

• 与博客和维基一样的标签功能,可以汇总和排序所有标签,帮助统计、分析知识点及其分布情况。

5. 信息使用

• 可以方便地以网页的方式浏览保存的信息。

• 浏览时可对重要信息做阅读标记。

• 支持对已收集的网页、文本信息进行复杂的编辑操作。

• 可方便地查看附加信息,如备注、附件、编辑状态、原始网址等。

• 提供打印、打印预览功能。

6. 信息检索

• 具备项目内的查找功能。

• 具备项目分类查找功能,可检索当前类或所有子类。

• 可对收集信息的标题、注释、信息全文进行多关键词的精确或模糊检索。

7. 信息共享

• 导出项目或文件夹为 CHM 电子书。

• 导出或导入 PKM 数据包,以便项目间交换数据。

• 可发布为光盘版单机运行的数据库系统。

• 可发布为 WEB 应用程序,类似于网络文章发布系统。

5.3.2 美味书签 Delicious [1]

美味书签于 2003 年底上线，是知名免费书签网摘社交网站。美味书签主要用于和别人分享和交流书签，使用者亦可以在美味书签储存或管理私人书签。

图 5-4　美味书签截图

使用者登录之后，点击 settings 按钮即可更改用户信息，管理书签和标签，将美味书签整合到博客或者网站中。它的主要功能有如下几点：

5.3.2.1 书签（bookmarks）

在这里有导入 / 上传、导出、个人资料保存、Rss 信息许可、与 Facebook 整合几个选项。

import / upload：可以将自己电脑浏览器中的书签拷贝到美味书签账户中。

export / backup：将 Delicious 中的书签下载保存或者备份到自己的浏览器收藏夹中。

private saving：勾选"不共享"选项，也就是说将自己喜欢的文章保存在自己的书签中而不与其他人共享。

Rss feed license：Rss 信息许可，即声明书签是公开的，遵循 CC 协议（Creative Commons 创作共享）。

Facebook integration：将美味书签与 Facebook 整合。

5.3.2.2 Tags

在这里有三个选项，可以进行标签的重命名、删除和绑定。

---

[1] 九款个人知识管理工具介绍 [EB/OL]. http://www.360doc.com/content/081128/09/22953_2009404.html.

5.3.2.3 People

network privacy：将自己的内容隐藏，避免他人看见。

subscriptions：可以将自己感兴趣的标签内容订阅到美味标签中。

report spam：可理解为举报信，可以将用户发现的滥用美味书签的行为发邮件告诉后台，相关人员会处理这些事情。

5.3.2.4 Blogging

network badges：网络标记或者网络徽章，将自己的账号前贴上美味书签的图标（如 I am zhaolijuan on del.icio.us），在这里还可以进行更详细设置。

link rolls：在自己的网站上显示最新的书签内容。

tag rolls：对自己美味书签的标签进行文字、图形等显示设置。

daily blog posting：通过相关设置，每天都可以将书签的内容都发送到自己的博客上。

此外，美味书签还提供了两个按钮 post to del.icio.us 和 my del.icio.us。post to del.icio.us 按钮可以将当前浏览的网页粘贴到自己的美味书签中；my del.icio.us 按钮便于用户快速浏览自己的书签内容。在帮助文档中提供了按钮的下载、安装、显示的视频指导。

在 Your favorites 中可显示自己订阅保存的文章，可以对其进行编辑和删除，如给该文章做一个标签，设置是否共享等；Your network 中按照时间顺序显示好友最近保存过的文章，并可以根据自己的需要设定是否保存文章；Subscriptions 中显示自己订阅的标签内容；另外还有 Links for 和 Post 两个选项。

美味书签也是 Web 2.0 时代一个典型的社会性软件，它给我们带来的最大好处就是知识共享及个人知识管理。我们可以根据自己的需要随意查找内容，不仅可以跟自己的朋友或者志同道合的人分享自己的收藏，也可以把别人的链接保存在自己的书签里，只要在联网的计算机上随时都可以使用里边收藏的内容，并且它还可以和博客、网站和 Facebook 等结合起来使用。

5.3.3 网络日志 Blog [1]

Blog 的全名应该是 Web log，中文意思是"网络日志"，后来缩写为 Blog，中文音译为"博客"。博客是"一种将个人思想内容通过网络链接，按照时间顺序排列，并且不断更新的出版方式"。简单地说，博客是习惯于在网上写日记的一类人。

---

[1] 九款个人知识管理工具介绍[EB/OL].http://www.360doc.com/content/081128/09/22953_2009404.html.

博客是继 Email、BBS、ICQ 之后出现的第四种网络交流方式，是网络时代的个人"文摘"，是以超级链接为途径的网络日记，代表着新的生活方式和工作方式，更代表新的学习方式。

一个博客其实就是一个网页，它通常是由简短且经常更新的帖子所构成，其中的文章都按照年份和日期倒序排列。博客的内容和风格多姿多彩，从对其他网站的超级链接和评论、有关公司、个人构想到日记、照片、诗歌、散文，甚至科幻小说都有。博客可以是个人就心中所想之事的发表，也可以是一群人基于某个特定主题或共同利益的集体创作。

随着博客的快速扩张，它的目的与最初已相去甚远。目前网络上数以千计的博主发表和张贴博客的目的有很大差异。不过，由于沟通方式比电子邮件、讨论群组更简单，已逐渐成为家庭、公司、部门和团队之间盛行的沟通工具，而且它也逐渐被应用在企业内部网络中。

博客秉承了个人网站的自由精神，也综合了激发创造的新模式，更具开放性和建设性。可以在网络世界体现个人的存在，张扬个人的社会价值，拓展个人的知识视野，建立属于自己的交流沟通群体。

博客特点：[1]

（1）操作简单，这是博客受众多网民青睐的最大优点，也是博客发展的推动力。众多博客托管商在注册会员前都会标着这样的口号："只要花一分钟，就可轻松拥有博客"，甚至可以称之为"傻瓜式"注册。操作简单不仅仅体现于注册过程中，也体现在进入管理平台后，提供模板（自主选择）、博客设置（参数变更）、日志管理（建立分类）、添加日志（记录内容）、发表日志（点击保存）、预览首页（完全搞定）。只要简单六步就可学会使用博客，开始博客之旅的第一站了。

（2）持续更新，这是博客生命的催化剂。博客更新速度快得惊人，注册申请了，但持续半个月没有更新过的博客可以称之为"睡眠博客"。现代社会，信息传递速度加快，更新博客就似生物的新陈代谢，没有了新陈代谢也就代表着生命的结束，同样，没有了更新，就意味着博客失去了生命力。如果条件允许，可以坚持每天都更新，这是一个积累的过程，长久下去生命力会越来越强。

（3）开放、互动，这是博客交流的推广链。网络赋予了博客开放性，博客也就不再是一个单纯的私人空间了。游客与博主写评论和留言，都是对博主博客与日志的交流。博主对他们进行了回复，并通过链接进行回访，扩大互动效应，这也是礼节性的来往。而且，利用开放互动的特点，可以交流推广，形成固定的博友圈。

---

[1] 博客的特点[EB/OL].http://wenku.baidu.com/link?url=HgoQ6ECWaPUsxfkYFWwFY3NccEp00mYoa780EN6K3Y19wZwLa-hL8AkL2jmwOQ2iL2yIeH7pfxLnF9YZ7HnRIVjZZDyx1QRFFLCVp-9uN53.

（4）展示个性，这是博客精彩的原动力。博客的主体是人，每个人都可以通过博客载体来展示自己的个性。日志内容、博客界面、文章数量、日志分类、人气指数等都体现出博主的个性。同时，博客也越来越自主化，DIY 功能也越来越强，可以真正做成自己想象的模样。博主可以换上心爱的背景图片，可以使用喜欢的字体颜色，可以增添动感的特效代码……所以要做好博客，一定要展示自己的个性。

博客作为一种新的表达方式，传播的不仅是情绪和情感，还包括大量的智慧和思想。从某种意义上说，它也是一种文化现象。博客的出现和繁荣，真正凸现了网络的知识价值，标志着互联网发展开始步入了更高的阶段。

5.3.4 个人知识库 Mybase[1]

5.3.4.1 Mybase 的结构

Mybase 使用独特的数据库存储一个树形大纲。每一个条目可以包含 RTF 文本、附件和与其他条目之间的任何链接。

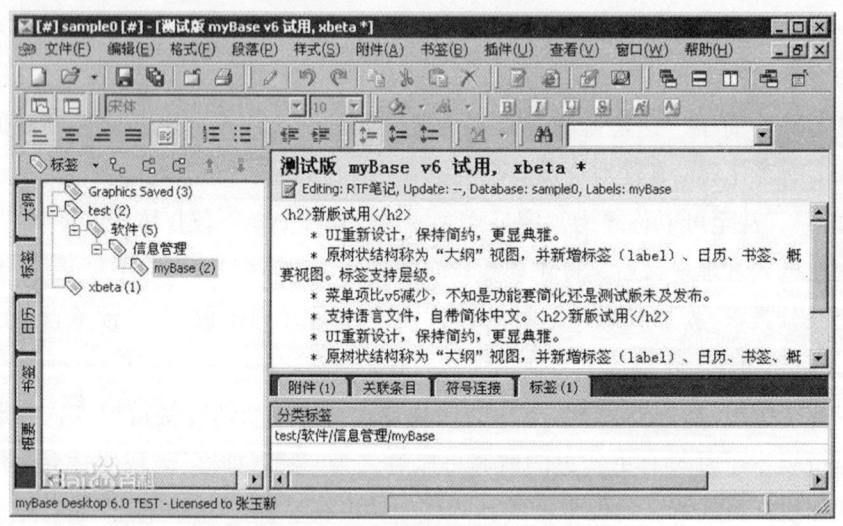

图 5-5　Mybase 界面截图

1. 个人知识库

Mybase 被广泛用于个人知识库。它是存储诸如 RTF、GIF/JPEG/PNG、HTML 甚至是二进制等零散信息的理想方案，并且允许用户创建相关主题文章之间的链接，用户甚至可以不用其他软件就能查看大部分常用的文件，比如 RTF/TXT/HTML 格式

---

[1] 九款个人知识管理工具介绍 [EB/OL].http：//www.360doc.com/content/081128/09/22953_2009404.html.

的文件。它的高级全文搜索功能可以帮助用户快速找到需要的资料或信息。

下面的这些特性会帮助用户更好地创建、管理、搜索知识库:

(1)剪切板监视器:如果剪切板的内容发生变化,用户想自动地保存文本内容,它可以帮用户节约很多时间。当用户想要收集信息或者保存文本时,不用从 Web 或者其他应用程序离开,Mybase 会自动粘贴、命名和保存。

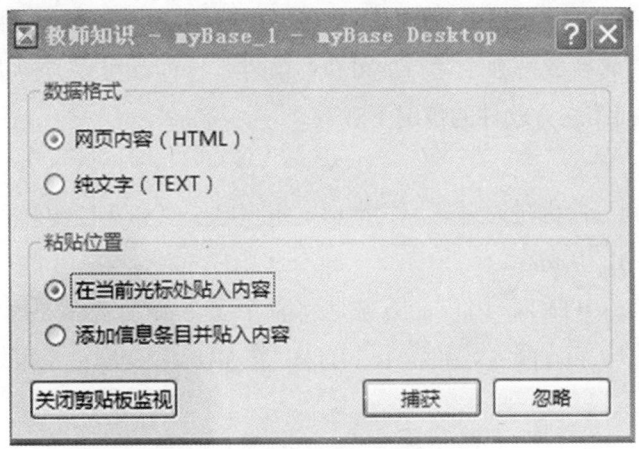

图 5-6 Mybase 剪贴操作界面截图

(2)Mybase 浏览器:可以让用户浏览 Mybase 数据库,不需要安装 Mybase 和 Mybase 浏览器就可以创建在任何 32 位视窗系统上独立运行的可执行数据库。

(3)Web 收集器:可以让用户直接从 IE 浏览器捕捉 Web 页面并保存到 Mybase 中。用户不需要先保存 HTML/MHT 文件再手动插入。

图 5-7 Mybase 的 Web 页面保存截图

（4）树形 HTML 生成器：允许用户将 Mybase 数据库转换成 HTML 树形目录和一系列 Web 网页，这样用户就可以直接将它们放到自己的站点上，通过互联网来分享它们。

（5）Mybase 插件规范：使程序具有无限的可扩展能力。

2. 演示工具

Mybase 是一个很好的演示工具。用户可以很方便地以树形大纲的形式来制作演示文档，Mybase 浏览器允许用户在任何 32 位视窗系统上观看。如果用户需要，还可以将这个文档转换成可独立运行的可执行文件，这样就可以方便别人在不预先安装 Mybase 和任何第三方软件的情况下观看。

3. 电子书

Mybase 和浏览器也是通过树形大纲形式组织电子书和文档的好方案。

4. 树形 HTML 生成器

使用插件 TreeHTML，用户能方便地将整个 Mybase 数据库或者一部分转换成 HTML 树和一系列 Web 网页。插件 TreeHTML 将 Mybase 变成一个很好的树形 HTML 生成器。

5. 日程表

用户可以简单地添加三个或者更多的条目来管理自己日程：通过鼠标的拖放操作，可以很方便地将要做的、正在做的、已经做完的条目进行转换。如果用户喜欢，也可以依据自己的方式增加更多的条目和子条目来管理自己的日程表。

6. 客户管理工具

Mybase 可以很好地管理客户数据，也就是说 Mybase 可以作为一个简单的 CRM 程序。比如说，用户可以将客户数据存储在 Mybase 数据库的分支上。每一个客户占据一个节点或者分支，客户数据（姓名、地址、联系、图片）存储在默认的注释区域，联系历史可以存储在附件箱里，客户的建议和其他相关信息以子条目存储。如果需要，用户可以将客户数据添加到一个预先定义好的目录里，还可以根据自己的需要方便地重新安排所有已存储的条目。另外，用户还可以在自己认为相关的不同条目之间创建链接。当用户需要发送信息时，插件 nyfcrm.dll 可以帮助用户自动识别文本中的电子邮件，并通过一个自定义的邮件模板生成邮件主体。更进一步，插件 nyf2grid.dll 可以帮助用户将客户数据导出格式为 .cvs 或者 .xls 文件，而插件 nyftempl.nyf 可以帮助用户定义一个数据模板或者分层数据树，然后轻而易举地应用已经定义好的模板。

7. Web 收集器

Mybase 的附件箱是存储 Web 网页和相连图象的理想场所。内置的 Web 浏览器允许用户在不装载外部 Web 浏览器的情况下浏览存储的网页。

组件 WebCollect 能和 IE 集成，允许用户直接从 IE4/5/6 中捕捉 Web 网页和相连的图象，而用户不必先保存 HTML/MHT 文件，然后再手动插入。

数据库的树形结构允许用户以层次大纲的形式来组织存储的网页，用户也可以用自己喜欢的任何方式重新存储 Web 网页。OLE 拖放机制是用户重新安排（比如：复制、移动、导入、导出、分隔、合并）大纲的最好方式。

在上网的时候捕捉 Web 页，仅仅在 IE 中选择右键菜单"Save to Mybase"就行，非常简单和实用。

8. 笔记本

如果用户有很多零散信息需要保存，但又不知道放哪里，可通过 Mybase 实现信息管理。Mybase 具有全文搜索功能，用户可在节点或者文本区域内加一个时间戳来帮助用户组织和跟踪信息。

9. 地址簿

Mybase 的 RTF 笔记能存储任何类型的文本，包括地址和联系信息。通过形式自由的树形大纲，用户可以快捷地组织联系信息。公司或者个人的名字可以作为节点文本，联系信息可以存储在默认的笔记区域，联系历史可以存储在子分支里，而附件部分是存储混杂数据（例如，图片）的理想地方。

10. 相册

Mybase 内置的浏览器可以像查看 HTML/MHT 一样查看诸如 JPG/GIF/PNG 等类型的文件，所以用户可以将图象放在一个条目的附件箱内。当用户打开一个节点时，Mybase 会自动利用内置的浏览器为用户显示存储的图象。

将相片简单地放进 Mybase 数据库中，一张照片占据一个节点，并以树形大纲的形式分级组织它们，这样 Mybase 就变成了一个相册程序。

11. 日记本

用户可以在 RTF 编辑器里写日记，用附件箱存储这一天内各种类型的文件，比如一个声音剪辑或者一幅图片。

用户可以设置密码以保护日记在未经允许的情况下被访问。要设置文档密码，选择"文件 / 数据库密码"菜单项，然后输入密码。要设置一个分支密码，请选择"大纲 / 使用工具 / 分支密码"菜单项，然后输入密码。

要在条目标题上使用时间戳和日期戳，按 Ctrl+T，然后用户就能选择一个时间格式和标题模板。

要在笔记区域内加时间戳，可以在 RTF 编辑器内按 F5。

12. 收藏夹

Mybase 的 RTF 编辑器有自动探测 URL 的能力，所以用户可以使用 Mybase 存储

URL。当用户单击一个 URL（比如：www.wjjsoft.com），Mybase 会弹出一个菜单让用户从下面的命令中选择一个：

①嵌入打开 URL 地址；②外部打开 URL 地址；③复制 URL 地址。

如果用户在 RTF 文本中放置了电子邮件地址（比如：会弹出一个不同的菜单，像下面这样："发送邮件""复制邮件地址"）

在 RTF 文本中，用户可以为存储的 URL 地址添加任何描述和注释。这样 Mybase 就成为一个收藏夹。为了方便用户，Mybase 还提供了从 IE4 以上版本的收藏夹中快速导入 URL 书签的工具。

13. 文件管理器

RTF 编辑器可以像识别 URL 一样识别 file：// 链接。所以用户可以在 RTF 笔记内插入文件 / 文件夹链接，并为它们添加注释。当用户在文件链接上单击时，会弹出下面这些菜单：

①嵌入打开 UNC 地址；②外部打开 UNC 地址；③复制 UNC 地址。

这个特性将 Mybase 变成了一个文件管理器。

14. RTF 编辑器

RTF 编辑器与 RTF2/3 兼容，支持文本 / 段落格式、图象、OLE 对象和很多有用的工具。

编辑器采用 UNICODE 编码，支持日语、韩语、繁体中文和简体中文等等，并且允许用户导入或者导出纯文本 /RTF 文本文件。

所以 Mybase 可以作为用户创建 RTF 文档的编辑器。

5.3.4.2 Mybase 的使用

1. 下载

用户可通过如下链接进行 Mybase 的下载：http：//www.wjjsoft.com/download.html

2. 安装和中文支持

通过运行 mbs483.exe 安装桌面版，用户要做的就是类似选择安装路径这样的简单操作。如果用户想使用中文界面，可以下载中文语言包 mbs_chs.zip 并解压，将解压得到的 chs.lcf 文件拷贝到 Mybase 的安装目录（nyfedit.exe 所在的文件夹）里。这样用户就可以从菜单"工具 / 语言"中选择简体中文了。

3. 使用 WebCollect 直接从 IE 中捕捉 Web 网页

用户可以从上面提供的地址中下载 WebCollect。它是一个自解压的可执行文件，直接运行就可以安装 WebCollect。在安装完成以后，想要直接从 IE 中保存 Web 页，可右击鼠标，从快捷菜单中选择"Save to Mybase"命令，WebCollect 的对话框就会弹出来，然后选择一个数据库。如果用户第一次使用，则必须创建一个数据库，然后指定或者创建一个节点来存放 Web 网页，接着就可以按 OK 来保存 Web 页了。

WebCollect 提供了很多选项，让用户在保存页面时可以进行更多的选择。比如，用户可以保存页面到一个子节点或者相邻节点，保存页面的所有信息或者选定的 HTML、不带格式的纯文本或选定的图片，也可以将页面地址包含进来，还可以包括相连的图片、FLASH，还可以保持链接、清除 JavaScript 和 VBScript、去掉多余的弹出窗口等等。

4. 生成树形 HTML

插件 Treehtml.dll 允许用户将 Mybase 数据库转化成 HTML 树，包括节点间的链接和附件，通过使用 IE 和 Netscape Communicator，利用网络同其他人分享用户的数据库。

（1）安装插件。有两种方式可以完成 Mybase 的插件工作。

从 1 中提供的地址下载 TreeHTML。解压后将 treehtml.dll 拷贝到 Mybase 安装目录下的"add-ons"目录中。如果采用默认安装，目录是："C:\Program Files\wjjsoft\Mybase\add-ons"，最后重新启动 Mybase 完成安装。

将下载的插件解压到一个目录里。在 Mybase 的选项对话框中，单击"Add-ons"标签，然后将解压目录添加到组件搜索路径列表中，最后重新启动 Mybase 完成安装。

（2）导出树形 HTML。插件安装好以后，用户可以执行菜单"大纲 / 实用工具 / 导出 /HTML tree"命令，弹出对话框后，可以选择导出的位置以及导出的内容（整个数据库，还是选择的节点），最后按"OK"生成树形 HTML。

生成的页面被分成左右或者上下两部分，上 / 左大纲包含树形的结构框架，下 / 右框架显示与框架节点相连的内容。

5. 创建独立运行的 .exe 数据库

从版本 4.62 开始，Mybase 具有了一种令人兴奋的特性——允许用户将浏览器结合到数据库中，来创建一个可以独立允许的可执行文件，进而使用户在没有安装浏览器或者 Mybase 本身的情况下能够在任何 32 位的视窗系统上查看数据库。

选择菜单"工具 / 转换资料库为 EXE"命令，然后选择一个数据库，单击"打开"，EXE 的数据库就生成了。与数据库存储在同一个文件夹里，以 .exe 作为扩展名，然后用户就可以运行生成的可执行文件测试。

注意，如果用户视图转换当前打开的数据库，这个工具将不能使用，所以用户需要在转换之前将数据库关闭。但是只要文件是以只读方式而不是读写方式打开，用户仍然可以进行转换。另外，用户可以在浏览器中生成可执行数据库，因为文件通常是以只读方式打开的。

最后，用户还可以从 Windows 资源管理器中创建可执行的数据库，在 .nyf 文件上右击，然后选择"Create EXE database"命令。

5.3.5 微软笔记工具 OneNote [1]

OneNote 是微软出品的一款免费的优秀笔记工具，用于快速记事或收集、组织生活及工作上的各种图文资料，如今 OneNote 的云端同步功能能够让用户在任何设备上互通使用所有资料。

目前，OneNote 跨平台支持 Windows、Mac、Android、Windows Phone 以及 iPhone、iPad，支持触摸屏操作，支持录音、拍照等方式。用户还可以通过网页访问自己的笔记，并且可以与他人共享笔记等。

用户可以使用 OneNote 快速记录想法、添加图片、随时涂鸦、记录购物清单和检查待办事项等。无论在家里、办公室还是出门在外，笔记都可与用户如影随形，而且它们会自动在云中保存和同步，因此，用户在所有设备上都能获得最新的笔记内容。并且，用户可以与朋友或同事共享笔记，例如，和朋友一同规划假期旅游行程、共享工作会议记录或讲座笔记等。

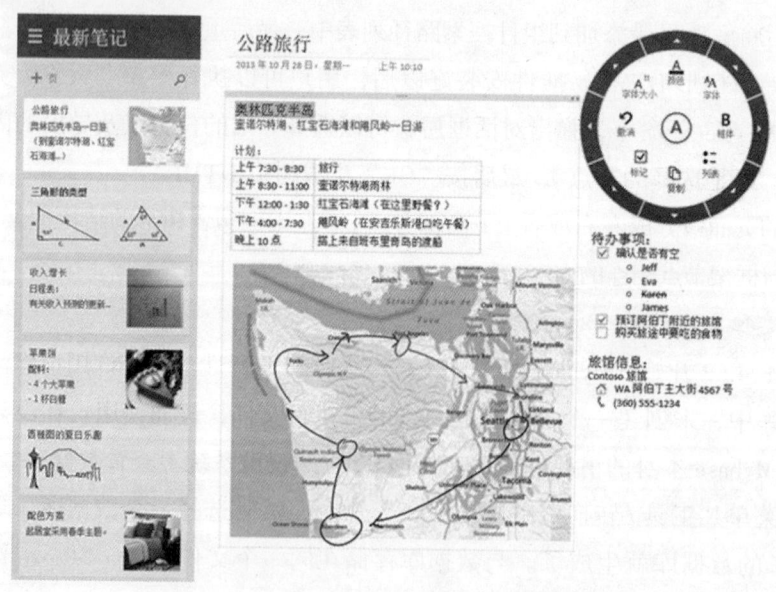

图 5-8　OneNote for Windows 8 版本软件截图

无论是电脑版还是移动版，OneNote 的使用方式都非常简单，即基本的文字输入和图片插入，在手机上也能通过摄像头拍照、录音或者在平板电脑上利用触摸屏

---

[1] 九款个人知识管理工具介绍 [EB/OL]. http://www.360doc.com/content/081128/09/22953_2009404.html.

涂鸦等进行操作。

图 5-9　OneNote 移动版软件截图

OneNote 中每个独立的记录单位称为"笔记本",在每个笔记本中又可以任意创建新的空白页,记录不同的内容。记录内容可以自动保存,所以不用刻意考虑保存问题。[1]

OneNote 为方便地记录、保存、编辑笔记提供了一套完整的方案,具体有以下特点:

(1)可以在窗口任意位置记录,退出时不用按"保存"就可以把记录保存下来。

(2)可以按自己的记录风格记录,可以为页和笔记添加时间。

(3)可以为以前的笔记添加小字备注,如果用户用的是平板电脑,还可以用手写输入在 OneNote 上画图。很重要的一点是可以将用户手写录入的记录转为标准的文本记录。

(4)可以制作目录链接,只要点击目录,就可以找到与其相应的内容。

(5)可以按需对笔记进行组织、分类,可以通过拖放实现记录的移动,改变记录字体的大小。

(6)可以将外部的文字、图片、表格、网页直接导入 OneNote 中,还可以快速地搜索笔记。

(7)可以和别人共享笔记,用户有权决定让别人浏览而不能改变笔记内容。

---

[1]OneNote ——微软出品的优秀免费笔记软件 / 记事 / 资料收集整理工具(跨平台 + 云端同步)[EB/OL].http://www.iplaysoft.com/onenote.html.

（8）当然，既然是微软的产品，它可以和 Office 系统无间结合，用户可以用密码保护重要的笔记。

5.3.6 印象笔记 Evernote [1]

首先让我们来看一看 Evernote 的主界面：

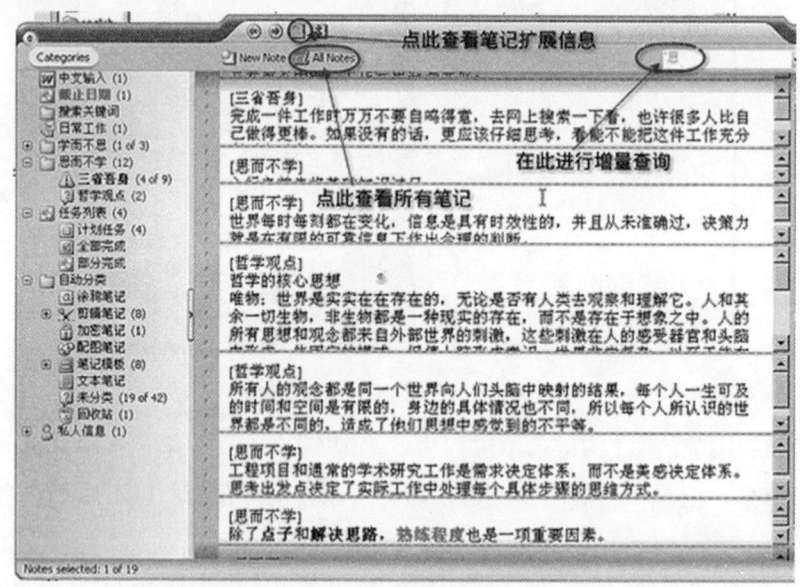

图 5-10　Evernote 的主界面[2]

是不是有点像 Windows Media Player 9 的界面？软件的功能，优雅的界面会给人一种美好的感觉，Evernote 可谓两全其美。

Evernote 的显示方式很特别，它把所有的笔记都排列在线性序列中，就好像一条无限长的纸带一样。当然纸带上的笔记并不一定要全部显示，而是可以按照一定条件筛掉一部分，只留下自己关注的那部分。在上边的图片中可以看到，纸带中只显示带有"思"这个关键字的笔记，而且关键字被高亮显示。如果希望看到所有笔记，只要点击"All Notes"按钮即可。这种独特的笔记显示方式给查阅带来很大方便，与传统的多文档应用程序相比，Evernote 不仅不需要排列子窗口或调整子窗口大小，还能在有限的屏幕空间中有条理地显示更多信息。如果希望查看每条笔记的控制按钮和扩展信息，可以点击图中标示的扩展信息按钮。

在左侧的树形列表中，每个节点都是一个笔记类别的筛选器，其筛选功能远远

---

[1] 九款个人知识管理工具介绍 [EB/OL].http：//www.360doc.com/content/081128/09/22953_2009404.html．
[2] 图说 Evernote 与资料收藏大师 [EB/OL].http：//www.360doc.com/content/07/0524/04/28732_517365.shtml．

超过了关键词搜索,可以随心所欲地筛选出具有特定属性的笔记。树的分支则代表从属关系,可以将许多筛选器放在一个分支之下。图中的"三省吾身"和"哲学观点"这两个节点就都属于"思而不学"这个父节点。点击父节点就会把所有满足子节点条件的笔记筛选出来。

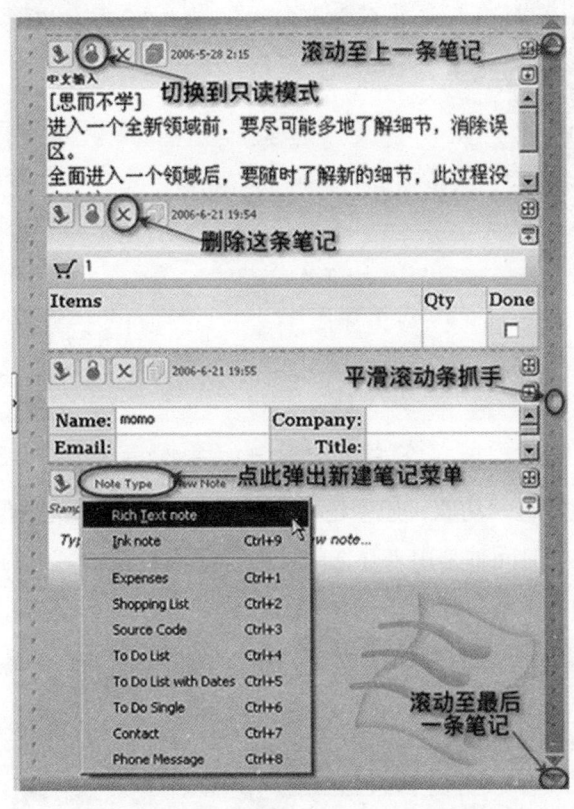

图 5-11　Evernote 笔记的扩展显示模式[1]

图片展示了笔记的扩展显示模式,在这个模式下,用户可以把一条笔记设为只读模式、删除或者归为某一类(点击印章按钮即可归类)。需要说明的是,笔记的格式有许多种,可以是纯文本、Rich Text 或者数据项,甚至可以是手写区域。这款软件有专门针对平板电脑的版本,记笔记更方便。此外,Evernote 的平滑滚动条,中间的抓手并不暗指页面内容的位置,而是作为一个滚动方向和速度控制器。越靠近端点则滑动速度越快,靠近哪个端点就向哪一侧滑动。这种滚动条特别适合页面内容较多的情况,能呈现出非常舒适的滑动视觉效果。

设定分类筛选器,首先右键点击一个分类节点,再点选"Properties"就会显示图示的窗口。可以看到,筛选器是由一个英文句子描述的,点击蓝色的链接可以选

---

[1] 图说 Evernote 与资料收藏大师 [EB/OL].http://www.360doc.com/content/07/0524/04/28732_517365.shtml.

用其他的描述语句。这里的描述语句采用了"包含某个关键词"的模式,把所有包含"阅读"的笔记归为一类。这样设置以后,所有现有的和新添加的笔记只要含有"阅读"这个关键词,就会自动归入"阅读"这个分类,并在笔记扩展信息处标明。

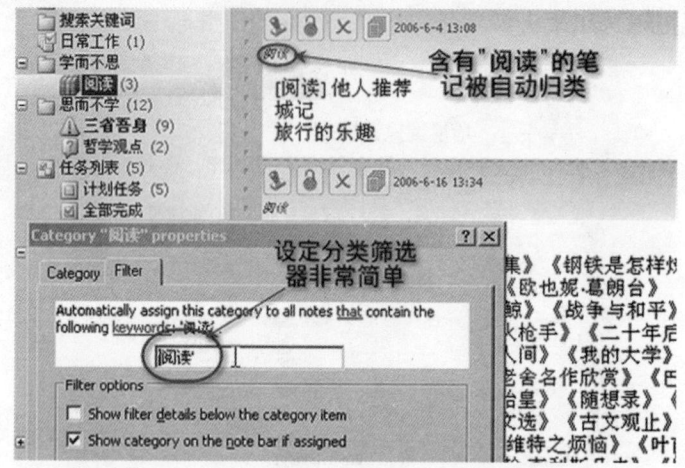

图 5-12　Evernote 分类筛选器的设定[1]

EverNote 时间轴这一功能,这个栏目平时是被隐藏起来的,但不难找到显示这个栏目的按钮。这个时间轴是用来筛选笔记的,只不过是以笔记的添加时间为标准。这个功能可以使用户了解曾经的某一天自己在思考些什么。

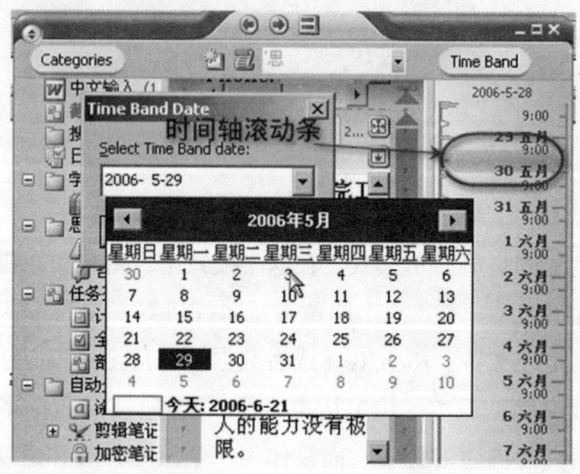

图 5-13　Evernote 时间轴[2]

---

[1] 图说 Evernote 与资料收藏大师 [EB/OL].http://www.360doc.com/content/07/0524/04/28732_517365.shtml.
[2] 图说 Evernote 与资料收藏大师 [EB/OL].http://www.360doc.com/content/07/0524/04/28732_517365.shtml.

5.3.7 资料收藏大师[1]

资料收藏大师不仅可以用来做电子书阅读器，还可以用来做网页内容收藏工具。收藏的内容可以用树状列表管理，还可以保存为加密的资料库文件。

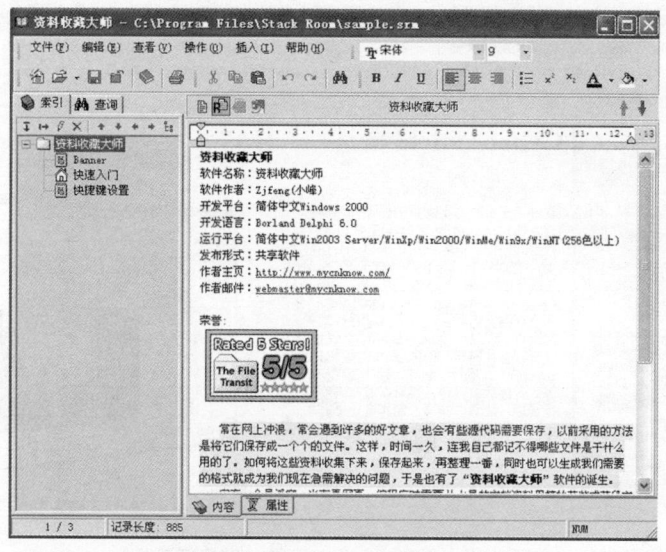

图 5-14 资料收藏大师的主界面

收藏网页内容的步骤很简单，选定网页上的一部分内容，再用鼠标拖拽选定的部分到资料收藏大师的悬浮窗即可。这个功能不是对所有浏览器都适用，但对 IE 浏览器肯定支持。

将内容拖拽到悬浮窗并释放鼠标后，就可以看到图示的收藏设定窗口，可以在这里设定标题的选取方式、内容的存入方式和位置等。如果希望将图片内容一并收藏，可以选择 HTML 方式存入，这时图片文件和 CSS 样式表等内容也将存入资料库。

5.3.8 网文快捕 CyberArticle[2]

CyberArticle 网文快捕（原名 WebCatcher）是一个保存和管理网页的工具。主要功能有：可以在 IE 浏览器里面保存网页，包括文字、图片、Flash 动画等等，也可以保存选中的文字、图片和链接；可以通过拖放来为网页分类；可以在一个可视化的编辑器里面编辑网页；可以把网页里面的所有元素保存在一个单一文件里面（*.book），保持磁盘清洁；可以把保存的网页导成 CHM 文件。在这方面，Web

---

[1] 图说 Evernote 与资料收藏大师 [EB/OL]. http://www.360doc.com/content/07/0524/04/28732_517365.shtml.
[2] 网文快捕 CyberArticle CyberArticle[EB/OL].http://cn.wizbrother.com/cyberarticle/screenshots.html.

Catcher 是一个非常实用的电子书制作工具,可以把 .book 文件转换成可执行文件(*.exe);允许将所有的网页导出到文件夹。因此,可以复制这些文件到平板上面进行阅读;支持书籍文件的全文检索,可以快速地找到资料;可以很好地保护用户资料。用户可以给书籍文件或者节点设置密码。

图 5-15　CyberArticle 网文快捕界面截图

1. 资料的采集

网文快捕(以下的介绍以网文快捕 V4.01 为例进行)支持以 IE 为内核的浏览器,安装后,在浏览器的右键菜单中会自动添加采集资料的命令。此外,在 IE 的工具栏,操作系统的任务栏也都会嵌入相应的工具栏,以方便用户用多种方法、各种渠道采集资料。特别值得一提的是,利用嵌入到任务栏上的按钮,采用拖动的方法,可以非常方便地采集那些屏蔽了浏览器右键菜单的资料。

在安装时,网文快捕支持为 MyIE2 安装侧边栏和工具栏,支持为 Opera 安装插件。利用侧边栏,可以直接在浏览器中打开 CyberArticle 书籍(网文快捕把所有采集的内容都保存在一个单一的、扩展名为".book"的文件中,叫做 CyberArticle 书籍)。完成采集、管理等任务,点击"保存"旁的小箭头,可以采集和保存当前网页,或者保存当前网页上的文字、图片及 Flash、链接所对应的网页;在各节点之间拖动文件夹或节点上的网页,可以管理 CyberArticle 书籍中的内容。

网文快捕不仅可以采集网页、网页中的图像、Flash 等内容,而且还可以把网页中的文件下载并保存到 CyberArticle 书籍中,被采集的网页上的程序也被保存下来显示在附件框中,点击这个程序,可以执行安装。此外,用户也可以把这个程序另存到硬盘的其他位置。

网文快捕不仅可以保存当前网页，而且还可以采集该网页上的多个或全部链接所对应的网页。如果采集的链接网页较多，网文快捕会在后台默默下载，在这个下载过程中，用户也可以添加、删除、编辑、暂停下载任务。

2. 资料的编辑

在网文快捕中，CyberArticle 书籍中的所有资料都是以网页的形式存在的，也就是说，对于采集的资料，包括文字、图像、Flash 等，网文快捕都会把它们转化为网页保存在 CyberArticle 书籍中。网文快捕内置了一个简单的可视化的网页编辑器，点击工具栏上"编辑"按钮，把网页从"普通"状态切换到"编辑"状态，就可以对保存在书籍中的网页进行可视化编辑了。如果用户对源代码比较熟悉，用户也可以点击工具栏上的"源码"按钮切换到源代码状态编辑。

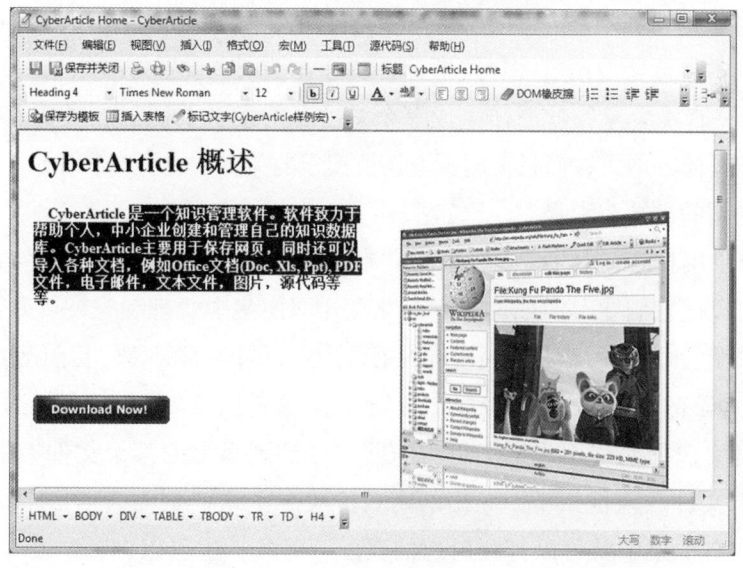

图 5-16　CyberArticle 网文快捕编辑文章界面截图

利用网文快捕内置的网页编辑器可以完成大部分的网页编辑操作，比如插入图像、超链接、表格，设置文字格式、对齐方式等，但如果用户已用惯了 Dream Weaver 等网页编辑软件，也可以在"综合设置"对话框中设置一个或多个外部编辑器来编辑网页。

3. 资料的管理

资料的管理包括对 CyberArticle 书籍和节点的管理。网文快捕有专门的 CyberArticle 书籍管理窗口，用户可以根据模板新建一个 CyberArticle 书籍，也可以把硬盘上已有的 CyberArticle 书籍添加到管理窗口以便集中管理。用户可以为 CyberArticle 书籍设置图标、密码，也可以在书籍之间对采集的资料进行移动。

节点的管理比较简单，网文快捕采用了类似 Windows 资源管理器的界面，只要用

户会在 Windows 资源管理器中进行删除、移动、重命名等操作，用户就会管理各节点上的文件夹或网页。

（1）合并。就是可以把书籍中的一个或几个网页合并为一个较长的网页，网文快捕提供了合并的功能，用户可以把相关的几个网页合并为一个较长的网页，然后再结合"自动滚动"功能，方便阅读。

（2）批量重命名。对于书籍中的相关网页，给它们重建一个带序号的标题会便于管理，网文快捕提供了批量重命名的功能，可以方便地实现对多个相关网页的重命名。

4. 资料的查询

对资料的采集和备份，更主要的目的在于查询。随着用户采集资料的增加，书籍内容日益丰富，对一个信息量庞大的 CyberArticle 书籍，逐页查询信息已经不再现实，网文快捕则具有强大的搜索功能，可以在一个或全部的 CyberArticle 书籍中进行全文搜索、标题搜索、注释搜索等。填好关键词，设置好搜索选项，点击"搜索"，网文快捕就会像谷歌那样生成一个 HTML 的索引页面，点击页面上的索引，可以链接到具体的网页，而且在网页上，被搜索的关键词也会高亮显示。

网文快捕的功能非常强大，比如：

（1）如果用户已有很多资料，包括文本、网页、图片、Flash 等散落在硬盘的各个角落，可以把它们导入到 CyberArticle 书籍中以便集中管理和查询。另外，也可以将邮件客户端的邮件导入到 CyberArticle 书籍中进行备份和管理，目前网文快捕支持 Outlook Express 的 *.dbx 文件，Foxmail 的 "*.box" 文件以及 TheBat、的 *.tbb 文件。

（2）网文快捕允许用户把书籍中的网页导到硬盘上的某个文件夹中，可以把导出的网页文件放入框架中，导出的网页生成一个索引页面，点击左框架中的索引条目，在右框架中就可以打开对应的页面。另外，也可以把整个 CyberArticle 书籍制作为 ".EXE"格式的电子书，也可以把 CyberArticle 书籍中的部分内容制作为 ".CHM"格式的电子书，这两种格式的电子书，可以不依赖于网文快捕而独立运行，极大地方便了网友之间资料的交流和共享。

5.3.9 信息管理器 Mydata [1]

Mydata 信息管理器是一款纯绿色的知识管理软件，可以帮助用户快捷、高效地管理信息。

---

[1] 九款个人知识管理工具介绍 [EB/OL].http://www.360doc.com/content/081128/09/22953_2009404.html.

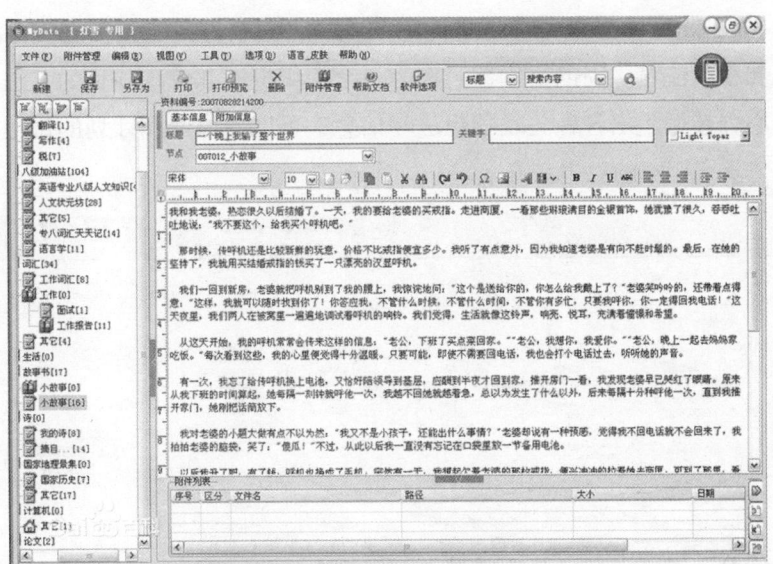

图 5-17　Mydata 界面截图

主要功能如下：①支持中英语言版本、多皮肤、Vista 风格、经典风格；②提供三级类别管理，可以指定不同的显示图标，并通过拖拉方式进行调整；③图文混合编辑时，准确定位，支持打印预览；④强大的附件功能，支持外部引用和内部保存，文件修改后自动更新并保存；⑤快速查询，可以指定标题、关键字甚至全文检索；⑥具有强大的配置功能，让用户轻松定制个性化功能；⑦完善的数据导出、导入功能；⑧提供悬浮框，支持对网页内容的拖拉操作；⑨自动在线升级。

（1）增加对金山 WPS Office 的支持，以便用户自由编辑该 Office 文件。现已有三个编辑器可供用户选择：传统编辑器（RTF 格式）、微软 Office、金山 Office。

（2）支持导入 PDF 的文本内容，同时对内容进行搜索。

（3）调整软件选项，将数据库单独设置为一个界面。

（4）增强附件的管理功能，对每个附件都增加备注信息，并且可以对附件的内容进行搜索。

（5）增加节点操作的菜单，包括增加节点、修改节点、删除节点及显示下级节点数据。

（6）对节点的字体、字号设置功能，以适合用户需求。

5.3.10　思维导图 MindManager

MindManager 是一个创造、管理和交流思想的通用标准，其可视化的绘图软件有着直观、友好的用户界面和丰富的功能，这可帮助用户有序地组织资源并推进项目进程。MindManager 也是一个易于使用的项目管理软件，能大幅度提高项目组的工作效率和小组成员之间的协作性。作为一个组织资源和管理项目的方法，它可从脑图的核心分枝派生出各种关联的想法和信息，可以使讨论和计划的过程从根本上发生变化，落实用户的思想和方案。

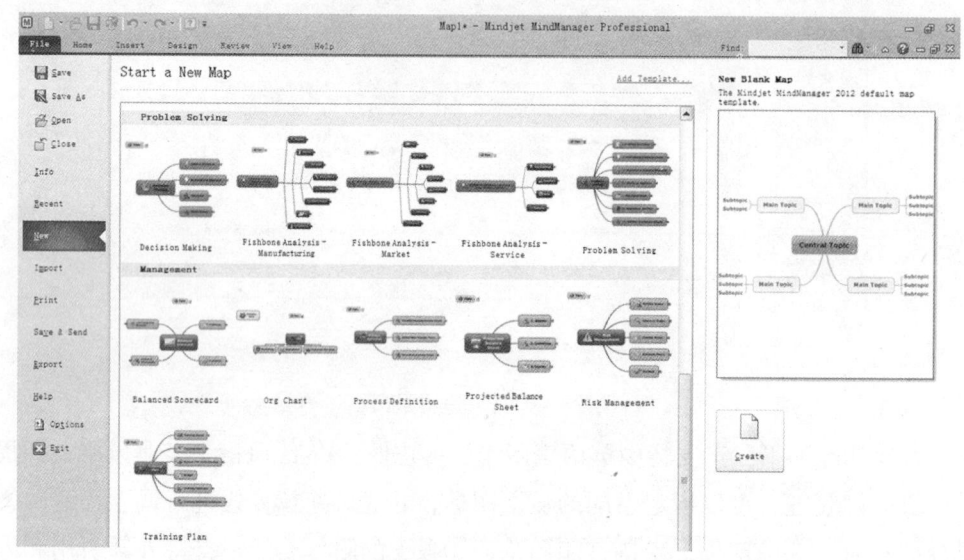

图 5-18　MindManager 2012 主界面截图

在传统的讨论中至少包含四个步骤：

（1）从图表或白板上获得思想。

（2）转录成为很难阅读的电子版。

（3）在组织信息资料的过程中不可避免地会损失某些思想的重要关系。

（4）通过印刷品或者电子邮件分发资料。

时间和资源在重复的信息交流中被浪费了，同事们很难理解会议的结果。但是，MindManager 软件改变了研讨过程，只通过以下两个步骤就可以在同一页中显示每个人的观点，从而避免了不必要的重复性工作。

a. 迅速的以可视化形式获取和组织信息，促进团队协作和个体积极性。

b. 能够直接分发会议记录，比以往更快地落实各种设想。点击"输出"可以得到 PDF、Word、Powerpoint、HTML 和图片格式文件。

MindManager 有点像拿笔在纸上写、画的技术，它基于四十多年的对大脑如何在最佳状态下接收和处理信息的研究成果之上。研究表明，大脑的左半球负责线性、量性、理性和逻辑性等分析性比较强的事务以及语言表达能力；而右半球则负责那些非线性的、直觉的、概念性、整体性、想象性比较强的事务以及非语言能力。研究还表明，当一个信息同时刺激大脑的左右两个半球时，其记忆效果和创新能力将大大提高。其中传统文本等信息由左半球来处理，而右半球则负责相应的层次结构、空间方位、图标、颜色等信息处理。

形象思维的概念产生于人类对自己大脑的深入探索过程中。形象思维方法是通过刺激视觉、触觉和感觉，以达到增进创造力和理解力的目的。MindManager 运用形象思维方法，使信息同时刺激大脑两个半球，其编辑界面使用户通过"形象速记法"创建并相互交流各种想法和信息。它设计了一个与人的思考方式一致的自然、直接的工作环境，能够减少用户所花费的时间、精力、减轻用户压力，从而提高其工作效率。简明、直观、弹性伸缩的界面，合理的交流沟通方式和特别的创新灵感触发机制，最终对项目管理、产品质量监控、服务质量改进甚至决策，都起到了很好的促进作用。[1]

5.3.10.1 初识 MindManager [2]

正确安装好 MindManager 8.0 之后，打开软件，会发现 MindManager 使用的是和 Office 2007 同样的 Ribbon 风格界面。除了界面相像之外，MindManager 和 Office 的互操作性非常好，使用习惯也很贴近。下图是 MindManager 的界面。

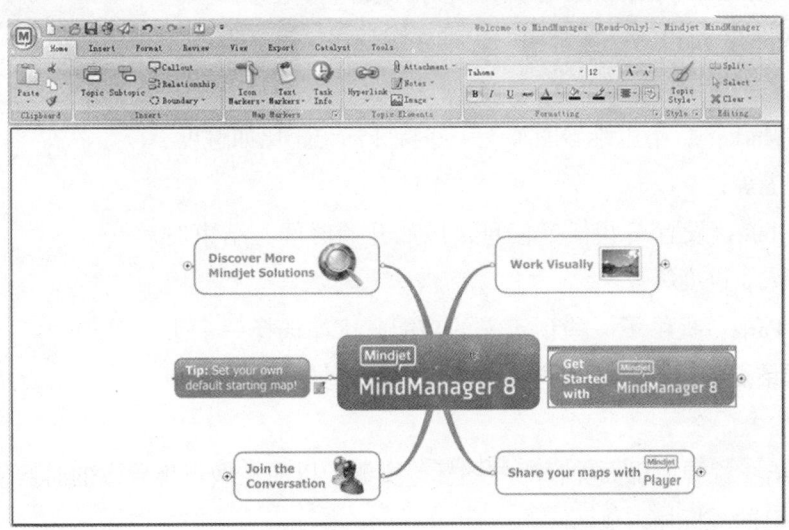

图 5-19　MindManager 8.0 界面截图

Ribbon 界面将常用的功能都列在界面上，方便用户使用，而且大量运用图标，使英文稍差的用户也能方便地使用。

MindManager 最常用的操作是 Enter 键、Insert 键和鼠标的拖曳操作，易于上手。

---

[1] 九款个人知识管理工具介绍 [EB/OL].http://www.360doc.com/content/081128/09/22953_2009404.html.
[2]MindManager 使用说明 [EB/OL].http://www.cnblogs.com/muhongxing/archive/2009/12/29/1635104.html.

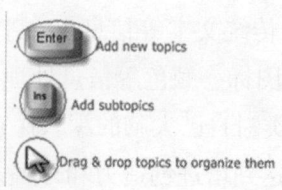

图 5-20　MindManager 常用操作

5.3.10.2　首次使用

对于初次使用 MindManager 的用户，建议使用 MindManager 提供的 Interactive Quick Start（快速开始）功能，这个功能通过教学的方式引导用户一步一步熟悉 MindManager 的各种功能。

Interactive Quick Start 功能在软件界面的标签导航栏里面，具体情况如下：

界面右边的标签导航栏提供了一些常用的功能，导航栏平时是收缩的，只有选中标签的时候才会弹出页面。下面是各个页面的含义，暂时不需要详细记忆，只要了解大概，或者知道 Interactive Quick Start 在哪儿找到就行了。

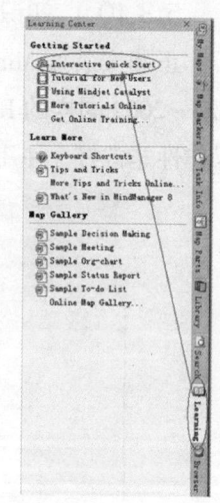

图 5-21
Learning Center 截图

My Maps：可以将一些常用的思维导图放在这里，类似于快捷方式。

Map Markers：给思维导图加上一些特殊标记，比如进度、紧急程度等等；

Task Info：设置一些任务信息，比如开始时间、结束时间、负责人、进度等等。

Map Parts：提供了一些预定义的功能，比如选择一个头脑风暴的结点，会自动给用户加上作者描述等提示信息供用户选择。

Library：资源库里面保存一些图标等资源，以便在做思维导图的时候使用，也可以将自己的图标加入里面。

Search：提供查找功能。

Learning：提供学习资料，快速学习功能就在这里面。

Browser：浏览器，在使用 MindManager 的时候可以使用它来浏览网页，不必再用其他浏览器。

选择"Interactive Quick Start"之后，系统会新建教程，如下图：

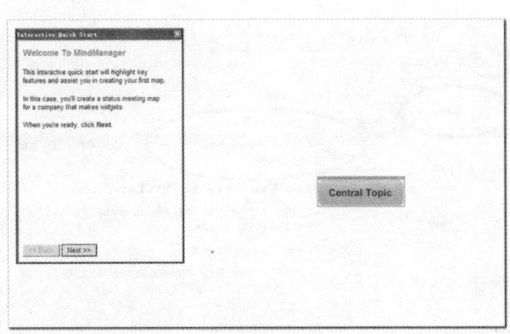

图 5-22　Interactive Quick Start 截图

屏幕左边是练习内容的介绍，右边是练习区，刚开始的时候只有一个叫作"Central Topic"（中心主题）的矩形方块，表示思维导图的主题。选择"Next>>"后会出现下面的界面，教程会介绍中心主题：

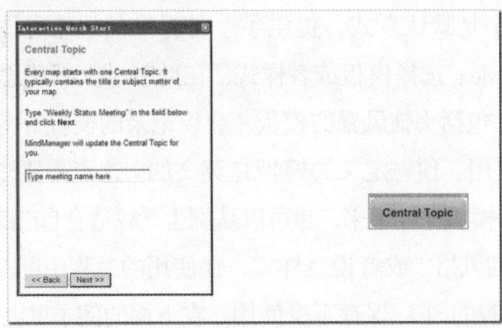

图 5-23　Interactive Quick Start 截图

由上图可以看到，教程介绍了一个中心主题，以"周会"为主题让用户练习。按照要求输入，然后点击"Next>>"后会继续下个功能的介绍。

MindManager 这种采用边教边练的方式能使用户很快学会这个软件。

接下来以一个完整的例子展示一下主要使用方法。

5.3.10.3　案例：羽毛球比赛策划

1. 新建工程

在 Mind Manager 8 软件工具栏的左上角依次选择"开始"→"New"→"Default Map"，建立一个新的思维导图工程，如下图：

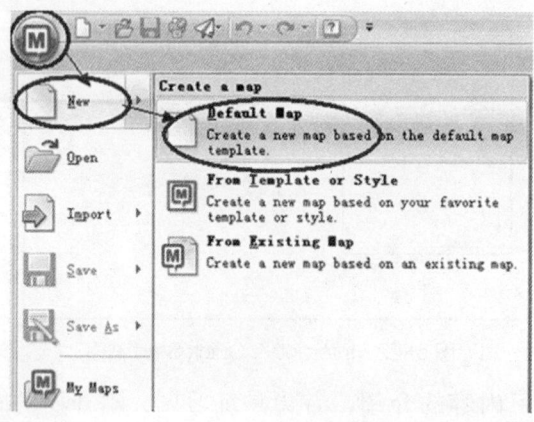

图 5-24　新建思维导图工程截图

在新建思维导图中，提供了三种新建的方式：

Default Map：这个是默认方式，提供了一种标准的思维导图样式。

From Template or Style：选择模板或者样式，在此基础上新建思维导图。MindManager 预先定义了很多模板，包括头脑风暴的模板、会议记录的模板等等，这些模板可以方便用户在类似项目中的应用。预先定义的模板是英文的，这点需要注意。当然用户可以将自己做的思维导图作为模板保存下来，也可以从网上下载适合自己的模板来使用。

Style 是思维导图的风格，或者说是样式，在使用的过程中可以进行更改，用户同样可以将自己或者网上下载的 Style 保存下来使用。在下面的例子里也会讲到 Style 的使用。

From Existing Map：从之前的思维导图开始完成本次思维导图，比较少用，可以认为是一种自定义的模板。

打开后，在窗体的最中间有个矩形——Central Topic，上面是 Ribbon 工具栏，右边是标签浏览器，下面是这个思维导图的标签（MindManager 可以同时打开多个思维导图文件，使用标签区分），整个界面和 Word 2007 类似。

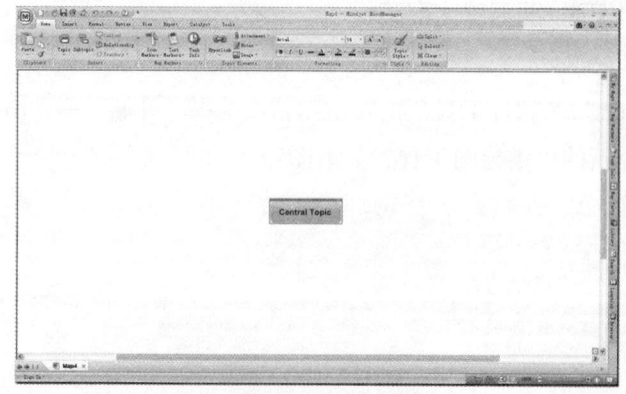

图 5-25　思维导图界面截图

2. 增加节点

在"Central Topic"中输入"羽毛球比赛策划",然后按键盘的"Insert"键新建一个节点,在里面输入"制订方案",然后按回车"Enter"键确认刚才输入的内容,再按回车"Enter"键,将新建一个和刚才节点层次相同的节点,在里面输入"宣传"。如下图所示:

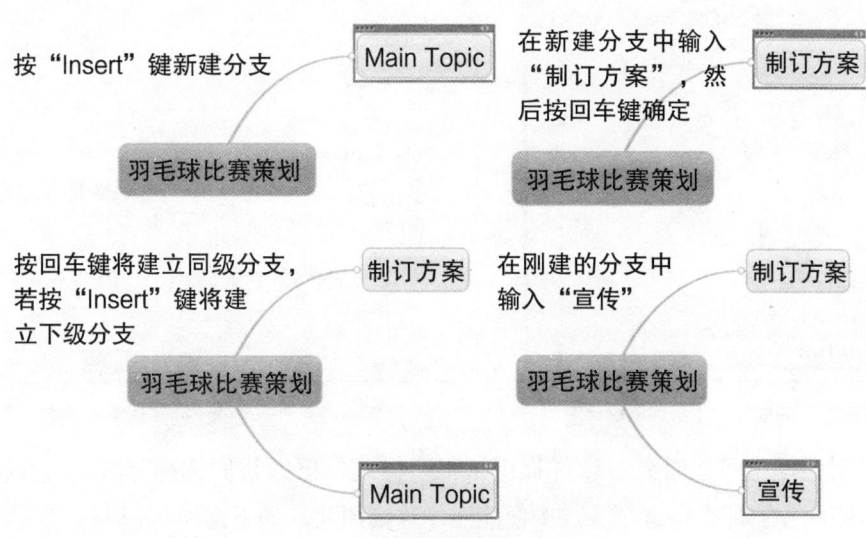

图 5-26 增加节点流程截图

总结一下:选中一个节点,点击"Insert"键将建下一级节点,点击"Enter"键,若该节点处于输入状态则确认输入的文字,否则将新建和该节点相同级别的节点。

选中一个节点,按"Delete"键将删除这个节点。使用 MindManager 创建思维导图,就是这么简单。通过上面的方法,继续添加节点,直到下面的样子:

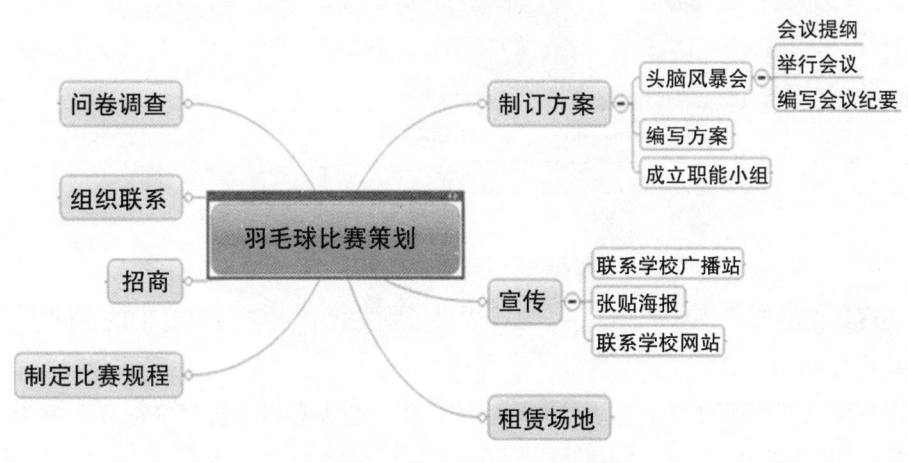

图 5-27 羽毛球比赛策划思维导图

3. 更改主题样式

思维导图是使用图形来表达含义的，MindManager 也使用图形来修饰节点。在工具栏上依次选择"Format"→"Format Topic..."，软件弹出选择主题格式的对话框，如下图所示：

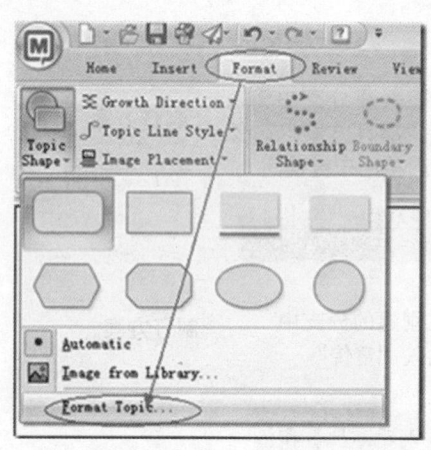

图 5-28　羽毛球比赛策划思维导图

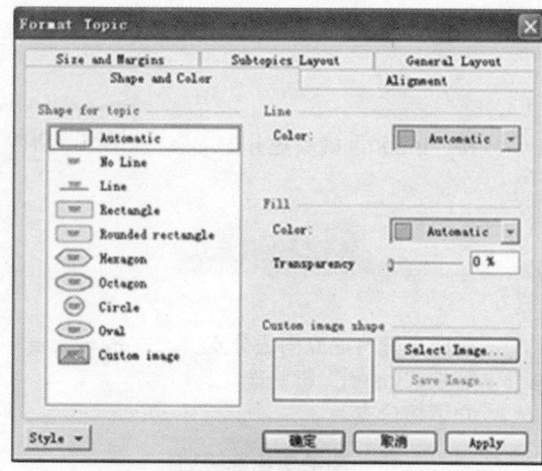

图 5-29　羽毛球比赛策划思维导图

从对话框中可以看到，软件提供了很多样式。比如我们选择"Custom Image"，选定一幅图片，那么在这个节点中便能添加这幅图片，如下图所示：

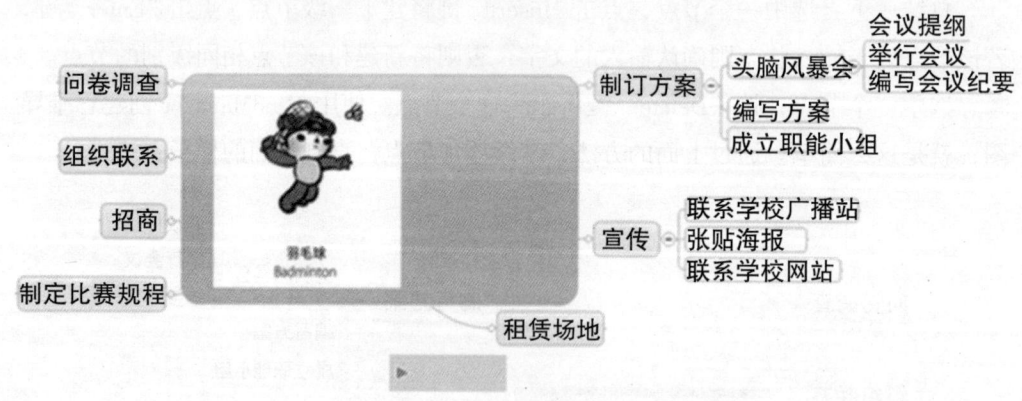

图 5-30　添加图片效果图

还有其他的样式，MindManager 也都提供了预览图，可以试试它们的不同。

4. 更改 Map 样式

用户可以在使用过程中更改思维导图的样式，在工具栏中选择"Format"→"Map Style"，如下图所示：

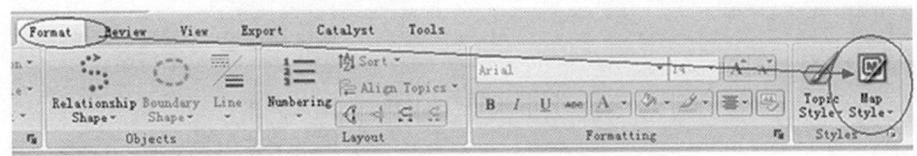

图 5-31　更改 Map 样式

弹出下拉窗体，里面用图形描述了每种样式的简图，可以很方便地选择一种样式：

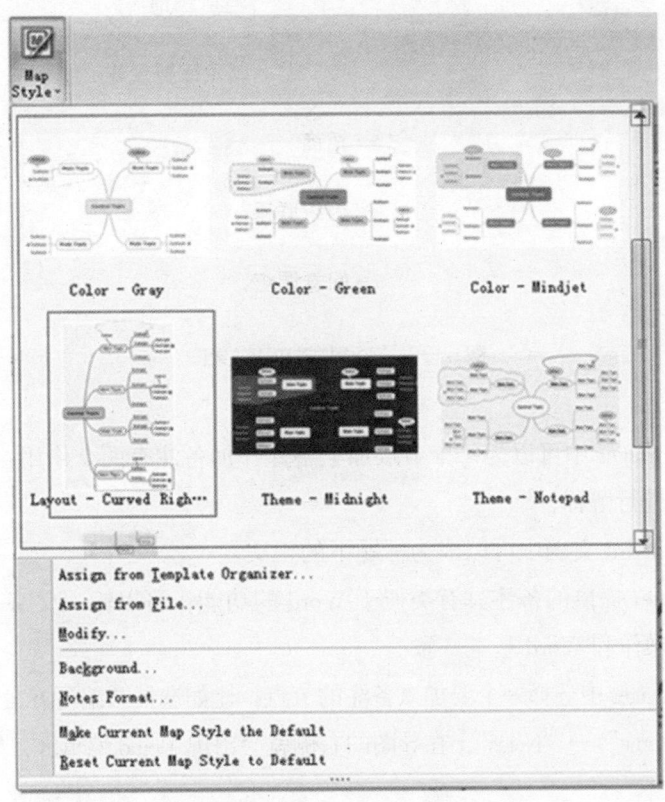

图 5-32　Map 样式图

选择一种样式后，思维导图立刻变成下面的样式：

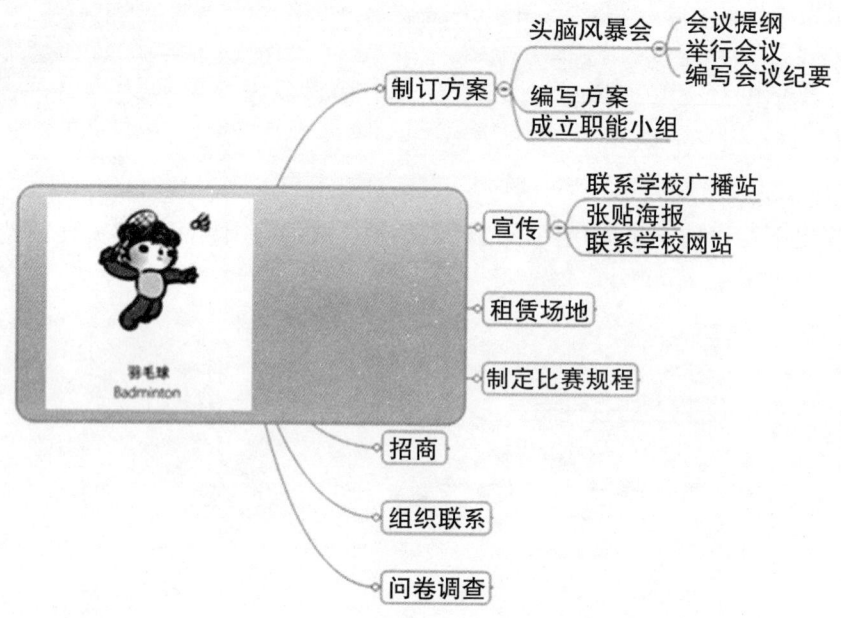

图 5-33　Map 样式应用效果图

5. 加入备注

在 MindManager 中可以为每个节点加上备注，加备注有两个作用：

①对节点进行解释；

②导入到 Word 文档中可以成为标题下的正文。

MindManager 提供的备注具有类似于 Word 的功能，可以输入文字、图片、表格等等，所有的操作和 Word 基本一致。

在 MindManager 中选择一个要加入备注的节点，比如选择"编写方案"节点。在工具栏中选择"Home"→"Notes"，在导图的右侧就会出现 Memo 编辑区，如下图所示：

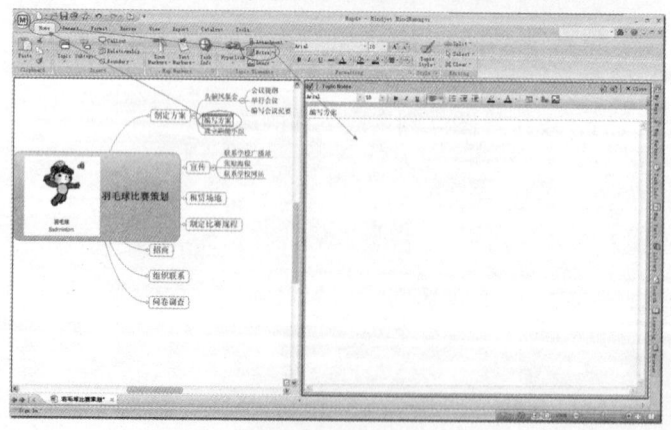

图 5-34　加入备注

在备注栏中的操作和图标都和 Word 一致，可以在里面输入以下内容：

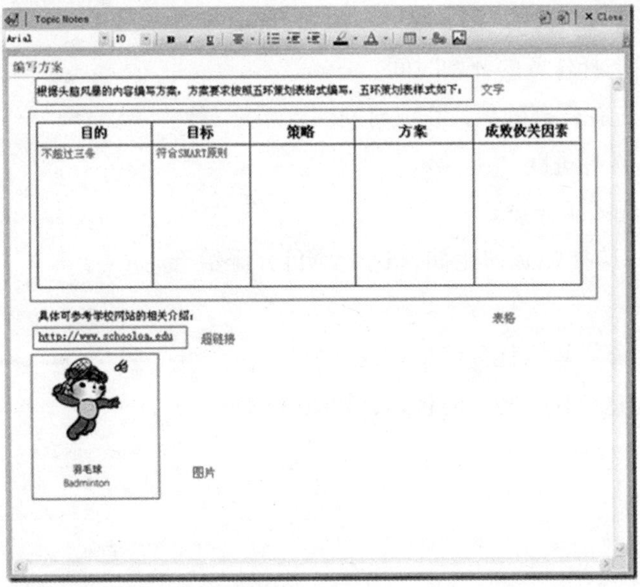

图 5-35　备注拦截图

输入备注之后，在节点右边会出现备注图标，将鼠标放在该图标上，会出现对备注的提示，点击这个备注图标可以打开或者关闭右边的备注编辑区。

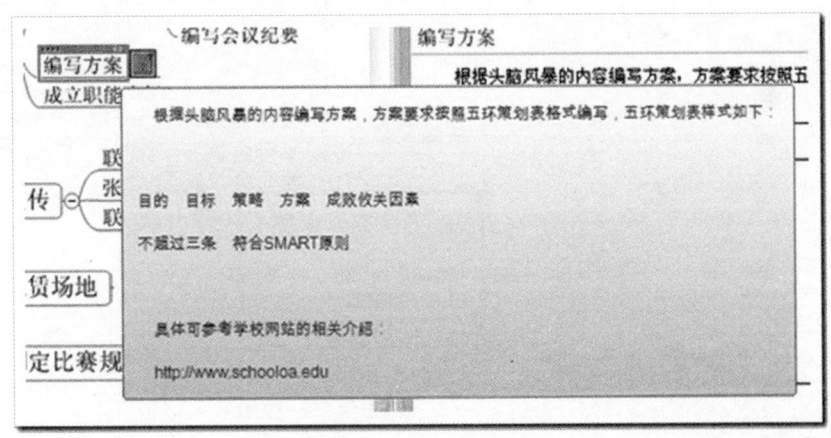

图 5-36　备注示意图

6. 加入任务信息

有些项目可以使用思维导图做项目计划，在节点中添加相应的任务信息。

选中一个节点，比如选中"编写方案"，然后在工具栏中选择"Home"→"Task Info"，在思维导图的右边出现任务信息编辑区。

下面对几个常用的功能做个介绍：

Priority：选择重要性，用不同的图标表示。

Start date：选择任务的开始时间。

Due date：选择任务的预计完成时间。

Complete：选择进度。

Duration：输入工作量。

Resources：选择资源，比如，这个项目分派给谁来完成。

给"编写方案"输入任务信息，在这个节点上会出现一些图标标记这个任务的当前状态，如图所示：

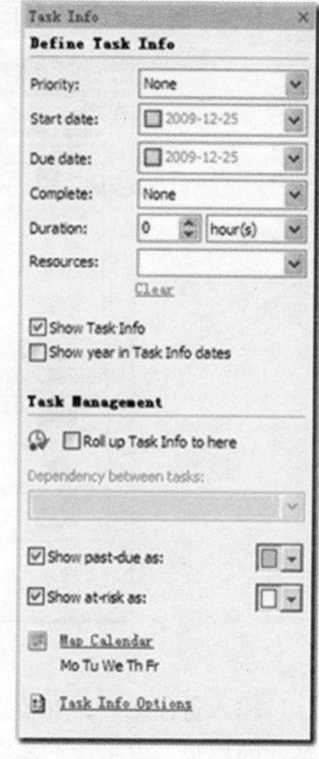

图 5-37　备注栏截图

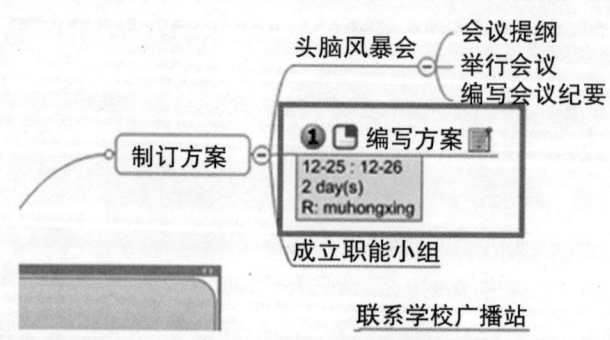

图 5-38　任务信息效果图

7. 加入图标

对于节点，还可以加入一些自己定义的标记。在工具栏中选择"Home"→"Icon Markers"，软件会提供一些图标以供选择。

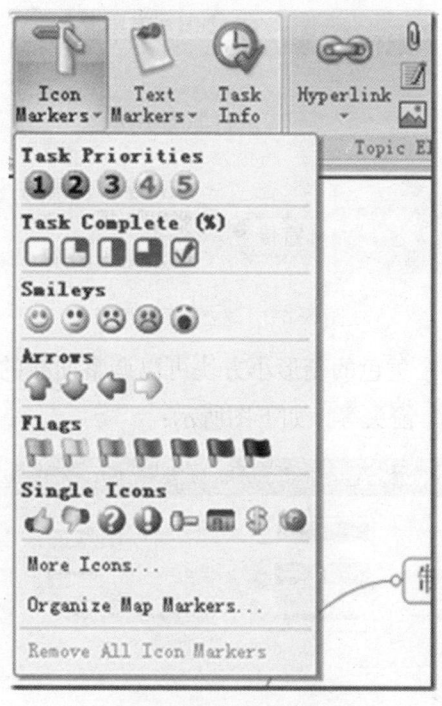

图 5-39　加入图标

比如，可以为"头脑风暴"加入一个图标，表明这个任务的重要性：

图 5-40　加入图标效果图

8. 建立关系

两个节点之间可能存在着某些关系，例如一个节点是另外一个节点的支撑，或者一个节点要在另一个节点之后进行，可以通过一些曲线标注两个节点之间的关系。点击工具栏中的"Home"→"Relationship"在节点之间建立关系。

上面的例子，"宣传"要在"制订方案"之后进行，点击"Relationship"按钮，然后选择"宣传"，再选择"制订方案"，MindManager 会在两个节点之间建立一种联系：

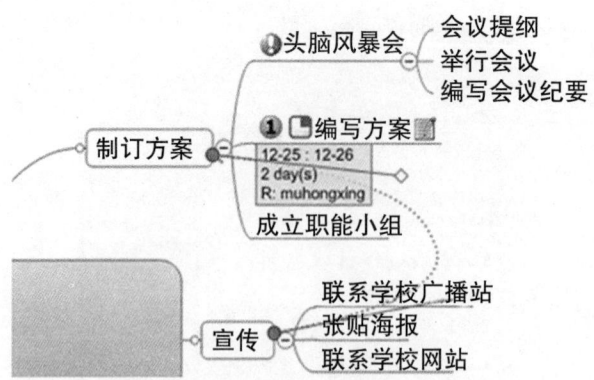

图 5-41　建立关系效果图

通过用鼠标拉动两个黄色的菱形小方块可以调整曲线的弧度。双击曲线，可以设置曲线的颜色、形状、箭头等，如下图所示：

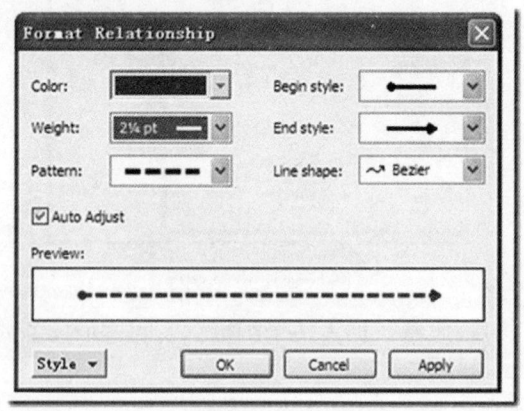

图 5-42　关系曲线格式设置

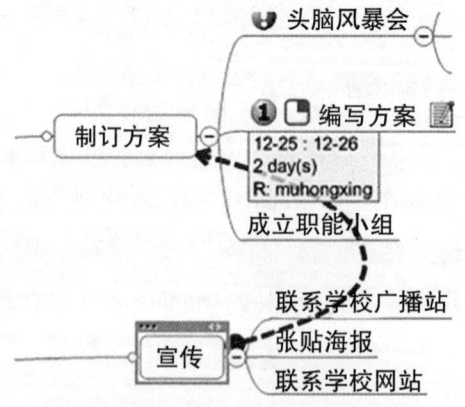

图 5-43　关系曲线格式设置效果图

9. 加入编号

可以给节点加上编号,这对于生成 Word 文档特别有用,先介绍加入编号的方法,生成 Word 文档的时候可以看到相应的效果。

在工具栏上选择"Format"→"Numbering",MindManager 会自动给所有的节点按照创建的先后顺序和层次关系建立编号,加编号的操作和效果如下图所示:

①选择编号按钮,点击下拉按钮:

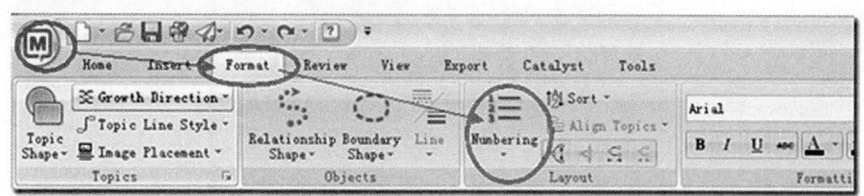

图 5-44　加入编号

②配置数字显示信息,在对话框中选择"Numbering Options…":

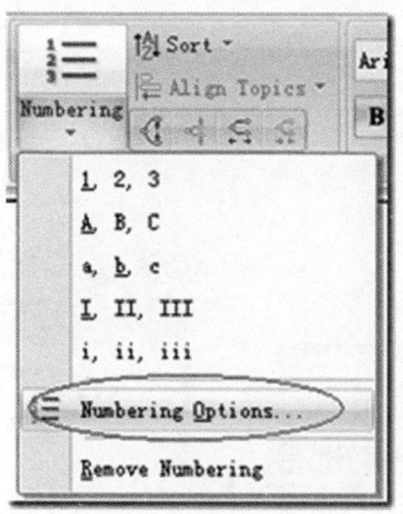

图 5-45　编号选择菜单

③配置数字级别等信息，可以修改成如下配置：

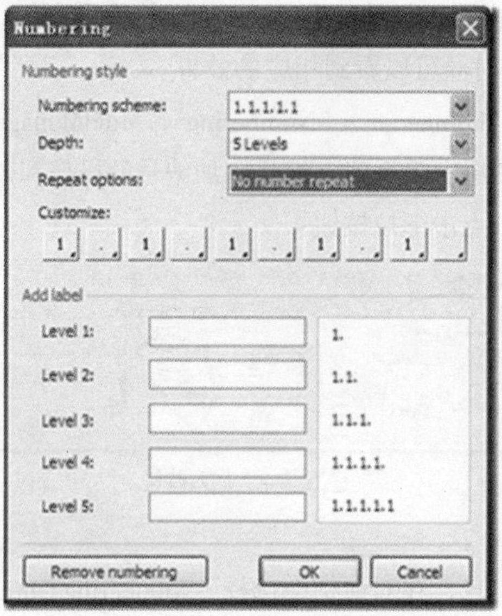

图 5-46　编号选择设置窗口

④确定，配置后显示如下：

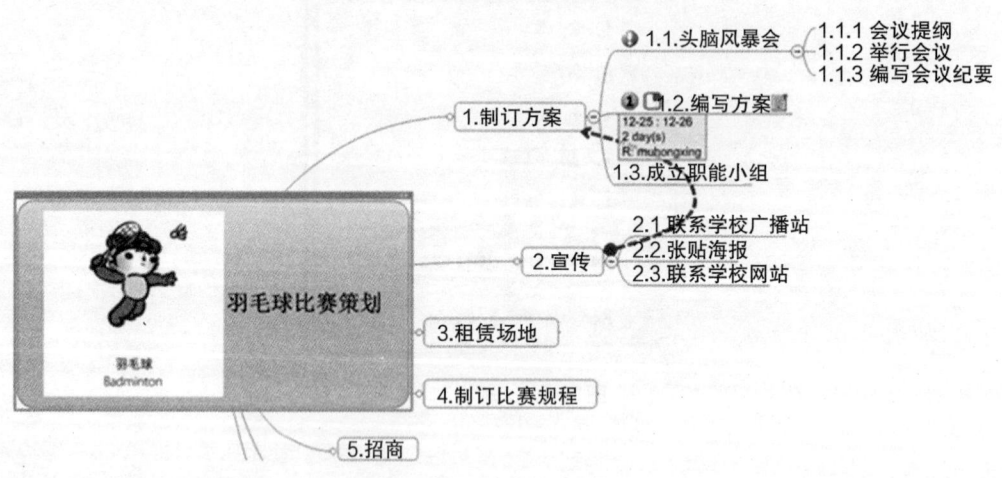

图 5-47　加入编号效果图

10. 加入推理图样

在平时的工作中，常常遇到一种情况，几个任务经过汇总得出一个结论。这种情况使用 MindManager 也可以很好地表现：

①选中一个节点。例如，要汇总宣传节点下的三个节点，就选中"宣传"节点。

②在工具栏上选择"Home"→"Boundary",然后再选择一个图样,如下图所示:

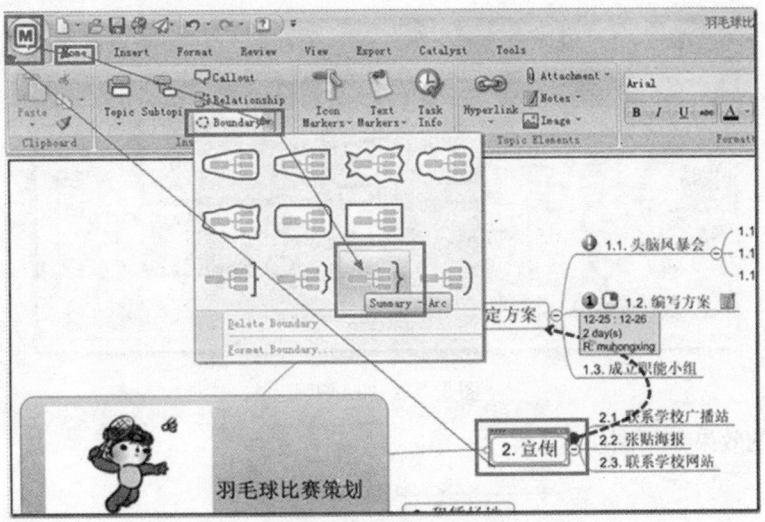

图 5-48　加入推理图样

③选择之后,思维导图立刻显示出如下样式:

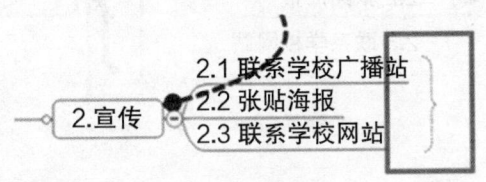

图 5-49　加入推理图样效果图

④双击"大括号",弹出对话框后,可以设置一些属性:

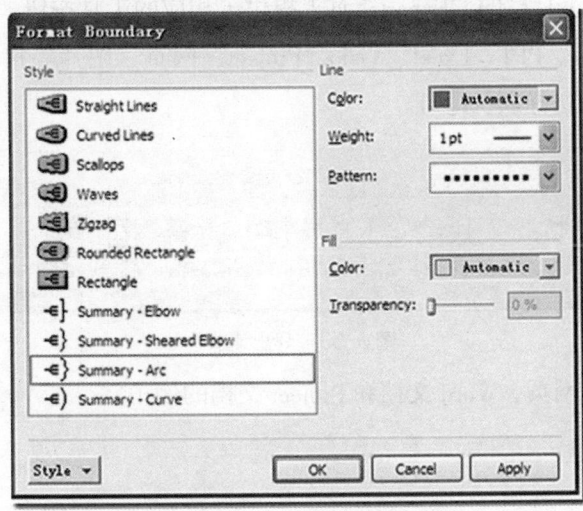

图 5-50　推理图样设置

⑤加入说明,在工具栏中选择"Home"→"Callout",如图:

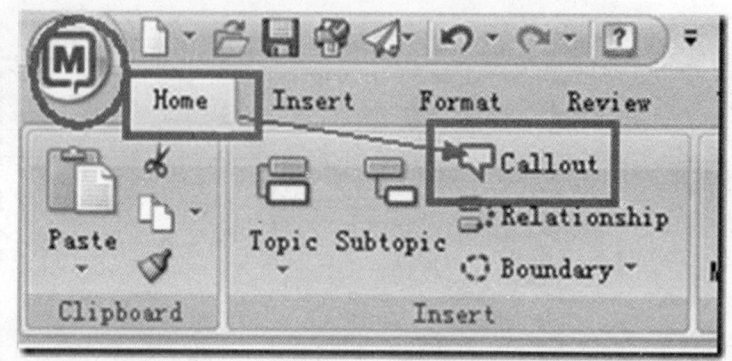

图 5-51　加入说明

最终的效果如下图所示:

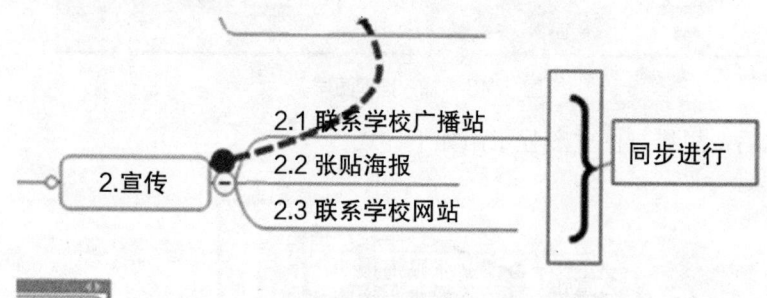

图 5-52　加入说明效果图

11. 导出

MindManager 工具栏的"Export"页上提供了相应的工具按钮,能够将思维导图导出成 Word、PDF、PPT、Excel、Visio、Project、网页、图片等格式。这部分的操作比较简单,一般选择默认即可。

图 5-53　导出菜单

下面是导出成网页、Word 文档和 Project 文档的例子。

①导出为网页:

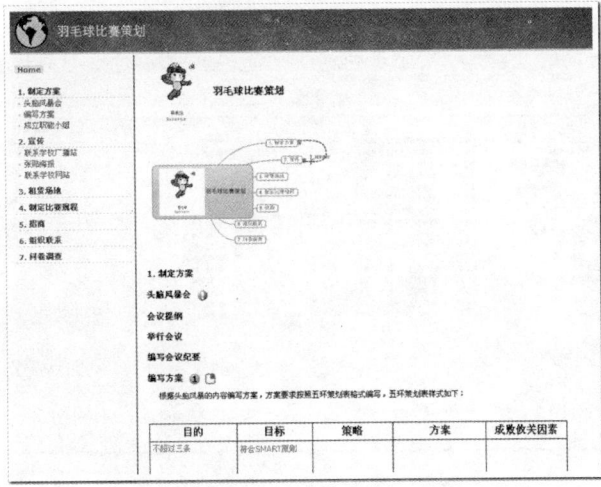

图 5-54　导出的网页效果图

②导出为 Word：

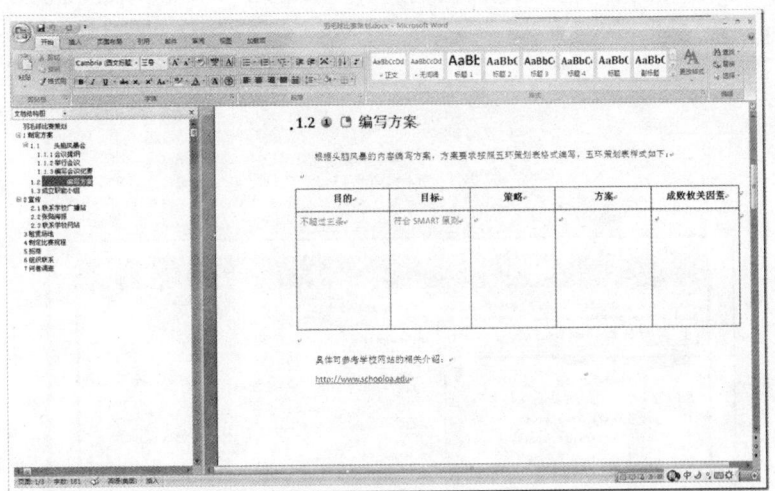

图 5-55　导出的 Word 效果图

③导出为 Project 文档：

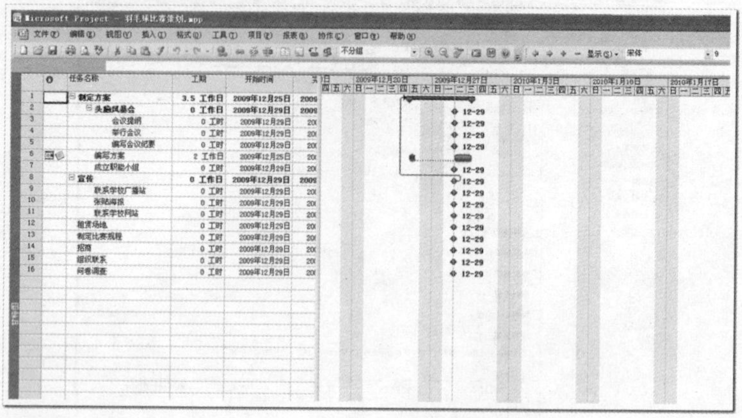

图 5-56 导出的 Project 文档效果图

12. 添加模板

MindManager 支持添加模板，用户可以将常用的思维导图制成模板，也可以从网上下载成熟的模板使用。在工具栏上选择"Tools"→"Map Templates"→"Add New Map Template"。

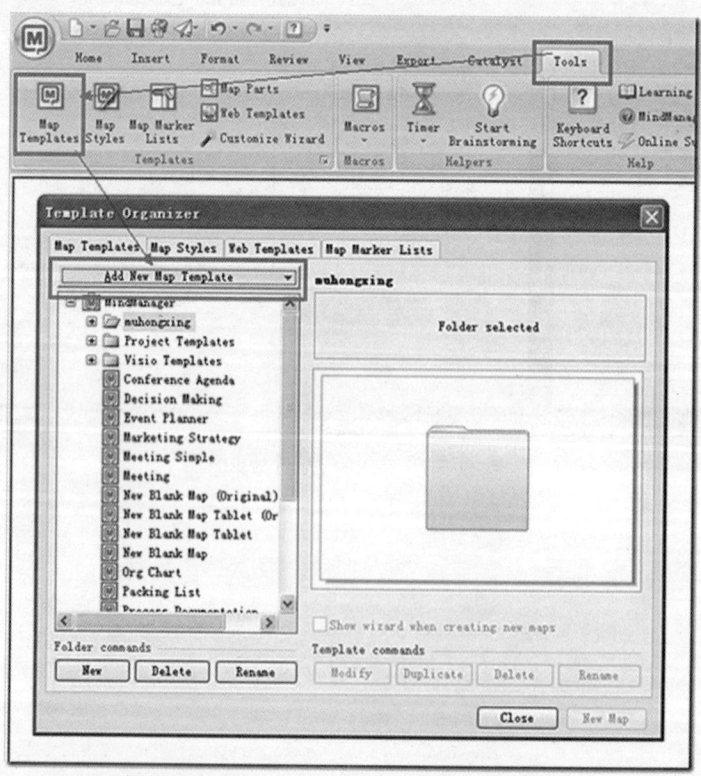

图 5-57 添加模板

继续选择"From Existing Template"。

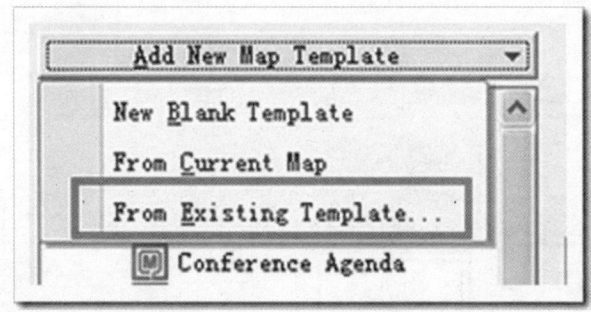

图 5-58　添加模板

在弹出的对话框中选择一个模板，比如，选择一个叫"项目会议"的模板：

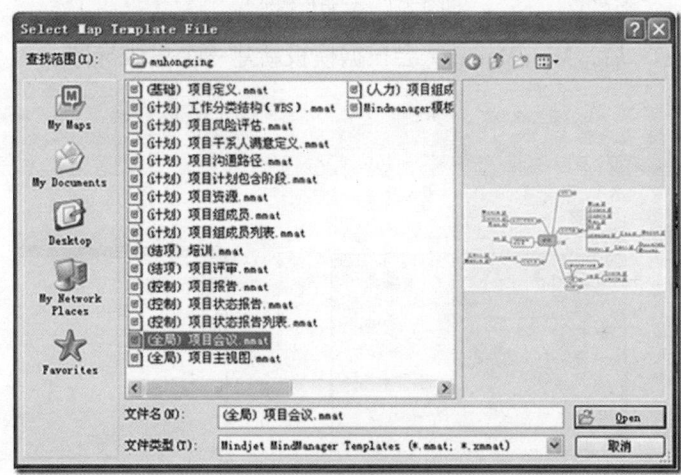

图 5-59　选择模板

安装好这个模板之后，可以在新建思维导图的时候选择从模板建立：

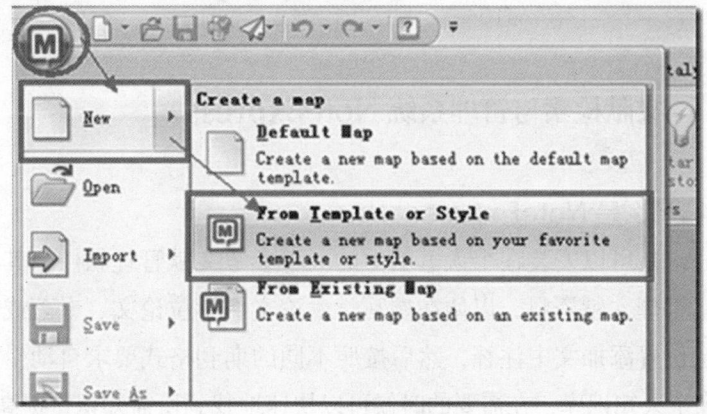

图 5-60　从模板建立

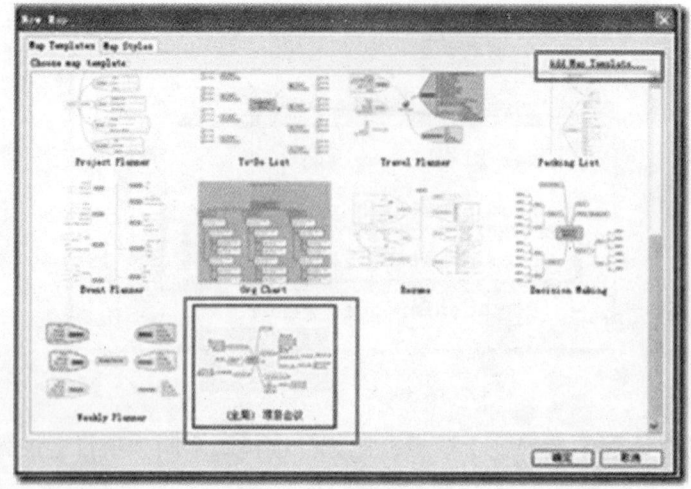

图 5-61　已有模板样式

点击"确定"后，MindManager 会根据模板新建一个思维导图：

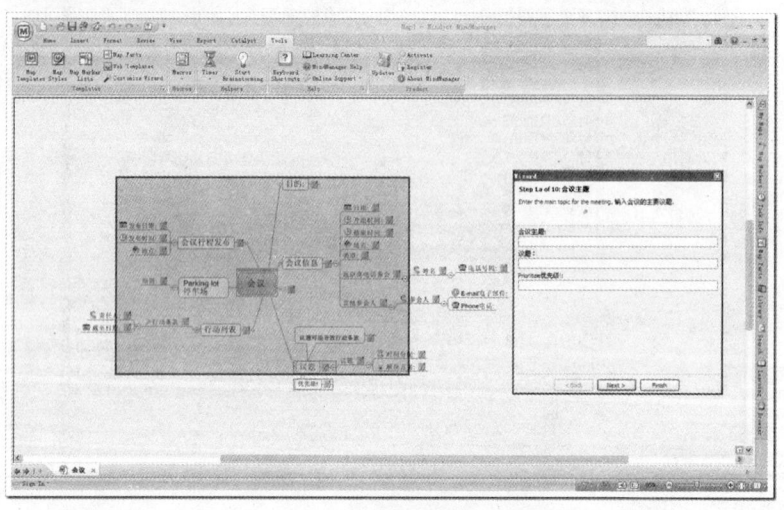

图 5-62　根据模板新建思维导图

5.3.11　文献检索与管理系统 NoteExpress

5.3.11.1　什么是 NoteExpress

NoteExpress 是可以安装在个人电脑中的一种参考文献管理软件，其核心功能是帮助用户收集整理文献资料，以便在撰写学术论文、学位论文、专著或报告时，在正文中的指定位置添加文中注释，然后按照不同的期刊格式要求自动生成参考文献索引。它就像个人知识库，在需要的时候可以快速地找到所需知识，提高工作效率。

5.3.11.2 NoteExpress 的特点

1. 功能友好

NoteExpress 是中国人设计的,针对中国人特点的本土化软件。它有很多功能,比如互联网文章检索,可以自动从国人熟悉的中国知网、万方数据库检索,而不需要用户自行设置繁杂的检索代码,并且它完全"认识"中国知网和万方数据库检索结果页的布局,可以直接将结果从网页导入 NoteExpress 而不会发生错乱。

2. 界面简洁,使用简单

NoteExpress 以左右分栏的形式显示数据,通过左侧树状导航栏,可以很快速地定位自己需要的知识,而不用在一大堆文件中查找。

3. 特定格式,便于共享

NoteExpress 有着独家开发的数据库格式,能将特定的资料保存在一个数据文件中,便于携带和共享,在任何安装 NoteExpress 的机器上,都可以打开该数据文件,查询需要的资料。

4. 兼容 MS Word

MS Word 是最常用的文字处理软件之一,NoteExpress 与它完全兼容,并且可以以插件的形式嵌入 MS Word 环境中使用。在 Word 编辑中,只需要点击一个按钮,就可以自动插入各种格式的参考文献,而不必手动填写。

5.3.11.3 NoteExpress 的应用[1]

NoteExpress 功能强大,现在在课题组成员中已经得到广泛应用。人们主要把它作为"知识笔记本"来用,并且大家还把"笔记"存放在课题组公用文件服务器上以便共享。在平时的阅读当中,随手打开 NoteExpress,就可随时"摘抄"重要资料,而且它还提供了信息的标题、来源、关键字、日期、作者等信息,并且其分类详细,查找时可以一目了然。

5.3.11.4 NoteExpress 使用步骤

1. 新建数据库

Note Express 安装完毕后,首次启动时会打开自带的示例题录数据库,该数据库存放在"我的文档"目录下,供新用户练习使用。建议用户正式使用时建立自己新的数据库。在 NoteExpress 主程序的"文件"下拉菜单中点击"新建数据库",然后选择保存位置即可新建一个数据库。

---

[1] http://www.inoteexpress.com/wiki/index.php.

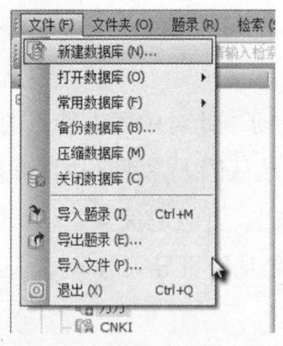

图 5-63　新建数据库

2. 数据导入

NoteExpress 是以题录（文献、书籍等条目）为核心进行管理的，建立新的题录数据库后，用户所需要的文献题录如何添加到数据库中呢？NoteExpress 提供了四种导入题录的方式：在线检索导入、内嵌浏览器检索导入、过滤器导入（即网上数据库导入）和手工录入。

对于已经下载了大量全文资料的用户，如何对这些保存在本地的全文编制文献题录？NoteExpress 提供了另外一种非常有效的导入方式，可以帮用户快速地解决这一问题。这种导入只需要两步操作：①导入用户需要编制的文件夹（目录）或单个全文文件；②使用在线更新功能。这样就可以将导入全文生成的简单题录更新为用户需要的详细题录。具体操作方法如下：点击"文件"下拉菜单中的"导入文件"，选择需要导入的文件或文件目录，设定导入的目标文件夹，点击导入即可。

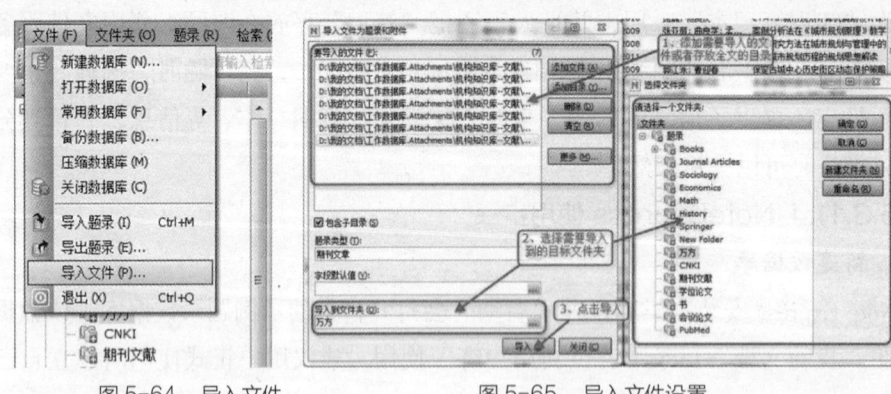

图 5-64　导入文件　　　　　图 5-65　导入文件设置

3. 整理

通过上述方法导入文献题录后，就基本形成了用户的个人数据库。当然，对用户的研究和管理工作而言，这仅仅是个开始。因为用户需要对纷繁的题录进行整理，为进一步的研究设计或文章撰写等服务。当然，用户完全可以使用 NoteExpress 完成以上操作，NoteExpress 提供各种管理模块，使用户能够充分地掌控所获得的信息。

在不同数据库中检索，或者用户的数据库由几个小数据库合并而成，都不可避免地会出现重复题录。在 NoteExpress 中，用户可以快捷地查找并删除重复题录。方法如下：①通过菜单"检索"→"查找重复题录"，启动查重功能。②选择查重范围。③限定查重标准。NoteExpress 会比较选定字段的内容，如果内容完全一致，则认定为重复题录；一般情况下默认即可。④重复结果显示及重复题录处理。

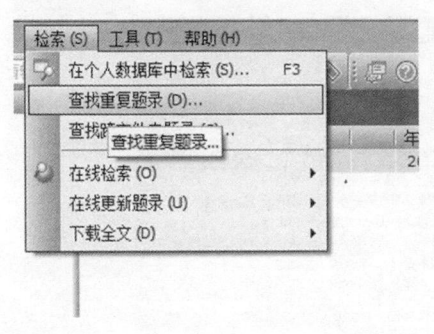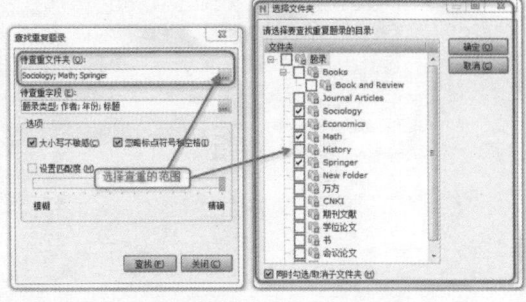

图 5-66　查找重复题录　　　　图 5-67　启动查重功能

通过查重剔除了数据库中的重复题录，接下来，用户的文献管理工作才刚刚开始。

在文献软件工具出现以前，研究者通常使用文件夹对自己使用的电子文献进行分类整理。这样做的好处显而易见。如果分类正确，用户可以非常方便地找到自己需要的信息。而 NoteExpress 文献管理软件也具有类似的功能。NoteExpress 具有为用户提供方便的文件夹功能，用户可以将文献进行分类整理，NE 的虚拟文件夹可以在同一数据库下建立不同的文件夹。这就类似于用户在自己的数据盘下建立了许多的文件夹，可以通过文件夹树形结构非常清晰地看到它们之间的关系，而且可以根据自己的需求非常方便地建立、删除和转移文件夹，操作步骤如下：①把标记为"A"的题录，链接到"VIP"文件夹中，目前此题录在"CNKI"中。②高亮选中所需链接的题录，点击鼠标右键，弹出对话框，点击"链接到文件夹"。③弹出"选择文件夹"对话框，点击"VIP"，单击"确定"。④这样标记为"A"的题录就会同时存在于"CNKI"和"VIP"两个文件夹。在"CNKI"或者"VIP"中任意一个文件夹编辑该题录，另外一个文件夹中的该题录也会同步发生改变，添加附件或笔记，也有同样效果。

从数据库导入的题录，只有基本的题录信息，这些基本信息可以让用户大致了解某一文献的价值所在，帮助用户确定是否有必要进一步阅读全文。在 NoteExpress 中，用户可以为每一条文献信息添加附件，以便在需要的时候快速打开全文。NoteExpress 支持任意的附件格式（可以添加多个附件），比如常见的 PDF、Word 文档等，还包括文件夹、URL 等。这样，文献题录信息就会与用户的全文信息关联在一起。添加了全文附件的题录后,用户可以在"题录相关信息命令"栏看到一个回形针标志,点击回形针,或者使用Shift+Ctrl+A的快捷键,就可以迅速打开附件。当然,如果用户需要对某一文件夹下的多个文献添加附件,还可以使用NoteExpress的"批量链接"功能,选择用户的全文位置,文献信息与文件名匹配程度等,然后就可以批量链接附件到题录。

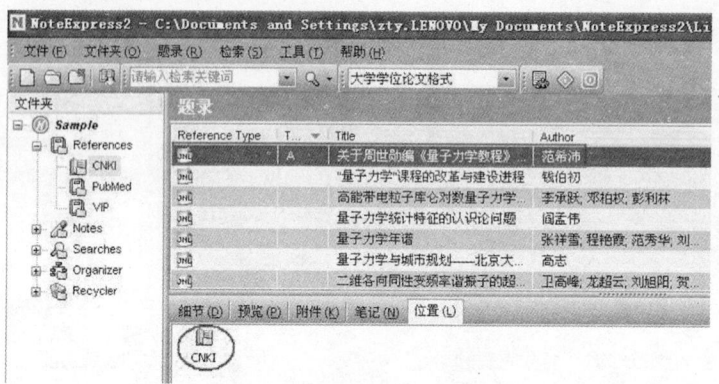

图5-68 题录与文件夹链接

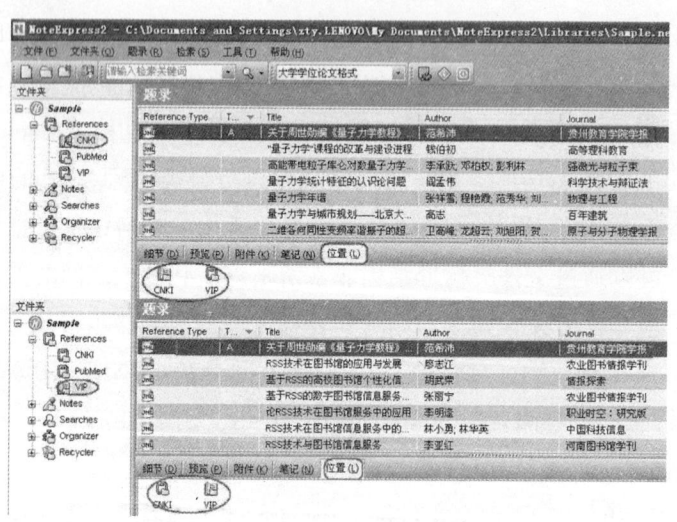

图5-69 题录与文件夹链接

4. 分析

如果用户觉得收集的文献信息过多,或者需要对某个研究者或期刊的文献信息进行整理,传统的统计方法费时又费力,通过NoteExpress,用户可以方便、快捷地对自己关心的文献信息进行统计分析,快速了解某一领域的重要专家、研究机构、研究热点等。而且分析结果能导出为txt和csv等多种格式,可以做出精准的报告。NoteExpress 2.0版本可以对所有字段进行统计,包括作者、关键词、主题词等。

操作步骤如下：

①选中需要进行统计的文件夹。

②点击鼠标右键，选择菜单"文件夹统计信息"，或点击"文件"的下拉菜单中的【文件夹统计信息】。

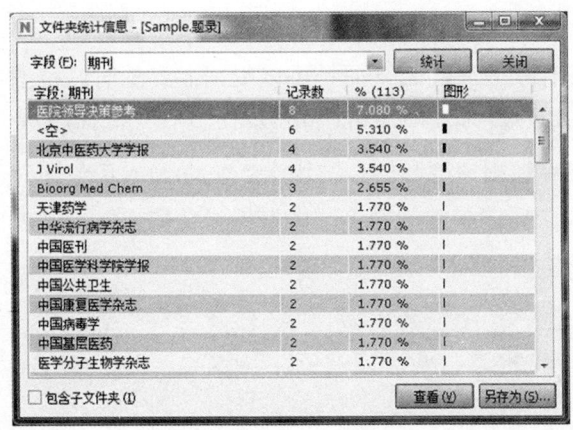

图 5-70　文件夹统计信息

5. 发现

NoteExpress 具有"综述"和"笔记"两项功能。通过"综述"的阅读方式，用户可以尽可能多地阅读文献题录信息，包括作者、标题、来源和摘要等；通过笔记，用户可以随时记录下看文献时的想法和关于研究的设想，这些信息都与用户看到的文献信息关联在一起，便于日后工作的进一步展开。具体操作即点击打开"查看"。该阅读方式提供题录作者、标题、来源、摘要字段内容，可以大大提高阅读效率。

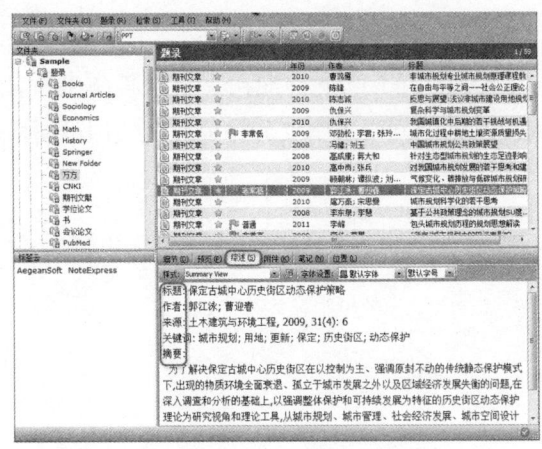

图 5-71　"综述"阅读方式

6. 写作

对于大多数使用 NoteExpress 的用户来说，使用 NoteExpress 管理文献的主要目的之一便是撰写文章。NoteExpress 内置了多种国内外学术期刊、学位论文和国标的格式规范，通过 NoteExpress 插入文献，然后使用用户需要的格式进行格式修改，可以快速、自动地生成参考文献。这样在写文章的过程中，用户便可以从手工编辑与管理文献的繁重工作中解脱出来，而且可以根据需要随时调整参考文献的格式。当然，如果 NoteExpress 没有用户需要的文献格式，用户也可以非常方便地编辑自己需要的格式。同时，在输出速度和内存占用上，NoteExpress 与国外产品相比都具有明显优势。而且，NoteExpress 首创的多国语言模板功能，能自动根据所引用参考文献的不同实现差异化输出。

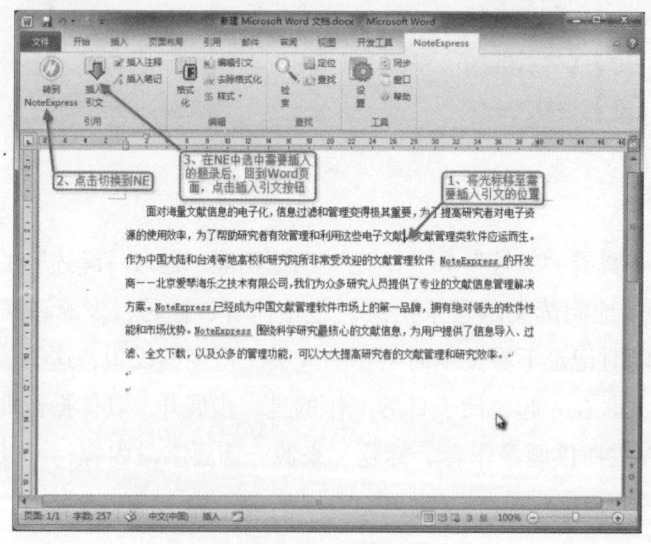

图 5-72　写作

另外，NoteExpress2.0 新添了以下功能：①新增脚注支持，和 Word 脚注兼容。②引文模板功能：解决某些期刊要求引文和注释需要使用不同格式的问题。

参考文献

[1] 曲岩．知识管理对信息技术应用的影响[J]．党政干部学刊，2010(2)．

[2] 魏建良，朱庆华．服务科学发展面临的挑战[J]．中国科技论坛，2008(1)．

[3] 王德禄．知识管理的 IT 实现：朴素的知识管理[M]．电子工业出版社，2003．

[4] 孙永丽．信息化教育中的知识管理[D]．曲阜师范大学硕士论文，2004．

[5] 段晓芳．试论知识管理与教育信息化[J]．唐山师范学院学报，2006(7)．

[6] 陈录庭，程永军．知识管理对教育信息化的启示[J]．白求恩军医学院学报，2006(6)．

[7] 杨敏．论教师知识管理能力的提升[J]．教育教学研究，2013(2)．

[8] 刘省权．教育领域的知识管理：教师的知识管理研究[D]．江西师范大学，2004．

[9] 博客的特点[EB/OL]．http://wenku.baidu.com/link?url=HgoQ6ECWaPUsxfkYFWwFY3NccEpOOmYoa780–EN6K3Y19wZwLa–hL8AkL2jmw0Q2iL2yIeH7pfxLnF9YZ7HnRIVjZZDyx1QRFFLCVp–9uN53．

[10] OneNote——微软出品的优秀免费笔记软件 / 记事 / 资料收集整理工具（跨平台 + 云端同步）[EB/OL]．http://www.iplaysoft.com/onenote.html．

[11] 图说 Evernote 与资料收藏大师[EB/OL]．http://www.360doc.com/content/07/0524/04/28732_517365.shtml．

[12] 网文快捕 CyberArticle CyberArticle 首页，Web Page Collector … [EB/OL]．http://cn.wizbrother.com/cyberarticle/screenshots.html．

[13] MindManager 使用说明[EB/OL]．http://www.cnblogs.com/muhongxing/archive/2009/12/29/1635104.html．

[14] 九款个人知识管理工具介绍[EB/OL]．http：//www.360doc.com/content/081128/09/22953_2009404.html．

第 6 章　教育大数据促进智慧教育

```
                         ┌─ 智慧教育的溯源
              ┌ 智慧教育概述 ┤ 智慧教育的定义
              │          │ 智慧教育的内涵
              │          └ 智慧教育的基本特征
              │
              │          ┌ 智慧学习环境的定义
教育大数据促    │          │ 智慧学习环境的学习形态
进智慧教育 ────┤ 智慧学习环境 ┤ 智慧学习环境的构成要素
              │          │ 智慧学习环境的技术特征
              │          └ 几种典型的智慧学习空间
              │
              ├ 智慧教育的典型应用
              │
              └ 智慧教育的未来发展取向
```

　　数据已逐渐成为信息时代社会发展最重要的资产，但另一方面，各种网络终端激增，生成海量数据，在网络世界中表现出生成无序与大量泛滥的特征：体量浩大、非结构化、价值大、密度低。人们期望找到一种更加"智慧"的方式处理这些数据。2008 年，国际商业机器（IBM）提出了"智慧地球"的概念，采用新的信息处理技术把收集到、感知到的大量数据进行汇聚与分析，为人类生产、管理、消费等不同领域提供"智慧"，为人类社会实现所谓的"智慧城市""智慧交通""智慧医疗"等奠定了基础。而作为在教育领域的延伸，"智慧教育"也同样成为教育信息化发展的最新愿景。

6.1 智慧教育概述

6.1.1 智慧教育溯源

智慧教育源于国际商业机器公司（IBM）的"智慧地球"概念。2008年11月初，在纽约召开的外国关系理事会上，国际商业机器公司在题为《智慧地球：下一代领导人议程》的演讲报告中正式提出了"智慧地球"的概念。随后，2009年2月，在北京召开的"国际商业机器公司论坛2009"上，国际商业机器公司更以"点亮智慧的地球，建设智慧的中国"为主题，宣传这一创新理念，引起了社会各界的广泛关注。在国际商业机器公司的《智慧地球赢在中国》计划书中，将"智慧地球"定义为："如何运用先进的信息技术构建这个新世界运行模型的一个愿景"，即"使用先进信息技术改善商业运作和公共服务"。

国际商业机器公司的"智慧地球"实际上就是要把新一代的信息技术充分运用到各行各业之中，把感应器嵌入遍布全球各个角落的电网、铁路、桥梁、隧道、公路等物体中，并且将它们普遍连接，形成所谓"物联网"；再通过"互联网"将"物联网"整合起来，从而使人类能以更加精细和灵活的方式管理生产生活，实现全球"智慧"状态，实现"互联网＋物联网＝智慧地球"。[1]

国际商业机器公司认为，全球金融危机、能源地缘政治和全球变暖等一系列问题都在重新塑造世界格局，而更加"智慧"的变革将成为应对这些问题的关键。因此，"智慧地球"将从交通、医疗、教育、公共安全、电网及水资源六大领域，帮助世界各地正在不断发展的城市设计智慧的方案，解决所面临的众多问题。

智慧的交通，减少交通拥堵及其引发的空气污染。智慧的医疗，通过电子病历改善患者治疗状况。智慧的教育，提高人们受教育的机会并改善教育质量。智慧的公共安全，强化监控系统，降低犯罪率。智慧的电网，更加智能地获取和管理电力。智慧的水资源，改善水质量、水工业、水分配。

作为在教育领域的延伸，"智慧教育"就此应运而生。

---

[1] 许晔，孟弘，程家瑜，郭铁成.IBM智慧地球战略与我国的对策[J].中国科技论坛，2010(4).

图 6-1　智慧地球图示

6.1.2　智慧教育的定义

我国教育发展的目标是"构建全民学习、终身教育、随时随地学习的学习型社会"。2012 年，教育部下发的《教育信息化十年发展规划》明确指出：以教育信息化带动教育现代化，破解制约教育发展的难题，是加快我国从教育大国向教育强国迈进的重大战略抉择。随着物联网、云计算等新一代移动网络技术的兴起和快速发展，教育信息化建设从数字技术进入智能化时代，智慧教育成为教育信息化发展的最新愿景。

究竟何为智慧教育？目前仍无定论。

学者祝智庭（2012）从教育信息化的角度出发，认为智慧教育是指运用物联网、云计算、移动网络等新一代信息技术，通过构建智慧学习环境，运用智慧教学法，促进学习者进行智慧学习，进而提升成才期望，培养具有高智能（high-intelligence）和创造力（productivity）的人才。

学者杨现民从生态观的视角出发，认为智慧教育是指依托物联网、云计算、无线通信等新一代信息技术所打造的物联化、智能化、感知化、泛在化的教育信息生态系统，是数字教育的高级发展阶段，旨在提升现有数字教育系统的智慧化水平，实现信息技术与教育主流业务的深度融合（智慧教学、智慧管理、智慧评价、智慧科研和智慧服务），促进教育利益相关者（学生、教师、家长、管理者、社会公众等）的智慧养成与可持续发展。

学者张奕华则把智慧教育解释为 SMART Education，其中的 SMART 即：Student-centered approach（以学生为中心的教学）、Motivate students to learn（通过多元取向激发学生学习动机）、Accessing online education（无处不在的学习机会）、Resource availability and diversity（丰富的学习资源）、Technology support and service（技术支持与服务）。

综上所述，智慧教育是指在教育领域全面深入地运用现代信息技术来促进教育改革与发展的过程。智慧教育衍生于数字教育，其本质是教育信息化的内涵延伸，更加突出"赋物以智、赋人以慧"的融合与智慧，为教育教学和管理决策提供"随时随地、随心所欲"的数字化、智能化支撑和服务。

表 6-1 数字教育与智慧教育的对比[1]

	数字教育	智慧教育
发展目标	提高教育质量和效率	培养智慧型、创新型人才
技术作用	技术是工具、媒体，高效率传递知识	技术变革教育，改变教育战略实施的生态环境
核心技术	计算机、多媒体、互联网、Web2.0	云计算、大数据、物联网，增强现实、移动通信和定位技术
建设模式	建设导向，建网、建库、建队伍	应用驱动，根据教育教学应用建设配套环境、资源和队伍
学习资源	静态固化、结构封闭，CAI 课件、网络课程、数字图书、专题网站	动态生成、持续进化、开放建设、大规模在线开放教学（MOOCs）、微课、移动课件、电子教材、可进化的内容库
学习方式	多媒体学习、网络学习	泛在学习、云学习、无缝学习
教学方式	以教师为中心，多媒体辅助教学、网络教学、远程教学	以学习者为中心，大规模在线开放教学（MOOCs）、深度互动教学、智能教学(智能备课、智能批阅等）
科研方式	基于有限资源的、小范围协同科研	跨地域的大规模协同科研，科研数据的及时分享与深度挖掘
管理方式	管理信息分散，标准各异，人管、电控	高度标准化，归一化管理，智能管控
评价思想	经验导向的评价	数据导向的评价，基于大数据库的科学评价

智慧教育是教育信息化的新境界、新诉求，是数字教育的发展与提升，两者统一于现代信息技术在教育中的整合应用，旨在提升现有数字教育系统的智慧化水平、深度融合信息技术与教育主流业务。

---

[1] 杨现民.从数字教育到智慧教育[EB.OL].http://wenku.baidu.com/link?url=SLwbia9yan5NJ0PbeHc0Z4t0Pat9x8e5T93HgshrQq0ZZV52rrAMw653XroTHw8p9qTCq2F7sW8d1Cpy5WTUntuRS5WCd539sW8cZEP-QxG.

6.1.3 智慧教育的内涵[1]

最早倡导智慧教育概念的是国际商业机器公司,该公司认为未来智慧教育的内涵是:

(1)以学生为中心:教学活动以学生为中心设计,关注个性化学习与发展。

(2)实时统计与分析:对教学、教育资源进行科学分配、集中管理、实时监测;针对不同角色进行实时统计分析,支持管理方(教育局)、服务方(学校、第三方教育机构)、公众等多视角、多层次的统计分析。

(3)集成管理:对教学过程和管理过程的集成化操作和处理;对教育辅助设施的智能化管理;对优秀教育教学管理体制、流程和规范的快速复制和推广;对个人和群体教育信息的完整性记录和管理。

(4)多样化的互动式体验:多样化的教学工具和方式;无地域和时间限制的公众在线学习;互动式的、体验式的教学模式。

(5)共享资源:高度集成的资源共享;随处随时可得的优质资源。

6.1.4 智慧教育的基本特征[2]

智慧教育是信息技术支持下的新型教育形态,与传统信息化教育相比,呈现出不同的教育特征和技术特征。

6.1.4.1 教育特征

从生态学的视角来看,智慧教育是技术推动下的和谐教育信息生态,其核心教育特征可以概括为:信息技术与学科教学深度融合,全球教育资源无缝整合共享,无处不在的开放按需学习,绿色高效的教育管理,基于大数据的科学分析评价。

1. 信息技术与学科教学深度融合

信息技术与教育的深度融合涉及方方面面,包括信息技术与管理的融合、信息技术与教学的融合、信息技术与科研的融合、信息技术与社会服务的融合、信息技术与校园生活的融合等等。其中,信息技术与学科教学的深度融合应该是智慧教育的首要价值追求。课堂是教育改革的主阵地,学科教学是教育系统的核心业务。如果说信息技术与课程整合是教学改革的"物理反应",那么信息技术与学科教学深度融合则是"整合"基础上的"化学反应"。智慧教育环境下电子书包、平板电脑、智

---

[1] 大数据下的智慧教育发展路径 [EB/OL].http://news.xinhuanet.com/zhcs/2014-04/23/c_133283197_2.htm.
[2] 杨现民.信息时代智慧教育的内涵与特征[J].中国电化教育,2014(1).

能手机等移动终端将成为课堂教学的常规载具,BYOD(bring your own device,携带自己的设备办公)运动将在全国各级各类学校逐步普及。移动终端的引入使得课堂教学组织变得更加灵活多样,不再囿于"排排坐"的固定形式。支持各种学科教学的专用软件(如图形计算器、几何画板、化学实验模拟软件等)将越来越丰富,可以实现更高效率的学科知识传授与学科能力培养。智慧教育需要广大师生具备较强的信息技术应用能力,合理、有效、创新应用技术,促进课前、课中与课后教与学活动的全程设计、实施与评价。信息技术在学科教学中的"消融",使教师和学生从关注技术逐步转变到关注教学活动本身,是智慧教育成功的重要标志和核心特征。

2. 全球教育资源无缝整合共享

飞速前进的科技正在创造一个新的、更小的、更平坦的世界,"地球村"正在从预言变成现实。智慧教育要培养的不是一般意义上的国家公民,而是适应21世纪发展需要、具有全球视野和创新思维的世界公民。近年来,在世界知名大学的努力推动下,OER(open educational resource,开放教育资源)运动和MOOCs(massive open online courses,大规模在线开放教学)运动席卷全球,优质教育资源迅速传遍世界各个角落。智慧教育秉承"开放共享"的理念,通过多种途径(自建、引进、购买、交换)实现全球优质教育资源的无缝整合与无障碍流通,使得世界各地社会公众可以随意获取任何适合自己的教育资源(多媒体课件、视频课程、教学软件等)。全球优质教育资源的无缝整合与共享,是突破教育资源地域限制的"大智慧",将有可能缩小教育鸿沟,提升欠发达国家和地区的教育质量。

3. 无处不在的开放、按需学习

智慧教育环境不是一个割裂的教育空间,而是通过网络将学校、家庭、社区、博物馆、图书馆、公园等各种场所连接起来的教育生态系统。学习需求无处不在、学习无时不在发生,云计算、物联网、移动通信等信息技术的发展为人类的学习提供了无限可能。学习不应该固定在教室和学校,而应回归社会和生活,发生在任何有学习需求的地方,智慧教育环境下的学习将走向泛在学习。泛在学习不是以某个个体(如传统学习中的教师)为核心的运转,而是点到点的、平面化的学习互联。"泛在"包含三个方面的内涵,即无处不在的学习资源、无处不在的学习服务和无处不在的学习伙伴,最终形成一个技术完全融入学习的和谐教育信息生态。

4. 绿色高效的教育管理

"绿色教育"强调教育事业的可持续发展,既是智慧教育的指导理念,也是其重要特征。信息技术的普及应用为实现教育管理的智慧化、推动绿色教育发展提供了条件。云计算通过整合基础设施(IAAS)、研发平台(PAAS)、应用软件(SAAS)三种计算资源,可以实现管理数据的统一采集与集中存储,实现管理业务流程的统一运行与监控，有效避免"信息孤岛"的产生，减少教育管理上人力、物力和财力资源的浪费。物联网通过射频识别（RFID）、二维码（QR code）、红外感应、全球定位等技术，将各种教育装备与互联网连接起来，进行智能识别、定位、跟踪、监控和管理，有效提高管理效率和质量。大数据技术全面采集各种教育数据，进行科学统计分析与数据挖掘处理，可以为教育决策（经费分配、学校布局等）提供数据支持，而科学的教育决策又将推动教育事业的可持续、均衡发展。办公自动化的全面普及，将大幅度减少纸张浪费，实现教育领域的"低碳环保"。不仅学生的学业需要"减负"，教育的管理业务也需要"减负"，精简管理流程，废除或优化一些不合时宜的管理制度（如公文审批、设备招标、经费报销等），不断提高教育管理业务系统的运行效率。

5. 基于大数据的科学分析与评价

智慧教育需要更具"智慧"的教育评价方式，"靠数据说话"是智慧教育评价的重要指导思想。物联网、云计算、移动通信、大数据等新一代信息技术的发展为教育评价从"经验导向"走向"数据导向"提供了技术条件，以便进行各种教育管理与教学过程数据的全面采集、存储与分析，并通过可视化技术进行直观呈现。在智慧教育环境下，包括中小学学业成就评价、体质健康评价、本学科教学质量评估、教育信息化与教育现代化发展评价等在内的各种教育评价与评估，将更具智慧性、科学性和可持续性。2013年9月1日，教育部开始推行全国统一学籍，每个学生都有一个能够跟随他自己一生的学籍号。"全国学生终身一人一号"的推行，为全国教育数据的统一采集提供了条件，学校不仅能对学生在校期间的学业成就进行评价，还可以通过学籍号持续跟踪学生毕业后的发展与学习情况，为教学质量评估提供更全面、更准确的科学数据分析。

6.1.4.2 技术特征

从技术的视角来看，智慧教育是一个集约化的信息系统工程，其核心技术特征可以概括为：情境感知、无缝连接、全向交互、智能管控、按需推送、可视化。

1. 情境感知

情境感知是智慧教育最基础的特征，依据情境感知数据自适应地为用户提供推送式服务。常用的情境感知技术包括全球定位系统、射频识别、二维码以及各类传感器（如温度传感器、湿度传感器、二氧化碳传感器、光照传感器等）。情境感知的对象包括两类，分别是外在的学习环境与内在的学习状态，具体感知内容包括：①感知教与学活动实施的物理位置信息。②感知教与学活动发生、进行与结束的时间信息。③感知教与学活动场所的环境信息，如温度、湿度等。④感知学习者的专业知识背景。⑤感知学习者的学习状态，如焦虑、烦躁、开心等。⑥感知学习者的知识背景、知识基础、知识缺陷等。⑦感知学习者的认知风格、学习风格等。⑧感知学习者的学习与交往需求。

图 6-2　情境感知

2. 无缝连接

泛在网络是智慧教育开展的基础，基于泛在网络的无缝连接是智慧教育的基本特征。无缝连接具体体现在如下几个方面：①系统集成：遵循技术标准，跨级、跨域教育服务平台之间实现数据共享、系统集成。②虚实融合：通过增强现实等技术实现物理环境与虚拟环境的无缝融合。③多终端访问：支持任何常用终端设备无缝连接到各种教育信息系统，无缝获取学习资源与服务。④无缝切换：学习者的多个学习终端之间实现数据同步、无缝切换，实现学习过程无缝迁移。⑤连接社群：为特定学习情景建立学习社群，为学习者有效连接和沟通交流提供支持。

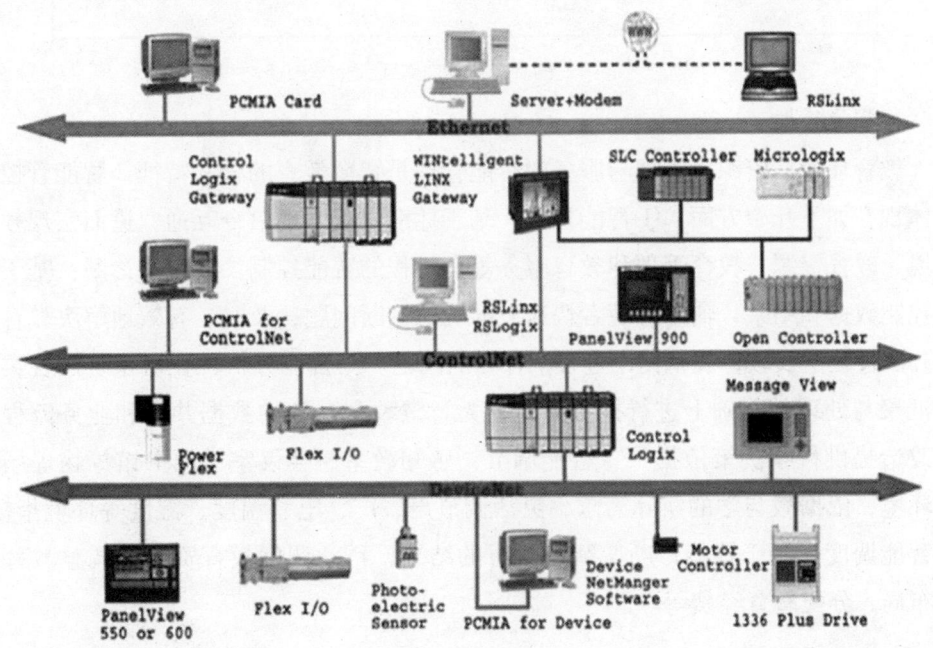

图 6-3　无缝连接

3. 全向交互

教与学活动的本质是交互，智慧教育系统支持全方位的交互，包括人与人之间的交互以及人与物之间的交互。全向交互具体体现在如下几个方面：①自然交互：通过语音、手势等更加自然的操作方式与媒体、系统进行交互。②深度互动：随时随地地实现师生之间、生生之间的互动交流，促进深层次学习。③过程记录：自动记录教与学互动的全过程，为智慧教育管理与决策提供数据支持。

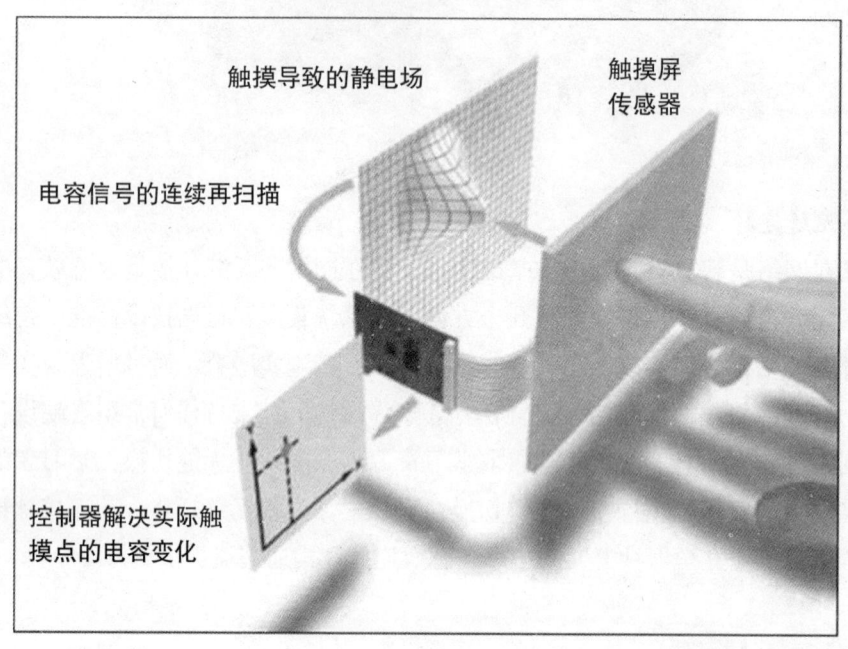

图 6-4　全向交互

4. 智能管控

教育环境、资源、管理与服务的智能管理是智慧教育的核心特征。智能管控具体体现在如下几个方面：①智能控制：基于标准协议实现信令互通，进而实现教育环境、教育资源、教育管理和教育服务等全过程的智能控制。②智能诊断：基于智能控制数据和结果，辅助管理者快速、准确地诊断问题，及时、有效地解决教育业务开展过程中及教育装备使用过程中存在的问题。③智能分析：在对系统内各类数据汇聚与处理的基础上进行挖掘分析，为智慧教育系统的数据共享和业务流程升级改造提供科学决策依据。④智能调节：感知教室、会议室、图书馆等物理场所的环境，依据教与学的实际需求，灵活调节声、广、电、温度、湿度等环境指标。⑤智能调度：基于智能诊断、智能分析的结果，科学调度教育资源，调整教育机构布局，分配教育经费等。

图 6-5　智能管控

5. 按需推送

要想让智能教育达成"人人教、人人学"的美好愿望，教育资源需要按需获取和使用，教与学也要按需开展。按需推送是智慧教育的另一重要特征，具体体现在如下几个方面：①按需推送资源：根据用户的学习偏好和学习需求，个性化推送学习资源或信息。②按需推送活动：根据用户的现有基础、学习偏好以及学习目的，适应性推送学习活动。③按需推送服务：根据用户当时的学习状态和需求，适时推送学习服务（解决疑问、提供指导等）。④按需推送工具：根据用户学习过程记录，相应地推送用户学习所需的各种认知工具。⑤按需推送人际资源：根据用户的兴趣、偏好、学习的内容等，相应地推送学伴、教师、学科专家等人际资源。

图 6-6　按需推送

6. 可视化

可视化是信息时代数据处理与显示的必然趋势。可视化是智慧教育观摩、巡视、监控的必备功能，也是智慧教育系统的重要特征，具体体现在如下几个方面：①可视化监控：通过视窗监看智慧教育应用系统的运行状态。②可视化呈现：通过图形界面，清晰、直观、全面地呈现各类教育统计数据。③可视化操作：提供具有良好体验的操作界面,以可视化的方式操作教育设备和应用系统。

图 6-7　可视化

6.2　智慧学习环境

智慧学习环境是数字学习环境的高端形态,是社会信息化背景下学生对学习环境发展的诉求,也是有效促进学习与教学方式变革的支撑条件。

6.2.1　智慧学习环境的定义

智慧学习环境是一种能感知学习情景、识别学习者特征、提供合适学习资源的互动工具,自动记录学习过程和评测学习成果,以促进学习者有效学习的场所或活动空间。智慧学习环境实现了物理环境与虚拟环境的融合,可更好地为学习者提供适应个性特征的学习支持和服务。[1]

6.2.2　智慧学习环境的学习形态

在理想的智慧学习环境中,每个学习者可手持一台智能移动设备(如平板电脑),其屏幕大小与纸质课本大小接近,能模仿纸质课本的全部功能,如做笔记、插入书签、做标注和批注等,具有纸质课本的所有效果。这种装载于智能移动设备的"教材"称为电子教材。电子教材的内容是多媒体化的,知识点之间按照语义

---

[1] 黄荣怀,杨俊锋,胡永斌.从数字学习环境到智慧学习环境——学习环境的变革与趋势[J].开放教育研究,2012(18).

关系进行联接，可实现知识内容的个性化呈现；电子教材能和学习者的学习进度绑定，可实现学习数据的云服务同步，能够记录学习者的学习过程，智能分析学习者的学习成果、图形化呈现分析结果，并能结合教师的意见对学习者的学习提供指导和帮助。对于在校学生，智慧学习环境将使其在学校、家庭和社会中的学习具备"智慧性"。

在学校学习中，教师可利用增强现实技术呈现各种真实的学习场景，使学生能够身临其境地感知学习对象，增强学生的学习兴趣和动机。教师根据系统分析的学生预习结果，重点讲解学生较难理解的知识点；利用系统提供的丰富学习资源，设计各种学习活动；通过集成化的课堂控制系统，灵活地控制学习终端，实时推送相关学习资源；还可根据学习者特征快速分组，方便组织课堂协作学习。学生可以利用系统提供的便捷交互工具，与同伴和教师进行互动；学生还可以利用内置的投票器与教师即时互动；教师也可第一时间获得学生的反馈信息，根据反馈信息及时调节教学。智慧学习环境能够提供智能化的教学设计支持，以辅助教师进行课堂教学设计；能对学生的作业和试卷进行自动批改和自动分析。智慧学习环境提供了如QQ、MSN等同步通信工具和微博、虚拟学习社区等异步通信工具，便于师生和生生联系的社交网络工具。

在家庭学习中，学生可以利用电子教材进行课前预习，完成教师布置的作业。可以参考标记的重点去预习，预习后可尝试完成教师布置的作业；系统会自动给出作业结果的反馈，给出疑难问题的提示和解答，按照主要知识点和次要知识点的次序，给出知识点之间关系的结构图。系统能记录学生的作业完成情况，教师可以根据统计，对学生进行有针对性的教学和个性化指导。智慧学习系统提供"1对1"的辅导功能，以便学生需要学习指导的时候"呼叫"老师。家长可通过电子教材提供的学习记录了解学生在学校的学习情况，家长的电子签字可通过电子教材传输到学校管理系统。

在社会学习中，智慧学习环境能够感知学习者所处的地点，根据地点和学习者的学习风格，主动推送与学习者所处环境相关的学习资源，实现自适应的泛在学习。在某些情况下，能根据位置对学习者进行分组，处于同一地点的学习者组成一组，以满足学生真实情境的协作学习需要；为学习者提供最合适的学习路径和最合适的学习方法。对于成人及校外学习者，智慧学习环境能把正式学习和非正式学习有机融合，满足人类日益增长的终身学习需求，适应学习者学校学习、家庭学习和社会学习的需要，从而真正实现"无缝学习（seamless learning）"的目标。

表 6-2　普通数字化学习环境与智慧学习环境的对比[1]

	普通数字化学习环境	智慧学习环境
学习资源	(1) 倡导资源富媒体化； (2) 在线访问成为主流； (3) 用户选择资源。	(1) 鼓励资源独立于设备； (2) 无缝连接或自动同步成为时尚； (3) 按需推送资源。
学习工具	(1) 通用型工具，工具系统化； (2) 学习者判断技术环境； (3) 学习者判断学习情景。	(1) 专门化工具，工具微型化； (2) 自动感知技术环境 (3) 学习情景被自动识别。
学习社群	(1) 虚拟社区，侧重在线交流； (2) 自我选取圈子； (3) 受制于信息技能。	(1) 结合移动互联的现实社区，可随时随地交流； (2) 自动匹配圈子； (3) 依赖于媒介素养。
教学社群	(1) 难以形成社群，高度依赖经验； (2) 地域性社群成为可能。	(1) 自动形成社群，高度关注用户体验； (2) 跨域性社群成为时尚。
学习方式	(1) 侧重个体知识建构； (2) 侧重低阶认知目标； (3) 统一评价要求； (4) 兴趣成为学习方式差异的关键。	(1) 突出群体协同知识建构； (2) 关注高阶认知目标； (3) 多样化的评价要求； (4) 思维成为学习方式差异的关键。
教学方式	(1) 重视资源设计，重视讲解； (2) 学习结果是基于学习者行为的终结性评价； (3) 学习行为观察。	(1) 重视活动设计，重视引导； (2) 学习结果是基于学习者认知特点的适应性评价； (3) 学习活动干预。

6.2.3　智慧学习环境的构成要素

国际上对学习环境构成要素的认识有奥利弗和汉纳芬（Oliver & Hannafin, 2001）的四要素说、乔纳森等（Jonassen et al, 2002）的六要素说、柯林斯等（Collins et al, 1989）的认知学徒说，国内有陈琦等（2003）的学习生态说、钟志贤（2005）的七要素说等。黄荣怀（2010）认为，技术促进学习（TEL）发生的条件要考虑数字化学习资源、虚拟学习社区、学习管理系统、设计者心理和学习者心理五个方面的因素。归纳起来，智慧学习环境的构成要素包括资源、工具、学习社群、教学社群、学习方式、

---
[1] 黄荣怀, 杨俊锋, 胡永斌. 从数字学习环境到智慧学习环境——学习环境的变革与趋势 [J]. 开放教育研究, 2012(18).

教学方式六个组成部分，如图6-8所示。学习者与教师（设计者）通过学与教的方式与智慧学习环境相互作用。

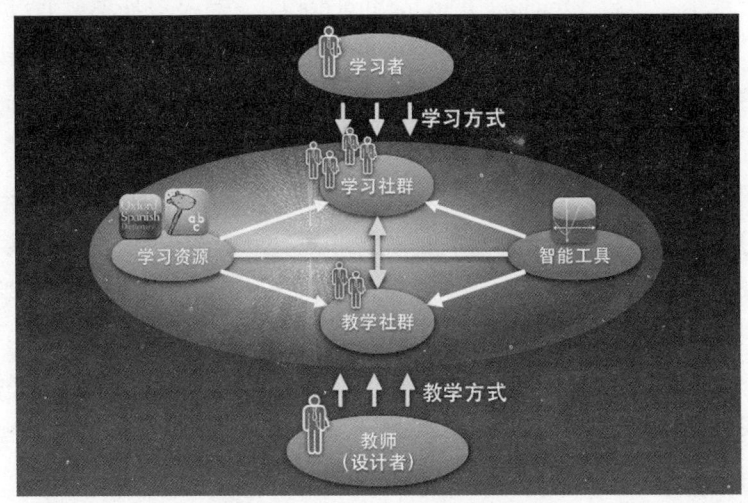

图6-8 智慧学习环境的构成要素

（1）智慧学习环境主要由学习资源、智能工具、学习社群、教学社群、学习方式和教学方式等要素构成。

（2）学习者和教师通过学习方式和教学方式与其他四个要素相互关联、相互作用，共同促进有效学习的发生。离开了学习方式和教学方式，智慧学习环境就不是学习环境了。

（3）有效学习的发生是个体建构和群体建构共同作用的结果。学习社群强调学习者的互动、协作和交流；教学社群是教师共同学习、协同工作、寻求专业持续发展的统一体。

（4）学习资源和智能工具可以同时为学习共同体和教学共同体提供支持。学习社群和教学社群的发展离不开资源和工具的共同作用，各类智能工具为学习环境的"智慧"提供了全面支持；同时，学习社群和教学社群对资源和工具的进化起到了促进作用。智慧学习环境的技术特征主要体现在记录过程、识别情景、联接社群、感知环境等四个方面，其目的是促进学习者轻松、投入和有效地学习。[1]

---

[1] 黄荣怀,杨俊锋,胡永斌.从数字学习环境到智慧学习环境——学习环境的变革与趋势[J].开放教育研究,2012(18).

6.2.4 智慧学习环境的技术特征

（1）记录学习过程（tracking learning process）。智慧学习环境能通过动作捕获、情感计算、眼动跟踪等感知并记录学习者在知识获取、课堂互动、小组协作等方面的情况，追踪学习过程，分析学习结果，建立学习者模型，这为更加全面、准确地评价学习者的学习效果提供了重要依据。

（2）识别学习情景（recognizing learning scenario）。智慧学习环境可根据学习者模型和学习情景为学习者提供个性化的资源和工具，以促进有效学习；智慧学习环境能识别学习情景，包括学习时间、学习地点、学习伙伴和学习活动，学习情景的识别为教学活动的开展提供了有力支持。

（3）感知学习物理环境（awareness of physical environment）。智慧学习环境能利用传感器技术监控空气、温度、光线、声音、气味等物理环境因素，为学习者提供舒适的物理环境。

（4）连接学习社群（connecting learning community）。智慧学习环境能够为特定学习者建立学习社群，为学习者有效连接和利用学习社群进行沟通和交流提供支持。

（5）促进轻松的、投入和有效的学习（easy, engaged & effective learning）。智慧学习环境的目标是为学习者创建过程记录的、情境识别的、环境感知的、社群连接的条件，促进学习者轻松、投入和有效地学习。

记录过程、识别情景、感知环境、连接社群，以促进学习者轻松地、投入和有效地学习，既体现了智慧学习环境的技术特征，也是其功能需求，可以简称TRACE3智慧学习环境功能模型。[1]

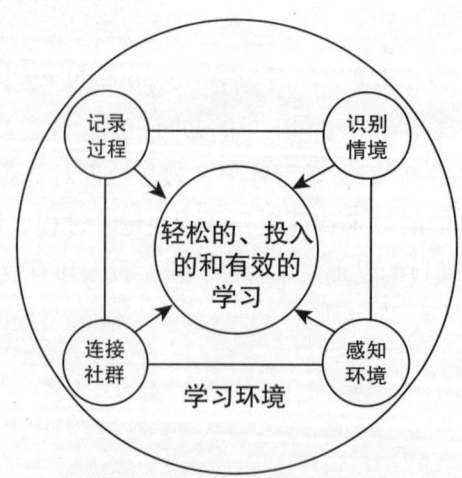

图6-9　智慧学习环境的技术特性

---

[1] 黄荣怀,杨俊锋,胡永斌. 从数字学习环境到智慧学习环境——学习环境的变革与趋势 [J]. 开放教育研究，2012(18).

6.2.5 几种典型的智慧学习空间

6.2.5.1 TEAM Model 智慧教室

TEAM Model 是网奕资讯结合硬件、软件、网络、数字服务等最先进的教学科技，历经十多年的研究开发精炼而成的教学专家系统。TEAM Model 可以提供完整的教学与学习服务，包含课堂教学服务（e-Teaching）、评量服务（e-assEssing）、诊断服务（e-diAgnosing）、补救教学服务（e-reMediation）等四大子系统，是一种全新的教学科技服务模式，被称为 TEAM Model。[1]

图 6-10　TEAM Model 智慧教室

智慧教室（smarter classroom）是指根据教师的教学需求，配置各项通信（ICT）设备，达到兼具便利（convenient）、智慧（intelligent）与效能（efficiency）的教学环境。因此，以 TEAM Model 为核心的 e 化教室，可以为教学者提供 ICT 的智慧教学辅助，称为 TEAM Model 智慧教室。

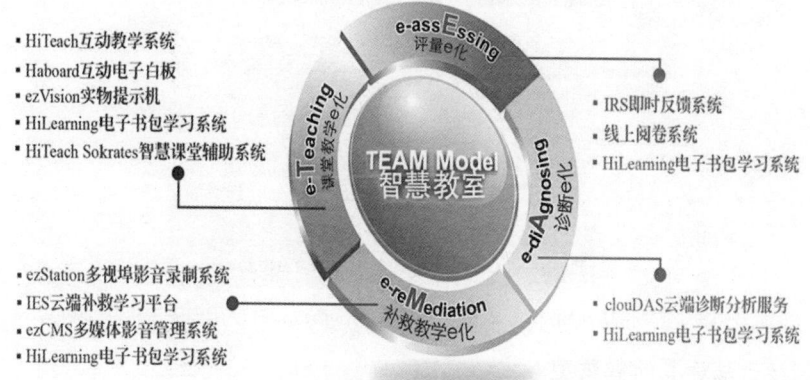

图 6-11　TEAM Model 智慧教室结构图

---

[1] "TEAM Model 智慧教室"——结合云端运算的智慧型教室 [EB/OL].http://www.habook.com.tw/eteaching/habook_epaper/2011/20110428_Smarter_classroom/20110428_Smarter_classroom.htm.

TEAM Model 智慧教室是根据 TEAM Model 的应用架构来建置教学环境，可以根据这个蓝图与经费多寡，逐年、分阶段逐步建设。例如，可以先有电脑、投影机、电子白板，再导入实物提示机、IRS 即时反馈系统、即时诊断服务，进一步建置自动化网络阅卷系统、学习历程记录网站、多视埠影音录制系统与补救教学平台等。

1.TEAM Model 智慧教室的最大特色

根据 IT 辅助教学设备进教室的趋势来看，电子白板（interactive whiteboard, IWB）、实物提示机（document camera）、即时反馈系统（interactive response system, IRS）是最优先进入教室的教学辅具，很多教室也已经有这些设备，但是这些设备却面临着教师使用的问题。

目前，每个设备都有一套独立的应用软件，教师们使用电子白板要学一套软件，实物提示机要学一套软件，IRS 系统又要学一套软件，造成教师应用这些教具的门槛太高。根据教学现场的实用要求，特别研发了 HiTeach 三合一教学软件，将这三项主要辅具整合在一套软件上操作，是 TEAM Model 智慧教室的最大特色之一。

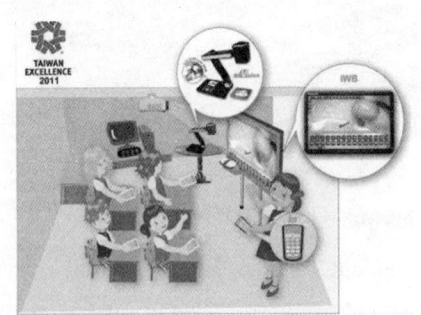

图 6-12　将电子白板、实物提示机与 IRS 系统整合

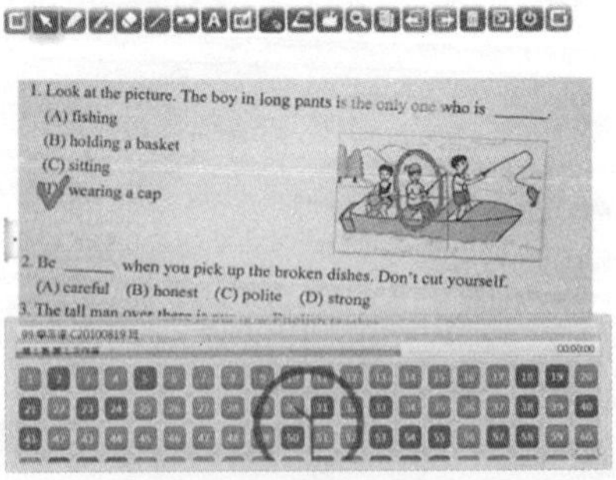

图 6-13　实物提示机取得纸本画面立即用 IRS 互动，并使用电子白板功能讲解

2.联接云端运算的智慧型教室

HiTeach 内建了学校诊断分析的接口，可以与云端运算（cloud computing）的 ADAS 即时诊断与分析系统相结合，将运算资料上传并取得诊断分析报告。这个分析报告除了一般的成绩统计、排行、答对率等图表之外，也包括了学生的学习态度

与学习能力的可视化图表，即时帮助教师针对个别学生作适性的辅导；而试题的诊断分析图表，则可以帮助教师找出异质试题，作为后续命题的参考。

透过教室端教学辅具与云端服务的自动结合，智慧教室的智慧功能就可以在师生互动的教学过程中具体地呈现出来，HiTeach 的便利性与 ADAS 科学化的统计报告，可以把教师应用科技的便利性完全展现出来。

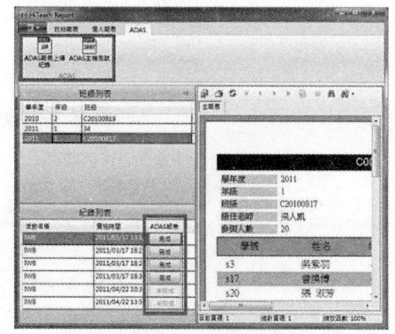

图 6-14　HiTeach 可与云端 ADAS 系统连接

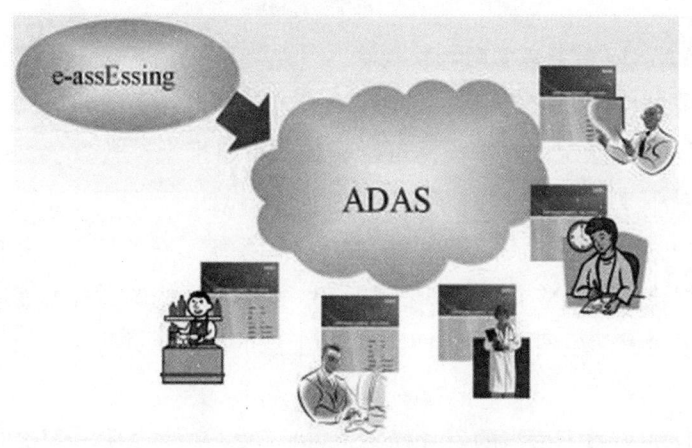

图 6-15　透过 ADAS 的云端运算产生各种诊断报告

其实，每一位教师都需要面对为数众多的学生，学生学习状态的判断显得特别重要。通过答题卡读卡系统、网络阅卷系统或 IRS 即时反馈系统的作答数据，教师就可以获得学生的诊断报告。ADAS 可依据不同对象的需求提供多种报告，包括：课外辅导班报告、教师报告、学生报告、命题教师报告等，让每个学生都可以看到自己所关心的内容。

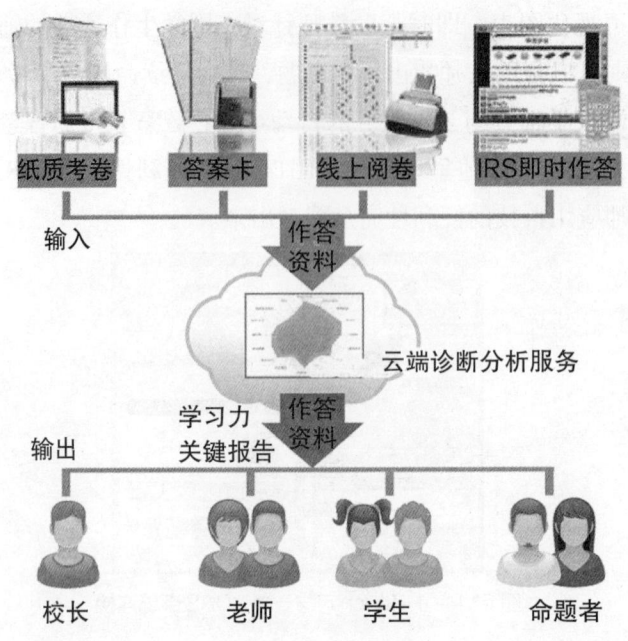

图 6-16　多元的学习资料输入诊断

3.TEAM Model 智慧教室的补救教学

学生的哪些学习状况需要补救呢？归纳起来，不外乎缺课、没注意、遗忘与真的听不懂这几种状况。教师当然可以有很多策略来做补救教学，但是通过教师现场教学所录下来的影片进行补救是比较简单的做法。

在教室中，可以配置录制设备与多视埠录制系统，只要按下录制按钮，系统就可以自动地把该堂课的整个过程都录制下来，课后把录制的影音上传到 ezCMS 多视埠影音串流平台，学生便能够通过网络看到上课的内容，并且可以根据自己的需求多看几遍。

这些影片如果做了适当的影片标签（Video Tag），与 ADAS 的诊断结果进行连接，那么学生便可通过 ADAS 所呈现的学习弱点，学习某个知识点（key concept）的教学内容补救，形成智慧型的学习补教机制。

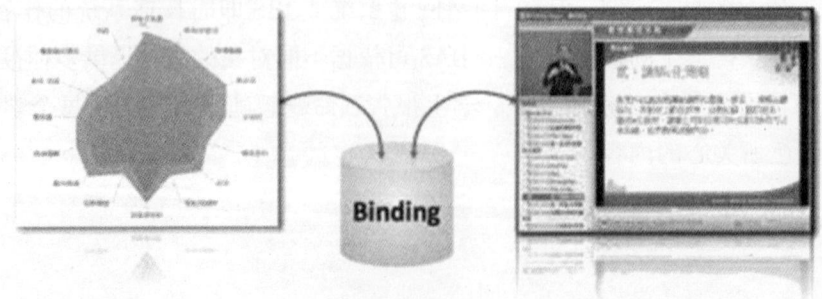

图 6-17　ADAS 知识点诊断结果与影片标签智慧联结

6.2.5.2 RFID 智能数字图书馆

从 2004 年开始，国内数字图书馆界掀起了利用射频识别（radio frequency identification，RFID）技术进行服务模式改进的创新潮，使自助服务得到了革命性的提升。同时，一些数字图书馆在利用 RFID 智能设备推进数字图书馆延伸服务的创新模式方面也取得了很大的成功。数字图书馆开始越来越多地关注 RFID 系统的使用情况和相关应用模式的运行效果，很多数字图书馆希望参与到 RFID 技术的研究探索中，为数字图书馆界利用新技术提高服务水平贡献力量。[1]

将 RFID 技术引入数字图书馆管理，使数字图书馆自动化管理提升了一个台阶。与传统"条码+磁条"的管理系统相比，节省了大量的人工操作，提供了更多的读者自助服务，改变了传统数字图书馆"藏书优先"的观念，树立一种"服务至上"的管理理念，满足了信息化时代人们对数字图书馆的快速、便捷的服务要求。

1. RFID 系统原理

基本的 RFID 系统由电子标签、读写器和应用软件三部分组成，如图 6-18 所示。应用程序与读写器之间的通信为有线通信，可以是串口或者 USB 接口，读写器和电子标签之间的通信是无线通信，通信基本流程为：应用程序→读写器→电子标签→读写器→应用程序。

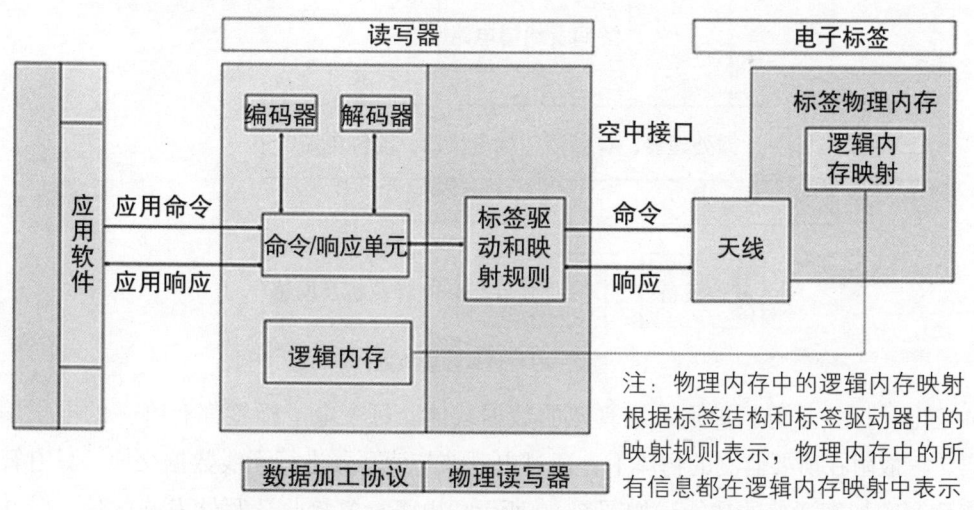

图 6-18　RFID 系统结构图

其中，射频模块包括电源装置、射频振荡器、射频处理器、射频接收器、前置放大器。射频振荡器产生信号，通过射频处理器调制发射信号，送往天线发送给电子标签。从电子标签发回的信号，由射频接收器接收并经过放大送往控制模块处理。控制模块负责与应用系统软件通信，并且控制读写器和电子标签的通信，是读

---

[1] RFID 智能数字图书馆系统的构建概述 [EB/OL]. http://www.cqn.com.cn/news/zjpd/wpbm/zxdt/969927.html.

写器的头脑部分。它接收应用系统软件发送来的指令，经过信号的编码加密送到射频模块调制，经天线发送给标签。对电子标签发来的信号经解调、解码、解密传送给应用系统软件，整个流程如图6-19所示。

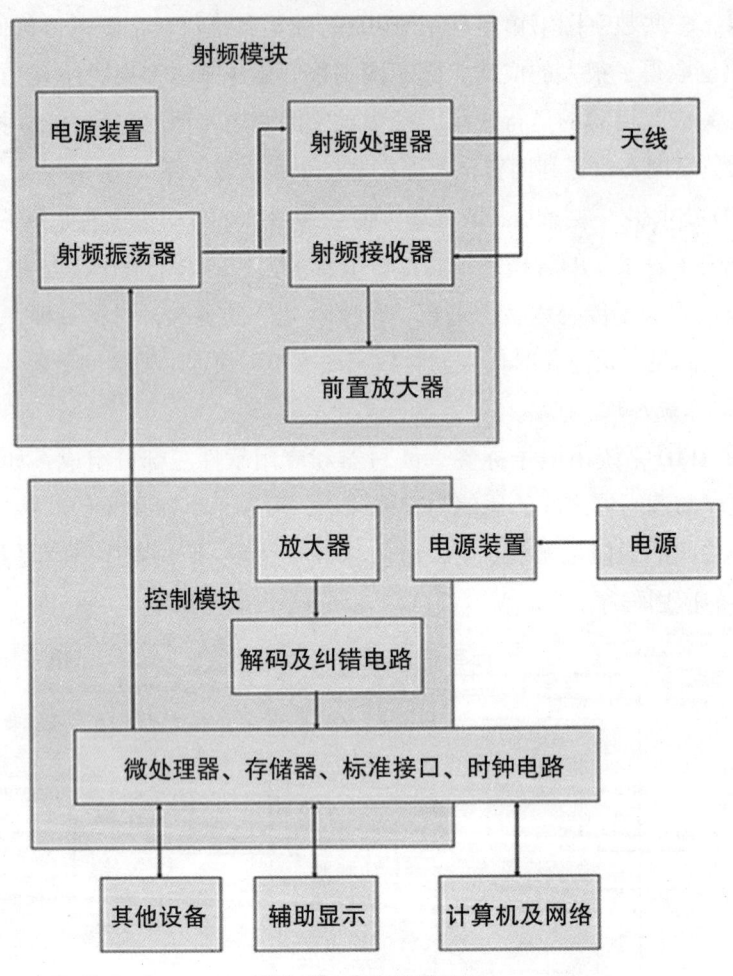

图 6-19　读写器结构图

电子标签是射频识别系统真正的数据载体。每个电子标签都有唯一的电子编码，一般附在所要监测的物体上，通过电磁波与读写器进行无线数据交换，具有智能读写和加密通信的功能，如图6-20所示。电子标签接收读写器发来的信号，并将其一部分整流为直流电源，供电子标签内的电路工作，另一部分能量信号经过解调器解调后送往逻辑控制单元解码，然后再根据读写器的要求送回数据，经过调制后，由天线发给读写器。

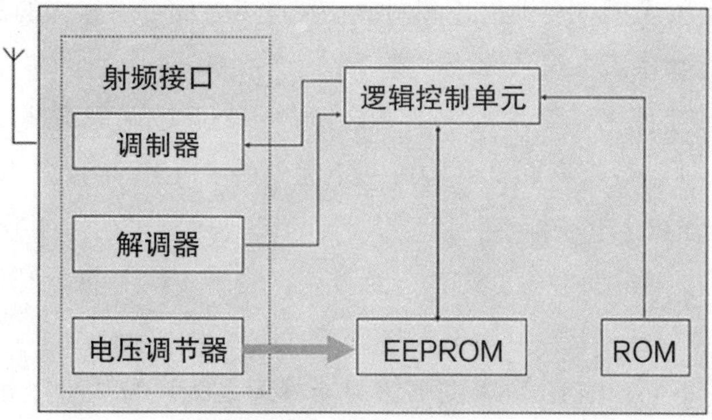

图 6-20　电子标签结构图

所有的电磁通信都要占用一定的频率和带宽，RFID 通信也不例外。系统应用占据的频段或频点位于 ISM（industrial scientific medical）频段，此频段主要是开放给工业、科学和医学三个主要机构使用，不需要授权许可，只需要符合一定的发射功率（一般低于 1W），并且不对其他频段造成干扰即可。目前，RFID 系统在国际上广泛采用的典型工作频段有低频、高频、超高频和微波四个频段。分别为低频 125kHz 和 133kHz、高频 13.56MHz 和 27.12MHz、超高频 433MHz 和 860MHz—960MHz、微波 2.45GHz 和 5.8GHz。工作频率不同，工作原理也不相同，识别距离也有差别，低频识别距离较近，微波识别距离就比较远，这就决定了不同的频率应用于不同的领域，因此，选择正确的频率是 RFID 通信首先要考虑的问题。

2. 应用进程介绍

RFID 系统在数字图书馆的应用已有 10 年历史。据 Checkpoint 统计，截至 2006 年，全球有超过 440 家数字图书馆采用了 RFID 技术，这一数字在 2007 年上升到 2000 家，世界大型数字图书馆应用 RFID 技术的速度正以每年 30% 的速率增长，RFID 在数字图书馆领域的应用，美国居于世界领先地位，英国与日本并列第二。

RFID 技术于 2004 年开始进入中国数字图书馆市场。厦门集美大学诚毅学院数字图书馆作为国内第一家使用 RFID 馆藏管理系统的数字图书馆，于 2006 年 2 月 20 日正式对外开放。深圳市数字图书馆于 2006 年 7 月在馆内全面使用 RFID 技术替代传统的条码技术，建成了完整的全自动 RFID 图书管理系统。中国国家数字图书馆二期工程规划的 RFID 应用系统于 2008 年 9 月对外开放，该系统能够及时向读者展示国家数字图书馆二期新馆的当前架位信息，实现了读者自助借还图书目标。此外，杭州市数字图书馆、厦门市少年儿童数字图书馆、上海市长宁区数字图书馆、北京石油大学数字图书馆、汕头大学图书馆新馆等也已经率先使用了 RFID 系统。

随着中国大型数字图书馆对 RFID 系统的成功引入和使用，RFID 技术越来越被数字图书馆行业所关注，并被业内资深人士称为"第三代数字图书馆自动化管理技术手段",在智能安全门、自助借还和图书整架盘点方面都有很大的优势。

3.RFID智能数字图书馆系统的构建

RFID智能数字图书馆要求数字图书馆建立一个局域网网络环境,各个子系统通过网络通信协议与数据库联结,构成一个完整的RFID智能数字图书馆体系。为每一本图书贴上RFID电子标签,以便识别、追踪和保护图书。主要有以下几个功能:图书编目、图书自助借还、读者自助服务、快速查找图书、图书整架、快速盘点和安全防盗等。

根据功能的不同,RFID数字图书馆智能管理系统可分为七个子系统,分别为柜台工作站、编目工作站、读者服务机、图书整架车、自助借还机、24小时还书机、智能安全门。七个子系统都要联接使用数据库,如图6-21所示。

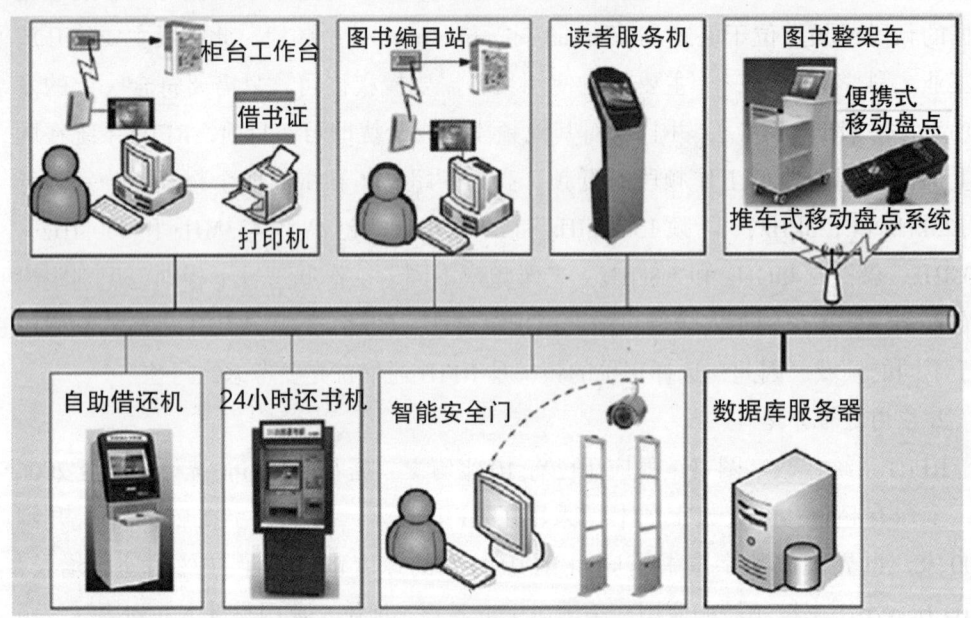

图6-21 RFID图书馆管理系统

各个子系统各自具有相对独立的功能,连接到同一个数据库,通过RFID智能数字图书馆网络相互协作,构成一个完整的RFID智能数字图书馆系统。

各个子系统功能介绍:

(1)柜台工作站子系统

柜台工作站类似于现在"条形码+磁条数字"图书馆管理系统中的柜台工作站,是数字图书馆管理员工作使用的一个应用软件。主要有读者信息的管理、读者证的办理、图书信息的管理和借还、馆藏统计等功能。具体可分为系统管理、系统设置与维护、读者管理、图书管理、图书流通、数据统计和读者罚款七个功能模块,具体情况如图6-22所示。

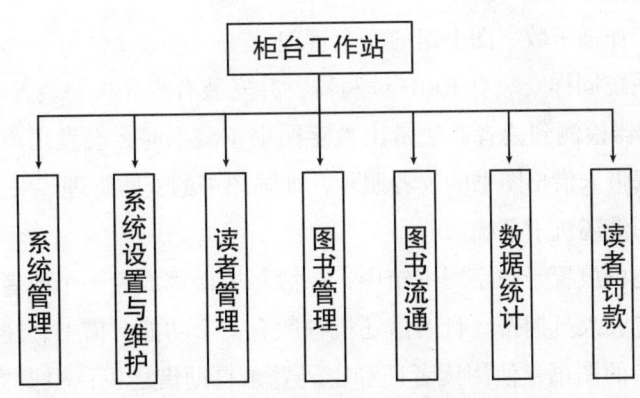

图 6-22　柜台工作站各功能模块

系统管理是管理员使用和维护应用软件的权限，负责用户的管理、登录和注销功能。只有登录的管理员才有相应的使用权限，不同的用户类型有不同的使用权限。系统设置与维护是设置应用软件的管理项目和分类，为管理员提供个性服务，管理员可以根据不同的数字图书馆类型、不同的读者类型来设置不同的项目，增强应用软件的适应性。具体包括用户类型设置、读者类型设置、罚款类型设置、办证费用设置、图书分类维护、出版社维护和馆藏位置维护等。

读者管理是数字图书馆对其读者信息的维护和服务，具体包括读者的档案管理、信息查询和读者证挂失、恢复与补办三个功能模块。图书管理是数字图书馆对图书的管理和维护，包括编目工作站的部分功能，主要是图书的标签转换、为新书贴 RFID 电子标签等，图书信息填写加入数据库，同时还可以进行图书信息的查询等，具体分为图书档案管理、图书信息查询和图书推荐三个功能模块。

图书流通是数字图书馆对其图书从上架到下架之间的图书流通管理，包括图书借阅、续借、归还等，具体分为图书借阅、续借和图书归还两个功能模块。

数据统计是图书管理员管理数字图书馆的手段，通过统计，管理员可以详尽地掌握数字图书馆的图书使用状况，例如目前有多少图书借出、什么图书比较受欢迎，以便制定下一次采购图书计划，灵活调节数字图书馆藏书的比例，使数字图书馆发挥更高的效力，让读者满意。具体分为馆藏统计、借阅统计、逾期未还统计、预约统计、罚款统计和证件补办统计六个方面。

（2）智能安全门子系统

智能安全门包括智能门禁和防盗仪两部分。智能门禁安装在数字图书馆的入口处，控制人员进入；防盗仪安装在数字图书馆的出口段，控制人员出去。智能门禁系统安装有 RFID 读写器和闸门控制系统，能通过 RFID 读写器和读者证之间的联结，读取读者证的信息，判断是否为本数字图书馆发放的读者证，如果是本馆图书证则控制闸门打开，不是则给出相应提示，这样就有效地防止了外来人员非法进入数字图书馆,加强了数字图书馆的安全管理。

防盗仪系统同样安装有 RFID 读写器,并安装有声光报警装置和摄像监控装置。当 RFID 读写器检测到读者非法带出数字图书馆藏书时,会发出声光报警,监控摄像机会抓拍携带未借出图书的读者照片,加强图书的安防管理。

(3) 自助借还机子系统

自助借还机放置于数字图书馆中,一般每层楼都放置一个或者几个,方便读者借阅,以免造成人员拥挤。自助借还机一般有三个功能:借书、还书和续借。读者找到自己要借的图书,使用读者证和密码登录自助借还机;根据界面的文字提示,将图书放置在书台上,书台上安装有 RFID 读写器的天线,通过 RFID 读写器读取图书中 RFID 电子标签,上传给计算机;计算机会根据标签 ID 连接到数据库服务器进行查询,发起借阅,修改数据库中的相关信息,同时在图书标签中修改相应的标志位,使其可以正常通过安全门。在提示借阅成功后,读者就完成了图书借阅,退出登录就可以离开了。

读者还书时,同样需要把要归还的图书放置在书台上,RFID 读写器读取标签,上传给计算机,计算机通过连接数据库,处理、修改相应的信息,更改标签中的防盗标志位后,系统会提醒读者还书成功。读者把书放置到旁边的书箱中就可以离开了。续借图书一般有两种方式,读者可以通过读者证和密码登录自助借还机,查询自己借阅的图书点击续借,或者把要续借的图书放置在书台上,计算机通过连接数据库查询到图书已被借出,然后点击续借就可以完成操作。RFID 自助借还机支持多本书同时借还,为读者节省了借还书时间。

(4) 读者服务机子系统

读者服务机一般放置在数字图书馆安全门入口位置,是一种查询机,一般包括触摸屏显示器、计算机、音响设备、电源设备、机柜、网络接口等。读者服务机是数字图书馆为了方便读者的自助查询和服务订制的,一般具有以下几个功能:数字图书馆简介、图书查询、图书预约、图书续借、读者信息查询、需求登记、楼层导览等。

(5) 编目工作站子系统

图书编目是按照标准分类法(例如《中国数字图书馆图书分类法》)对文献资源进行分类、编制目录、建立馆藏目录体系的。编目工作站是数字图书馆管理人员使用的,负责图书的征订、采购、编目和信息查询,同时还有旧数字图书馆升级使用 RFID 系统时的标签转换工作。

为了更好地服务读者,数字图书馆每隔一段时间都会淘汰一部分无人问津的图书,然后购买一部分新书。对采购的新书首先要进行编目,然后才能上架。为每一本图书贴上 RFID 电子标签,并把标签的 ID 和图书的名称、作者、出版社等信息关联到一起，建立一个图书信息表，录入数据库。这样，每一本图书都有了自己的身份证，就可以进行借阅流通了。旧的数字图书馆，馆内有大量的藏书，这些藏书都是没有使用条码进行识别的，对这些图书要进行标签转换，同样为每一本图书贴上RFID电子标签，把标签ID、条码以及图书信息关联到一起，建立图书信息表，录入数据库，支持旧数字图书馆升级改造。

（6）图书整架车子系统

图书整架车也是图书管理人员使用的，主要是对错架、乱架图书进行整理和盘点时使用。推车式的整架车和手持式RFID整架终端，类似于POS机。

条码数字图书馆管理存在诸多弊端，如管理混乱，图书错架、乱架情况严重，读者找书借书存在诸多不便，RFID数字图书馆提供的整架车系统有效避免了以上弊端。整理某个书架时，利用推车式整架车或者手持RFID整架终端，首先读取到书架上的RFID标签，然后扫描整个书架的图书RFID标签，扫描到标签时，查询数据库，看其本来的书架位置信息是否与该书架标签一致，不一致就是错架的图书，把它取下来放回它该放的书架。这样完成一个书架的整理，比手工整理书架速度快了很多，而且准确率很高，有效避免了人为的疏忽。盘点是对数字图书馆当前图书在位情况的统计，图书整架车可以使盘点更加快速和准确。

（7）24小时自助还书机子系统

24小时自助还书机更加突出数字图书馆"服务至上"的理念。读者在数字图书馆关门后还可以24小时在自助还书机上还书，避免了图书超期未还的现象。24小时自助还书机类似于自助借还机，但只有还书的功能没有借书的功能。还书时，必须把图书放入舱门内，在系统读取图书RFID电子标签，连接数据库，查询信息，还书成功后，界面上会提示读者还书成功，并打印凭条，然后把图书收入图书箱。如果还书不成功，则打开舱门，提示读者取出图书，并且提示是什么原因造成的还书不成功。设计一个舱门，是出于安全考虑，防止读者还书成功后，把图书拿走据为己有。

各个子系统都要连接数据库，通过数据库相互协作，构成完整的图书管理系统。数据库服务器有13个信息表，分别为图书信息表、读者信息表、读者类型表、借阅关系表、预约信息表、图书征订信息表、书架信息表、读者证补办表、图书管理员信息表、罚款类型信息表、图书编目表、罚款记录表、信息发布表。

总之，RFID图书管理系统是图书馆管理现代化、智能化的有力体现，也是学校教学手段现代化的必然选择。随着这一系统在图书馆中不断地推广和应用，RFID技术将会促进现代化图书馆从服务内容到服务方式的全面变革，是提高图书馆管理水平和服务水平的一次重大飞跃。

6.2.5.3 物联网工程智慧实验室建设方案[1]

1. 方案简介

随着现代信息技术的不断发展,特别是物联网技术的兴起,课堂教学无论在教育形式和教学方法上,还是在设备选用上都发生了前所未有的变化。智慧实验室将物联网技术和教学过程完美结合起来,改进了以往以教师讲授为主的单一的课堂教学模式,给教育行业带来新的机遇。

智慧实验建设方案紧密结合物联网技术,可以提高学生、教师、教室的互联度,实现物与物的感知、物与人的感知、系统间的实时感知,并通过充分利用信息及通信技术,从物联化、集成化、智慧化出发,提高教学效果,有力促进教务管理的高效运行;提高学校影响力,使智慧实验室成为智慧校园的一部分。

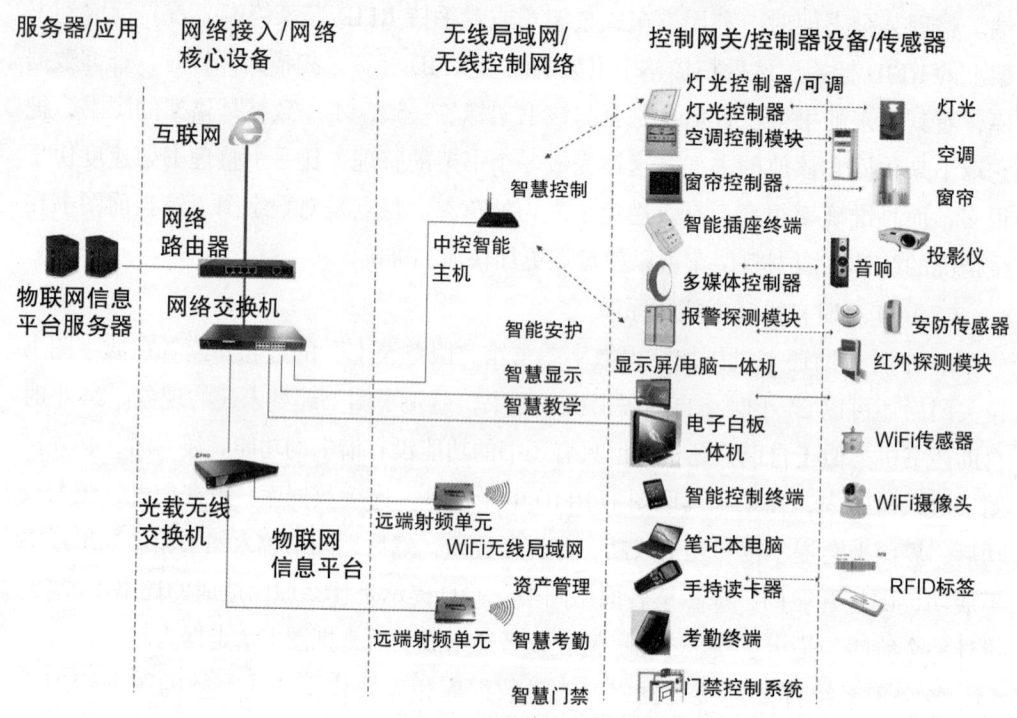

图6-23 智慧实验室整体技术方案拓扑图

2. 方案优势及特点

智慧实验室建设方案的优势体现在三个方面,即智慧地教、智慧地学、智慧地管。

(1)智慧地教。通过电子白板、投影仪、视频记录与播放设备,可以实现交互式教学、教学资源的自动记录与分发,以及教学过程的智慧化管理。

---

[1] 9.5智慧实验室建设方案 20140114 [EB/OL].http://wenku.baidu.com/link?url=qa9aaVwrLygtc05EI-9i1WISfBDYBrV3yQBhBM34d6rKWzdNCCiwHJjZQjCdamItuD87AytLTsp7p6WDIX109LVf3q0IXzJKNn766gS3EBC.

（2）智慧地学。智慧教室系统开发全部端口和资源，支持二次开发和物联网综合实训教学；支持物联网核心课程（传感器技术、ZigBee 技术、RFID 技术、云计算技术、计算机网络技术、综合实训、毕业设计）的实验教学；同时支持本地和远程网络访问，开展远程学习和实验；提供物联网创新开发的基础平台。

（3）智慧地管。通过本地和远程网络，实现教室设备（教师电脑、投影仪、门禁、灯光、空调、窗帘等）的自动控制；配合传感器和学校教务系统，实现教室设备的智慧化管理和控制。

3. 方案整体布局图

智慧实验室是一个集教学、管理与控制于一体的系统，其整体布局如下图所示（房间面积 80 平方米，所有设备按真实比例设计）：

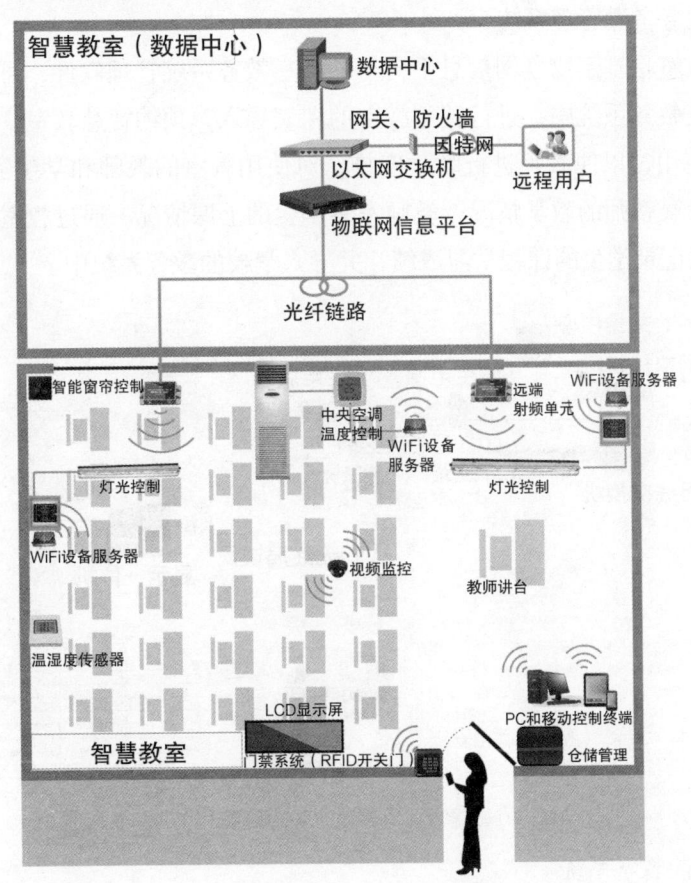

图 6-24　智慧教室设备整体布局图

4. 方案组成及功能介绍

依托广州飞瑞敖电子科技股份有限公司物联网信息平台建设的智慧实验室主体功能模块包括：智慧实验室中控机、教务考勤管理系统、智能教学系统、设备管理系统、灯光控制系统、空调控制系统、窗帘控制系统、智能安防系统、智能门禁系统九大功能模块，以及每个功能模块对应的管理软件。

（1）智慧实验室中控机

智慧教室主控机接入物联网信息平台，控制设备（智能终端）通过有线或无线网络访问物联网信息平台，与智慧教室主控机进行远程控制和访问；第三方设备使用RF功能和智慧教室主控机进行连接，从而达到远程控制和访问第三方设备的目的。

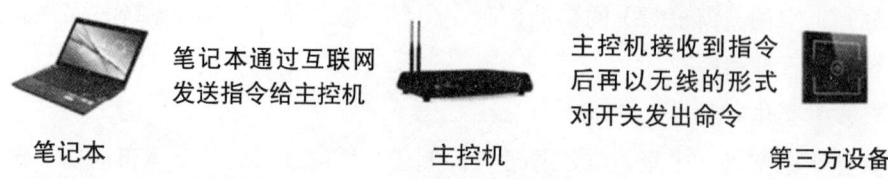

图6-25 中控主机运行示意图

（2）教务考勤管理系统

智慧教室是基于物联网信息平台下的教室教务系统管理软件，可以方便地连入现有的学校教务系统中，进行智慧教室的课表导入，预约智慧教室，实时查询教室是否正在使用，以便教师进行教学安排，对使用教室的教师和学生实行考勤管理，便于学校考察教师的教学情况，教师考察学生的上课情况。通过教室教务系统管理软件还可以记录学生的课程学习成绩，并导入学校的教务系统中。

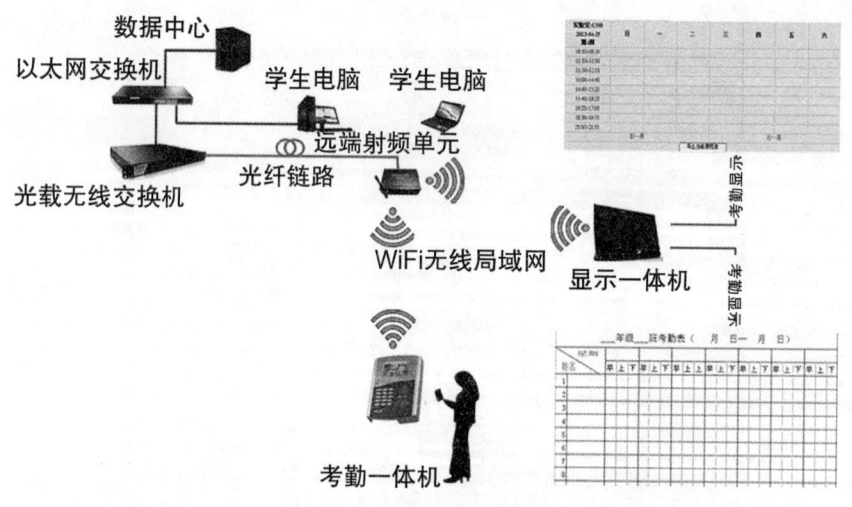

图6-26 教务系统组网图

（3）智能教学系统

智能教学系统主要设备包括投影仪、电脑、音响设备、多媒体控制器、音视频记录设备、考勤系统设备、智能显示设备等，利用这个系统可以实现教学师生在线互动、资源共享与分发、远程或本地视频交流、教学管理与教学设备管控等。

智能教学系统可实现如下主体功能：

①实现无尘教学、智能化交互式教学；

②采用红外感应技术，手指或不透光物体可控制白板来操作电脑系统；

③所有设备统一控制，可接入 WiFi 网络实现远程控制；

④可对课堂教学实时录像，录像可保存至本地或者服务器。

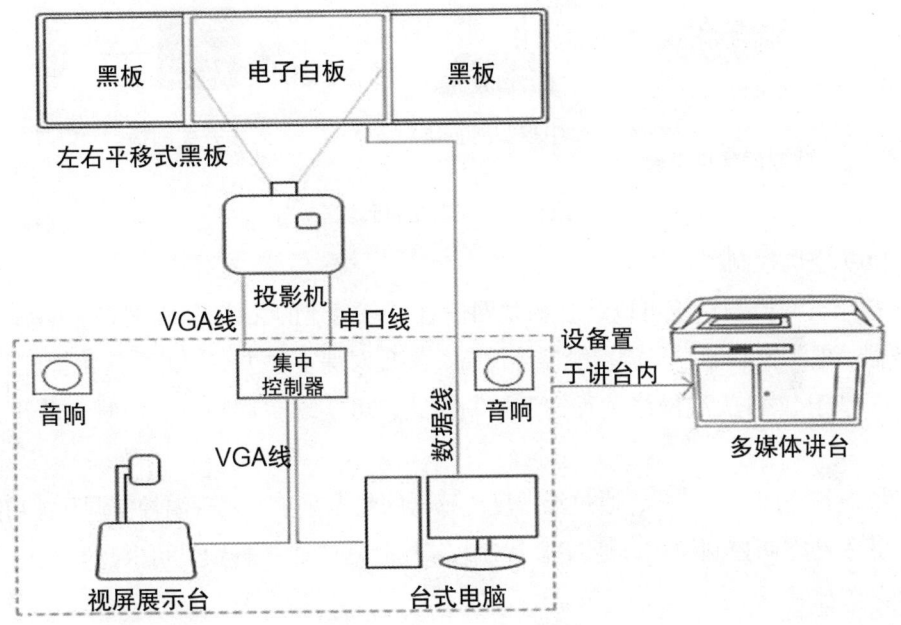

图 6-27　智能教学系统示意图

（4）设备管理系统

在教室前后门口各安装一个一体式特高频读卡器，并将 RFID 标签贴在教室内教学设备和仪器上，通过 RFID 技术管理设备和仪器。采用高频读卡器对进出教室的设备进行监控与管理，通过本地有线或无线 WiFi 网络，以及远程授权登录服务器物资管理软件，实现对教室内设备、仪器的远程监控与管理。

（5）灯光控制系统

智能灯光控制系统可以结合物联网信息平台组建无线 WiFi 网络、WiFi 设备服务器、电源控制器、交流接触器等设备，实现对课室灯光的智能化管理。

①基于 WiFi 无线网络远程灯光控制模式，可实现灯光临时、定时自动开关等功能。

②手动灯光控制模式，通过指令对电源控制器的面板解锁，可实现教室内手动灯光开关控制。

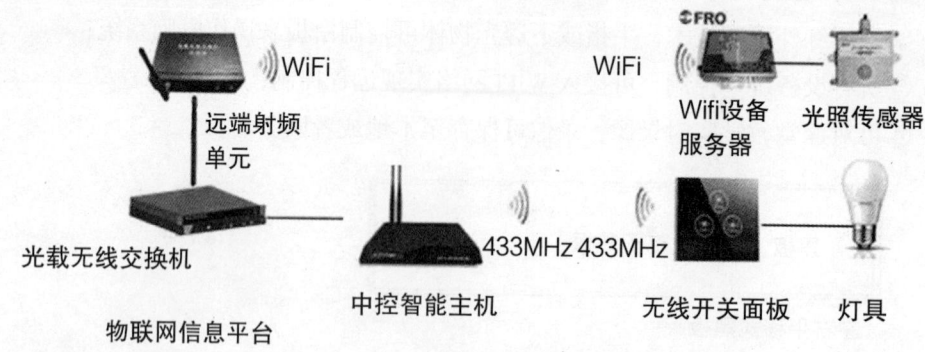

图 6-28　灯光控制示意图

（6）空调控制系统

智能空调控制系统可以结合物联网信息平台组建的无线 WiFi 网络、WiFi 设备服务器、电源控制器、交流接触器等设备，实现对课室中央空调的智能化管理。

①基于 WiFi 无线网络远程空调控制模式，可实现空调临时、定时自动开关等功能。

②温控空调开关模式，通过温湿度传感器的数据采集，实现温控空调开关功能。

③手动空调控制模式，通过指令对电源控制器的面板解锁，可实现教室内手动空调开关控制。

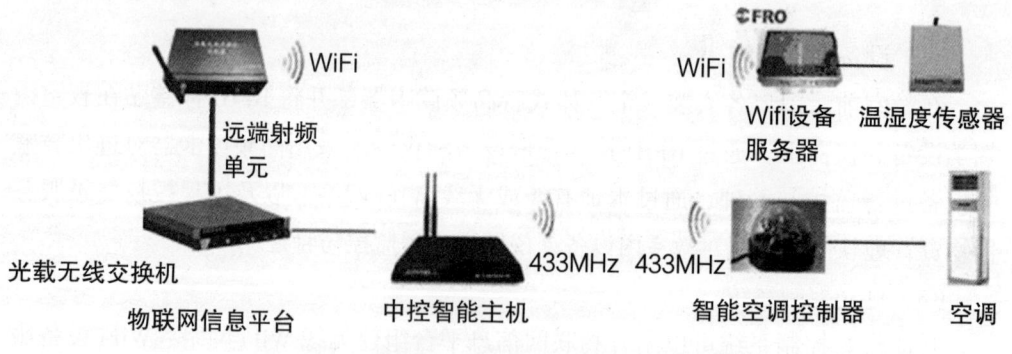

图 6-29　空调控制示意图

（7）窗帘控制系统

智能窗帘控制系统结合物联网信息平台组建的无线 WiFi 网络、中控主机、窗帘电机及导轨、开关面板等设备，可以实现对课室窗帘的智能化管理。

①基于网络的远程窗帘控制功能，可实现远程对教室内窗帘的开关。

②手动开关控制功能，通过窗帘控制面板可以实现手动控制教室内窗帘开关的功能。

图 6-30　窗帘控制示意图

（8）智能安防系统

数字安防系统通过 WiFi 摄像头可以实现对课室视频监控功能，同时还可以配合其他诸如门禁系统、窗帘控制系统、灯光控制系统等设备实现课室内的安防监控。

①基于 WiFi 无线网络的远程视频监控功能。

②配合其他硬件系统实现课室内安防监控功能。

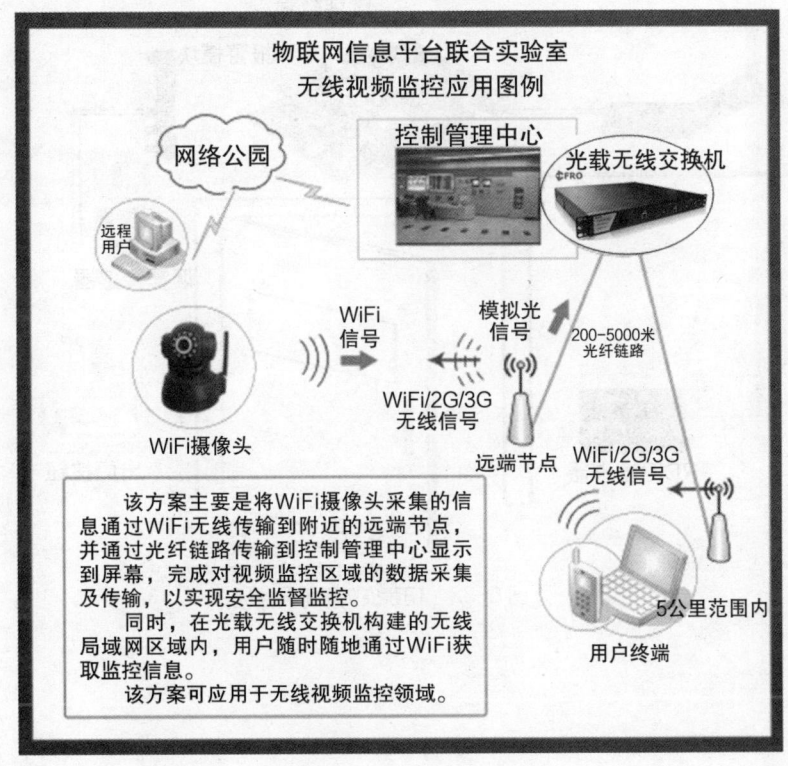

图 6-31　智能安防系统图

（9）智能门禁系统

智能门禁系统结合物联网信息平台组建的无线 WiFi 网络、WiFi 设备服务器、RFID 读卡器、无线红外控制套件，可以实现对课室门禁的智能化管理。

智能门禁系统实现对课室门的多种开关方式：

①基于 WiFi 无线网络的远程开关模式，可实现对课室门禁的定时自动开关，

授权人员远程开关以及报警自动开启等。

②RFID 授权开关模式，授权管理人员 RFID 高频卡，并对管理人员进出日志进行统计管理。

③按钮开关模式，通过软件设置实现自由通行时间段的开门按钮控制。

④遥控开关模式，通过红外学习，实现红外遥控的开关功能。

⑤监控报警模式，通过烟雾传感器监控火警报警状态，实现火警时门禁自动解除，或者通过破碎开关解除锁定状态。

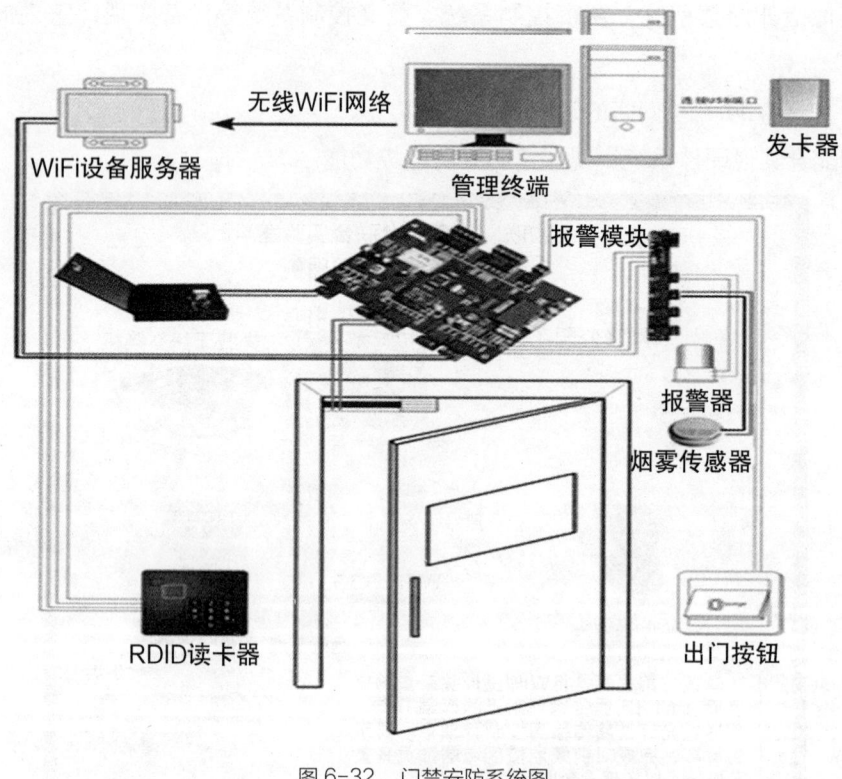

图 6-32　门禁安防系统图

6.3　智慧教育的典型应用

智慧教育的本质就是要通过教育信息化手段，来实现教育信息与知识的共享。在教育体系中，学生是核心，如何创设智能化的学习空间，运用信息化的手段促进学生学习活动的发生，将会是各地区教育机构和教育工作者亟待思考和解决的问题。以下的几个场景或许会对构建更加完善的智慧教育体系有所启发。[1]

6.3.1 场景一 美国北卡罗来纳州——个性化云

美国北卡罗来纳州,一位学生手持一部小巧的电子产品,用手写笔在触摸屏上不断点击着——他不是在发短信或玩游戏,而是在查看附近一所学校新开设的一门非常感兴趣的课程,他的学校里并未开设这门课程。

在美国北卡罗来纳州格雷汉姆小学开展的"教育云计算"项目中,全校600名师生通过"通用云计算服务"来获取虚拟电脑桌面,里面有非常丰富的学习材料。弗吉尼亚州帕萨基(Passage)中学允许学生在课堂上利用手机进行学习,学生为此备受鼓舞,发明了很多使用手机进行的学习活动,并写成博客或录制成视频在网络上与大家分享。一些教师也开始使用手机来加强互动,譬如课堂提问不再指定某位学生回答,而是通过短信的形式将学生们的答案投影到教室前方的屏幕上,也有英文教师带领学生在社交媒体上协作创作故事。

北卡罗来纳州正在进行着这样的实践:通过云计算技术,多所学校间实现互联互通,学生可以根据各自的不同情况为自己设定不同的学习路径,既可以选择本校的课程,也可以选择其他学校的课程。该州所采取做法的好处还在于,由于学生所用的终端本身基于云计算技术,学校就不需要管理云端复杂的技术架构,而只需要提供开放的标准,使教学资源、方法、工具能够在网络上被购买支付、被使用就可以了。

教育须以人为本,新的信息技术被运用到教育体系中,真正体现了尊重学生个人差异性的理念,也增强了他们的自学能力,以及对自我的认知。当然,给了学生学习的极大自主性,相关的评价和考核体系就需要多费一番心思。评价学生的指标不再是学生在各科学习了多少课时,而是相应地改变为学生是否具有一定的能力。

6.3.2 场景二 美国俄亥俄州——社交网络的延伸

美国俄亥俄州则通过追踪本州每一所学校、每一名学生的成绩,使学校管理者和教师非常容易掌握不同年级、不同专业学生在同一门课程中的表现。而学生在课堂上的表现可以通过一定的物联网技术,以感知度量的方式获取。教师可以

---

[1] 智慧教育新势力[EB/OL].http://www.digitimes.com.cn/newsite/businessnew/hydt/664840.shtml.

通过学生的不同表现确定是对学生进行额外辅导，还是直接进行下一步的教学。

为了推进教师之间关于教学的沟通和交流，俄亥俄州还专门建立了一个门户网站，网上将各种课件统一收集设立了内容数据图书馆，使得各科教师可以很容易地在里面查询他们所需要的内容，以便能够更方便、更有效地帮助每个学生定制符合其自身实际情况的学习规划；同时，通过 Web 2.0 技术的使用，建成教师之间的社交网络，使教师们可以分享各自的教学经验。

6.3.3 场景三 日本总务省——高支持性的"未来校园"

2010 年，日本总务省启动了"未来校园"项目。这是日本最大的国家级教育信息化项目。项目将建立一个一对一的电脑应用系统、互动性白板以及联接家庭和学校的协同教育平台，为所有 6~12 岁的学生提供电子课本和学习资源，并于 2020 年前，在全国范围内普及应用。

该项目主要包括多个方面的信息技术教育：主要为培养学生对信息通信技术（简称 ICT）基础技能的了解，以及如何应用这些技能学习其他学科知识；利用 ICT 促进教学，包括开发和研究数字化图书和其他数字化学习资源，为一对一电脑应用系统建立超高速无线局域网，提供数字化黑板和数字化电视等其他 ICT 工具；利用 ICT 提高学校和教室的管理工作效率，使教师更专注于教学。

这也包括学校和学生数据的标准化，通过学校和学生数据的标准化，建立一个类似于国家教育信息系统的、由中央调控的共享数据系统，利用 ICT 满足特殊学生的需求。这主要是指建立可以在学校、家庭、教师以及特殊学生辅导专家之间共享的辅助学习技术和数据库系统（如社会服务工作者、工作安置和公共健康专家），为学校和教师提供支持；在国家层面，通过电子学习为教师提供专业化发展培训，以便他们在各地区对教师进行培训，课程设计将被列入教师教育者培训的重点内容。

6.3.4 场景四 韩国——与传统并行的数码教科书

韩国的《智能教育推进战略》指出：自 2015 年起，将在一线学校正式实施"量体裁衣"式的智能教育，用纸张制作的传统教科书将从学校消失，取而代之的是数码教科书。韩政府将为此投入约 21 亿美元。根据战略要求，截至 2015 年，韩国将在所有学校建设以云技术为基础的教育环境，将教育内容存放在网络服务器中，学生们可以通过计算机、智能平板、智能电视等各种数码终端灵活使用。韩国教科部计划自 2014 年起从小学课程开始制作数码教科书，至 2015 年扩展到小学、初中、高中的所有教学科目，推行初期采取数码教科书与纸张教科书并行的方式。

6.3.5 场景五 非洲大学——跨国教育资源共享

马欧力是埃塞俄比亚季马大学商业学院的一名大一学生，入校不久的他已经习惯通过学校的远程公共平台来寻找所需的学习资源。最近他主要关注的是关于欧美地区零售业新发展的资料。季马大学是东非健康领导力高等教育联盟云计算项目的一个参与成员，刚果民主共和国的金沙萨大学、坦桑尼亚的莫西比利健康与综合科学大学、乌干达的马克里尔大学以及肯尼亚的几所大学都是其中的成员，他们与信息领域的专家们一起推行了这一项目，通过虚拟计算实验室来拓展可供学生远程访问的教学资源。通过云计算技术，这些参与了项目的大学的学生可以随时访问最先进的教育类相关资料，选择软件应用、计算及存储资源。

实际上，教育资源共享是由来已久的教育创新体系，前文提及的远程教育等应用，其本质都有共享资源的意味。而现在，随着信息技术的不断发展，这种共享的深度和广度正在迅速扩展，比如在广度上，由跨校、跨区、跨省正在向跨国甚至跨大洲共享发展。一定意义上，这也是现代学生的幸运之处，他们的视野比前人开阔了很多。

6.3.6 场景六 英特尔——私人定制的"电子书包"

英特尔的"一对一数字化学习"电子书包是将信息技术与教学过程紧密结合和高度融合的全新学习模式，它不仅仅简单地在网络支持下为学生提供人手一机的学习环境，更为重要的是，以学生为中心，在为每个学生提供计算设备的基础上，充分利用网络上丰富的教育教学资源，通过教师指导进行主动化的个性学习，既保留了课堂教学的形式，又充分地注意到学生个性化的学习特点。有助于课程标准和评价、政策、研究与评估、信息及通信技术、教师专业化发展等大要素相辅相成，互动发展。

目前，该项目已在全球70多个国家进行了大规模部署，并在全世界拥有700万学习用户，还有超过65家电脑生产厂商、500个教育应用软件公司与英特尔就此开展了合作。在中国，已有近1000所中小学部署了（或正在部署）"一对一数字化学习"电子书包。同时，英特尔已与7家硬件厂商、20家软件厂商、24家系统集成商合作，构建了完整的生态系统，为教育信息化的发展提供了重要的信息技术支持。基于其全球领先的信息及通信技术创新能力，英特尔正在为各地教育机构提供

开放、可靠、安全的数字化学习解决方案,确保不同系统、不同终端实现随时随地接入。

与此同时,2011年6月,英特尔"一对一数字化学习"教师培训计划在中国率先启动,到目前为止,已为千余人次的教师和校长提供了培训,使得众多教育工作者在利用信息技术辅助教学能力提升的同时,也了解并掌握了相应的创新电子化教学理念和模式。这在解决以往现代化教育设备使用率低下问题的同时,为学生的个性化和自主性学习提供了可能。

6.4 智慧教育的未来发展取向[1]

IBM智慧教育白皮书中所提到的"智慧教育未来的路标"也许能够帮助我们总结未来智慧教育的发展方向。在IBM看来,这些相互关联的路标是对传统教育机构的挑战,也是实现意义重大的持久性教育系统变革的机会,直接影响教育变革的速度和方向。

1. 技术渗透:数字化的一代已经出现,信息技术的使用一直伴随着这些互联网时代的学生成长。这些学生乐于接受技术,可以很好地适应并从智能手机、笔记本电脑、电子游戏机和虚拟现实世界中整合新功能。

2. 个性化学习路径:当学生和家长评估他们通过技术获得的教育机会时,他们定义了高度个性化的学习和技能拓展路径。学生越来越重视那些根据他们的能力、生活方式、需求和偏好而设计的科目和服务。在线课程入学率的增长速度表明学生希望利用技术提供教育机会的愿望。

3. 知识技能:在未来以服务占主导的劳动力市场竞争中,从业者需要具备不同的技能。随着农业和工业对劳动力需求的减少,学生需要掌握技能,使自己适应职业需求。教师和教职工使用互动性、个性化的合作工具来开发新的教学方法,使学生进入现实生活的情境体验,并在其中传递概念、促进学习和发展他们的终身技能。

4. 全球整合:技术进步消除了界定教育机构的传统条框。全球整合的世界将为教育机构创造机会接触新的学习者,帮助学习者获得新资源,并由此创造出结合更紧密的合作者和资源网络。这虽然会形成更激烈的竞争,但也意味着未来从业者更

---

[1] 智慧教育新势力 [EB/OL].http://www.digitimes.com.cn/newsite/businessnew/hydt/664840.shtml.

需要合作技能、更好地获得和管理信息的能力，以及更强的文化意识。

5.经济联合：快速转型的经济环境要求政府必须善于把握可持续性的发展机会。教育是实现21世纪经济繁荣的重要因素。人们越来越认识到教育体系在服务型经济中的重要性。相关部门倡导教育体系应当和地区经济发展计划、目标更紧密的联合。

未来教育信息化的发展离不开数字化终端和应用平台的建设、开放数字教育资源的布局和管理、软硬件平台的有机融合以及完善的信息化基础建设和教师培养。

另外，智慧教育系统先天的开放性基因不仅有利于各种配套设备的无缝接入，更重要的是还可以大大降低教师培训、学生入门等方面的成本，更加有利于教育资源和资金的有效配置。

教育信息化的大面积推广，需要资源和设备，需要政府主导和专家参与，最为根本的保障是队伍和机制，还需要校企合作，学校、家长、学生的共同参与。教育信息化是一个大课题，如果说信息技术的进步是推进教育信息化的有效催化剂，那么合理有效的资源技术应用与改进则是其保鲜剂。智慧教育的未来，我们拭目以待。

参考文献

[1] 许晔，孟弘，程家瑜，郭铁成. IBM 智慧地球战略与我国的对策 [J]. 中国科技论坛.2010(4).

[2] 杨现民. 从数字教育到智慧教育 [EB.OL].http://wenku.baidu.com/link?url=SLwbia9yan5NJOPbeHc0Z4tOPat9x8e5T93HgshrQqOZZV52rrAMw653XroTHw8p9qTCq2F7sW8d1Cpy5WTUntuRS5WCd539sW8cZEP-OxG.

[3] 马元福，李奇谦. 从数字教育到智慧教育的探索与思考 [J]. 中国教育信息化，2014(1).

[4] 杨现民. 信息时代智慧教育的内涵与特征 [J]. 中国电化教育，2014(1).

[6] 智慧教育 彰显智慧城市内在美. [EB/OL].http://news.xinhuanet.com/info/2013-09/30/c_132764075.htm.

[7] 黄荣怀，杨俊锋，胡永斌. 从数字学习环境到智慧学习环境——学习环境的变革与趋势 [J]. 开放教育研究，2012(2).

[8] 大数据下的智慧教育发展路径 [EB/OL]. http://news.xinhuanet.com/zhcs/2014-04/23/c_133283197_2.htm.

[9] "TEAM Model 智慧教室"——结合云端运算的智慧型教室 [EB/OL].http://www.habook.com.tw/eteaching/habook_epaper/2011/20110428_Smarter_classroom/20110428_Smarter_classroom.htm.

[10] RFID 智能数字图书馆系统的构建概述 [EB/OL]. http://www.cqn.com.cn/news/zjpd/wpbm/zxdt/969927.html.

[11] 9.5 智慧实验室建设方案 20140114[EB/OL]. http://wenku.baidu.com/link?url=qa9aaVwrLygtcO5EI-9i1WISfBDYBrV3yQBhBM34d6rKWzdNCCiwHJjZQjCdamltuD87AytLTsp7p6WDlX109LVf3q01XzJKNn766gS3EBC.

[12] 智慧教育新势力 [EB/OL]. http://www.digitimes.com.cn/newsite/businessnew/hydt/664840.shtml.

第 7 章　教师大数据软件应用与实践

```
                            ┌─ Moodle概述
                            ├─ Moodle教学应用
              基于MOODLE平台 ─┼─ Moodle课程评价
              的大数据教学应用 ├─ Moodle技术支持
                            └─ Moodle平台与教师校本学习

              基于SaKai平台的  ┌─ Sakai概述
              大数据教学应用  ─┼─ Sakai对研究性学习的支持
                            └─ Sakai大数据教学应用
教师大数据软件
应用与实践                    ┌─ 电子档案袋的定义
                            ├─ 电子档案袋的类型
              基于电子档案袋的 ├─ 电子档案袋评价的优势与特点
              教师大数据应用  ─┼─ 电子档案袋的开发平台
                            ├─ 电子档案袋的制作流程
                            └─ 电子档案袋的应用案例

                            ┌─ 社会性交互软件概述
              基于社会性交互软件的├─ 社会性交互软件的分类
              教师大数据教学应用 ┼─ 基于社会性交互软件的个人学习环境的构建
                            ├─ 基于社会性交互软件下的学习环境设计
                            └─ 社会性交互软件教育应用实例
```

　　教育大数据推动了教育变革的浪潮，网络开放教育与在线学习平台引发了教育由"数字支撑"到"数据支撑"的大转变；大数据通过数据分析与数据挖掘实现了个性化学习和多元教学评价，为研究每一位学习者提供了技术支持。如 Moodle、Sakai 等教学开源平台不仅为教师教学管理提供了有效服务与支持，也为学生提供了大量的共享课程资源，其相关学习行为数据的记录实现了对学习者学习过程的追踪；电子档案袋记录学习者在学习、工作中与自身能力有关的资料，为学生提供反思学业发展的材料以及与人共享知识的机会，为教师组织、管理与呈现学生学习成果提供了便利；社会性软件使网络应用由信息内容的互联转化为"人"的社会互联，并从人际网络延伸到知识网络、从创办者提供内容到用户自我生成、从组织集权到个人分权，从而为教师学习共同体的构建和专业协作交流提供平台。上述开源平台与软件既是大数据产生的基础，也是大数据时代的产物，在教育教学中的广泛应用必将促进教师专业化的进一步发展。

7.1 基于 MOODLE 平台的大数据教学应用

7.1.1 Moodle 概述

7.1.1.1 Moodle 与课程管理系统

课程管理系统（Course Management System）是为课程建立网站，老师可以在这个网站上发布课程大纲、教学计划、教学内容、布置作业、批改作业、公布学生成绩。课程管理系统往往还会为课程提供一些交流途径，如讨论组、聊天室，支持师生之间的交流。好的课程管理系统还会采集学生学习时的一些学习信息做数据统计，以便教师了解学生对课程内容的偏好、学习上是否有困难等。目前，课程管理系统也有很多，Blackboard、WebCT 等都是典型的课程管理系统，是由专门的公司开发制作的商业软件。产品收费高，一般是按使用人数收年费，每年费用可能还有上升。

Moodle 是由澳大利亚教师马丁·多基马斯（Martin Dougiamas）主持开发的开放源码的课程管理系统，它的英文全称是 Modular Object-Oriented Dynamic Learning Environment，即模块化面向对象的动态学习环境（上海师范大学的黎加厚团队将 Moodle 一词翻译为"魔灯"）。它是免费的开放源码软件，可靠性和安全性很高，几乎可以在任何支持 PHP 的平台上安装。其安装过程简单，并且支持多种类型的数据库。Moodle 遵守通用公共许可协议（GNU Public License），这意味着它有版权，但是用户仍然有很大的自由度。在不修改和删除原有许可协议和版权的前提下，用户可以拷贝、使用和修改。其开放的理念使得全世界的教师及爱好者都可以参与到系统的设计、开发中来，适合中小学基础教育、高等教育、职业技术教育、教师教育、企业培训等。

7.1.1.2 Moodle 的特点及优势

Moodle 界面、功能、插件可自由选择，教师按需组合即可，这极大地满足了教师的个性化需求。具有如下优点：

（1）教学活动有协作、活动、讨论等，体现社会建构性；

（2）课程列表显示了服务器上每门课程的描述，包括是否允许访客使用等；

（3）可以对课程进行分类和搜索；

（4）系统有较高的安全性，可以设置课程密码，只有获得准许的学习者才可以访问，所有的表单都会被检查，数据被校验，cookie 被加密；

（5）全职教师可以全面控制课程的所有设置，包括限制其他教师；

（6）可以选择课程的格式为星期、主题或社区讨论；

（7）灵活的课程活动配置——论坛、测验、资源、投票、问卷调查、作业、聊天、专题讨论；

（8）全面的用户日志和跟踪——在同一页面内统计每个学生的活动，显示图形报告，包括每个模块的细节（最后访问时间、阅读次数），还有参与的讨论等。教师可以跟踪学生的学习进度，而且还可以对学生的学习情况做出及时的反馈，以便及时发现问题；

（9）邮件集成——把讨论区帖子和教师反馈等以 HTML 或纯文本格式的邮件发送；

（10）自定义评分等级——教师可以定义自己的评分等级，并用来在论坛对作业打分；

（11）使用备份功能把课程打包为一个压缩文件。此文件可以在任何 Moodle 服务器恢复。

表 7-1　Moodle 教学行为示例

	对教师的支持	对学生的支持
Moodle 支持的教学行为示例	资源上传与管理	
	给学生提供学习资源	下载资源
	设计教学活动	参与小组活动
	布置、回收、查看、评价学生作业	提交作业，查看教师对作业的评语
	组织学生非实时讨论	参与讨论
	组织学生实时讨论	参与讨论
	计算学生分数	
	在线测试	参加在线测试
	学生跟踪	
	教师社区	
不能支持的教学行为示例	在线实时视频授课	
	语音答疑	

注：转引自北京大学教育学院网络小组的《Moodle 教师手册》。

7.1.2 Moodle 教学应用

7.1.2.1 注册账号与开设课程

（1）用户如果是第一次进入 Moodle 平台，在访问课程之前，需要先申请一个新账号才能登录该课程。打开 Moodle 课程，点击右上角的"登录"按钮，然后在新网页中点击"注册"按钮（如图 7-1 所示），注册一个新账号。

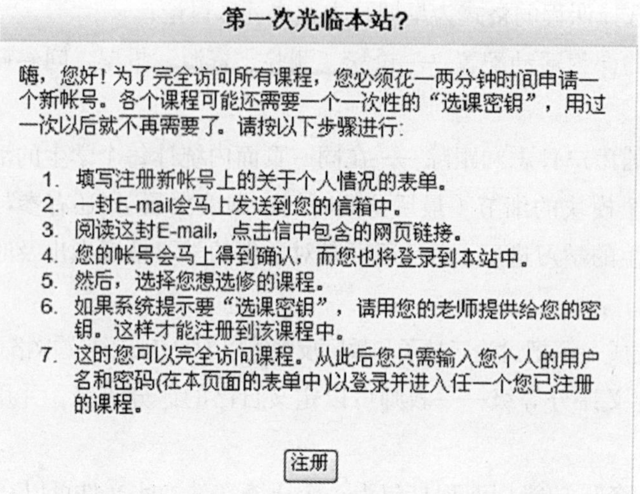

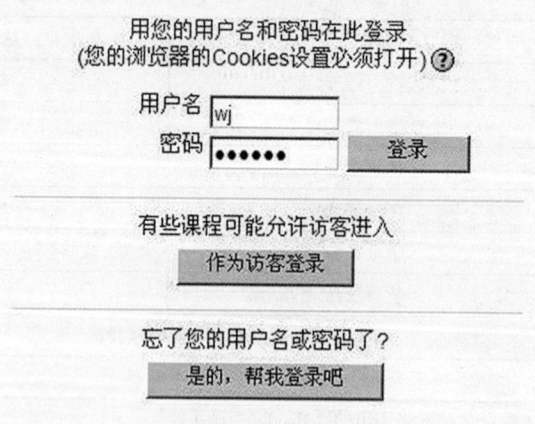

图 7-1 Moodle 注册界面

（2）填写自己的信息，包括：用户名、密码、邮箱地址、姓名、所在城市及区县，来自哪个国家和地区。信息填写完之后点击"创建新账户"按钮，系统就会把一封确认邮件发送到注册邮箱。再次打开 Moodle 平台，进行用户登录。

图 7-2　用户登录界面

（3）输入用户名和密码，点击"登录"按钮，进入 Moodle 课程主页面。

如果 Moodle 已经有开设的课程，那么在主页面上就会显示所有的课程。有些课程允许访客访问，可以直接打开浏览，但不能参与其中的教学活动；有些课程不允许访客访问，需要先注册。如果开课教师没有设置密钥，可以用账号登录并以学生的角色参与学习。

如果用户想要自己开设一门新课程，在页面点击"课程申请"按钮，如图7-3所示：

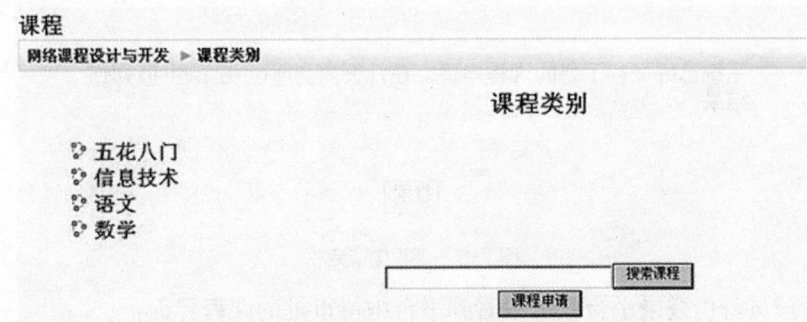

图 7-3　课程申请界面

填写课程申请表单。图7-4、图7-5是申请"探究酸雨"课程的样例。

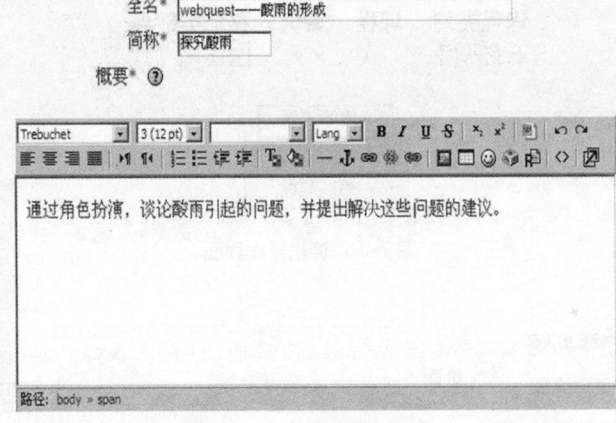

图 7-4　课程信息填写

图 7-5　课程申请原因填写

课程申请完毕后点击"保存更改"按钮。该课程需要等待管理员通过课程申请要求才能生效，如图 7-6 所示。

图 7-6　课程申请完成

以管理员身份登录平台，可以看到平台中待审批的课程界面：

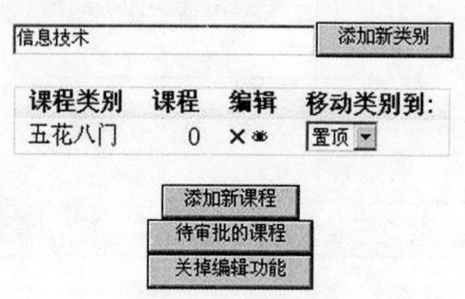

图 7-7　课程管理界面

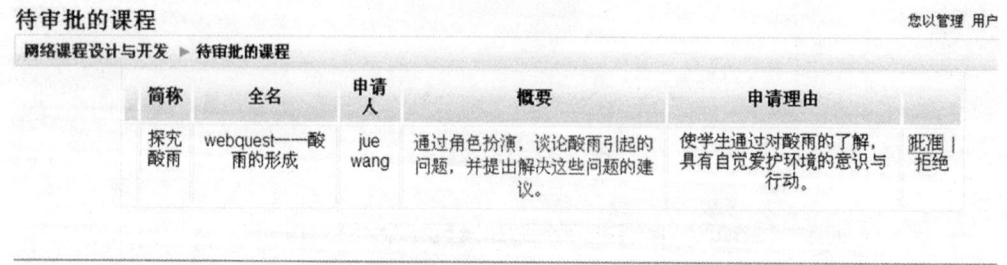

图 7-8　待审批的课程

待课程申请成功后登录 Moodle，用户即可在首页上看到自己添加的那门新课程，点击该课程，进入课程界面进行编辑。这时候的课程是没有内容的，需要先进行课程设定。在左侧的"管理"模块中点击"设置"（如图 7-9），这时将弹出"课程编辑设定"页面，可以对课程的各个元素进行设置（如图 7-10），然后填写或选择相关课程信息即可。

图 7-9 课程设置界面

图 7-10 编辑课程设定界面

续表

为了方便操作，下面对几个必填、选填项目进行说明，具体情况如表7-2所示。教师可以参照"举例"对课程进行简单设置，其余元素一般只需按照默认即可。

表7-2 Moodle课程属性设置

元素	作用	举例
类别	为了便于课程归类管理，管理员会事先设置好各学科的分类，教师可根据自己开设的课程在下拉列表框中选择相应的类别。如果找不到合适的类别，可以选择"五花八门"。	以"了解酸雨"课程为例，它属于"科学/小学"，点选它就可以了。
全名	课程的全称，这个课程全称会显示在屏幕顶端和课程列表里。	输入课程名称"了解酸雨污染"。
简称	当课程名字过长时，选取简要的关键字词作标题。它将会使用在不适合用长名字的地方，比如描述课程的路径时用的就是简称。	输入简称"环境污染"。
概要	描述该课程的主要内容、中心思想、适合的学习对象等。	输入：通过本次探究活动让学生知道酸雨的严重危害，更深入了解环境保护的重要性。设计合理、可行的治污措施。
格式	以不同风格呈现课程，常用的是星期和主题两种格式，有学期、学段的内容更适合选择星期格式。	该课程以多个主题来实施教学，因此选择主题格式。
课程开始日期	课程向学生开放的最早时间，不选就是默认当天的时间，在此之前学生不能选学该课程。	选择默认时间。
课程可被选	是否允许学生选课。	选择：是。
选课时间	允许学生学习课程的时间段，如果此项被设置，那么指定的时间过后，学生会被系统自动退出系统。如果不想设置它，那么学生会一直在课程中，直到被手工请出或者由清理功能删除。	默认：无限制。
星期/主题的数目	与上面所选择的星期、主题相匹配。"星期"格式指定课程从开始之日起延续的星期数。"主题"格式指定课程中的主题数目。	该课程由5个主题组成，选择数目：5。
小组模式	无小组：没有小组，每一个人都是这个集体中的一员； 分隔小组：对所有学生进行分组，只能进行组内交流，不能看到其他组的情况； 可视小组：对所有学生进行分组，不仅可以看到组内成员的情况，还可以了解其他各个小组的学习状态。	选择默认：无小组。
课程选课密钥	如果该课程很重要，只希望本校本班级学生学习，不让其他人进来，可以设置密钥来实现。	否则留空即可，那么任何在本站的注册用户都可以直接进入此课程学习。

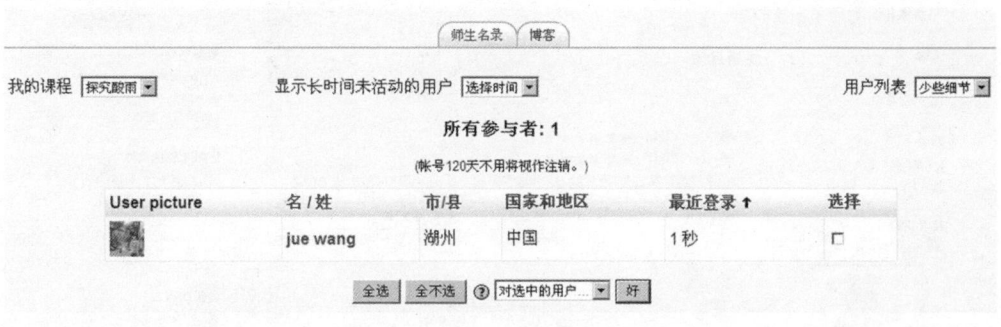

图 7-11　个人信息界面

可以在个人资料里加入自述，进行自我介绍。自述信息可以呈现出来，供学生了解，还可以上传自己的照片或者个性图片等。修改完毕后点击"更改个人资料"按钮即可。

7.1.2.2　设计课程界面

1. 课程设计

课程设计主要解决"教什么"的问题，不管是传统课堂还是基于网络平台的课程教学，教师进行有效的教学设计是教学得以实施的前提与基础。具体包括课程设置依据的选择，课程标准、课程目的、课程目标的确立及课程内容的选择与组织等。基于 Moodle 的课程设计可以包含以下几个要素：

①设计者基本信息和课程基本信息。包括设计者的基本信息，如设计者姓名、学校、电子邮件；课程基本信息，如课题、学科、班级、教时、日期。

②课程概述。包括教学目标和教学目标的制定依据。制定依据又分为对教材的分析和对学生的分析。

③教学过程。包括教师在教学过程中所需的所有资源和活动，如知识讲解、学生作业、协作、讨论等。

2. Moodle 课程编辑界面中的常用图标

点击右上角的"打开编辑功能"，切换到课程编辑页面后，如图 7-12 所示。

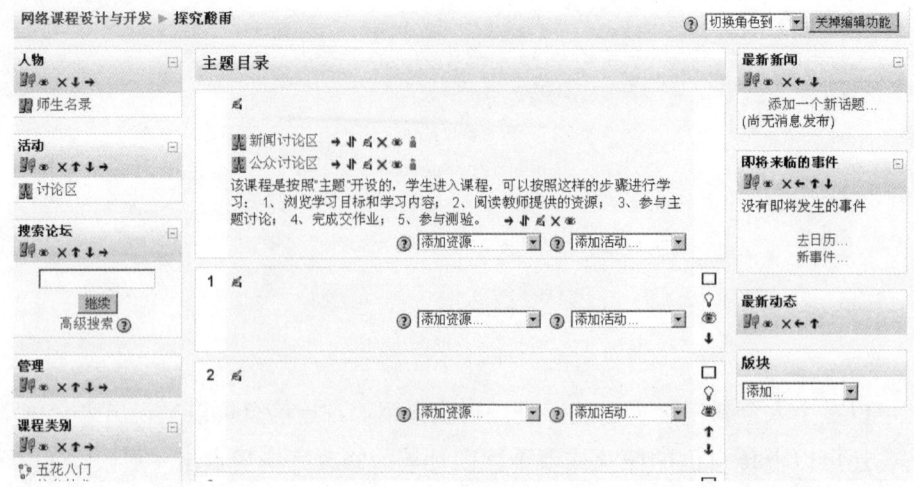

图 7-12　课程编辑界面

下面对 Moodle 课程编辑界面中的常用图标进行介绍：

帮助：该图标提示关于元素的相关信息，包括功能介绍、使用说明等。

右移：该图标用于将课程元素放置在主页面的右边，类似的还有左移图标、下移图标和上移图标。

移动：该图标用于改变元素在课程中的位置，与"移到这里"配合使用。

移到这里：在使用了"移动"后，该图标标识可以放置元素的所有位置。

更改：进入选定元素的设置页面，进行元素设置的修改。包括名称、摘要等。

删除：该图标将永久地从该课程中删除选定的元素，需在接下来的提示页面中进行删除操作的确定。

隐藏：点击该图标将隐藏当前元素，对学生不显示，对教师反白显示。

显示：为隐藏的反操作，点击该图标将对教师、学生显示当前元素。

标记：该图标允许将一个学习主题或单元标记为当前主题。

只显示当前主题：该图标允许只显示当前主题，隐藏除了当前主题的其他主题。

显示所有主题：该图标能够重新显示课程中的所有主题。

3. 美化课程界面

在课程界面中，通过友好的界面设计和界面美化，丰富课程界面内容，营造更利于学习和讨论的环境。可以在课程界面的右下角看到"版块"功能，如图

7-13 所示。

图 7-13　课程版块界面

"版块"的"添加..."中,可以看到很多不同的版块,如图 7-14 所示。

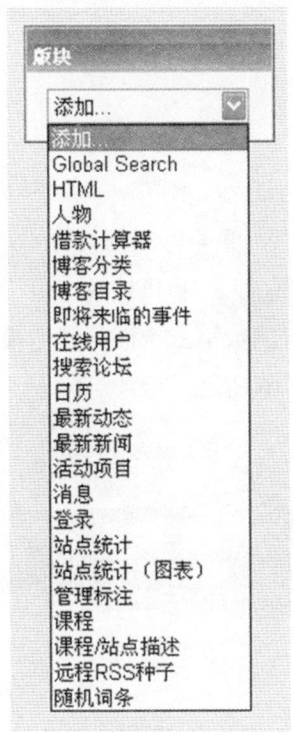

图 7-14　课程版块模板

选择相应的功能,系统将自动为课程界面添加相应的版块,用户可以进行功能配置。

HTML 版块通过向内容中输入不同的 HTML 代码可以实现不同的功能运用,如填入教学视频、天气预报、时钟等。通过"编辑"进入配置页,如图 7-15。

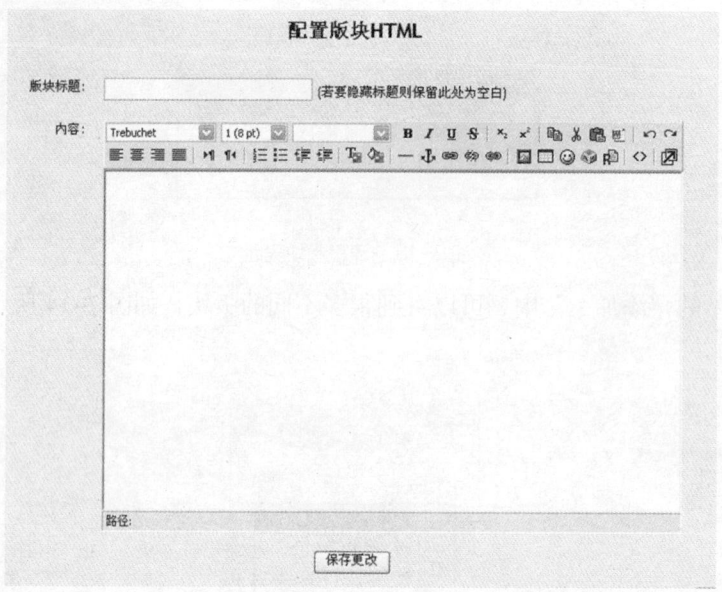

图 7-15　配置版块

在"版块标题"中填入"时钟",也可缺省不填。

通过内容工具栏中第二行倒数第二个图标"切换到 HTML 代码模式",切换到 HTML 代码模式,界面如图 7-16 所示。

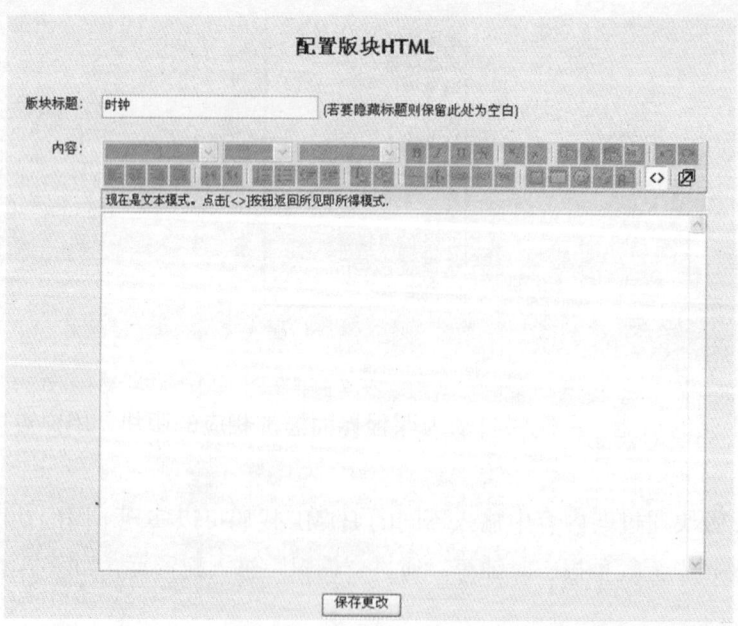

图 7-16　HTML 配置界面

通过内容文本框中填入下列 HTML 代码。

```
<objectclassid="clsid:D27CDB6E-AE6D-11cf-96B8-444553540000"
codebase="http://download.macromedia.com/pub/shockwave/cabs/flash/swflash.
cab#version=6,0,29,0" width="180" height="180">
<param name="movie" value="http://www.1t2t.com/flash/1.swf">
<param name="quality" value="High">
<param name="wmode" value="transparent"> <!-- 这里代码可使Flash背景透明
-->
<embed src="http://www.1t2t.com/flash/1.swf" width="238" height="238"
quality="high" pluginspage="http://www.macromedia.com/go/getflashplayer"
type="application/x-shockwave- flash" wmode="transparent"></embed>
<param name="bgcolor" value="#800000">
</object>
```

图 7-16　HTML 代码窗口

点击"保存更改",系统会自动跳转到课程界面页,可以看到时钟已经成功地添加到了 HTML 版块中,然后点击"关闭编辑功能",如图 7-17 所示。

图 7-17　时钟窗口

以上是教师建立一门新课程的前期设置,信息填写完毕后再检查一遍,点击"保存更改"按钮就可以了。这时候再次进入到课程主页面,刚才设置的主题格式便会显示在网页中间,如图 7-18 所示。

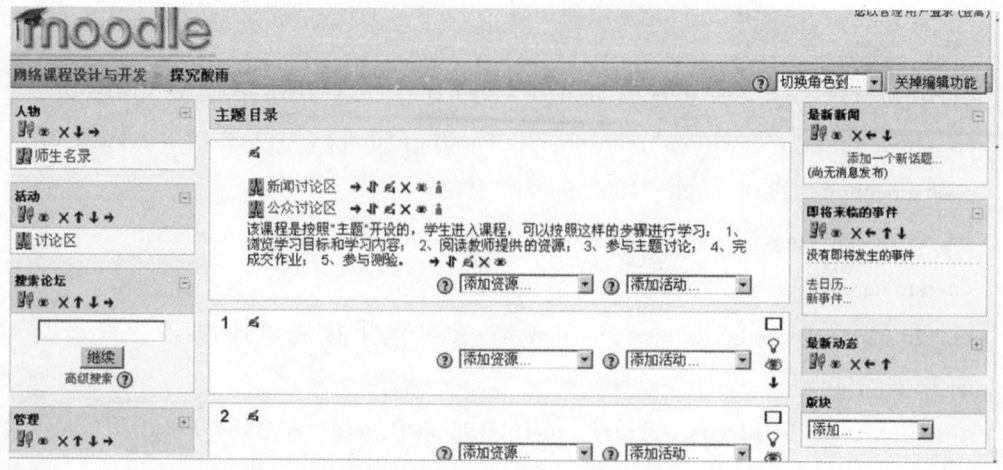

图 7-18　设置完成的课程界面

7.1.2.3　创建教学资源与教学活动

Moodle 课程平台包含有丰富的教与学活动，提供了灵活的课程活动配置模块——资源、论坛、测验、投票、问卷调查、作业、聊天、专题讨论等。

"资源"模块的功能是把教学内容导入课程，可以是上传到课程服务器的文件（包括图片、PPT、Word 文档、Flash 动画、视频等），可以是直接在 Moodle 中编辑的网页，或者是用来呈现课程部分内容的外部网页等。资源模块也是教师教学的电子黑板，供学生学习和使用。同时，教师对学习内容、问题、资源的设计也为其他教师提供了很好的教学案例。

Moodle 平台的聊天室、论坛、互动评价、专题讨论等活动模块功能为师师、师生和生生之间的交互提供了便利，有利于师生紧密围绕知识主题进行互动。教师既可以随时掌握学生的学习情况，学生也能更好地把握和理解学习内容及教师意图。

Moodle 平台提供的投票、测验、问卷调查等统计模块是教师教学中的辅助工具。教师通过调查可以清楚地了解学生对知识的掌握情况及对教学过程中的满意程度，便于教师制订下一步教学计划。

1. Moodle 资源模块中标签的使用

以教师身份登录 Moodle 相应的网站，进入已经开设的课程，并打开右上角的"打开编辑功能"。点击"添加一个资源"的下拉列表，选择"插入标签"，如图 7-19 所示。

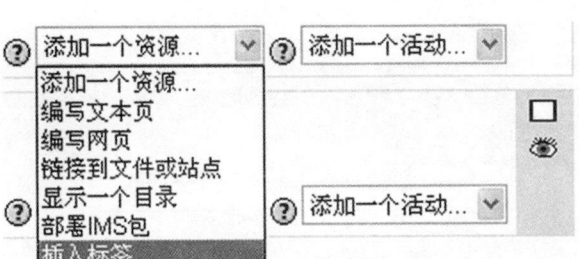

图 7-19　插入标签界面

编辑插入的标签内容，如图 7-20 所示。在编辑页面中写下学生学习这门课程需要的步骤或注意事项，点击"保存更改"。

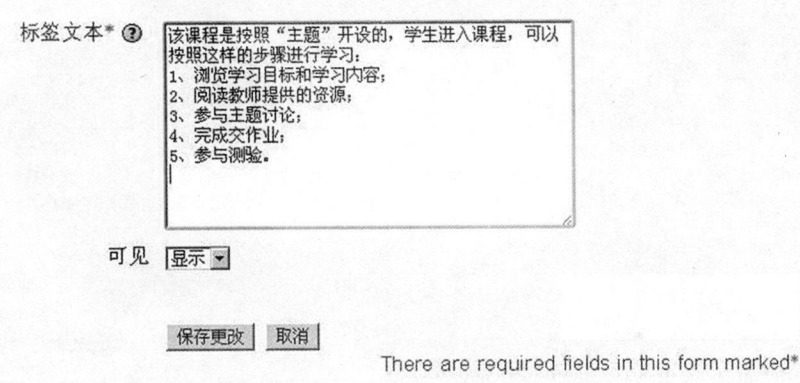

图 7-20　标签内容编辑

2. Moodle 资源中文本页的使用

在编辑状态下，点击"添加一个资源"，选择下拉列表中的"编写文本页"，如图 7-21 所示。

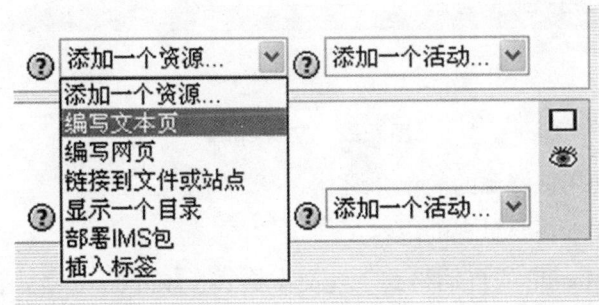

图 7-21　编写文本页界面

在编辑页面中，详细填写文本页的"名称""概要""全文"。如图 7-22 所示。

图 7-22　文本页编辑

概要：是对使用该资源的简单介绍。

全文：是该文本页要呈现的内容。

格式：包括 Moodle 的自动格式、纯文本格式、Markdown 格式；选择不同的格式，所编辑的文本页会有不同的显示方式。使用"Moodle 的自动格式"时，文本页内容会按照所编辑的文本段落方式显示，添加的表情图标符号代码会以图形显示；在"纯文本格式"下，文本页按照所编辑的文本段落方式显示，但是添加的表情图标符号只能以代码形式显示;"Markdown 格式"下,文本页内容不分段落显示,表情图标以图形形式显示。通常情况下建议使用 Moodle 的自动格式。

窗口:点击"显示设置"可以选择该文本页是在原窗口中显示还是在新窗口中显示。

可见:该文本页面是否向学生开放。

更改这个资源:点击该按钮可以随时更改资源。

最后点击"保存更改",文本页创建成功。

3. Moodle 活动中投票的使用

"投票项目"主要是由教师问一些问题,并指定一些供学生回答的选项。它可以用于进行线上投票,激起学生对某些问题的思考;允许全班决定课程的方向;或者收集一些研究资料等。若启动限制被选择次数功能,还可以让学生按兴趣分组使用。

以教师身份登录相应网站进入自己的课程,在编辑状态下,点击"添加一个活动",选择下拉列表中的"投票",如图 7-23 所示。

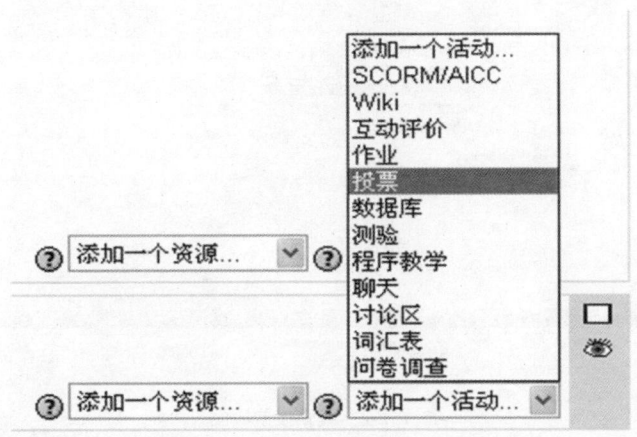

图 7-23　添加投票界面

在编辑页面中,详细填写投票名称、投票文本、投票选项,如图 7-24 所示。点击"保存更改",该投票项目即建立成功,如图 7-25 所示。

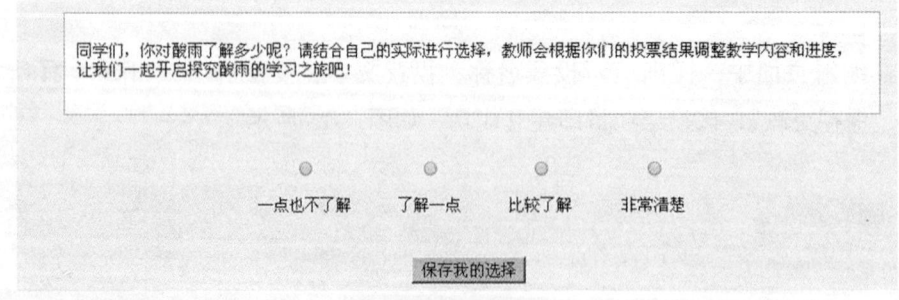

图 7-24　编辑投票界面

图 7-25　投票界面

教师可以随时查看学生投票的结果，点击投票页面右上角的"查看回复"。

4. Moodle 活动中讨论区的使用

讨论区是 Moodle 中一个强大的交流工具，讨论区是实施在线讨论话题的主要工具，也是设计有关交际类型课程的核心组织方式。

在讨论区里，教师和学生之间的交流打破了空间和时间的限制，可以实现教师和学生的异步交流。针对这个特点，学生可以自主选择时间来回复讨论区上的帖子。许多研究表明，比起课堂发言，更多的学生愿意参与异步讨论区的讨论。讨论区的参与也是探究式学习的一部分，可以帮助学生深入理解所学的内容。

"讨论区"内，师生可以通过多种不同的方式（如教师专属、课程新闻、对外开放等）进行非即时的沟通，还可以对每个帖子进行互相评定，帖子中可含附件。订阅讨论区可以使订阅者能够通过电子邮件及时收到最新的帖子。

讨论区通常有三种类型：

① 单个简单话题。一个简单的话题，集中在一个页面上。对简短、集中的讨论很有用处。

② 一般用途的标准讨论区。一个开放的讨论区，任何人都可以随时开始一个新的话题，是最好的通用讨论区。

③ 每个人发表一个话题。每个人都可以发表一个帖子(其他人可以回复)。当教师希望每个人都能够发表一个话题，谈谈他们自己的想法，同时允许其他人回复时，这种方式比较有用。

在编辑状态下，点击课程界面中央的"添加一个活动"下拉列表框，选择"讨论区"，这时课程界面切换到如图 7-26 所示，增加了一个"环境污染"讨论区。

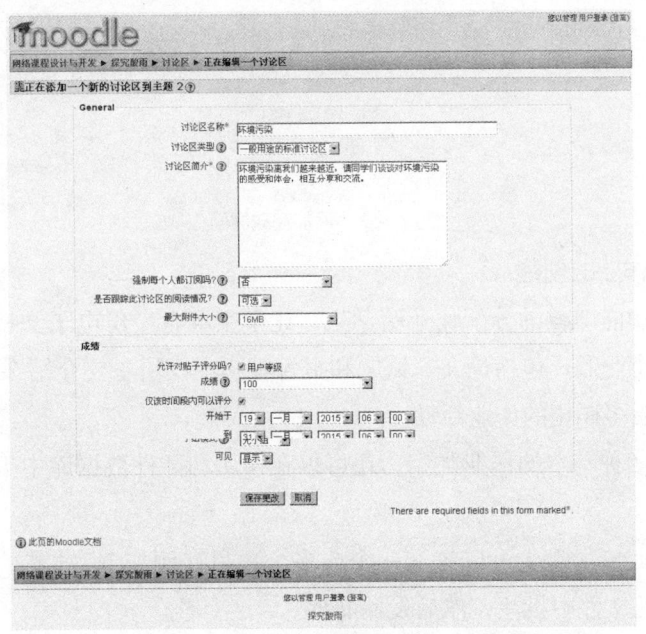

图 7-26　编辑讨论区

点击"保存更改"后，会出现"添加一个新讨论话题"，如图 7-27、图 7-28 所示。

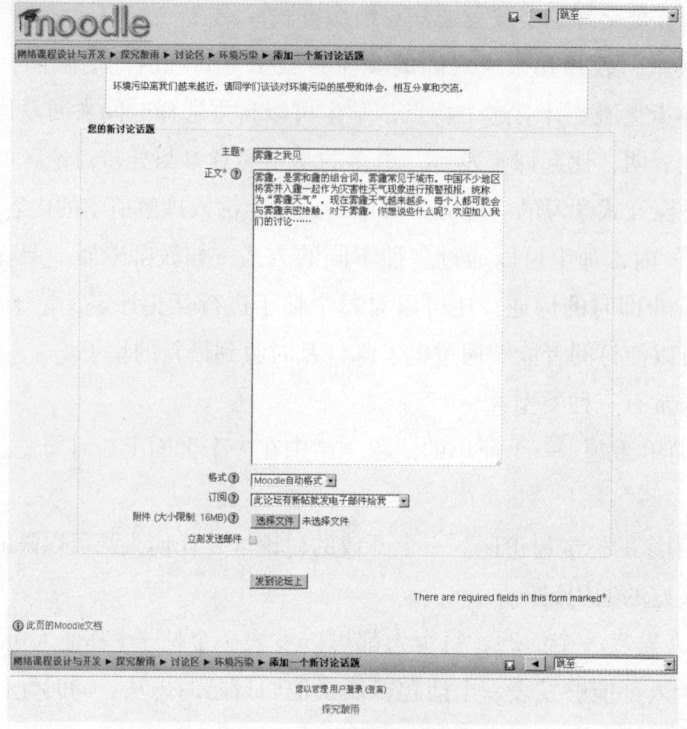

图 7-27　添加新讨论话题

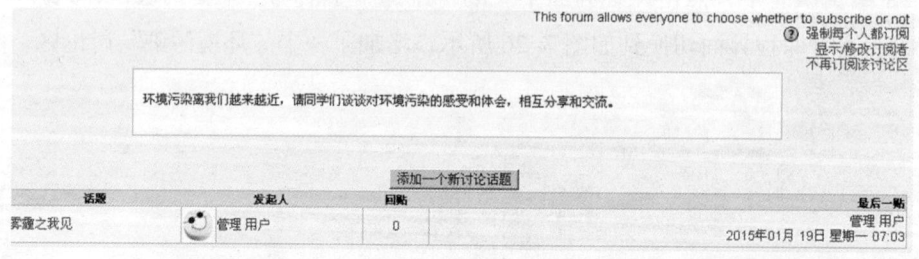

图 7-28　添加完成界面

7.1.2.4　作业的创建

作业项目功能即教师分配作业给学生，让学生准备一份电子文档，并上传到服务器。常见的作业形式包括论文、试题和报告等。本模块主要介绍在 Moodle 中如何创建作业，开展多样化的作业活动。

Moodle 有四种基本的作业类型，还可以在模块和插件数据库中下载其他类型的作业。

高级文件上传：学生可以提交一个或多个项目，例如 Word 文档及其备注。教师可以在上传的文件中批注，然后发回文件。

在线文本：学生能够应用文本编辑器直接在 Moodle 中输入答案。

上传单个文件：通常学生只能提交一个文件，例如 Word 文档或 PPT。

离线作业：教师对于学生在 Moodle 之外完成的作业可以给出成绩。

1. 教师布置作业

打开 Moodle 的编辑功能，点击"添加一个活动"的下拉菜单，选择"作业"，具体操作如图 7-29 所示。

图 7-29　作业

在作业编辑界面，输入作业名称，将作业内容输入到"描述"框内，如图 7-30 所示。

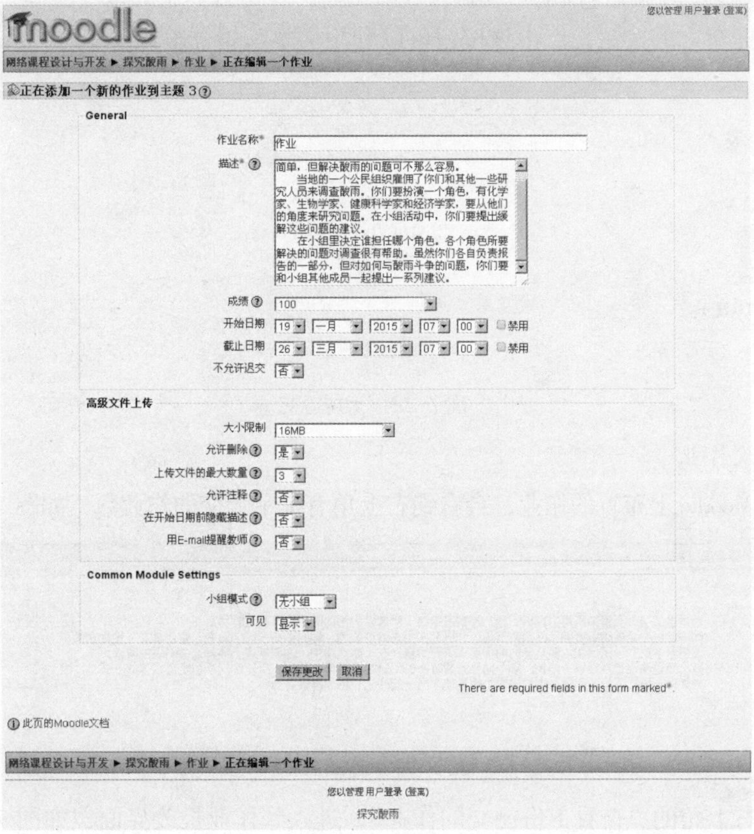

图 7-30　编辑作业

点击"保存更改"按钮，进入下一页，如图 7-31 所示。这个上传文件是相对于教师来说的，教师可以上传对这份作业的补充资料。

图 7-31　上传文件

2. 学生提交作业

学生如何提交作业呢？在"上传单个文件"和"高级上传文件"作业类型中，学生们能够看到一个"上传文件"按钮，点击该按钮可以打开文件选择器，然后就可以选择需要上传的文件了，如图 7-32 所示。在在线文本作业中，学生们将会看到"添加提交"的按钮，点击该按钮可以利用文本编辑器输入答案。

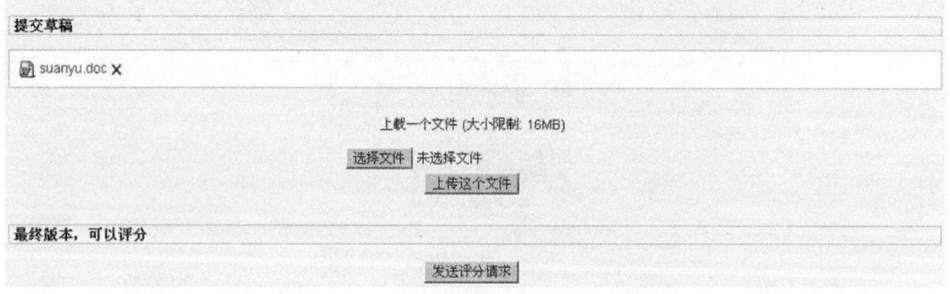

图 7-32　添加提交

3. 批改作业

打开 Moodle 上布置的作业，会看到右上角有提示上交的作业数，如图 7-33 所示。

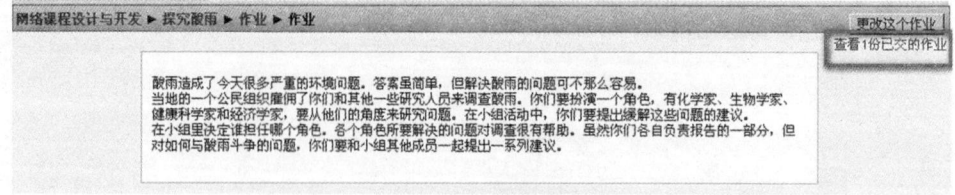

图 7-33　作业汇总

点击右上角的"查看 1 份已交的作业"，进入到作业批改界面，如图 7-34 所示。

图 7-34 作业批改

可以看到有位名叫"qj"的学生已经上交了作业,点击中间学生上传的文件,选择打开或下载。查看了学生的作业后,在与该学生对应的右侧"成绩"处点击,进入教师的批改界面,如图 7-35 所示。

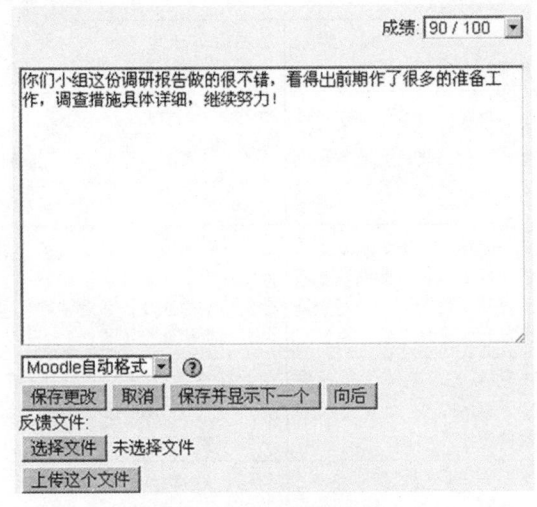

图 7-35 教师批改界面

文本框中输入教师评语,在成绩下拉框中选择分数,点击"保存更改",完成该作业的批改。

7.1.3 Moodle 课程评价

课程评价主要解决的是课程设计方案及实施方案的切合性,是在教学过程结束后进行的,包括评价指标的确立、评价方法的选择和评价结果的反馈等。

阶段	具体内容	等级		
		优	良	中
课程设计阶段	课程设计撰写	课程设计思路清晰、文字通顺,书写规范。	课程设计思路较清晰,文字通顺,书写规范。	课程设计思路较清晰,文字较通顺,书写较规范。
	教学目标	课程设计的目的、任务明确;对综合运用所学知识、能力训练、素质培养的要求明确,内容具体。	课程设计目的、任务明确;所学知识、能力训练、素质培养的要求较明确,内容具体。	课程设计目的、任务较明确;所学知识、能力训练、素质培养的要求较明确,内容比较具体。
	课程主题设计	课程主题为学习课堂计划提供主题框架,并能抓住学生的兴趣。	课程主题为学习课堂计划提供主题框架,较能抓住学生的兴趣。	课程主题没有能够连接课堂计划的主题框架,不能吸引学生的兴趣。

续表

阶段	具体内容	等级		
		优	良	中
课程设计阶段	课程问题设计	课程设计了明确的问题，且问题都与课程内容有密切的关联，对课程主题和教学目标有很强的支持。	课程设计了明确的问题，问题都与课程内容有关联，对课程主题和教学目标有支持。	课程设计了较明确的问题，且问题都与课程内容有关联，与课程主题和教学目标没有直接的关系。
	课程内容设计	符合课程教学要求，课程的深度、广度与分量适当。	符合课程教学基本要求，课题的深度、广度与分量适当。	基本符合课程教学基本要求，课题的深度、广度与分量基本适当。
	课程结束设计	强有力地进行总结，以联系课的开头和主体部分。	简要而迅速地总结课的开头和主体部分。	简要地总结了课的开头和主体部分。
课程实施阶段	教学情境	课程设定一个引入情境，激发学生的兴趣，指导学生设定小组活动的主题。	课程设定一个引入情境，但没有激发学生的兴趣，也没有指导学生设定小组活动的主题。	课程没有设定一个引入情境，因此，教师直接规定小组活动的主题。
	教学活动	教学活动促使学生致力于获得和应用知识，能够很好地激发学生的兴趣，并对学习内容和学习目标做出决策。	有少数教学活动促使学生致力于获得和应用知识，能够激发学生的兴趣，并对学习内容和目标做出决策。	仅用讲授这种形式向学生呈现教学内容和学习目标，没有激发学生对学习的兴趣。
	教学互动	在教学中，提供了很好的交互机会，能充分进行有效的师生互动。	在教学中，提供了交互机会，能较充分进行有效的师生互动。	在教学中，提供了交互机会，能较充分进行师生互动。
课程评价阶段	评价方法	课程计划包括多种科学、规范的评分标准和评定方法，以检测学生的学习情况并展示学生所掌握的知识，包括学生自我评定和同伴评定。	课程计划包括少数几种不同的科学、规范的评分标准和评定方法，以检测学生的学习情况并展示学生所掌握的知识，包括学生自我评定和同伴评定。	课程计划包括少数几种不同的科学、规范的评分标准和评定方法，以检测学生的学习情况并展示学生所掌握的知识，包括少数学生自我评定和同伴评定。
	反思	课堂计划中给教师和学生反思本堂课的效果预留了时间，以便在下一堂课中加以改进。	课堂计划允许教师和学生对本堂课的效果进行反思，但没有提出在下一课中的改进建议。	课堂计划简要地给教师和学生就反思本堂课的效果预留了时间，以便将来改进，但没有提出改进意见。
课程评价阶段	综合评价	认真贯彻因材施教的原则，注重培养学生的实践能力与合作精神；能够严格要求学生，注重素质教育。达到了基本训练与综合运用所学知识的教学要求。	能够贯彻因材施教的原则，培养学生的实践能力与合作精神；能够较严格地要求学生，注重素质教育。	能够贯彻因材施教的原则，培养学生的部分实践能力与合作精神；注重素质教育。

7.1.4 Moodle 技术支持

下面几个网站有对 Moodle 平台的详细介绍，并提供了软件下载、教程、课程、案例、体验等多项资源与技术支持，供各类使用者全面了解与使用 Moodle 平台。

7.1.4.1 Moodle 官方网站 https://moodle.org/

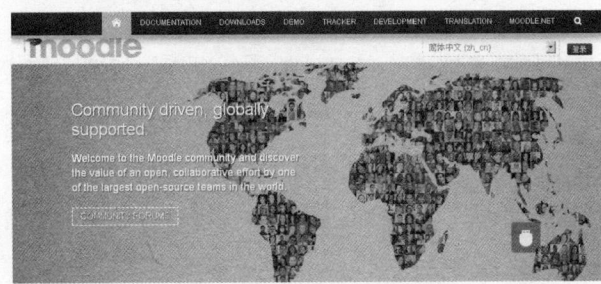

图 7-36　Moodle 官方网站

7.1.4.2 EMoodle 中文技术网　http://www.emoodle.org/

图 7-37　EMoodle 中文技术网

7.1.4.3 E 之家　http://www.aieln.com/

图 7-38　E 之家

7.1.5 Moodle 平台与教师校本学习[1]

基于 Moodle 平台的校本培训，不再是单一的讲授式授课，而成为一种有效的互动式的交流和学习。采用基于资源的协作学习，做到了教师个性要求与学校改革发展相一致；利用网络拓展了培训空间，实现了发展性培训的目的。

7.1.5.1 传统校本培训及其面临的问题

1. 多一次性培训，少发展性培训

目前校本培训更多的是针对教师未能达到教育部门规定的某种要求而采取的培训，这种培训主要面向过去的不足，通过培训以达到现在的规定与要求，这种一次性培训更强调对现代教育所需新知识、新方法和新技能的培训与学习。[2]

在终身教育成为时代要求、学习化社会成为时代特征的背景下，不断学习并提高自身素养成为社会对教师的要求。因而，校本培训的出发点应该立足于长期发展，而不是一次性培训；应从促进教师专业发展的角度引导和促进教师不断发展，使学校真正成为学生成长和教师发展的地方。

2. 多共性培训，少个性培训

培训任务往往是学校领导为解决本校存在的共性问题而确定的。这样做确实解决了当前的突出问题。然而，由于教师的专业背景、工作年限、学习经历等各不相同，有不同的学习需求，因此，应针对不同教师制定多元化的培训目标和培训内容。传统环境下的校本培训很难兼顾每个教师的个性化发展需求。因此，在现行的校本培训中多是一种从学校到教师的单向作用，教师很难有机会系统地表达自己对问题的看法以及解决问题的具体过程，任务的确立不能兼顾所有教师的个性需求。

3. 强调外部压力，缺少内部激励

传统培训活动大多依赖于"外力"的推动，注重外部规章制度的约束和各种诸如分数、证书和职称等外部诱因的利用，更多的是把培训看成是学校的一项工作任务与内容来开展。这样的培训无法从内部激励教师，很难长期有效。

因此，校本培训的管理应充分尊重教师自身发展的心理需要，引发强烈的需求动机，使教师综合利用资源，选择自己需要的、有兴趣的内容来提高知识素养，进行深刻的经验反思和广泛的实践探究，完善知识结构，在自主的实践活动中不断追求、不断进取、不断创新，从而促进自我完善和自身价值的实现。

---

[1] 邱相彬. 基于 Moodle 平台的教师校本培训 [J]. 教学与管理，2010(11)
[2] 张祖春. 校本培训实施指南 [M]. 首都师范大学出版社，2004.

7.1.5.2 基于 Moodle 平台的校本培训的特点

Moodle 是建立在建构主义学习理论基础之上的，支持多样化的教与学方式，可以在这个平台上构建学习共同体，进行各种教育教学活动。它还包括了目前在教育中应用比较广泛的社会软件（如 Blog、Wiki、BBS 等），给继续教育培训带来了很大的生机。它注重多样化的评价和实施，注重教学过程中的及时反馈。[1]因而，基于 Moodle 平台开展校本培训有不同于传统培训的独特优势：

1. 搭建了可持续培训的平台，使教师能够灵活学习

Moodle 是一个超越时空的在线培训环境，在这个平台里可进行一系列问题讨论，其中还提供了很多的实例、反馈和不同的观察视角，使受训教师能够掌握学习内容之外的知识，并能把学习与培训目标更紧密地结合起来。面对面地沟通与在线学习环境相结合，促进学习者积极参与、互动协作。

2. 以问题为起点，将实际教学中的问题与理论知识联系起来

Moodle 平台提供了大量的学习资源和学习活动，让教师能够随时随地地学习交流，及时发现问题、解决问题。教师借助平台资源，以问题为起点，围绕问题收集、整理资料，剖析问题本质，探索、吸收隐藏在问题背后的科学知识，将实际教学中的问题与理论知识联系起来。

3. 以教师专业成长为最终目的

校本培训是教师专业成长的重要方式。基于 Moodle 的校本培训抛开了"外部压力"，使培训常态化，让 Moodle 作为教师不断成长的见证。因此，在培训的管理评价上，少了功利目的，多了真实评价。每位教师的学习记录是专业成长的重要体现，在作业、讨论区、心得报告、维基、共享组件应用模式（SCORM）等活动中都留下了教师的作品、发言、研究论文等。

7.1.5.3 基于 Moodle 平台的校本培训设计

参考黎加厚编写的《信息化课程设计——Moodle 信息化学习环境的创设》一书中关于基于 Moodle 平台学习环境创设的相关步骤[2]，再结合校本培训的特点，整个培训设计的思路用图 7-39 来表示：

---

[1] 黎加厚.Moodle 课程设计 [M].上海教育出版社，2007.
[2] 黎加厚.信息化课程设计——Moodle 信息化学习环境的创设 [M].华东师范大学出版社，2009.

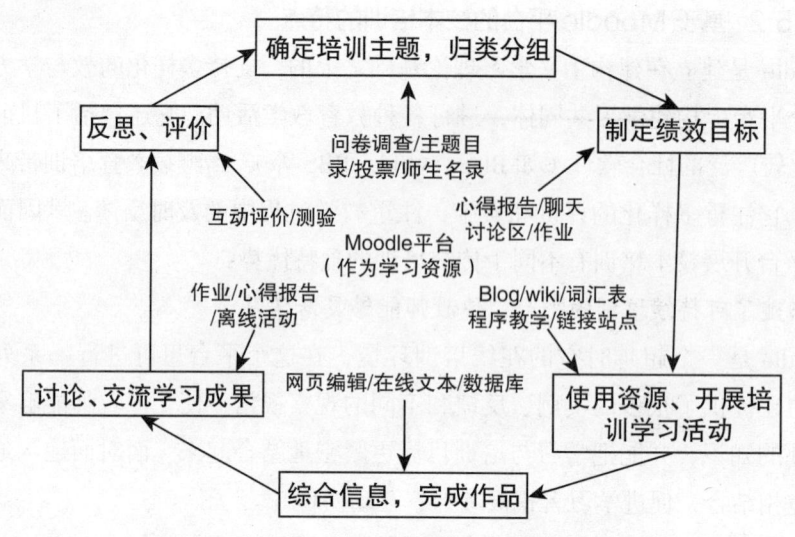

图 7-39 基于 Moodle 的培训设计

图 7-39 的中心是 Moodle 平台，表示整个学习是紧紧围绕 Moodle 平台构建的学习环境展开的；最外围的六个方框代表六个学习步骤；中间指向方框的是与学习过程对应的 Moodle 平台功能。

1. 确定培训主题，归类分组

教师专业发展不能离开教学，而教学无疑是在学校改革这一大环境下进行的，因此，教师的专业发展必须与学校改革同时进行。前期分析就是在学校教学改革方向的总指导下，对培训目的、培训对象、受培训者需求进行分析。

具体来讲，假如学校要加快新课程教学改革的速度，那么，在这个主题的引领下，首先应对全校教师做一个调查分析，让不同学科、不同年级、不同年龄的教师提出工作中存在的问题，以及需要在培训中解决的问题；然后，对问题进行汇总归类，在培训过程中根据问题确定不同类型的学习小组。

2. 制定培训要达到的绩效目标

在基于 Moodle 平台的信息化培训中，要由学校制定统一绩效目标，根据不同类型教师的内在需求，确定更加具体的小组绩效目标，以激发不同教师学习的主动性与创造性。

基于 Moodle 平台的信息化校本培训，采用了分小组、自主—协作式的研究性学习方式。每个小组和个人都要制定学习与发展目标，在制定学习目标时要求做到层次化、具体化、个性化。第一，学习目标要包括三个层次，即周期总目标、小组总目标、个人具体目标；第二，学习目标要具体，即目标成果表现为与目标任务相对应的作品、教案等；第三，目标是个性化的，每位成员根据自己在工作中存在的问题制定相应目标。教师制定的学习目标等，应在学习活动中严格执行。通过 Moodle

平台的"心得报告""作业""博客日志"等形式记录成学习档案。

3. 使用学习资源，展开培训学习

Moodle 平台的"资源"和"活动"是学习过程的核心。在培训前，学校应组织校内外专家，设计好与学习内容相关的各类学习资源，或者向出版社、音像公司购买软件资源。丰富的学习资源是教师完成自主—协作式研究性学习的重要保障。

"资源"模块（见图 7-40）包含标签、文本页、网页、链接到站点或文件等，完全可以满足课程设计者编辑和展示资源。

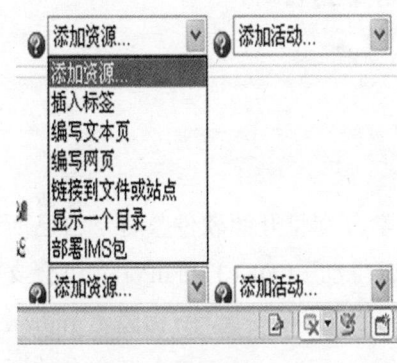

图 7-40

标签：直观、直接显示在课程主页上，能够对文字、图片、视音频等进行编辑。

编辑文本页：以链接的形式显示在课程主页上。只能够用来显示文本信息，并且无法对文字的颜色、大小等进行编辑。

编辑网页：功能与标签相似，但以链接的形式显示在课程主页上。

链接到文件或站点：以链接的形式显示在课程主页上，它的功能是允许设计者设置超链接到站点内部文件或者链接到外部站点。

4. 综合信息，完成作品，交流学习成果

在 Moodle 平台上可以实现教师之间的在线交流。"在线文本"是学习者上传作业的一种形式，这种类型的作业可以让学习者使用普通的编辑工具来编辑文本。其最大的好处是专家可以对作业进行在线评阅，而且可以修改和在学习者的答案里嵌入点评。

博客是教师之间进行显性及隐性知识交流的重要平台，每位教师将自己学习过程中的一点一滴都记录在日志里，别人通过阅读作者的博客就可以分享其学习的心得，这是一种深度的交流、一种心灵的对话。

面对面的汇报交流同样是重要一环。通过 Moodle 平台上的一系列资源和学习活动，在每个小组和成员最终完成电子作品之后，可以开展一次汇报交流课，以便每一个小组把自己的成果向大家汇报，其他小组要进行评论和提问。汇报交流既是提高学习能力的重要途径，又是培训效果的评价依据。

5. 评价与反思

校本培训不是一次性工作，而应是贯穿于教师整个职业生涯的常规活动。每轮培训后的评价与反思是促使教师提高的重要环节。Moodle 平台提供了多元化的评价方式：重视质性评价，平台中详细记录了培训者的学习历程，这些都反映了教师的"学习态度""努力程度""沟通能力"等；重视自我评价与相互评价，平台专门为评价设计了"互动评价"活动，它的功能十分强大，能够使参训教师很好地实现自我认识，并给同伴打分。评价与反思为教师下一步工作和继续培训提供了有益指导，因此，教师校本培训绝不是一次性活动，而是贯穿于教师专业发展的整个历程。

7.2 基于 Sakai 平台的大数据教学应用

7.2.1 Sakai 概述

7.2.1.1 Sakai 简介

Sakai 最初是由美国密歇根大学和印第安纳大学分别将开源软件整合于自己所开发的"课程管理系统"中的项目，由"开放知识行动"（OKI）和 uPortal 协会支持，斯坦福大学和麻省理工学院于 2004 年随后加入，并在安德鲁·梅隆（Andrew W.Mellon）基金会和威廉与弗洛拉·休利特（William and Flora Hewlett）基金会的资助下发起的一项开放源代码的课程与教学管理系统开发计划。[1] 目前，世界上大约有 228 个教育机构将 Sakai 用于教学、科研和协作中，其中包括剑桥大学、牛津大学、耶鲁大学、宾夕法尼亚大学、斯坦福大学等世界知名大学。Sakai 的安装用户超过 20 万，其应用范围和参与的人数还在不断扩大。[2] 近年来，Sakai 项目在我国也得到了积极响应和推广，主要用户有香港科技大学、北京邮电大学、复旦大学、华中师范大学、华东师范大学、浙江大学、重庆大学等高校。

Sakai 开发的目的是替代各校自己开发的系统或购买的商业软件。Sakai 课程管理系统是一个体现现代教育理念的网络教学环境和操作平台，它既可以用于学校课程管理，也可以用于学术协作项目，尤其适用于高等教育领域。[3] 它同时也是合作计划，用户可以根据自己的需求与 Sakai 组织合作。目前，Sakai 提供了两种合作计划，一项是 Sakai 合作者计划（SPP），一项是 Sakai 商业推广计划（SCA）。其中，SPP 是为筹集开发经费而发起的面向全球教育机构的公益性计划，参加 SPP 计划的组织机构将从中获得更多的支持与收益；而 SCA 则用于商业公司为 Sakai 的用户提供增值服务，帮助用户解决因缺乏技术而遇到的各种使用问题。它是一个社区，任何个人或组织都可使用、贡献、分享和支持 Sakai。它还是集教学与科研于一体的协作学习环境，非常适合当前我国高校要将"科研优势"转化为"教研优势"的需求。

---

[1] 丁晋. 从 Sakai 项目谈高校网络辅助教学平台 [J]. 中国电化教育，2008(1).
[2] http://www.sakaiproject.org/.
[3] 梁明，赵薇，刘红霞. Sakai 平台上基于知识管理的网络课程创建探析 [J]. 现代教育技术，2008(4).

Sakai 是一个复杂的、轻量级、面向企业的 JavaEE 应用系统，系统功能强大、可靠性高、协作和可扩展能力强。但是系统相对比较庞大和复杂，短期内用户很难全部掌握，应用的门槛较高。Sakai 非常重视对国际化标准的支持，如万维网联盟（W3C）、国际标准化组织（ISO）等。同时，也积极遵守 IMS、SCORM 和 CELTS 等教育技术标准，以及现有 E-learning 标准。Sakai 提供了很多常用工具，并支持插件机制，这些工具简单易用，非常方便用户定制，并能满足用户基本需求。

与传统的学习管理系统相比，Sakai 以用户为中心，能够实现无论是教学资源还是学习过程的完全开放和持续性发展，更适合高校的教学科研。Sakai 使用的是教育公共许可，因此，任何人都可以免费、自由地使用和修改 Sakai 开放源代码软件，用以建立各种用途的教学平台。新版的 Sakai 和开源电子档案袋相结合，学生使用档案袋工具，可以收集、整理、反思在学习过程中完成的作业和作品，通过有组织的设计、编排，然后发布到网上供老师、同学、家长浏览，这样能将学生多年的学业成就充分展示出来，对教师深入了解学生以及提升学生的自信心都有很大的好处。[1]Sakai 的社区活跃，且由于有基金会的支持，后续开发有保障。

7.2.1.2 Sakai 的特点及优势

Sakai 作为一款优秀的开源课程管理系统，在国内外都得到了广泛应用。与其他常见的课程管理系统（如 Moodle、Claroline、ATutor）相比，它除了具有开源、免费、易操作等特点外，还具有如下特点和优势：

1. Sakai 的系统架构

Sakai 采用的是基于 B/S 模式，架构于 J2EE 上的 Spring+Hibernate+JSF 开发框架，主要实现技术包括 Portal、JSF、JSP、Velocity 和 RSF 技术等。Sakai 数据库可以是 MySQL 或 Oracle，操作系统可以是 Unix 或 Windows，网络服务器采用 Tomcat，可以部署于任何服务器上。Sakai 的系统架构由两部分组成：Sakai 框架和工具。Sakai 框架提供程序的界面服务，用于完成与用户之间的 UI 交互，同时为工具程序提供接口和服务，支撑工具程序的运行；工具是在 Sakai 框架之上独立运行的应用程序，主要用于完成 CMS 的各种功能，它由 Java 代码编写，用户可以向 Sakai 框架中添加新的工具来满足实际教学需要。[2]Sakai 具有严格的分层结构，采用三层设计模式，即表示层、业务逻辑层、数据存取层。表示层采用 Struts 2 框架，业务层采用 Spring 框架，数据存取层采用 Hibernate 框架，各层都有比较成熟的开发框架支持，层与层之间相互分离，具有很好的灵活性和可扩展性，并且这些架构都是开源

---

[1] 黎加厚，赵怡. 课程管理系统(CMS)及其选择 [J]. 现代教育技术，2008(9).
[2] 张丹，王建华. Sakai 平台应用研究 [J]. 黑龙江科技信息，2011(15).

的。Sakai 使用 Java 语言开发，独特的系统架构使其可以很好地调用 Oracle 作为数据库，因此非常适用于开展参与人数较多、规模较大的课程学习与科研活动。简单地说，Sakai 是面向服务的组件式微内核架构，它的发展前景广阔，可复用性和安全性都更强，其系统结构如图 7-41 所示。

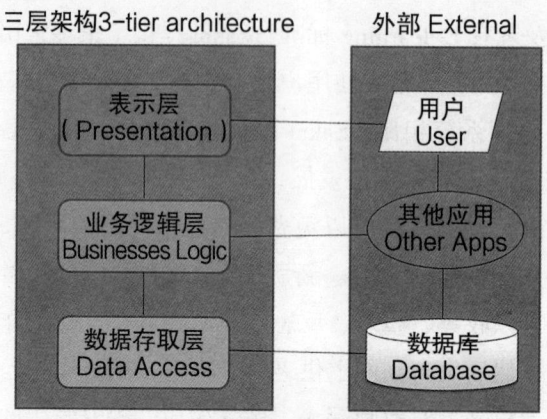

图 7-41　Sakai 系统架构图[1]

2. Sakai 提供的教学支持工具

Sakai 提供了大量的站点工具，使用方便，工具组合方式灵活，可以极大满足教师个性化教学和学生学习交流需要。Sakai 平台提供的常用教学支持工具如图 7-42 所示：

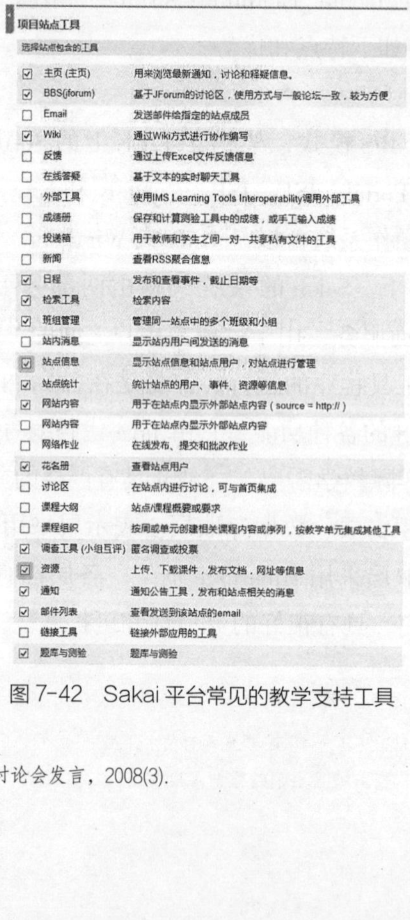

图 7-42　Sakai 平台常见的教学支持工具

---

[1] Michael Korcuska.Sakai 中国日讨论会发言, 2008(3).

7.2.1.3 Sakai 平台的基本功能

从整体功能上来说，Sakai 是以社会建构主义理论为基础设计的平台，既可以用于教学，也可以进行研究和协作，允许师生、生生之间共同思考，合作解决问题，让学生从与他人互动的过程中，自然地建构知识，解决问题。它主要提供平台管理、课程管理、教学管理、沟通交互、学习追踪、学习支持工具、评价和反馈等功能，具体情况如表 7-3 所示。

表 7-3　Sakai 提供的教学功能与支持工具

功能	描述
平台管理	支持单点登录，安全性高，提供站点统计、用户管理、系统管理、日志管理。
课程管理	创建课程站点（提供课程设计向导、模板，允许教师使用平台内模块组合，如资源、作业、测验、答疑室、专题讨论、论坛、投票、问卷、博客、维基模块），管理课程站点（指定课程访问权限、课程开始、结束时间、定制外观），复制、共享与重用（Sakai 平台中的资源可以从一个课程站点导入或复制到另一个课程站点）。
教学管理	发布教学大纲、教学内容等课程资料，创建作业、评分、在线测验、成绩册、花名册。
沟通交互	答疑室（实时聊天）、论坛、文件交换、邮箱、邮箱列表、通知、日程、在线笔记、维基。
学习追踪	课程站点访问量统计，如：访问人数，访问用户，站点成员；查看课程站点中发生的时间、使用最多的工具和最活跃的用户；资源的使用情况；档案袋工具；聊天记录查询。
其他学习支持辅助工具	书签、日历（基于事件的）、站内搜索、文件交换、主题/皮肤、RSS 订阅、投票、站点信息、导航条、帮助、调查工具、个人信息、个人工作空间、网络社区、帮助。
评价和反馈	成绩簿、测验、档案袋。

在平台管理功能上，支持单点登录 CAS（Central Authentication Service），采用 Kerberos 协议为注册用户提供身份认证机制，注重系统安全性，并能够验证外部的 LDAP 服务器。此外系统还支持 Shibboleth，主要用于校园内 Web 资源共享，以及校园间应用系统的用户身份联合认证。系统管理员可以基于角色来设置用户对课程的访问或者维护权限，也可允许访客进入课程学习。教师用户可以为自己创建的课程指定用户，学生也可以申请加入，管理员也可批量导入用户信息。教师和学生可以在不同的课程中被赋予不同的角色或权限。站点统计将对站点的访问量（访问人数、访问此站点的用户、站点成员、访问此站点的成员、未访问此站点的成员）、活动（对站点的操作）、资源等以报表或详细信息的形式输出。系统还注重用户的个性化设置，支持多语言环境，还为系统管理员提供日志导出等功能。

在课程管理功能上，教师能使用各种模板创建课程站点，提供课程设计向导。由于 Sakai 采用模块化结构设计，允许教师对资源、作业、测验、答疑室、专题讨论、论坛、投票、问卷、博客、维基模块自由布局和设置，并支持教师对课程内容和作业的离线查看，还可轻松地复制课程站点，以实现资源的共享与重复利用。学生也可上传学习资源。教师能设定课程的开始、结束时间，课程作业的发放方式，学生也可下载课程资源，用于离线学习。

在教学管理上，教师能发布自己的在线课程资料如教学大纲等，可以发布与课程有关的教学内容和要求，可以为学生创建、设置作业，为学生的作业评分，评分的等级可以有多种形式；教师和学生之间或者学生和学生之间可以通过电子邮件实现资源的传递与分享；学生的作业或者测试成绩可以被存储和公布；教师可以创建和维护试题库，为学生提供在线测验。另外，Sakai 测试支持单选、多选、填空、简答、排序、计算等多种题型，对客观题能自动判卷。

在学习追踪功能上，通过站点统计，教师能查看课程站点的访问量、活动、资源详细情况，其中可以按日期和用户两种方式查看访问量。内容则包括访问人数、访问此站点的用户、站点成员、访问此站点的成员、未访问此站点的成员。查看活动可以按日期、用户和工具三种方式查看；查看的内容包括事件（发布通知，新建聊天室，新建邮件、删除邮件，执行搜索等 Sakai 提供的事件）、最活跃的工具和最活跃的用户。资源则可以按日期、用户和资源三种方式查看，内容包括文件数、读取文件情况、被读取次数最多的文件、读取最活跃文件的用户。其他工具，如档案袋、聊天室的记录也提供了很好的学习活动追踪功能。

在交互功能上，为避免利用平台学习容易出现的时空分离与情感缺失，Sakai 将答疑室、论坛、邮箱等多种同步或异步交流工具进行了很好的融合。Sakai 还允许学习者创建讨论区，讨论区中的内容可以设置限定范围的共享、加精、热帖与置顶等。通知、日程表，创建、发布和维护站点活动等功能为课程的学习提供了导航作用。

学习支持工具有多种，包括书签、日历、站内搜索、文件交换、成绩册、花名册、投票、站点信息、导航条、帮助等。当学习者参与和投入到学习过程中去时，就能有效促进知识的吸收。在 Sakai 中，教师可以将这些工具按不同的教学活动有效地组成学习活动序列。多样的学习活动结合、灵活的分组方式能有效激发学生的学习积极性，Sakai 的日历、资源、任务、测试等组件均能较好地支持分组。基于学习者的不同学习风格，Sakai 为学习者提供了个性化定制功能。

在评价和反馈功能上，教师可以为学生提交的作业评分，可将评分添加到成绩簿，并可选择性地与最终成绩挂钩。在练习与测验部分，提供包含选择、判断、填空、调查、匹配等题型，并由系统自动评分与测试分析。教师可对答案有针对性地给出反馈信息。另外，Sakai 提供的档案袋可用于记录学生某阶段内对特定知识技能的学习情况、学习任务完成情况等，为教师评价学习者提供有关的参考信息，而学生则可利用档案袋组织学习活动。总之，Sakai 提供的评价和反馈功能的目的是让学生更好地检验、修正和反思学习过程，提升对知识的理解能力和问题解决能力。

7.2.1.4 Sakai 的技术支持

Sakai 是开源的，采用了社区开发模式。随着 Sakai 平台的广泛应用，越来越多的开发人员参与到 Sakai 的技术支持中来，许多社区成员在官网和论坛共享代码和模块，为其他用户提供了很好的技术支持。近年来，随着国内用户的增多，部分高校也加入了 Sakai 的应用开发与技术支持。以下是 Sakai 平台的几个技术支持网站，可供各类使用者全面了解与使用 Sakai 平台。

（1）Sakai 官方网站：https://www.sakaiproject.org/，如图 7-43 所示。

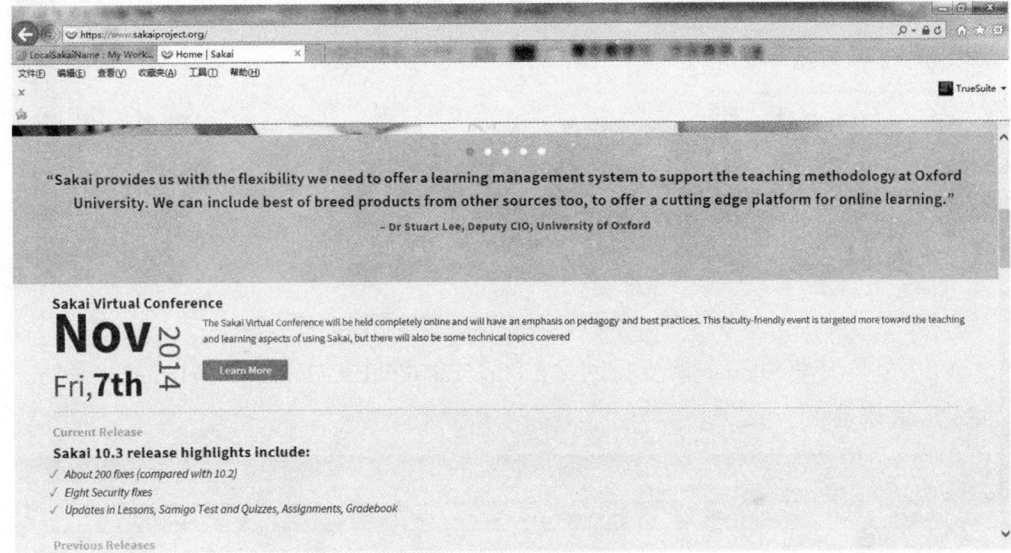

图 7-43　Sakai 官方网站

（2）Sakai 平台专题网站：http://www.aieln.com/zt/10/，如图 7-44 所示。

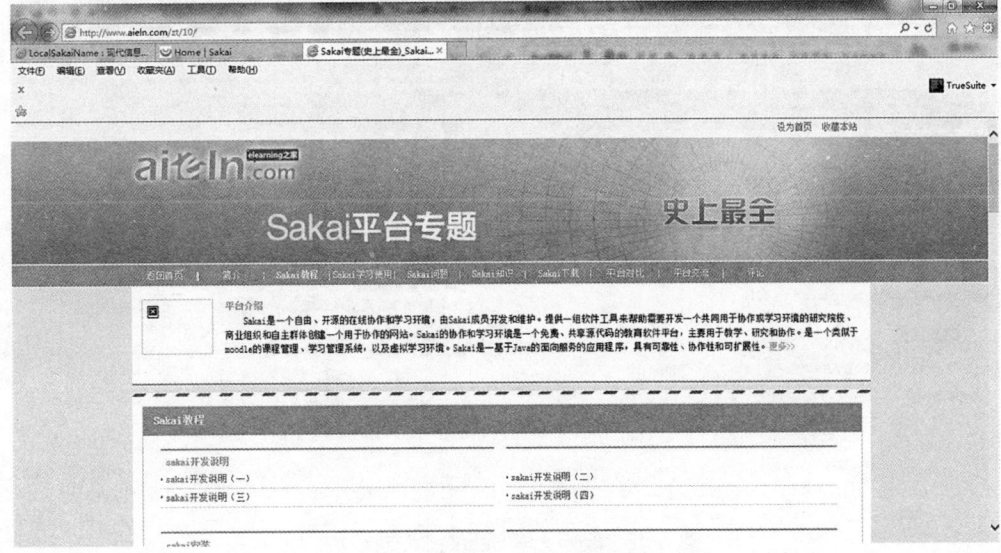

图 7-44　Sakai 平台专题网站

（3）浙江大学开放课程平台使用帮助网站：http://ocw.zju.edu.cn/portal/help/main，如图 7-45 所示。

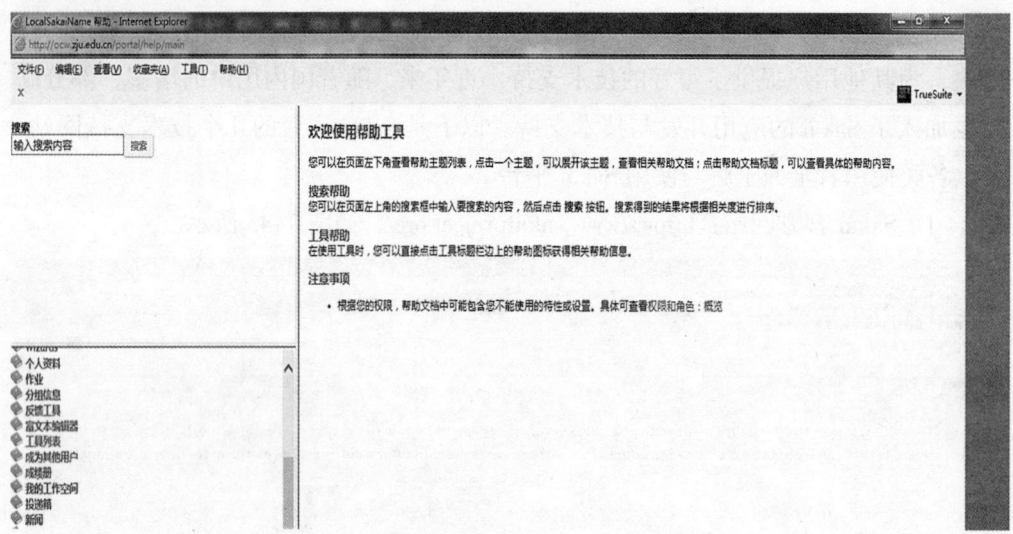

图 7-45　浙江大学开放课程平台使用帮助网站

（4）复旦大学 Sakai 技术支持网站：http://sakai.fudan.edu.cn/projects/fudan-sakai，如图 7-46 所示。

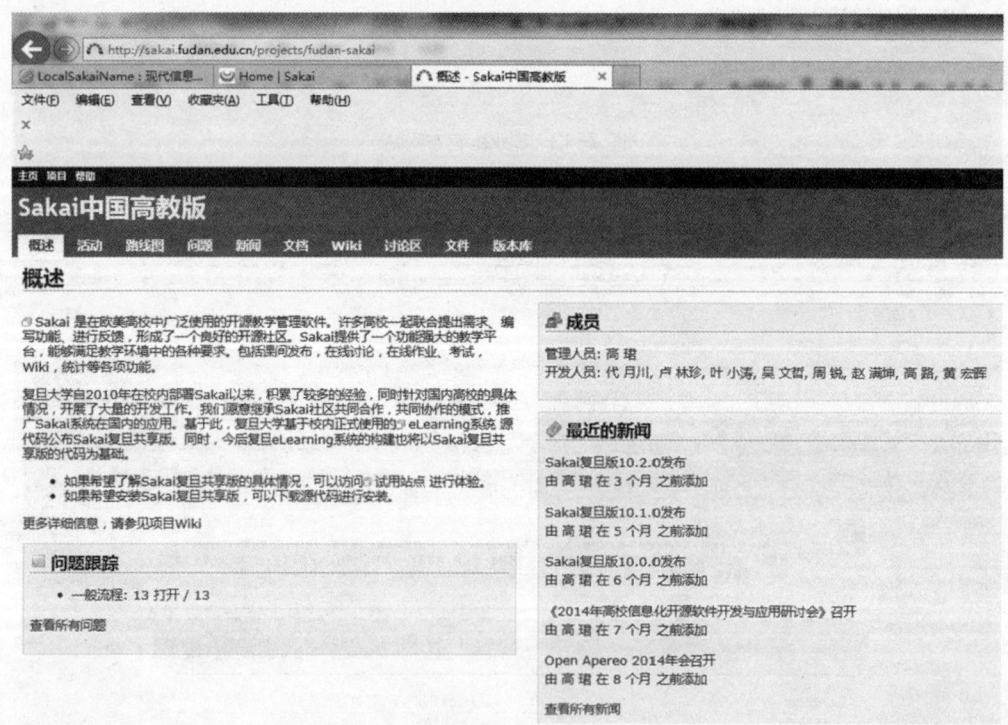

图 7-46　复旦大学 Sakai 技术支持网站

7.2.2 Sakai 对研究性学习的支持

Sakai 平台对各类学习活动均可提供支持，这里主要介绍 Sakai 平台对研究性学习活动的支持作用，主要表现在以下几个方面：

7.2.2.1 资源支持

研究性学习是一种基于资源的学习，通常以大量的学习资源为依托。本研究中所说的资源既包括已有的、能直接获取的信息资源，还包括在研究性学习过程中由于教师、学生的操作行为而产生的推荐、上传以及学生群体等描述性的记录资源，以及学生在学习过程中发帖、留言、讨论形成的资源。使用 Sakai 的资源工具可以方便地上传和下载各种资源，包括 Word、PowerPoint、Flash 动画、视频、音频以及多媒体课件等多种格式；还可以使用 Sakai 提供的 Web 表单编辑文本或者直接编写 HTML 代码建立页面；也可以将因特网上的外部资源无缝嵌入 Sakai 平台。教学资源的来源不再局限于教师，学生也可以是资源的提供者，服务器上的各种电子资源文档可进行在线的添加、删除、编辑、复制、粘贴等管理。使用 Sakai 提供的新闻工具还可以聚合其他站点的新闻，以获取站点外的课程资源。可见，Sakai 能够满足研究性学习对资源的需求。其中 Sakai 平台的资源管理操作图、管理资源的各种权限操作图、资源类型分别如图 7-47、图 7-48、图 7-49 所示。

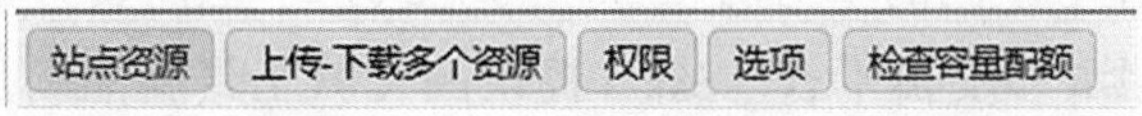

图 7-47　Sakai 平台的资源管理

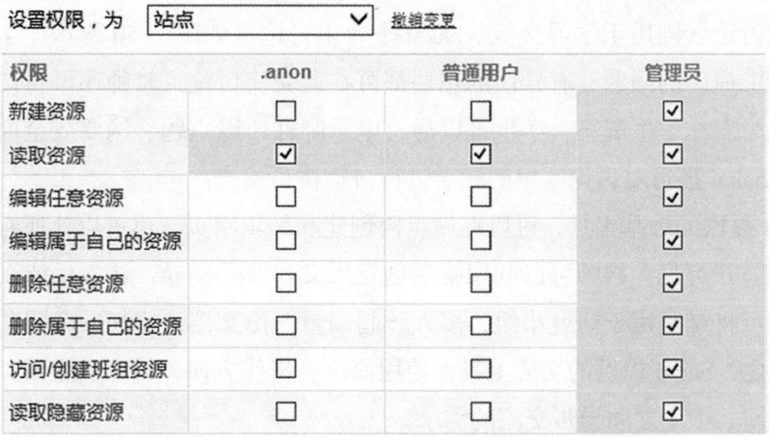

权限	.anon	普通用户	管理员
新建资源	☐	☐	☑
读取资源	☑	☑	☑
编辑任意资源	☐	☐	☑
编辑属于自己的资源	☐	☐	☑
删除任意资源	☐	☐	☑
删除属于自己的资源	☐	☐	☑
访问/创建班组资源	☐	☐	☑
读取隐藏资源	☐	☐	☑

图 7-48　Sakai 平台的资源权限

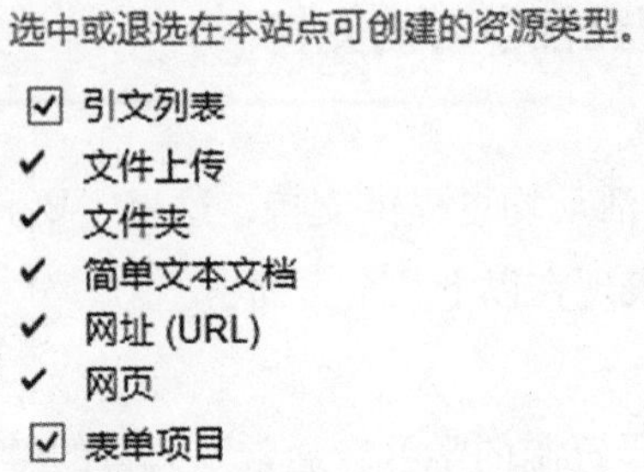

选中或退选在本站点可创建的资源类型。
- ☑ 引文列表
- ✓ 文件上传
- ✓ 文件夹
- ✓ 简单文本文档
- ✓ 网址 (URL)
- ✓ 网页
- ☑ 表单项目

图 7-49　Sakai 平台的资源类型

7.2.2.2　交互性支持

学习中的交流不仅可以促进知识的获取、发展和升华，还可以派生出新的知识，促进思维发展和问题解决。研究性学习涉及的研究领域、研究内容都比较广泛，常离不开同人的交往、合作。它需要学习者广泛学习他人的研究经验，寻求他人的支持与帮助，尤其是遇到难题时还需要得到及时的指导。Sakai 提供的答疑室等工具支持学习者与教师、学习者与学习者之间及时的协作、交流，使学习者在研究过程中可以随时随地对遇到的问题展开讨论，从不同的观点、视角和态度中获取知识，提升问题解决能力以及学习效率。Sakai 的所有的活动都可记录，以便日后师生查询和参考，有利于学生的反思。

每个学生都有自己的优势智力领域和独特的学习风格与学习方法。为满足学生研究性学习过程中不同的学习习惯和学习方式，不但需要为学生提供同步交流空间，也需要提供异步交流平台。Sakai 提供的几款工具就能满足这一点。它提供的讨论区工具具备搜索、最新话题、用户列表、悄悄话、书签、帖子标记等常见的功能。讨论区又可细分为主讨论区和其他讨论区，主讨论区用于课堂答疑和课堂讨论，其他讨论区则用于学习交流。Sakai 平台主讨论区如图 7-50 所示。学生研究性学习过程中提出的问题、有异议的想法都可在此交流讨论。教师还可将讨论区中的帖子设置为发往学生邮箱，学生可以通过电子邮件，以主题、摘要或全部内容的方式浏览。Sakai 还可对讨论区里的帖子进行自动拼写检查。

Sakai 提供的维基工具，可以在站点内创建和编辑网页，也可以让所有或其中的部分网页公开可见。教师可以利用维基创建讲义和课程指导，让学生能浏览但不能编辑，也可将维基用于研究小组，多人一起编辑一份文档，比如一个团队草拟研究建议。总之，Sakai 提供的交流工具，使用简单、操作方便，可以满足研究学习过程中师生之间、生生之间异步交流的需求。

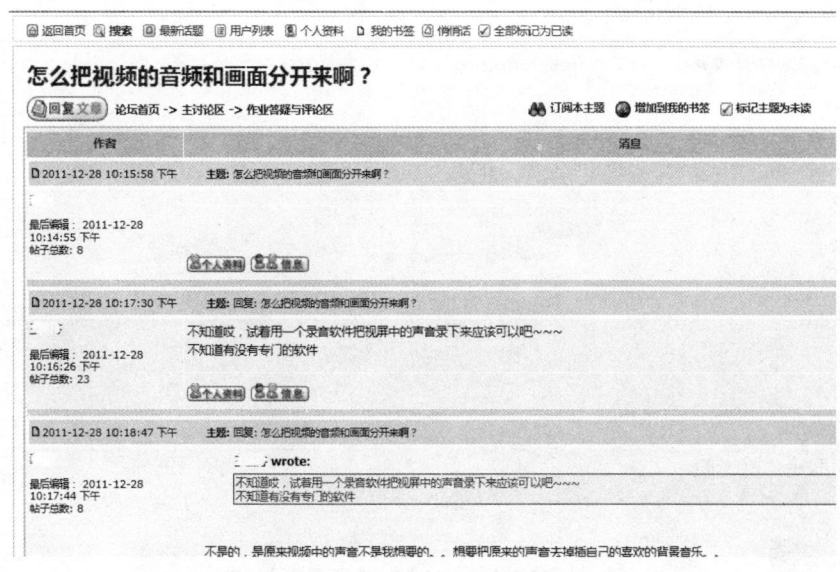

图 7-50　Sakai 的主讨论区

7.2.2.3　评价和反馈支持

评价和反馈可以检验学生的学习成果和修正学习态度，促进学生反思。研究性学习十分重视评价和反馈，要求学生在学习过程中，探究知识，解决问题，不断提高自己的能力。Sakai 提供的作业工具可以帮助学生上传研究成果，以便教师对学生的研究成果进行评价。该工具的功能十分全面，可设定作业的成绩是否添加到成绩簿，以确定是否参与学生成绩的最终评定，如图 7-51、图 7-52 所示。还可以设定作业开始、截止、最迟提交时间，作业的格式，以及是否允许重新提交，并设定分数评分、字母等级评分、及格与不及格等形式的评分标准。

Sakai 提供的电子档案工具，可以让教师及时了解学生的学习状态，并通过答疑室、讨论区等方式对学生的学习情况进行有针对性的反馈和调整。Sakai 提供的问卷调查、练习与测验等都可以对学生的学习情况提供参考。Sakai 的站点统计还对学习过程中站点的访问量、活动、资源做出统计。同时，讨论区中提问的内容和次数等都可以作为评价学生研究性学习过程中的表现的参考依据。

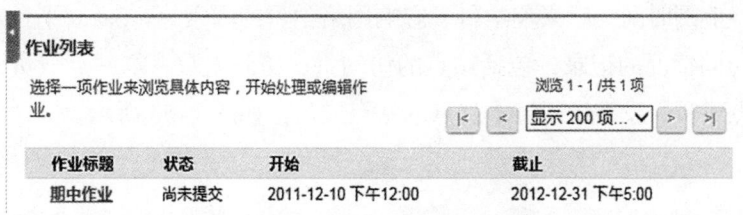

图 7-51　Sakai 平台作业列表图

权限

设置"作业"工具权限，所属站点："　　　(f6657c70-dc　　　　0bebb3d6de3)

权限	学生	助教	普通用户	管理员
所有站点内的班组设置为同样的站点权限	☐	☐	☐	☑
新建作业	☐	☐	☐	☑
提交作业	☑	☐	☑	☑
删除作业	☐	☐	☐	☑
读取作业内容	☑	☑	☑	☑
修改作业	☐	☐	☐	☑
给作业评分	☐	☐	☐	☑
接收email通知	☐	☐	☐	☐
查看其他用户创建的作业草稿	☐	☐	☐	☐

保存　取消

图 7-52 Sakai 平台"作业"工具权限设置

7.2.3 Sakai 大数据教学应用

教育大数据最重要的价值既不是大，也不是数据，而在于大数据的具体应用和实践。如果被收集到的数据从不使用，那么数据将没有任何意义。也就是说，大数据本身不会带来任何价值，大数据的价值在于如何分析和处理这些数据，基于这些分析结果人们将采取怎样的措施和行动改变现有的状况。正如前文所描述的大数据特征那样，大数据是由机器自动生成的，不需要人工参与。

在 Sakai 平台中，可以从站点统计、学习资源、学习交互、学习成果等几个方面直接挖掘数据价值。

对平台的站点、测验数据和互动评价数据进行研究，可以探索学生学习活动的特点、师生交互、生生交互的特点。其结果可为网络学习平台上的辅助教学提供支持。Sakai 平台提供了用户访问平台站点的统计功能。通过数据分析，能了解学生的学习偏好、上网时间、感兴趣学科、影响网络学习的因素等。Sakai 平台提供的访问日志有对访问情况的记录，包括站点的访问量、访问人数、本站点成员、访问过本站点的站点成员、没有访问过本站点的站点成员，如图 7-53 所示。

图 7-53 Sakai 平台站点统计图

搜集每个登录 Sakai 平台的用户所有网络日志数据，可以鉴别每个用户所浏览的学习资源或学习模块。对这些数据进行分析和挖掘，可以有效利用这些浏览信息，向未采取任何操作的用户推送电子邮件（建议、意见、超链接方式）。

在学习活动上，可以访问学习者身边发生的学习事件、使用最多的工具、最活跃的用户等数据。其中，学习事件可包括发布通知、修改通知（自己）、修改通知（他人）、删除通知（自己）、删除通知（他人）、创建 Melete（课程空间）模块、编辑 Melete 模块、删除 Melete 模块、创建 Melete 章节、编辑 Melete 章节、读取 Melete 章节、删除 Melete 章节、调查投票、新建、编辑调查、更新调查、删除调查、查看调查结果、添加资源、读取资源、修改资源、删除资源、新建日程表事件、修改日程表事件、更新站点、查看站点统计、新建站点统计报表、编辑站点统计报表、删除站点统计报表、查看站点统计报表、编辑站点统计偏好。对 Sakai 平台提供的学习事件进行统计分析，可以给教学管理人员、教学及科研人员提供更客观的依据。如图 7-54 所示。

图 7-54 Sakai 平台事件

研究性学习的成效依赖于资源，学习过程中常常需要对大量的信息进行收集、分析和整理。学习资源是研究性学习的重要组成部分，是研究性学习得以开展的基础保障，资源的管理及其使用方式是研究性学习平台设计与应用的关键所在。常见的资源有音频、视频、文本等等。Sakai 平台本身就提供了统计文件数、文件打开次数、被打开次数最多的文件、打开文件最多的用户等数据。当这些数据累积到一定程度时，随着资源的增多，学生面对海量的资源，认知负担会加重，因而，资源共享与推送不及时，学生容易迷失方向，感到无所适从。因此，向学生推送较具有代表性的或者个性化的资源十分必要。而通过分析技术对庞大资源的分析，可以更客观地得出哪些资源在哪种学习活动或课程中更有效，从而为教师给学生提供合适资源给出科学依据。同时，还可以对资源进行分析，给不同学习偏好的学习者推荐相应资源。

学生学习成果是国内外高等教育质量保障研究重点关注的热点问题，为反映高校办学成效提供了重要参考依据。评价学生学习成果的主要环节是运用定性和定量的测量方法获取学习成果的信息和证据。[1]大学生学习成果多样、评价多样，利用Sakai平台中累积的数据可以分析哪些因素影响大学生的学习成果，以及如何提高学习者的在线学习成果。

Sakai平台的聊天室、讨论组可以使学习者与学习者、学习者与教师之间实现实时与非实时的讨论。传统的课堂讨论由于无法及时存储，大部分讨论数据通常在课后就失去了利用渠道。若将平台中的数据与其他不同的教学、科研、管理数据混合、批次增强，进行有效分析将其转换为有用信息，创造价值，这些有用信息就可以为教师、学生、家长、教育研究人员以及教育软件系统开发人员所利用。比如学习者在线讨论的数据非常有用，如果能分析所讨论问题的类型、关于这些问题的数据，以及以往的问题数据，将会使这些文本数据的效力大大增强。

对学习者学习行为的追踪和分析更有利于理解学生的学习意图，从而理解学习者的学习思维。同时可以利用分析到的行为模式构建更好的在线平台。比如，通过记录学习者的鼠标点击情况，可以研究学习者的学习活动从发生到发展的过程，从而发现不同的学习者对不同的知识点的不同反应：学习者花了多少时间学习，哪些知识点需要重复或强调，哪种陈述方式或学习辅助工具最有效。若记录的是单个学习者个体的学习行为，数据会显得杂乱无章。通过收集、分析和使用大量累积的数据，群体的行为就会在数据上呈现出一种规律性。分析和利用这种秩序和规律，可以更好地构建电子学习平台，打造更适合学生的学习环境。

传统课堂中的交互数据没有及时存储，存储频度不高，资源不够丰富，记录力度也不够高。而使用大数据存储数据，将增加教学交互数据的存储频度和力度，有利于为分析学习交互提供丰富的资源。

---

[1] 马彦利,胡寿平,崔立敏.当今美国高等教育质量评估的焦点：学生学习成果评估[J].复旦教育论坛，2012(10).

7.3 基于电子档案袋的教师大数据应用

7.3.1 电子档案袋的定义

"档案袋"（Portfolio）的英文单词由Port（携带）与Folio（页码）组合而成，其本意是"带着走的作品集"。该词源于艺术领域，原指艺术家把自己满意的作品收集起来、带给委托人，希望通过这种形式争取展览或者出版机会。它也是艺术家保存作品、记录自己的艺术追求和艺术探索历程的一种方式，人们可以根据档案袋中作品的变化沿革了解其成长过程，从而深入地分析和评价其艺术成就和艺术发展历程。档案袋的这种功能引起了社会上许多其他领域研究者的注意，尤其是作为一种评价手段被广泛应用。[1]

随着电子技术的迅猛发展，"电子档案袋"（E-portfolio）应运而生。美国巴莱特（Helen C.Barrett）博士指出，电子档案袋档案开发者是运用电子技术，以各种格式（音频、视频、图片和文本等）来收集和组织内容与素材。2003年10月，在法国举行的第一届电子档案国际会议（the First International Conference on the Digital Portfolio）中，大会组织者指出，电子档案袋是与网上数据库结合的动态履历，并强调记录的是个人在学习、工作中与自身能力有关的资料，为学生提供反思学业发展的材料以及与人共享知识的机会。可以看出，电子档案袋是在电子技术环境下，档案袋制作者通过文本、数码照片、动画、视听文件、超文本链接和超媒体等多种媒介来收集、管理、组织呈现出的个人信息和学习成果。它依托现代信息技术，却不仅是技术含量的简单增加。相较于一般的纸质档案袋，电子档案袋节省存储空间，容易备份，便于携带，易于保存且存储时间长，能促进制作者的计算机应用水平和信息技术能力。

7.3.2 电子档案袋的类型

（1）按照收集材料的类型可分为展示型和过程型。

（2）按照展现的形式可分为基于博客的、基于维基百科的、基于网站的、基于FTP的、基于QQ的。

（3）按照实现技术的类型可分为基于asp/asp.net的、基于java的、基于php的（Moodle）。

---

[1] 李莉.电子档案袋——初任教师专业成长的有效路径[J].电化教育研究，2011(12).

（4）按照使用对象可分为学生电子档案袋、教师电子档案袋、学校机构电子档案袋。

（5）按照存储方式，国外通常将 Electronic portfolio、Digital portfolio 和 Webfolio 相互区别。Electronic portfolio 中包括计算机可读和可分析的格式，Digital portfolio 中只包含可读的电子格式。Webfolio 指通过互联网访问、使用数据库进行数据存储，前两种主要是利用硬盘或软盘进行存储。

（6）按照使用目的可分为评价型电子档案袋（Assessment ePortfolios）、展示型电子档案袋（Presentation/Showcase ePortfolios）、学习型电子档案袋（Learning ePortfolios）、个人成长型电子档案袋（Personal ePortfolios）、多人型电子档案袋（Multiple Owner ePortfolios）和工作型电子档案袋（Working ePortfolios）。[1]

7.3.3 电子档案袋评价的优势与特点

电子档案袋作为一种学习与评价工具，它的价值越来越受到学习者、指导教师和学术研究团体的关注，因为存在着一些独有的特点：

7.3.3.1 评价者多元化

在传统的教学评价中，教师是唯一的评价主体，考试是唯一的评价方式。而电子档案袋评价打破了教师片面评价的局面，评价的主体可以是教师、学习者、学习者伙伴和家长。从不同的角度、不同的视角对学习者进行评价，使得其对学习者的作用有所不同。

7.3.3.2 评价的个性化、公平化

传统的教学评价只是单纯通过考试的方式进行，不同的学习者面对的是同样的考试，在相同的时间段、相同的环境中采用相同的试题和相同的方式，表面上是公平的，但忽视了学习者认知水平、文化背景、学习风格、家庭背景等的不同，事实上是更大的不公平。然而，电子档案袋改变了传统教学评价的诸多不足，学习者可以选择自己擅长的方式、熟悉的工具去发挥能力，展现个人对主题的独到见解。这充分体现了电子档案袋评价的公平性和学习者学习的个性化，也更有利于学习者多元智能的全面发展。

7.3.3.3 以学习者为中心

在传统的教学评价里，教师对教学内容、教学目的、学习进度、学习资料、学习评价拥有绝对的掌控权；学生通常只是听从教师的指挥，被动地接受，缺乏主动权。

---

[1] 电子档案袋的知识汇总收集[EB/OL].http://www.zhixing123.cn/shijian/13554.html.

而电子档案袋则是以学习者为中心，学习者可以按照自己的兴趣和爱好进行学习，根据学习目标，去搜集适合自己的学习资料，完成作业。这样，学习者便拥有了学习自主权，能够参加评价标准的制定，从而促进学习者展开自主学习。

7.3.3.4 以评价来促进发展

美国著名学者斯塔弗尔比姆曾说过："评价最重要的意图不是为了证明，而是为了改进。" 传统的教学评价对学习者的消极评价多于积极评价，比如，对待学习者总是否定、指责、灌输、强求、重分数，很少对其进行肯定、表扬、启发、帮助，只是为了评价而评价，完全忽略了评价对学习者的促进作用。电子档案袋评价以"评价促发展"为基本理念，使学习者不仅可以积极参与到评价标准制定中，也能够用自己制定的标准指导自己，主动去学习，效果比被动接受好很多。

7.3.3.5 评价情境的全面化

教学评价应该在学习者参加的学习活动中进行，而不是发生在与课程分离的测试情境中，单一地用考试结果来评价学习者显得有些片面。电子档案袋是一种面向过程的评价方式，它贯穿于整个学习过程，记录了学习者的整个成长历程，实现了学习、课程和成果一体化评价，不再脱离课程和学习对学习者展开评价。

7.3.3.6 评价的灵活性

电子档案袋支持知识共享，为学习者获取专业知识打开了方便之门。学习者通过电子档案袋链接找到相关资料，可以分享自己下载的文件和信息，这样让知识的传递更加具有针对性，学习者也可以在电子档案袋中的评论区域，进行学习心得与观点的交流和探讨，使知识更好地得以应用。此种针对性可以使学习者对教师安排的任务进行探讨与评论，找到相同的兴趣爱好者交流学习、合作学习，提升各自的专业知识水平，发展学习者的参与积极性和学习积极性，形成良好的学习生态系统。[1]

7.3.4 电子档案袋的开发平台

随着网络信息技术的日益发展，实施电子档案袋的平台比较多，比如使用在线写作系统和学习管理系统来记录学习者的学习历程，其中使用比较广泛的有博客、Blackboard、Moodle、Tafeportfolio 等。

7.3.4.1 博客

博客（Blog）是 WeBlog 的简称，常被意译为"网志"，音译为"博客"。简单说

---

[1] 刘洋,兰聪花,马炅.电子档案袋评价与传统教学评价的比较研究[J].电化教育研究，2012(2).

来，博客是一种表达个人思想和网络链接、内容按照时间顺序排列、并且不断更新的出版方式。运用它能够在互联网上发表日志评论、交流情感经验，是网络上新型的交流方式，以其易于使用、实时发布的优势在互联网上受到大众喜爱。博客在技术上有几个突出特点：一是零技术门槛，简单易用，从注册到使用都非常简单，没有技术门槛。二是零时差，及时发布，不需要从本机到网络的上传过程。三是零成本，完全免费，有很多提供免费博客空间的网站，一般的免费服务就完全够用。四是个性与共享性相结合。博客内容的个性表达决定了其个性特点；它以互联网这个开放的信息平台作为载体，又决定了它的共享性。同时，博客不仅可以进行"信息共享"，它更提倡"思想共享"。五是深度交流。与 bbs 一样，博客也具有交流功能，但它体现了一种深度交流，而 bbs 的组织一般比较松散，内容也比较随意。博客是为了共同目标聚在一起研究和探讨问题的场所，任何人都可以通过博客与来自世界各地的人进行持久、深入、广泛的交流讨论，使网上的交流更加深入。

7.3.4.2 Blackboard

Blackboard 是一款商业的在线教学管理平台。它由美国 Bb 公司开发，是目前市场上唯一支持百万级用户的教学平台，拥有美国近 50% 的市场份额，全球有超过 2800 所大学及教育机构使用该产品。Blackboard 平台技术构架的特点有以下几点：（1）扩展性强，可支持大用户量的构架。应用程序采用 Java 和 Perl 语言编写，服务器与后台数据库可进行交互。（2）Blackboard 网络教学平台以课程为中心，集成网络教与学的环境，教师可在平台上进行网络授课，学生可自主选择并学习课程。（3）教师与学生、助教与学生以及不同学生之间可以围绕所教所学的课程进行辅导答疑、交流讨论。（4）平台可实现作业、测试、评价等教学环节的多功能支持，是支撑网络教学最重要的应用系统，为教师、学生提供了强大的网上虚拟学习环境。同时，Blackboard 中还提供了电子档案袋模块，利用该模块可以记录学生的基本信息、自我评价、职业管理技能、教育和职业目标、个人计划、学习记录以及个人简历等。

7.3.4.3 Moodle

Moodle 是一个基于社会建构主义教育理论重复开发的课程管理系统（CMS），它是一款完全免费、开源的软件，遵守 GNU 协议。在 GNU 的支持下，每个人都有共享和修改这个软件的自由。Moodle 的第一层含义是 Modular Object——Oriented Dynamic Learning Environment 的缩写，即模块化、面向对象的动态学习环境。第二层含义是一个动词，表述为想起什么就做什么，自由地发挥创造力和想象力。从系统功能上分析，整个课程管理系统分为三个模块：站点管理模块、课程管理模块和学习者模块。Moodle 是一个功能强大的课程管理系统，功能和 Blackboard 相差不大。利用 Moodle 中的多种活动，教师可以为学习者构建一个评价的环境，学习者参与的过程都将在系统中记录，因此，Moodle 也可以用作电子档案袋。

7.3.4.4 Tafeportfolio

Tafeportfolio 是 TAFE Virtual Campus 的重要组成部分，由澳大利亚维多利亚州政府发起，政府希望通过该平台为地区的学习者提供一个虚拟的学习环境，以便更好地为学习者提供 E-learning 产品和服务。从功能上看，Tafeportfolio 是一个功能较为完善的在线电子档案袋系统。它基于开源的内容管理系统 Zope，使用 Python 编程语言进行二次开发。主要功能包括：撰写文章、备忘录、文件管理、链接管理、简历管理、投票、测验、资源检索和展示模块等。与 Moodle 类似，它所有的模块都是动态添加的，访问权限由管理员进行控制。每个用户都有一个自己的文件夹，这就意味着不同用户之间的资料不会相互影响。使用者在将自己的电子文件上传到自己的文件夹后，可以进行共享管理，可以限制对不同使用者的访问。

除了上述几种开发工具以外，也有不少人选择 ASP、JSP 等编程语言开发电子档案袋系统。从表中可以看出，电子档案袋系统发展的趋势是模块化，支持多样化的评价方式，支持多种形式的电子作品，作为学习者终身学习的重要组成部分。由于 Blackboard 是收费软件，具有一定局限性；Moodle 是教师主导的基于课程的教学软件，不适合本研究课题；Tafeportfolio 是文件夹形式的电子作品集，不利于交流评价；而 Blog 程序免费，技术简单且易于推广，兼容性高，有利于终身学习，能够完整有序地反映学习过程，更容易抒发情感，促进交流协作。而且 Blog 的留言功能便于开展多元评价，能够促进自主学习的研究，所以我们最终选用 Blog 作为开发工具。

表 7-4　电子档案袋平台比较

比较项 软件	功能和用途	是否免费	特点
博客	撰写日志； 交流协作； 抒发感情。	是	社会性软件、及时更新、跨越时空界限、免费注册、容易使用。
Blackboard	设计在线课堂、师生在线交流、白板、教学评价、教学反馈、记录师生互动过程、教学管理。	否	提高学习效率、跨越时空界限、只有付费用户才能使用、可扩展性强、支持大规模用户访问。
Moodle	设计在线课堂、师生在线交流、教学评价、教学反馈、记录师生互动过程、教学管理。	是	教师成为课程设计者、资源与活动设计为主、跨越时空界限、任何人都能使用、免费下载使用、模块化。
Tafeportfolio	电子作品管理、电子作品分享/发布、撰写日志、个人信息管理、发布个人简历、投票/测验。	是	政府支持、模块化、免费使用（源代码不能下载）、支持自评发布和共享、支持多样化的电子作品（图片、视频等）。

7.3.5 电子档案袋的制作流程

如何建立电子档案袋？
①定义档案的内容和目标；②制作档案；③考虑档案（选择、反思、指导）；④组配档案；⑤展示档案。

电子档案袋的制作一般包括规划设计、选择材料、反思交流三个阶段。

有人从学生的角度出发，认为电子档案袋评价主要包含以下步骤：

（1）确定档案袋的目的、读者和主题，创建一个新的档案袋；

（2）收集、创建作品；

（3）组织作品；

（4）对作品进行反思或自我评价与分析；

（5）发布电子档案袋；

（6）以电子档案袋为平台进行交流。

还有人从教师的角度出发认为电子档案袋评价主要包含以下步骤：

（1）教师根据评价目标设计各种评价单初稿，与学生共同讨论后定稿。

（2）在新授课、活动课、练习课等不同课型中运用和实施不同评价单。

（3）教师注意收集和保存各种事实性资料，在校园网上实现计算机存储。

（4）教师要求学生在期末从校园网选取能体现学生本课学习成果的各种资料，自己设计个性化档案袋并存储在校园网上。如果学生愿意，可以进行适当展示交流。

（5）教师调阅各种电子资料，按一定比例进行期末成绩合成。

综上所述，使用电子档案袋评价首先要确立主题和原则，然后是收集相关材料，创建作品；接着是对材料或作品进行评价；最后以电子档案袋为平台进行交流。

7.3.6 电子档案袋的应用案例

7.3.6.1 温州市第五十一中学电子档案袋系统（ePortfolio）[1]

1. 系统设计原则和模式

设计原则为：操作简单便捷，界面友好；功能不追求大而全，够用就行；扩展性好，支持二次开发；安全、高效。开发模式为 B/S，使用 IE 浏览器就可以完成全部操作，实现兼容性、跨平台的特征。

---

[1]. 电子档案袋系统（ePortfolio）的开发研究 [EB/OL].http://www.wz51z.com/Art/Art_33/Art_33_253.aspx.

2. 开发环境和开发语言

开发环境为 Windows2003 server + IIS6.0，开发语言为 ASP，数据库采用 Access。

3. 系统功能模块分析

巴雷特（Barrett）提出，ePortfolio 系统通常具备如下功能：①支持计划及目标的设定。②支持自由创作。③支持交流。④支持反思。⑤包含数据与信息。⑥多种呈现与存储。考虑到我们设计的 ePortfolio 系统是一个支持多班级、多学科的电子档案袋系统，所以设计了以下多个基本功能模块。

管理员方面：

系统设置、教师管理、班级管理。

教师方面：

①学生管理：添加、删除自己执教的班级学生；

②电子档案袋管理：管理、评价学生的电子档案；

③统计功能：统计学生发布的作品（电子档案）数量，以及各种评价量分，这是提高评价效率的重要体现。

学生方面：

①我的电子档案袋：记录档案所有者发表的全部作品，同时包括老师和同学对其作品的所有评价，成长过程一目了然；

②班级电子档案袋：列出档案所有者所在班级的同学发表的作品，在欣赏的同时还可以和老师、同学一起评价；

③展示区：将最能代表自己进步的作品展示出来，以便让更多的同学、老师、家长欣赏评价。

以上应该是一个完整的电子档案袋系统的必备功能，经过几次功能升级，在 ePortfolio 的最新版本中已基本可以实现。

4. 数据库的设置

为了提高系统运行速度，我们采用了两个数据库：sys.mdb 和 eportfolio.mdb，分别记录系统的各种设置参数和电子档案信息。

5. ePortfolio 在教学评价中的应用说明

（1）系统安装和初始化

ePortfolio 是基于网络环境的电子档案袋系统，必须在服务器系统环境运行。经过严格测试，ePortfolio 1.0.9 在 Windows2000 server+IIS5.0 和 Windows2003+IIS6.0 的环境中运行正常。安装前要先配置 IIS 的 WWW 服务，然后将光盘中的 ePortfolio1.0.9 自解压文件解压到网站的主目录或者虚拟目录即可。

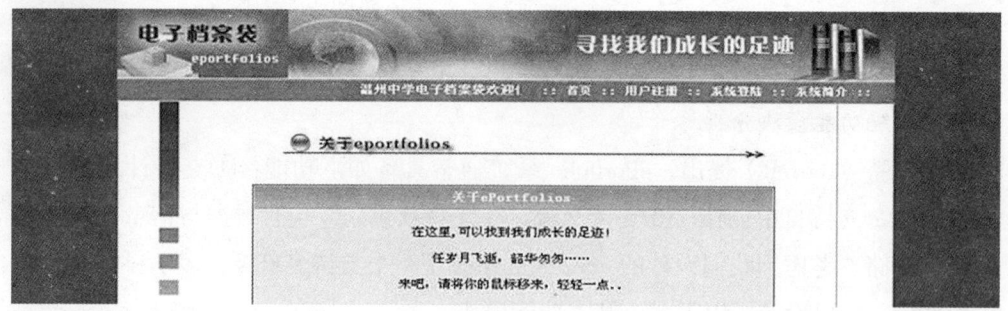

图 7-55　ePortfolio 1.0.9 的主页面

使用 ePortfolio 1.0.9 系统前还需要初始化，使用管理员身份登录系统，设置系统参数并添加教师和班级。

（2）ePortfolio 在教学评价中的应用流程图

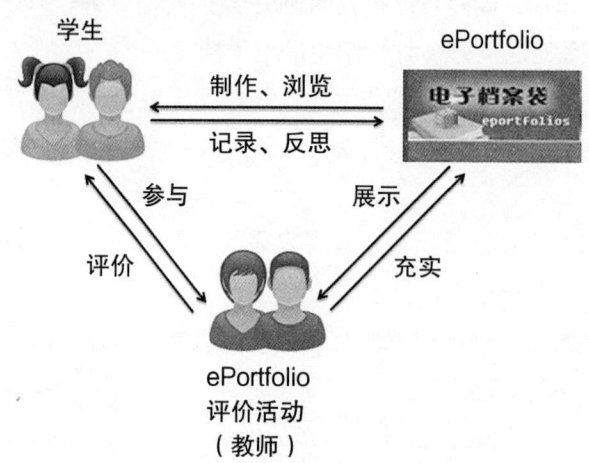

图 7-56　ePortfolio 在教学评价中的应用流程图

（3）学生在 ePortfolio 中的简要操作说明

建立类别：系统已经设置了"我的资料""我的作品""我的心得"这三个系统分类。其中"我的心得"强调了学习反思的重要性，学生可以发表类似"课堂记录卡"之类的文字。另外，为了避免电子档案袋出现"千人一面"的现象，学生还可以根据自己的需要给电子档案分类，体现出 ePortfolio 细节设计方面的人性化。

发表并编辑文章：这里的"文章"即"电子档案"，非文字的作品（各种媒体文件）可以通过附件上传，类似发送电子邮件，简单快捷，发布方式和回复方式都可以由学生自由选择，又是 ePortfolio 人性化设计的体现。

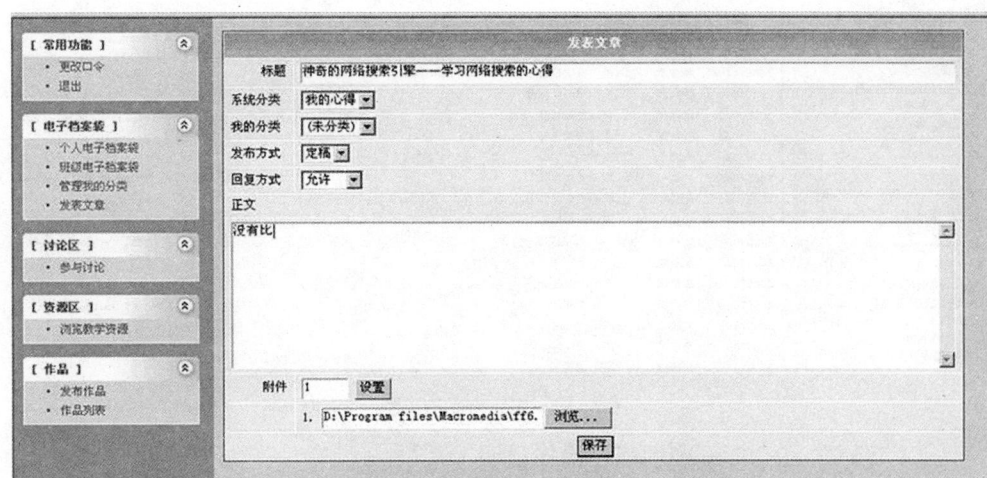

图 7-57　发表文章的页面

我的电子档案袋：列出自己发表的所有电子档案，按照时间排序，还可以编辑或删除。点击标题，会出现详细内容和教师、同学的评价。相信学生每一次整理自己的学习档案都会进行自我反思，同时将得到一定程度的提高。

浏览和评价同学作品：通过左边菜单的"班级电子档案袋"选项，可以浏览、评价同班同学已经定稿的作品，以达到相互交流的目的。对于相互评价的功能，电子档案袋相对于传统档案袋的优势体现得淋漓尽致。

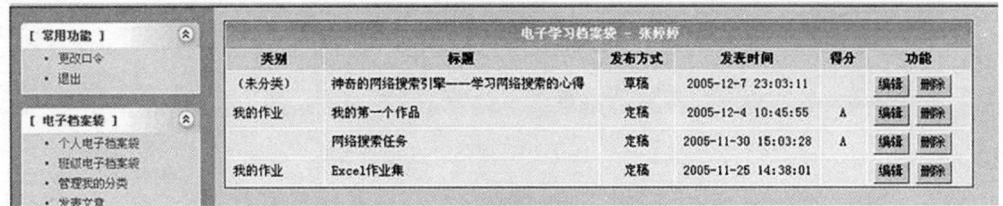

图 7-58　显示"班级电子档案袋"列表

发布作品：该功能是配合小组协作评价而设计的。小组长发布作品后，其他成员可以加入该作品的评价队伍，使组内评价和组外评价相结合。通过这一功能发布的作品将展示在学校网站的相关栏目里，让更多的人来欣赏、评价（需要编写另外的插件）。

图 7-59　发布作品的页面

（4）教师在 ePortfolio 中的简要操作说明

浏览学生电子档案：先列出全班同学的最新电子档案，点击学生姓名，会列出该学生的全部电子档案，以便教师全面了解学生的进步、成长过程。

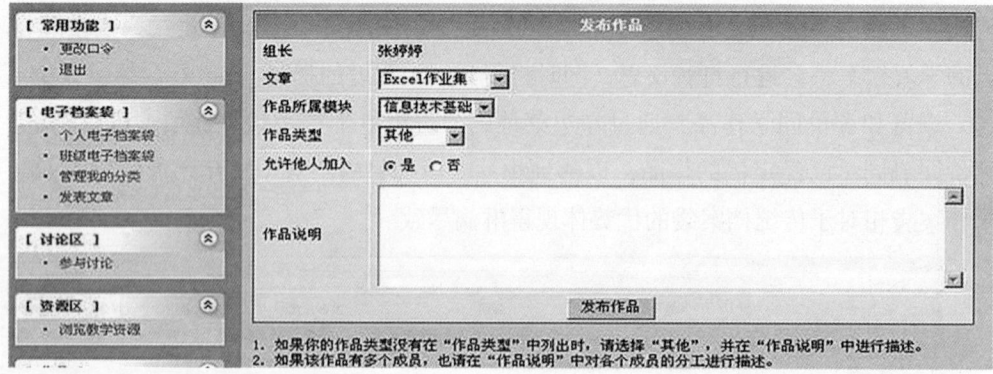

图 7-60　浏览学生电子档案

浏览并评价学生电子档案：点击文章名，显示作品内容，然后评定该作品成绩并加上评语，也可以和其他学生一起评价该作品。

图 7-61　评价学生电子档案

7.3.6.2 脚印——电子档案袋系统[1]

本系统选定的是基于 Asp 技术和浏览器技术的 OBlog 多用户博客程序，使用 Mysql 作为后台数据库，采用 B/S 运行模式，处理图形时运用 Photoshop 软件，嵌入自定义问卷调查投票系统，并根据电子档案袋的系统需求，改进 OBlog 原有模块。例如，在注册模块中添加身份类别，把圈子功能修改为班级分类，用日志管理模块实现电子作品集。

1. 注册功能

本电子档案袋系统将用户分为三类，即学生、教师和家长。具体情况如图 7-62 所示：

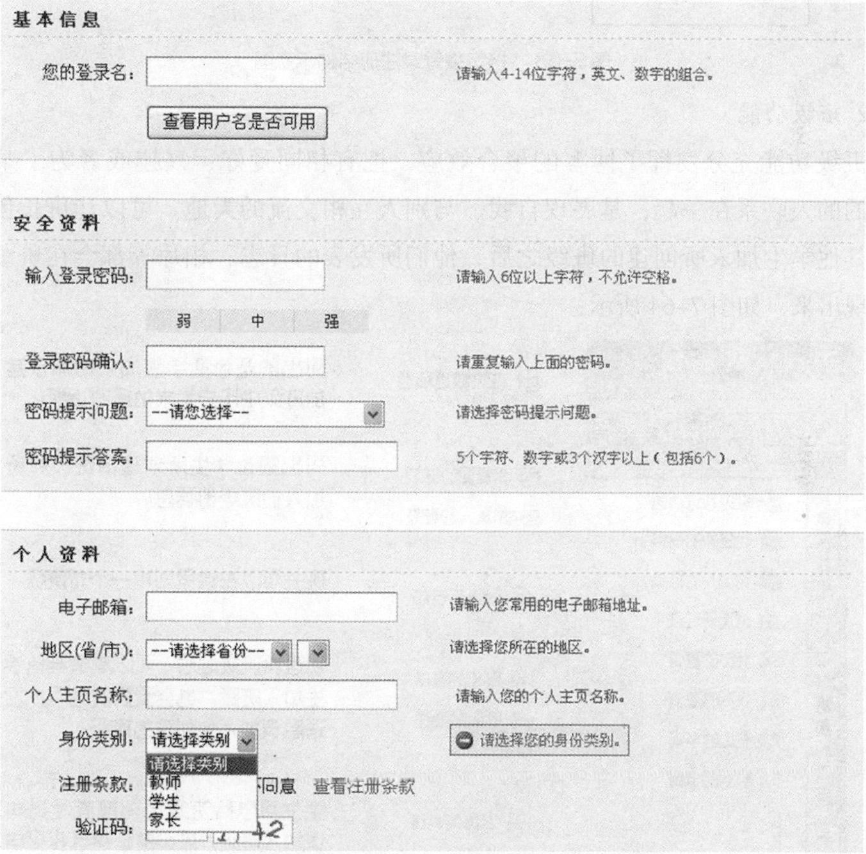

图 7-62　用户注册界面

由于电子档案袋的使用管理是完全个性化的，加上后期有重要的评价功能，所以要求实名注册。但对于不同的用户身份，例如教师、家长和学生，他们的操作权限和内容也各不相同，因此，可以根据使用者的身份来注册，并分配不同的权限。

---

[1] 脚印——电子档案袋 [EB/OL]. http://lijun.henu.edu.cn/index.html.

结构功能如图7-63所示：

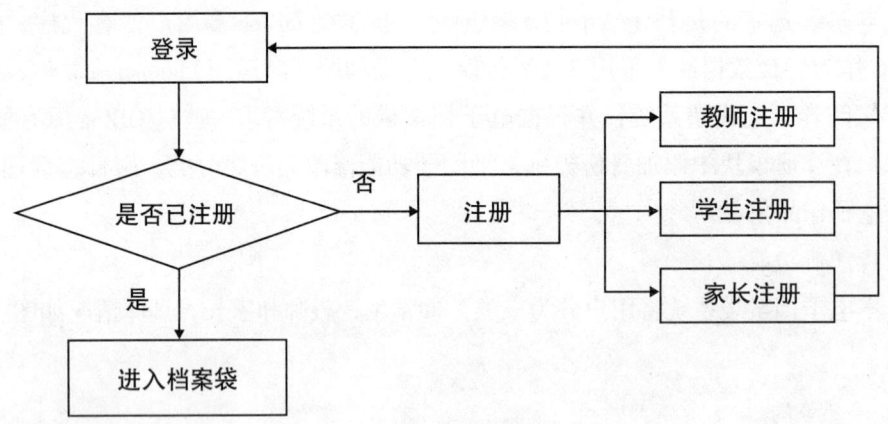

图7-63　档案袋登录注册结构示意图

2. 班级功能

班级功能充分发挥了博客的聚合效应，把有相同爱好、兴趣或者为了某个特定目的的人联系在一起，是展现自我、与别人互相交流的天地。可以让班长创建班级，其他学生加入所创建的班级之后，他们所发表的日志、相片等都会在班级首页中展现出来，如图7-64所示：

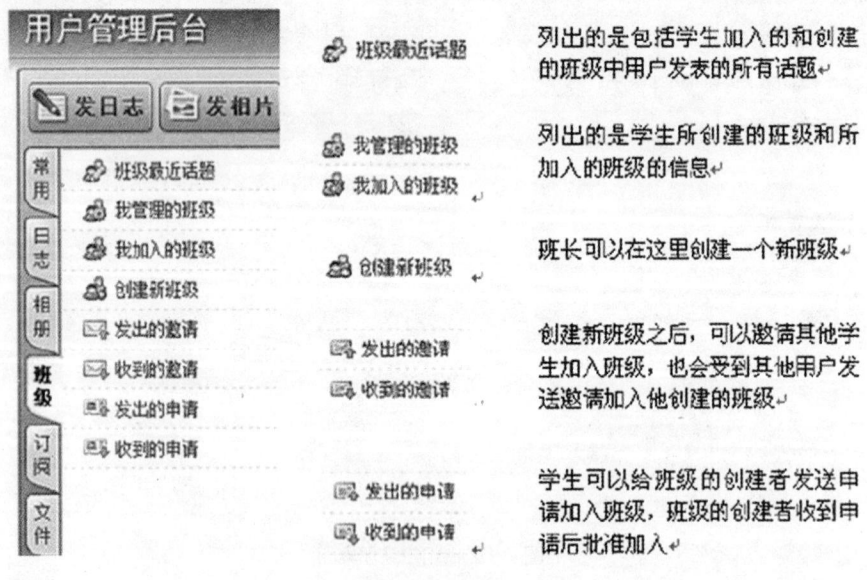

图7-64　班级管理后台

3. Rss 订阅

Rss 是站点和站点之间用来共享内容的一种方式，也叫聚合内容，一般应用在像博客这种按时间顺序排列的网站。网络用户能够在各自的客户端，依靠支持 Rss 的新闻聚合工具软件，在不打开网站内容页面的情况下，支持阅读 Rss 输出的网站内容。Rss 就是一种用来分发和汇集网页内容的 XML 格式。使用 Blog 的师生只需将订阅内容存在 Rss 阅读器中，此类内容就会自动随着更新出现。一旦有了更新，Rss 阅读器就会发出通知。一般地，在网站的页面下方会有诸如"订阅本站""Rss 订阅"之类的按钮，使用它就可以找到 Rss 源。以订阅 OBlog 的个人博客为例，首先打开 OBlog 的博客首页，找到按钮，点击"订阅本站"之后，就会得到 OBlog 博客的 Rss 地址，然后添加管理订阅即可。

4. 日志管理

学习日志是学生对自己学习计划、学习状态、学习成绩、学习依据、情感态度等的记录，可以看作是学生成长的脚印，也是学生的学习资源中心，由学生个人掌控存放内容，也是今后进行评价的客观依据。当学生在自己的博客发表日志比较多的时候，需要对已经分类的日志进行再次分类，这就是日志专题。使用日志专题阅览和查找日志都比较方便。点击"日志专题"下的"添加分类"选项就可以添加新的日志专题，如图 7-65 所示：

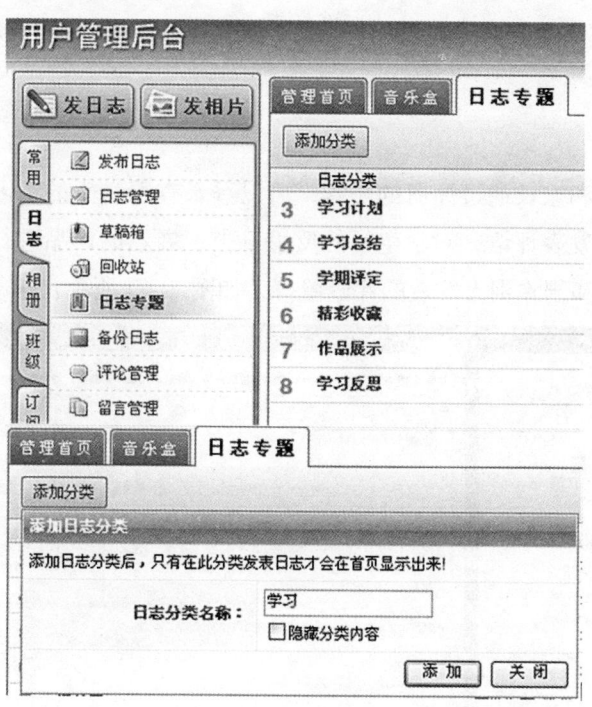

图 7-65　日志管理界面

在下面出现的接口里，输入要添加日志的分类名称。以添加"日记"分类为例，输入"日记"后点击"添加"按钮即可。不过，需要要注意的是，添加完日志分类后，只有在这个分类里发表日志才会在首页里显示出来，如果想要隐藏这个专题内容，可以选择"隐藏分类内容"。这样一来，日记专题的内容便不会直接显示在博客首页，而是需要验证才可以查看。

5. 电子作品

电子作品展示的是学生的成果，有各种各样的形式。文件管理选项可以管理所有上传的文件，诸如文本文件、图片文件、音频文件等等，如图 7-66 所示：

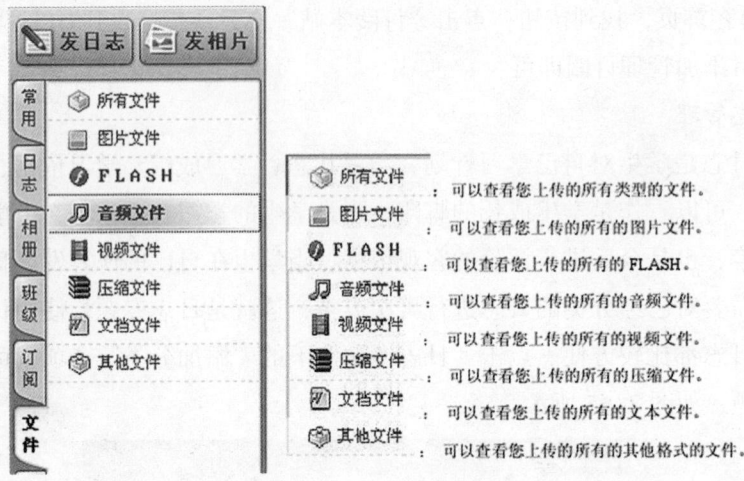

图 7-66　文件管理界面

6. 留言评价

教师、同学和家长通过注册的账号，可以登录查看学生的学习日志记录，并通过留言回复功能发表评语，对学生写的反思日志、展示的作品进行评价。同时也能登录后台，审核和删除别人发表的评论留言，如图 7-67 所示：

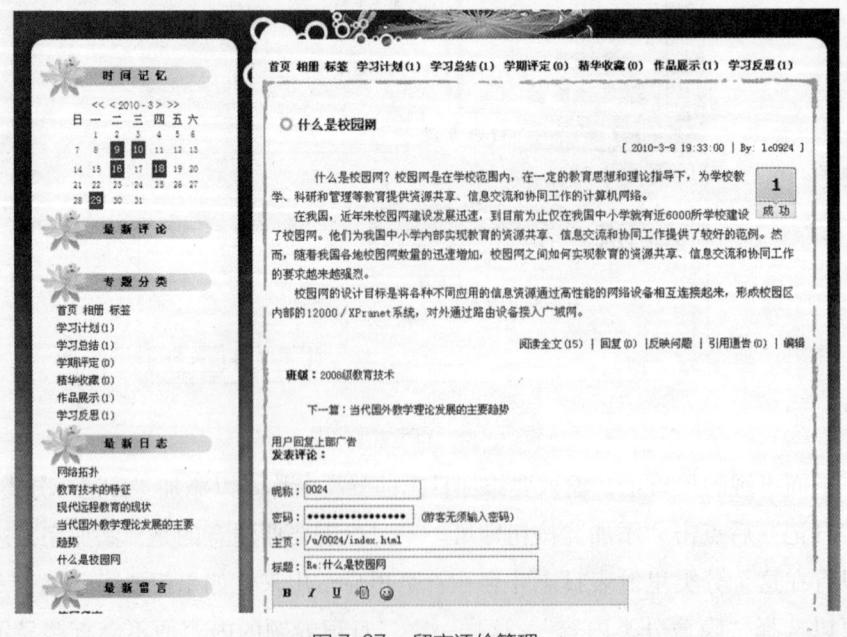

图 7-67　留言评价管理

7. 问卷调查

本系统使用了自定义调查投票系统，将其链接在系统的首页。参加实验的师生可以在网上对调查问卷进行投票，投票人员可以匿名参加，还能即时查看投票结果，如图 7-68 所示：

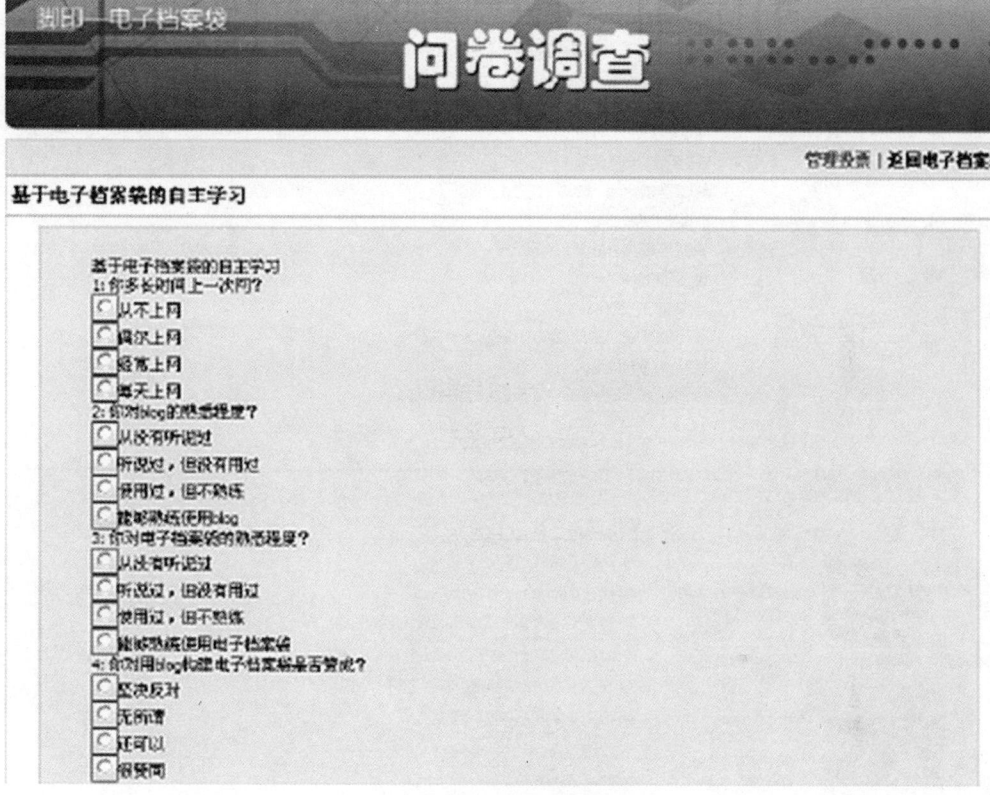

图 7-68　网络问卷调查

8. 成果展示

电子档案袋系统首页如图 7-69 所示：

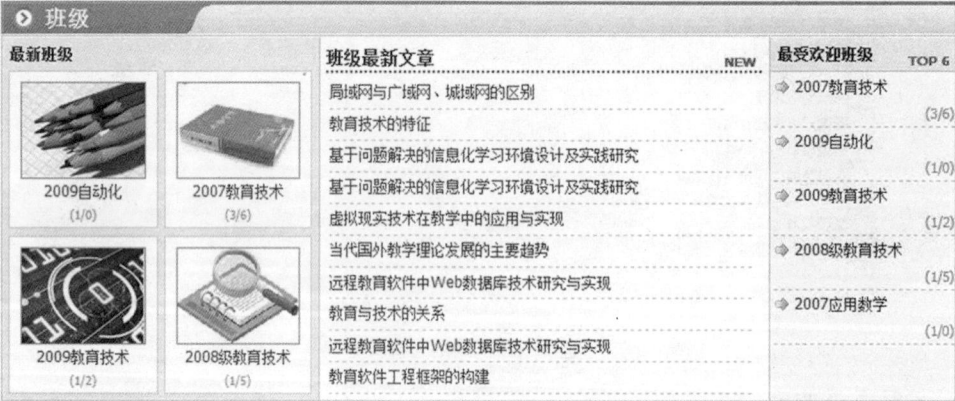

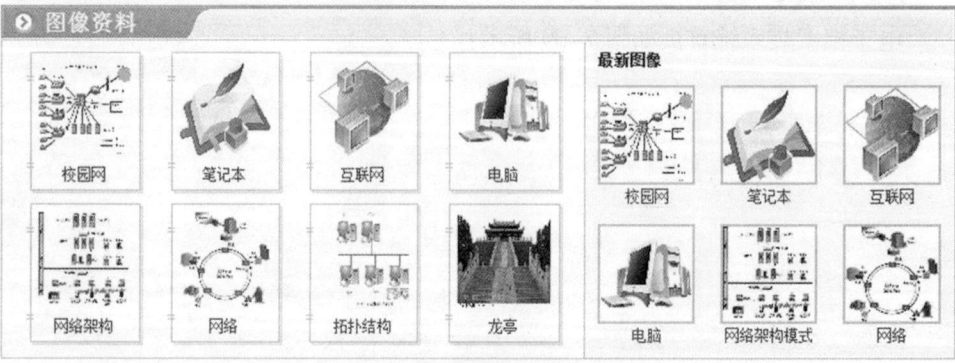

图 7-69　电子档案袋系统首页

学生用户的首页如图 7-70 所示：

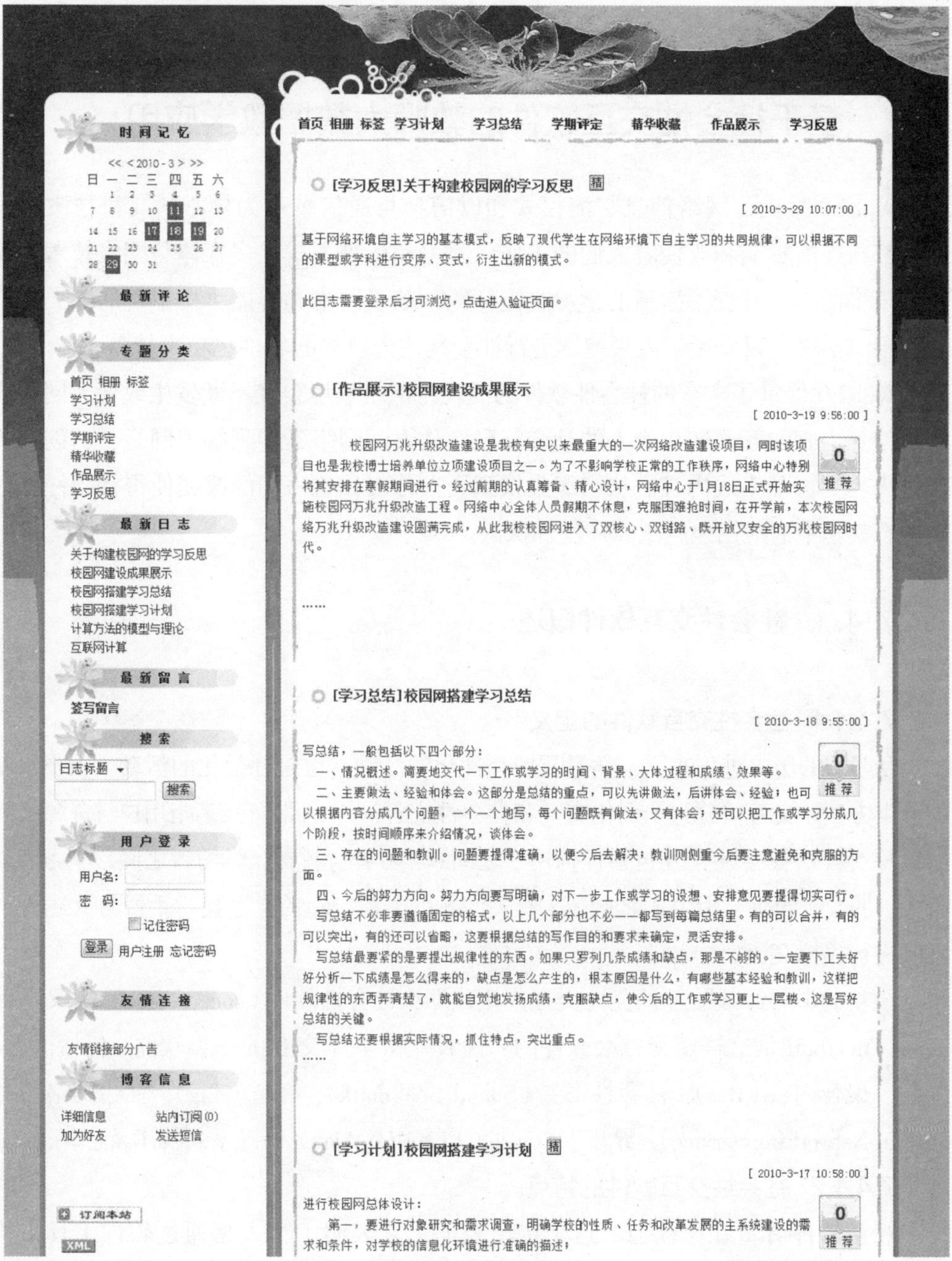

图 7-70　学生用户的首页

7.4 基于社会性交互软件的教师大数据教学应用

Web2.0 时代，网络信息交流模式和以信息与通信技术为核心的高科技飞速发展，都在逐渐影响和改变着人们的工作、学习和思维方式。多媒体与网络技术为现在和未来的教育开创了崭新的学习交流环境，基于网络和智能手机平台的各类应用软件层出不穷，以发展个人兴趣、进行社会交往为目的的软件也越来越多。

Web2.0 促进了丰富的社会性软件的涌现，网络环境也在不断发生改变，网络应用由信息内容的互联转化为人的社会互联，从人际网络延伸到知识网络、从创办者提供内容到自动生成内容、从组织集权到个人分权，这一切的改变使得社会性软件在教育教学中的应用也越来越广泛和深入。

7.4.1 社会性交互软件概述

7.4.1.1 社会性交互软件的定义

从学习的历史进程来看，学习既是个性化的活动，也是社会化的活动。根据贝茨的分类方法，交互可分为个别化交互和社会性交互。个别化交互是指用户与资源之间的模拟交互。社会性交互包括任何用户之间（学习者与教师、学习者之间，学习者与家人、朋友、同事、陌生人之间等）有关问题的交流，或者通过技术手段与上述人员之间进行模拟交流。

成功的学习经常通过社会性交互产生，那么社会性软件（social software）又是什么呢？Meatball 是这样解释社会软件的：代表支持全体交互的一类软件，包括博客、维基、聚合内容（Rss）、社会性书签（Social Bookmark）、标签（Tag）、社会网络服务（Social Networking Service）、异步 JavaScript 和 XML（Ajax）等一系列技术及应用。

7.4.1.2 社会性交互软件的特点

社会软件着重在"社会"这个定语上面，它表明了个人是通过软件工具来构建社会关系的，可以从下面三点来概括其特点：第一，社会软件是个人网络化的工具；第二，社会软件是构建社会网络的基础；第三，社会软件是个性和社会性的统一。社会性交互软件反映的是人际社会关系，具有使用门槛低、更新便捷、互动性强等特性。

7.4.1.3 社会性软件举例

下面对一些常见的社会性交互软件进行举例:

(1) 博客 (Blog)。学习者可以在个人博客上发布日志,通过博客平台发布自己感兴趣的内容,进行自我反思等。同时也可了解他人的最新动态,并从中获取有用信息。

(2) 微博客 (Micro Blogging)。与博客的区别是,微博发布的字数控制在140字以内,内容简短,互动性强。学习者可随时随地用一句话记录生活,迅速获取最新的资讯,或对某一感兴趣的问题与其他用户进行同步或异步交谈。

(3) 播客 (Postcasting)。"播客"又被称作"有声博客",这个词来源于苹果电脑的"iPod"与"广播"(broadcast)的合成,指的是一种在互联网上发布文件并允许用户订阅以自动接收新文件的方法,或用此方法来制作的电台节目。用户可以利用"播客"将自己制作的"广播节目"上传到网上与广大网友分享。学习者可以发布个人的音频或视频信息,也可以在线观看他人上传的课程视频。

(4) 维基 (Wiki)。这是多人协作的写作工具,在维基页面上,每个人都可浏览、创建、更改文本,系统可以对不同版本内容进行有效控制管理。同一维基网站的写作者自然构成了一个社群,维基系统可以为这个社群提供简单的交流工具。学习者通过 Wiki 与其他社区群体成员协作,通过与别人的协作获取知识,并在参与的过程中积累经验并完善的知识结构。

(5) 社会性书签 (Social Bookmarking)。是对某条数据记录做一个记号,以便以后使用这个特殊的记录,就和书签一样。在网络书签中,学习者可以在网络学习中收藏优质资源、推荐优质资源,并分别用不同的关键词 (Tag) 来标示整理书签,并与其他人共享。

(6) 内容聚合 (RSS)。是在线共享内容的一种简易方式,也叫聚合内容,有利于让学习者获取新闻、博客、维基等最新内容。这类软件为学习者带来许多方便,也是获取前沿性信息的必备社会性软件。

7.4.2 社会性交互软件的分类[1]

随着网络技术的发展,社会性软件层出不穷,学者官海萍、朱欢乐将社会性软件分为个人创作型、协作创作型、网络聚合型、社区讨论型四大类。

7.4.2.1 个人创作型

博客和微博客等是提供分享个人学习资源的平台。通过发布资源与链接,学习

---

[1] 官海萍,朱欢乐.构建个人学习环境的社会性软件分析[J].中国远程教育(综合版),2012(9).

者可以构建个人的学习共同体。YouTube、Flickr、好看簿、优酷等是通过组织和分享图片资源，给学习者提供视频搜索、观看和发布的平台。在线办公软件（WPS）以及知识管理工具（思维导图、有道笔记等）使学习者在网络上做记录和分类管理个人学习资源成为可能。

7.4.2.2 协作创作型

最具协作色彩的两个社会性软件就是互动百科（Wiki）和掘客。掘客类网站其实是一个文章投票评论站点，它的独特性在于编辑全部取决于用户。用户认为这篇文章不错，就 dig 一下，当 dig 数达到一定程度，那么该文章就会出现在首页或者其他页面上。无论学习者的层次如何都可以通过投票或文字发表观点。

7.4.2.3 社区讨论型

这部分软件注重学习者之间的交流讨论，诸如异步交流工具（各类主流网站的邮箱）为学习者提供了网络交流的通道；社交网站（人人网、Facebook）提供了很多增强人际关系的功能组件，使学习者之间能够保持紧密的联系；Moodle 是开源软件学习系统，并能让学习者根据需求寻找感兴趣的内容，进行学习的有效互动。

7.4.2.4 网络聚合型

如今流行的聚合型软件很多，如 RSS 订阅，能够为用户提供自己订阅站点的最新消息；网络书签（Delicious、腾讯书签），把自己在网上看到的任何网页、文章收藏起来，以便在需要的时候，快捷方便地找到并与网友分享。

上述社会性软件只是具有代表性的几个，其实，每个类别里具有相同功能特性的社会性软件可能较多，学习者要注意根据自己的需要进行选择。

7.4.3 基于社会性交互软件的个人学习环境的构建

个人学习环境的构建与社会性软件之间有何关系？如果把个人学习环境比作一座房子，那么社会性软件就相当于钢筋水泥。社会性软件本身并不能保证有效学习，但是如果能恰当地使用它，可以创建一个对学习者极具亲和力、内容丰富的学习环境，在帮助学习者集中注意力的同时，增加和保持他们学习的兴趣，并在原有知识结构的基础上构建新的知识，或是以自己独特的方式获取信息，促成学习过程的发生。下图为在基于社会性软件的个人学习环境中，学习者知识构建的过程示意图。

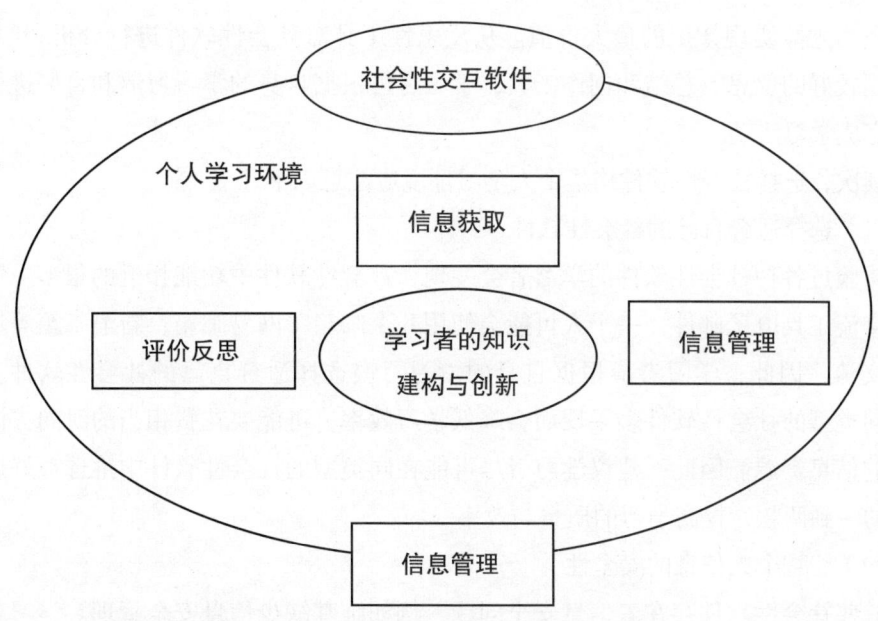

图 7-71 个人学习环境中知识的构建过程示意图

首先，对知识建构过程进行介绍。

（1）信息的获取

获取信息是学习过程中的首要环节，学习者可以使用多种社会性软件，如搜索引擎、订阅工具、文献检索工具等，获取本领域内的最新信息资料。

（2）信息的管理

思维导图、QQ 书签、有道笔记等软件逐渐被学习者关注和青睐。通过这些社会性软件，学习者可以将知识分类、整理，以便对知识进行交流、吸收并不断反思自己，从而达到学以致用的目的。

（3）对话交互

对话交互是建构知识的基础，也是知识创新的重要途径。QQ、微博、微信、人人网则是比较有效的交流工具，其他还有如个人图书馆、电子邮件、BBS 等软件。另外学习者可以通过博客、微博、QQ、优酷、土豆网等各种社会性软件与他人分享"作品"。同时，好友也会适时地给予反馈、评价，这个过程就是互相学习和互动的机会。对于学习者来说，通过对话与互动，可以构建社会网络人际关系；对于学习群体来说，通过成员之间的对话和互动，可以构建学习共同体。

（4）评价与反思

评价和反思是非正式学习活动的重要环节，学习者通过对自己的思考过程、交流过程进行动态的自我总结和自我评价，并不断调整与反馈，从而实现对学习过程的自我监控，它是网络时代学习的核心部分。只有通过反思、吸收，才能真正地提高自我，才能实现知识的最大价值。从反思性工具对社会性软件进行分析和归纳，博客是较好的反思、总结和创作工具，学习者可根据自身的学习习惯和喜好进行选择以完成学习活动。

其次，选择社会性软件构建个人学习环境应注意以下几点：

（1）选择适合自己的社会性软件

体验过各种社会性软件的学习者会发现，社会性软件中功能相近的很多。譬如异步交流工具电子邮件，一个人可能会使用几个邮箱（网易邮箱、新浪邮箱等）与别人交流。因此，学习者应根据自身的学习习惯选择适合自己的社会性软件。其实，同类型的社会性软件多了反而会降低学习效率，可能要花费相当的时间去浏览重复的信息资源。因此，建议学习者尽可能在同类型的社会性软件中挑选最好用且有效的一到两款，提高学习的质量与效率。

（2）注意个人信息的安全性

一些社会性软件存在着信息安全问题，例如维基缺少信息安全管理。学习者在选择和利用社会性软件时要考虑多方因素，尽量做到有备无患。比如对登录的用户名与密码注意加密。有些学习者贪图方便，对网络上的各类社会性软件采用统一的密码登录，这样极易造成个人信息的泄露，导致严重后果。

7.4.4 基于社会性交互软件下的学习环境设计

基于社会性交互软件环境开展非正式学习的社会性交互，包括知识环境、情感环境与角色环境三方面的设计。[1]

7.4.4.1 构建多方位交互的知识环境

1. 建立学习者与内容的交互

在社会性交互软件环境下，内容影响着社会性交互的水平与层次。它主要包含交互主题的性质、难度、社会性交互的时间限制性，为学习者的自主学习提供了重要保障。此外，学习者在社会性交互环境中进行交互与学习，会产生大量的交互信息与学习信息，形成交互资料库与学习记录资料库。我们要充分利用、整合社会性交互软件环境，为学习者创建一个自由、开放、便于信息交流和知识传播的系统，方便学习者与内容进行有效的互动，便于分类和聚合、传播和共享。

2. 建立学习者与工具的交互

学习者与工具界面的交互是整个非正式学习交互环境的前提，它为学习者进行

---

[1] 王珏，吕迎，费颖. 社会性交互在非正式学习中的研究——基于Web2.0环境下 [J]. 中国教育技术装备，2009(18).

其他交互提供技术支持。在创建社会性交互环境时应为学习者提供各种各样的交互手段，提供方便、易操作的认知工具和交互工具。

当社会性交互软件服务足够多时，要整合不同交互软件的功能，以满足不同的交互需求。比如，可以共享积累的 Rss，形成可以在其他阅读器中进行分类和订阅的通用格式文件，以便转换。又如，可以把学习个体用到的或很多学习者用到的服务通过可编程接口整合到个人的社会性软件中，并且与他人分享整合的技术等。

3. 建立学习者与他人的交互

交流是非正式学习的主要因素，有效的交流可以创造和传播知识，开放的交流可以促进知识的创新。在社会性交互软件环境下开展的非正式学习，学习者之间的交流同时具有社会层次水平，而不仅仅是学术层面的交流，更是伙伴层面上的协作学习。如开心网、校园网等提供了很多增强人际关系的功能组件，使用户可以与朋友、同学、同事、家人保持更紧密的互动与联系，形成不同于现实生活的虚拟人际体验。

7.4.4.2 营造持续的情感环境

社会性交互的实施不单单需要技术平台的支撑，更重要的是需要学习个体理念的转变，学习者自身要做好融入互联网进行持续学习的准备。

1. 建立恰当的学习愿景

学习愿景的形成是学习者普遍认可的、稳定持续的、贯穿非正式学习始终的过程。在这个过程中，学习者同时也在形成共同拥有的价值体系、观点及做事方法。学习愿景的重要性在于为学习者之间进行非正式、自主学习提供焦点与能量。

2. 培育良好的学习共同体意识

真正的学习需要与人接触并做出贡献的机会。在构建虚拟共同体、开展非正式学习的过程中要充分发掘学习者的积极因素，鼓励和促进个体学习者的参与性，培养其责任感及相互之间的信任与尊重，同时要激发他们互帮互助的意识。学习者在非正式学习中很容易产生孤独感和挫败感，这时如果能得到及时的帮助，会使学习者感到温暖，以持续的热情投入到学习活动中。

7.4.4.3 培育学习共同体的角色环境

在基于社会性交互软件环境下的非正式学习共同体中，更要关注技术背后人的因素。明确非正式学习营建的共同体中各个角色的职责和义务，是社会性交互软件环境下社会性交互构建和发展中不可忽视的重要方面。

1. 专家角色意识

在内容来源多元化、个性化、信息泛滥的情况下，专家的权威性得到进一步重视。学习者由于过多选择所产生的疲劳现象以及受错误信息影响的担心，对专家信息的需求迅速增长。专业的、权威的专家提供的内容在发展过程中形成资源优势，变为学习者力推的学习资源，创造出了强有力的组织内学习形式。

2. 学习者角色意识

在社会性交互软件中，学习者是学习内容的消费者和制造者，他们与专家具有平等的权利，学习者向网站贡献内容的同时贡献自己的智慧和资源，将触角延伸至网络的各个边缘而不局限于中心，使得社会性网络结构更加完整。

由于学习者面临的学习常态是社会性交互软件下的非正式学习，它的重点在于个人学习环境的营造，这不仅是学习的核心，同时也是体现个人差异的地方。同时要注意发挥核心学习者的作用，他们的态度和贡献很大程度上决定了社会性交互的水平。因此，可以重点关注核心学习者的交互内容，并激发他们的交互积极性。

3. 教师角色意识

在社会性交互软件环境中，有丰富学习体验的教师借助于平台，能引导学生充分发挥学习的主动性。此外，教师要善于建立自身的动态个人学习环境，进一步影响学习者来创建个人学习环境。再者，教师要积极营建虚拟社区，形成非正式学习共同体，并检测达成的愿景。

7.4.5 社会性交互软件教育应用实例

7.4.5.1 第二生命的教育教学应用

1. 第二生命简介

"第二生命（Second Life）"是由美国一家总部设在旧金山的名为林登实验室（Linden Lab）的公司开发的一个虚拟世界平台。该平台发布于2003年，很快成为最受欢迎的虚拟世界平台。截至2008年，它已拥有来自世界各地的1000万以上的用户，可以说，第二生命已成为虚拟世界的代名词。不仅越来越多的企业意识到它的商业价值，而且全球众多教育机构也认识到它的教育价值。一些跨国公司和国际著名媒体机构都在这一虚拟世界创建了虚拟公司。

此外，在第二生命创建的虚拟大学迄今为止已达400多所，而且这一数字还在不断增加。其中包括剑桥大学、汉堡大学、哈佛大学、斯坦福大学、普林斯顿大学、宾夕法尼亚州立大学、纽约大学、芝加哥大学在内的200多所国际上著名的大学都在第二生命创建了虚拟校园，或在这一虚拟环境中开设了远程在线课程。英国已有四分之三的高校正在开发第二生命虚拟校园，以便利用其开展远程教学。自2007年以来，虚拟世界的教育应用更是以指数级增长。未来的正规和非正规教育大有超越传统教室之趋势。

第二生命是一个多用户的三维虚拟环境，这一虚拟世界中的一切都是由居民（用户）创造的。一些智库，如麦肯锡等认为它是互联网发展的下一个主要浪潮。这一环境为其社群会员提供了一个社交、进行虚拟会议以及在线交易的平台。因此，它不仅为企业提供了一个营销其产品的平台，同时也为远程教育和混合式学习提供了一个前所未有的平台。它所独有的沉浸式虚拟环境正逐渐被正规和非正规教育所采用。新媒体协会（The New Media Consortium）曾预测，在未来的五年之内，将有更多的教育机构利用第二生命虚拟世界平台开展教学活动。

斯奇巴（Skiba）总结了第二生命与学习的三个关系：其一，第二生命有一个用户之间进行交互和建构知识的沉浸式环境；其二，它的存在有赖于用户的共同创造；其三，它是社交网络的一部分。随着第二生命在教育中的实践应用，关注它的学者也越来越多。仅第二生命的相关研究社群就有一百多个，而且有关第二生命的学术研究出版物也在与日俱增。[1]

图 7-73　第二生命游戏图片[2]

2.Second Life 的教学实践形式

（1）虚拟课堂

西班牙 IE 商学院是世界上第一所在第二生命中开设虚拟课堂的商学院，学院的里卡多·佩雷斯（Ricardo Perez）教授就是其中的一位开拓者。在他的虚拟课堂中，有学生会因为操作不熟练而在飞入教室时撞向黑板，但佩雷斯并不认为这是不可容

---

[1] 张海森. 国外 Second Life 虚拟世界教育应用研究的最新进展 [J]. 中国电化教育, 2011(4).
[2] Second Life[EB/OL]. http://baike.baidu.com/link?url=oT0jhyb_R7UIQ3fqnkhD6QYoH0Z-iVD2UhBp5DpA6TxiSIIu8G-tQsBIhzjKpk7j5oGMYv_x7hSEU063zVDF0a.

忍的失误，相反，他甚至希望学生是在一片空白的状态进入到这个虚拟世界中，亲身探索这个有趣的平台。学生深切地体验到虚拟课堂的独特价值，他们不再像在真实课堂里那样紧张，有些羞于在真实课堂中发言的学生，在虚拟世界中变得非常有表现欲。而且，第二生命提供的高度个性化工具能够让他们向同伴传达个性化的信息，这让他们充满好奇和想象。

第二生命创设的虚拟课堂体验得到了学生的积极反馈。贾马鲁丁等人（Jamaludin et al）通过对45名在第二生命中以角色扮演方式进行学习的学生进行访谈后发现，学生普遍认为第二生命中这种虚拟体验是有价值的，他们觉得学习更加有趣了。法伊奥拉和里夫奥瓦也认为，第二生命创造的这种"临场感"（telepresence）能够帮助学生在学习过程中体验到"流"（flow）的感觉。"流"是人们完全投入在一种行为中时体验到的一种整体感受，是一种令人极为享受的心理状态和暂时性的主观体验。"流"体验产生的重要结果是增强学生的内部动机和完成更高级别复杂任务的能力。

（2）远程教学

在远程教学中，由于教师和学生在时空上的分离，师生之间存在着心理空间和物理空间的距离，加强师生交互可以有效地缩短这个距离。在第二生命中，师生虚拟化身的场景，以及表情、语言和动作的交互能够有效缩短交互影响距离。远程教学也被认为是在第二生命中最具发展潜力的教学实践方式。一些大学已经在第二生命中开展课程，探索在虚拟世界进行远程教学的可能性。例如，哈佛法学院和哈佛进修学院联合在第二生命中开设课程Cyber One，注册的学生可以通过第二生命进行视频、讨论、演讲等，无论学生或教师身在何处，他们都可以通过网络实时互动学习，并且可以免费获取视频和讲演的资料。一些国际性组织和培训机构也借助第二生命的远程虚拟特性与世界各地的成员建立了联系。第二生命中的NMC（New Media Consortium，新媒体协会）是由世界上超过55个国家的200多所大学、学院以及其他研究机构组建的国际性组织，其成员可以在NMC的会议厅进行授课，内容包括一些实况和录制的演说、学生报告等。ASTD（American Society for Training & Development，美国培训与发展协会）也在第二生命中建立了一个小岛，以联系协会成员。他们认为，这是一种与更广泛人群进行沟通和交流的新方法。

（3）教学实验

由于第二生命设计了气象和重力系统，是对自然世界的大致模拟，可以进行各种自然和物理学研究。例如，韦伯在第二生命中建造了一个土耳其圆形露天剧场，并创建了与真实的太阳、月亮和地球比例规模相当的天体模型，模拟太阳、月亮和地球接近一条直线时的日食现象。美国国家海洋与大气署（National Oceanic and

Atmospheric Ad-ministration，NOAA）也在第二生命中发布了一个用于展示各种各样与气象有关的现象的站点，向公众普及天气、大气变化以及人类的行为是如何相互影响的知识。第二生命也给了人们观察社会、人性的一个新角度。也许在虚拟身份的掩饰下，人们更为自然，能够显示出更多人性本质的东西。因此，第二生命也是一个适宜进行各类社会学、心理学实验的环境。例如，斯坦福大学的虚拟人际交互实验室的心理学家在第二生命里做过一个实验，发现那些外表迷人的虚拟化身常常会接近陌生人约 1 米之内，而那些普通长相的虚拟化身则往往与陌生人保持约 2 米的距离。也就是说，虚拟化身的长相会直接影响到一个人在虚拟世界里的自信，而这种自信可以延展到真实世界。

（4）技能训练

第二生命具有很强的仿真功能，可以模拟大量的技能训练环境，学生在这样的虚拟环境中进行技能训练可以获得接近于真实环境的体验与感受。例如，美国田纳西州立大学医学院让继续医学教育系的医生们参与到第二生命中来，利用第二生命进行虚拟就诊，帮助医学院的学生熟悉就诊的各个环节。通过第二生命中的虚拟化身，学生有机会亲历医院的工作环境，接触到生命垂危的虚拟患者，还可以向患者询问相关情况，收集患者的相关数据，并利用网络资源对这些患者进行诊治。第二生命中丰富便捷的人际交互渠道为商业管理、社会服务类课程的实训提供了机会。例如，香港理工大学酒店及旅游业管理学院在第二生命中建立了三个用于教学实训的小岛，并在岛上建造了一个虚拟理工大学校园，附设酒店、会议中心和理大教学酒店模型。学生可以在这个虚拟环境中与其他人进行接触和交流，扩展社交范围，提升沟通技巧。

（5）虚拟图书馆

为了增加和读者接触的机会，很多图书馆在第二生命中设立了自己的服务区域，用户可以像在现实生活中那样走进图书馆，身临其境地享用图书馆内的资源。2006 年 4 月，著名的联合图书馆系统（Alliance Library System）在第二生命上租赁了一小栋楼房，开办了一间小巧的虚拟图书馆，探讨为旗下的 259 个各种类型的会员图书馆在第二生命上建立虚拟家园的可能性和现实性。2007 年 5 月，第二生命图书馆正式成立，目前这个图书馆已经拥有 17 个岛屿。而且越来越多的大中小学、非营利机构、公司企业正在第二生命中创建图书馆。[1]

7.4.5.2 维基的教育教学应用

1. 维基的定义

"维基"（Wiki）一词来源于夏威夷语的"wee kee wee kee"，原本是"快点快点"

---

[1] 魏婷,李艺.Second Life 教育应用的现状、问题与趋势 [J]. 开放教育研究，2009(12).

的意思，也有人将其翻译为"维客"，在这里指一种超文本系统。这种超文本系统支持面向社群的协作式写作，同时也包括一组支持这种写作的辅助工具。用户可以在 Web 的基础上对维基文本进行浏览、创建、更改，而且创建、更改、发布的代价远比 HTML 文本小；同时维基系统还支持面向社群的协作式写作，为其提供必要帮助；最后，维基的写作者自然构成了一个社群，维基系统可以为这个社群提供简单的交流工具，帮助在一个社群内共享某领域的知识。

维基的历史还不长，1995 年，沃德·坎宁安为了方便模式社群的交流开发了一个工具——波特兰模式知识库。在建立这个系统的过程中，创造了维基的概念和名称，并且实现了支持这些概念的服务系统。这个系统是最早的维基系统。从 1996 年至 2000 年，波特兰模式知识库围绕着面向社群的协作式写作，不断研发出一些支持这种写作的辅助工具，从而使维基的概念不断丰富，维基的概念得到传播，出现了许多类似的网站和软件系统。

根据维基社群的定义，维基是一种提供共同创作环境的网站。也就是说，每个人都可以任意修改网站页面上的资料。它可以通过文本数据库或者关系型数据库实现版本控制，随时找回以前的版本，也可以和以前的版本进行对比，不仅使多人协作成为可能，同时又保证了内容不会丢失。另外，维基使用简化的语法替代复杂的 HTML，加上 WEB 界面的编辑工具，使维护内容的门槛降低，即使一个对 HTML 不熟悉的人也可以轻松编辑内容页面。

2. 维基的特点

（1）简易性

因为维基用简单的格式标记取代了 HTML 的复杂格式标记，所以，对于使用者而言，可以说是"所见即所得"。通过简单标记，就可以用关键字名来建立链接，这其中包括内部页面、外部链接以及图像等。比如，在中文维基百科（Wikipedia）的站点上，只需要用"== 标题 =="就可以表示章节的一级标题；用"http://www.gntc.edu.cn 赣南师范学院"就可以建立外部的超链接等。另外，作为一个初次参与的人，还可以到沙箱（Sand Box）页面进行测试和学习。沙箱页面与普通页面是一样的，只不过可以在里面任意涂鸦和随意测试。

（2）开放性

维基社群里的每一个成员都可以创建、修改、删除页面，这导致了维基的相对不安全性。但同时维基又具有一套相对比较完善的保护机制，比如页面锁定和版本对比，一些主要页面可以用锁定技术将内容锁定，外人就无法再编辑了。同时，每个页面都有更新记录，即保留网页每一次更新的版本。即使参与者将整个页面删掉，管理者也能很方便地从记录中恢复最正确的页面版本。

（3）协作性

正因维基中每个成员都可以修改、维护页面，所以要求每个成员具有合作精神。同时，为了保证记录更新的有效性，也需要成员具有较高的道德精神，这也是21世纪对新型人才的要求，即能合作共事并具有高尚的道德精神。成员之间相互协作，这样就能针对某一个主题进行扩展和共创。维基的知识是社群集体劳动的成果，成员们在浏览、完善页面的同时实现知识的增长和共享。

（4）组织性

与博客相比，维基更注重内容的结构化和组织性。系统内内容重复的页面可以实现汇聚，并改变相应的链接结构。因博客更关注个人思想的交流，所以其承载的信息相对于维基来说只能是非结构化的，其主旨也是很松散的。而维基具有较强的协作性，且主题鲜明，故当多人对其进行维护时就能围绕着这一主题进行拓展和完善，进而构成系统的知识结构体系或者知识库。[1]

3. 维基在教育中的应用

维基站点强调团队的合作，这给我们提供了一个良好的协作环境。其没有著作权的概念，资讯与知识不再是单向地由权威（中心）向接受者（周边）自上而下发放，而是多向交流，中心与周边的角色随时逆转，知识是互动、协商的结果。维基站点的读写生态和知识观是一种彻彻底底的后现代文化理念。事实上，也可以将其想象成为一个实践社区，在这里，你可以将你所发现的问题张贴出来并进行讨论，因有其他人的协作工作，从中你可以获得一种群体性的应用性知识，同时又不像BBS那样主旨松散和无组织性。但因其开放性、协作性、简易性的特点，它在教育教学中有着广泛的应用，但是目前有些还在探索之中。

（1）作为教育教学信息源

对于传统的"黑板＋粉笔"课堂，现今的多媒体课堂有着信息量丰富、容量大等特点，这就导致了学生在听课和记笔记之间存在矛盾，往往两者不可兼得。将教学内容信息发布在维基站点上可解决这一矛盾。维基作为一个简单的Web站点，从作用上看，它与普通教育站点一样都是教育信息源。因为各种教学资源，如讲义、论文、电子教材、图片素材等，任何人都可以添加、修改、完善和扩展，这样维基站点就成为积累该领域资源的一个丰富的教育信息源。如果发挥维基的群体参与和更新迅速优势，建立各种教育维基站点——内容丰富、精致且不断增长的教育信息源，将极大地填补网上教育教学资源的不足。

（2）作为师生网上学习交流、协作共创和问题解决的环境

---

[1] 谭支军.WIKI在教育教学中的应用初探[J]. 中国远程教育，2005(5).

利用维基提供的环境，可以搭建起网上沟通和交流的平台，在这个平台上完成信息的发布（如课程表、课程内容的公布）、相关活动的策划以及相关专业知识的积累等等，这有利于班级情感的交流和良好班级文化的形成。维基可以促进师生交流，教师可以把教学计划、教学内容、对学生的评语等写入维基中；学生可以根据自己的想法进行添加、修改和删除。由于维基具有历史恢复功能，因此教师可以在权限上不加控制，尽可能让学生不受限制地参与进来，达到真正平等的师生互动状态。同时，学生的作业、读书笔记也可放入维基中，教师可以在维基上直接评阅、更正并附上评语。

（3）作为课程和学科建设的工具

对于那些授课面广、授课人员多的基础性课程，维基可博采各人所长，由众位教师共同完善课程内容和相关教学资源，让整个课程的资源更丰富、内容更详尽。另外，利用维基将教师的研究成果或优秀教育资源进行分类，可以使教师在进行科研活动的时候更具目的性。维基的独特优势加上每个教师的参与，可以更好实现整个学科的建设。在这方面的成功案例有教育技术百科，是由北京师范大学搭建的建设教育技术学科的平台。为适应新的要求，教师必须不断扩大知识面，利用各种资源，在工作和学习中涉猎其他学科和领域的知识，与其他学科甚至其他领域和地域的教师进行对话、交流、合作。维基等工具的使用，可以为教师提供跨学科知识共享和交流的有效工具。

（4）论文协作写作

维基在作文教学中的应用能有效地激发学生的写作热情，这不仅表现在他们外部学习兴趣的浓厚，而且表现在内部强烈的学习动机，因为维基能够给学生一种语言表达、抒写真情的自我感、归属感、成就感。同时，维基打破了传统作文交流的时空限制，师生、生生之间的互动、共享达到了前所未有的程度，作文指导的范围、师生交流信息量都有了明显的增加，促进了学生作文水平的整体提高。比较典型的一个实例是东行记百科上的以维基为论文协作平台的实验，他们把本科生的毕业论文协作架构在维基平台上，充分发挥维基容易修改和及时存储的优点，以及平等、开放、共享的精髓，在一个新型、开放的环境中与全国各地的同学和老师共同讨论毕业论文，共享灵感和智慧，最后完成论文，开拓了开放性论文写作的模式。

（5）主题资源建设

主题资源建设是一个系统工程，不可能由个体单独完成，而需要群体（一个班级、一个学校、一个区域等）协同工作，群体中的不同个体需要分别承担不同的任务，维基技术恰好满足了群体协同工作的需要。因为维基是一种基于网络的多人协同写作工具，维基站点可以由多人（甚至任何访问者）维护，每个人都可以发表自己的意见，也可以对共同的主题进行扩展或者探讨。

（6）专题学习网站建设策略探究

最初的维基专题网站页面由专业教师和网络管理教师根据本校课程开发和研究性学习等需要来编写设计，以便构架脉络清晰、主题鲜明的目录结构，引导学习者不断扩充相关知识。在专题研究中，教师能更准确地把握研究动态，研究进程。在师生协作共建中，教师以平等的身份参与到其中；在研究过程中，给予适时、适当的启发、引领，促进学生自主、探究学习，确保学习沿着正确方向顺利进行。维基专题网站使得学习评价更加多元化。学习评价贯穿于学习者学习的整个过程，重视学习者在学习过程中的表现和态度，尤其是创新能力和实践能力方面的进步和变化。评价内容从学习者信息素养到问题的提出能力和问题的解决能力，注重学习者创新精神的培养等。

（7）问题协作式教学模式探究

维基作为网络环境下协作学习的一种问题解决工具，其作用主要是为学习者提供一种问题协作的解决平台，具体作用可以概括如下：

①学习者在参考他人的见解时，可以全面、条理性地提出自己的见解；

②展现问题解决的整个动态过程，有助于教师的指导与监控；

③展现问题解决过程中学习者知识的积累与整合；

④为学习者提供一个充分交流的平台。[1]

7.4.5.3 微博的教育教学应用

1. 微博的含义

微博是微型博客的简称，是一个以用户关系为基础的信息获取、传播和分享平台。用户可以通过手机、IM（包括 QQ、Gtalk、Skype 等即时交流软件）、Email 和 Web 等方式将信息传递给受众，信息文本内容以 140 字为限。

微博是把博客与即时信息结合在一起，形成的一种新型的网络传播工具。它来源于美国的一个网络社交工具。自从 2007 年在我国兴起之后，因其操作简单，获取信息即时、迅速，交流互动性强等特点，满足了高科技时代下人们快节奏的生活步调，适应了人们"浅阅读"的需求，微博在中国迅速发展。继 2010 年的"微博元年"之后，微博的发展进入一个新的阶段，其影响力也在逐渐增强。2012 年 10 月，中国新媒体发展报告数据显示，中国已经成为微博用户世界第一大国。作为一种新型的传播媒介，微博不仅占据了中国社交网络的领先地位，而且成为中国具有重大

---

[1] Wiki 在教育中的应用 [EB/OL].http://blog.sina.com.cn/s/blog_541ea3fc010009ni.html.

影响力的主流媒介之一。[1]

2. 微博的特点

（1）从信息的产生来看，具有使用门槛低、发布便捷、时效性强、渠道多样化等特征

与传统的博客相比，微博不再是长篇大论的叙述，这无形中降低了微博的使用门槛，使得微博用户不需要花费很多精力便可表达心中所想，这种信息产生的随意性特征也恰恰满足了当代人们快节奏生活的表达需求。微博信息短小精悍，发布十分便捷，而且微博与手机的结合更是增加了发布的便捷性，用户可以利用手机随时随地上传文字和图片等信息。微博的简短与发布的便捷性反过来又激发了用户的表达欲望，大大刺激了信息的产生量，这也使得微博信息的时效性大大增强，用户可以在第一时间把信息发布到互联网上，对于一些突发事件也能够进行及时跟踪和报道，基本上可以达到"现场直播"，其体现出的时效性是非常令人震惊的。

同时，微博发布信息的渠道也是多元化的，用户可以通过多种平台发布信息，例如电脑、手机客户端、手机短信和彩信、WAB 和 WAP 网页、IM 软件等，微博消息发布渠道的多样化，使其具备了任何时间、任何地点、任何人、任何事的所谓"4A"特征（即 Anytime、Anywhere、Anyone、Anything）。

（2）从信息的内容上看，呈现碎片化、形态多样化特征

"短小精悍"可以说是微博区别于其他传统媒介的一大显著特点，这也使得微博具有另一个特征——信息碎片化。与传统的大众媒体相比，微博不再是在特定的组织目标和系统指导下进行传播活动，也就没有了完整性和系统性，取而代之的是信息的碎片化。微博的信息传播方式使得人们难以获取完整系统的篇章信息，而是一些零碎的、不连贯的信息。人们运用微博表达的内容比较随意，例如一句简单的"今天心情很好"，或者是对某事物发表的观点和看法等，都可以零碎地体现在微博中。而对某一事物的评论中，呈现许多长短不一的评价，但是若将这些碎片化的评价合为总体来看，便可以帮助别人大体知晓这一事件的舆论效应，可以说这种碎片化的信息折射出大众对社会真善美的褒奖和对假丑恶的批判。当然，也有学者认为这种碎片化的信息模式会减少人们的深度思考，从而导致了"低智商社会"，会一定程度上淡化大众传媒的传播地位，进而改变人们关注信息的习惯和方式，也会对人们的生活方式和社交模式产生一定的冲击。

从内容上看，微博信息的形态呈现出多样化的特点，较之以往的传播媒介，微

---

[1] 罗川. 微博对大学生价值观教育的影响及建设研究 [D]. 西南大学硕士论文，2014.

博可以说是图文并茂、动静结合，它有着丰富的呈现方式，如文字、图片、音频和视频等，这样生动的信息模式使得人们越来越喜欢微博，这也是微博快速发展和广泛流行的因素。

（3）从信息的传播来看，微博具有速度快、高度开放性、自媒体性、互动性强等特征

与传统的媒介相比，微博传播速度十分惊人，微博用户可以将自己的所见所闻或者感兴趣的事情第一时间发布到网上。而且微博是一种"背对脸"的设计模式，也就是说不同于QQ、人人网、Facebook等社交网站需要互相加为好友的规则。只要用户对另一个用户感兴趣，便可添加"关注"，成为其"粉丝"。那么"被粉"的用户所发布的任何信息都将传递到每个粉丝，再通过微博的"转发"功能继续进行传播，这样就使得微博的传播呈现出一个裂变式的扩散模式，堪比等比数列的递增，进而形成一个公共的议题，可以说传播相当之快。微博这种"背对脸"式的设计模式也使得它具有高度的开放性和自由性，微博用户可以完全自由决定微博内容和关注对象。例如很多名人、明星注册了微博，并进行了实名认证。这样就使得用户对于名人明星会有一种近距离接触的感觉，关注名人可以产生一种榜样效应，而对于追星族来说，可以直接跟自己喜欢明星的微博进行互动，会有一种走近明星的美好体验。

微博改变了传统媒体主导传播和大众接收模式的现象，"自媒体"成为微博的一大特征，即每个微博用户都可以是信息的发布者，关注这一用户的每个粉丝都可以接收到他的信息，从而形成一个"人人皆媒体"的传播格局。不仅如此，微博用户可以与自己的粉丝和关注对象之间相互评论，随时随地沟通交流。微博内容的短小精悍、发布方式的便捷性以及多样化特征更是增强了微博的互动性，可以更好地增进用户之间的情感交流、思想碰撞，大大提高了沟通效率，这是传统传播媒体无法比拟的。[1]

3. 微博在教育中的应用

微博在年轻人当中的普及，引起了有关学者对于微博在教育中应用的探讨与研究。研究主要有以下几个方面。

（1）学校教学管理方面的研究

①提供学校教学管理平台

微博为教学管理提供了教育信息发布平台、班级管理平台、兴趣群组平台和班级管理工具，促进了师生之间的交流。微博可以用来进行班级管理和学校信息发布，班

---

[1] 高国华. 微博在高校思想政治教育中的创新应用研究 [D] 杭州师范大学硕士论文，2013.

主任以及学校教务处可以利用微博发布各种教学通知、教学文件等。有学者在研究微博社会网络的教育时认为，微博可以组建班级社区，支持课堂内的班级社区在课堂外的延伸和活力，从而促进正式和非正式场合人际互动的无差异性融合。

②联系学校、家庭和社会

有学者在陈述用微博增强教育力量时提到，微博建立起了学校、家庭和社会之间的联系。除家庭以外的社区、社会文化机构以及有关的社会团体或组织可以通过微博了解教育工作者及家长的教育需求，同时学校、家庭也可通过微博对周边社会环境有清晰的认识。社区、学校、家长共同参与学生的培养，净化学生的生活环境，营造良好的社会风气，从而使社会教育与学校教育、家庭教育相辅相成，有利于克服学校教育与社会脱节的现象，为学生成功接受教育铺下基石。

③提高图书馆的利用率

有学者研究微博在教育中的应用时认为，学校图书馆可以公布一个微博账号，作为学校图书馆的有力工具。教师和学生都可以关注这个账号，及时了解图书馆的最新事件、新书情况等。因此，图书馆可以利用微博进行图书信息传播。另外，图书馆的多重服务职能增加了图书馆的工作要求与信息处理量，图书馆可以利用微博进行互动的读者服务，通过微博回答读者服务咨询、书目查询、到期书目查询等，让读者在第一时间通过手机等终端看到所需信息，建立一种更深的互动交流服务关系。

（2）教与学方面的研究

①增强虚拟课堂的发展和互动

微博的虚拟性，对于教师专业发展和创建一个真正的教育社区有很大促进作用。博客推动了虚拟课堂的探讨，使本不相关的人们取得联系，促进了知识的传播与交流。有学者研究微博在远程教育中的具体应用时认为，利用微博的跨时空功能，可以帮助用户随时随地发布和接受信息，参加社区讨论。同时利用微博教学可以实现多边互动、实时交互远程教育改革模式。通过网络进行全方位的交流，可以拉近教师与学生的心理距离，增加教师与学生的交流机会和范围。

②促进远程教育评价更加多元化

有学者认为，微博使得远程教育评价的主体多元化、内容多元化、评价和反馈更及时，并且使教学与学习反思更全面、更及时。评价范围包括家长、学习小组成员、远程学习者和其他的浏览用户。利用微博反馈的及时性，教师可以丰富考核学生的评价方案。微博也提供了实时的分享功能，可以使用手机随时进行信息分享，并可建立电子化的考核指标。及时的反馈可以使教师及时了解学生掌握知识和技能的情况，有利于教师及时调整和改进自己的教学方法和手段，促进自己对教学设计和策略的反思，提高教学效果。

③激发学生写作与协作学习的兴趣

简短的文字要求、即时的反馈机制使得协作学习变成一件有趣的活动。有学者认为，微博可作为学生和老师交流想法、培养编辑技巧、发展文学素养的一种有效工具。通过微博平台，师生之间不受时间和地点的限制，可以把心得体会、有用的资源随时随地向自己关注和关注自己的人表达，并能得到最及时的回应，有利于感想的及时交流。

④丰富学生的学习资源

有学者认为，微博可以帮助教师查找和提供丰富的学习资源。教师既可以在上课前把所搜集到的学习资源的相关链接发布在自己的微博上，使学生及时了解到下节课所要学习的内容，做好充分的课前准备；也可以在上课过程中，登录微博，快速地查找到与本节课有关的学习内容，扩大学生的知识面；还可以让学生在课后准确有效地查找到复习资源，帮助他们巩固所学习的知识。

⑤促进教师的专业化发展

有学者认为，微博为教师继续教育提供了一种良好的途径，教师通过关注其他学校、地区的教育教学情况，掌握国内甚至国外的教育教学发展趋势，与其他教育工作者互通有无，交流教学经验，博采众长，不断提升自己。卡罗尔·斯凯灵认为微博是职业化学习网络的重要组成部分，"它将我和世界各地的教育者联系起来，共享想法、提议和资源。我能够和世界上的一些专家直接沟通和交流"。微博对教师专业化发展的价值还在于，能够直接提问，并且快速得到回复，不必要群发邮件或者给一个个体传送信息。微博也能够基于一个问题或工程提供相关数据。[1]

7.4.5.4 QQ 的教育教学应用

1.QQ 简介

QQ 是一款基于 Internet 的即时通信工具软件，集文字、语音、视频聊天、交友、短信、游戏、商城、个人空间、电子邮件、文件存储及传输等功能为一体的网上传播形式，是国内最为流行、功能最强的即时通信软件。

2.在教育教学中的应用

（1）教与学方面

①进行教学资源的传输

利用 QQ 的文件传输功能，可以进行教学资源的共享。教师可以及时给学生传

---

[1] 黄梦蝶，杨坤. 微博应用于教育的文献综述 [J]. 软件导刊（教育技术），2012(7).

输一些与学习内容相关的资料，供学生参考。学生们也可以积极行动起来，把找到的与学习内容相关的资料进行传递、资源共享。

②开展讨论式教学

在利用QQ辅助学生学习的过程中，教师可以根据学习的内容创建不同主题的群讨论组让学生参与，邀请学生加入多人对话展开围绕主题的讨论。这种方式有利于学生对知识的巩固和拓展。另外，教师可以针对学生的个体特点和学习情况进行个性化的单独辅导，可以提出问题和学生辩论，进一步提高学生的参与度和对问题本质的探索精神。

③构建课外教学辅导平台

教师可以利用群聊、公告、群邮件、讨论组等为学生答疑解难，传输和共享教学资源，发布教学通知或公告，以及上传与下发作业等，使师生不必见面就可以实现实时交流。

④搭建远程教学支撑平台

利用QQ文字、语音、视频三方面的特点，开展远程协助，有效展开教学的各个环节，实时指导学生参与学习，可以使教学更具针对性。利用QQ个人空间，可以建立学生个人电子档案，展示他们的学习情况。

⑤促进学生的认知策略

在利用QQ进行远程辅助教学中，同样有着丰富的表情、声音、图像和视频以满足学生的直观性需求。虽然是在虚拟空间，但学生可以感受到现实般的情景，并且发展积极主动、独立自主等特点，这就为学生认知能力的发展提供了可行性。

⑥促进教师反思的研讨

通过QQ群，教师把自己的教学困惑、教学观点、教学经验与大家一起分享，能凝聚更多人的智慧，促使普通教师与优秀教师的交流达到一种更高的层次。

⑦进行交互讨论式学习

QQ在线讨论打破了现实中的时空限制。当有开展讨论式学习的需要时，即便是学生放假期间也可以利用QQ开展活动。不论是异地同时，还是异地异时，学生都可以利用网络与其他学习者或教师就自己疑惑的问题进行探讨。

⑧促进网络教学中的情感互动

利用QQ开展师生交流、生生交流，促进网络教学的情感互动，对提高教学质量、降低成本都具有十分重要的现实意义。

（2）学生工作方面

①班级管理新途径

发挥学生的主体意识，激发学生参与班级管理工作的主动性，让学生与教师一起参与班级管理，共同做好各项班级事务，增强班级凝聚力，增进师生感情，实现网络化班级管理。

②家校沟通新的方式

QQ成为家长和学校沟通的新方式，家长和老师可以随时通过QQ互通信息，使家校互动更加灵活便捷，家长对孩子的在校情况了解更及时、更全面。

③创造德育新天地

利用QQ调整师生关系，实现师生平等交往，消除彼此心理隔阂，一定程度上消除沟通障碍，显著增进师生交流；营造轻松的氛围，开展品德教育，提高交流的质量。

④构建绿色人际关系

教师利用QQ与同学互相问候，互相学习；组织网络班会，开展讨论，可以使师生之间、生生之间的交流、研究、沟通得以拓展和延伸，同学情谊在交流中得到升华。

⑤开展心理健康工作

QQ的匿名性和无约束性缩短了教师和学生的心理距离，降低了学生的心理顾虑，学校可通过QQ心理热线，宣传基本的心理健康知识，帮助学生解决简单的心理问题。这种方式学生易于接受，而且方便学生反复浏览。

（3）其他应用

①开展网络访谈

QQ访谈减少了时间、地点因素对访谈的限制，交流双方可以在彼此方便的任何时候、任何有网络连接的地点进行交流。运用QQ访谈，一般不会像现场访谈那样容易打扰被访者的工作或休息而引起被访者的抵触情绪。而且没有"第三者"在场，不用担心泄密。除此以外，QQ访谈允许交流双方控制交流进程，克服了面对面交流的弊端，允许交流双方有充分的时间反应，避免了现场访谈的紧张感。

②大学图书馆应用

QQ是高校图书馆密切联系读者、做好服务工作的有效方式。可通过QQ告知预约图书或即将到期归还图书信息，传递数字文献，提供虚拟参考咨询等。对图书馆内部或对外交流而言，可以利用QQ协调部门业务，发送通知、传达文件、上报统计数据等，降低通讯成本，节约办公经费。[1]

---

[1] 黄平江.QQ在教育教学中应用现状综述[J].黑龙江科技信息，2008(23).

7.4.5.5 微信的教育教学应用

1. 微信简介

微信（WeChat）是腾讯公司于 2011 年 1 月 21 日推出的一个为智能终端提供即时通讯服务的免费应用程序。微信支持跨通信运营商、跨操作系统平台通过网络快速发送免费（需消耗少量网络流量）语音短信、视频、图片和文字信息，也可以使用通过共享流媒体内容的资料和基于位置的社交插件"摇一摇""漂流瓶""朋友圈""公众平台""语音记事本"等服务插件。

微信提供公众平台、朋友圈、消息推送等功能，用户可以通过"摇一摇""搜索号码""附近的人"扫二维码方式添加好友和关注公众平台，同时微信可以将内容分享给好友以及将看到的精彩内容分享到微信朋友圈。

截至 2013 年 11 月，微信注册用户量已经突破 6 亿，微信成为亚洲地区最大用户群体的移动即时通信软件。

2. 微信公众平台的优势和特点[1]

现在不管走到哪，都能看到智能手机的身影。智能手机的出现，加速了移动终端的发展进程。而微信作为一款手机软件与个人信息紧密相关，新媒体的智能手机能够随时随地上网，这是计算机所做不到的，而微信公众平台相比于其他网络平台在传播方面也具有明显的优势。以下是微信公众平台相比其他宣传推广渠道所具有的优势：

（1）熟人网络，小众传播，传播有效性更高。据微信官方网站最新用户数据统计，其注册用户于 2013 年 1 月 15 日突破 3 亿。一款手机社交软件能在短时间被大众所接受，一个主要原因就是其用户来源于已有的腾讯用户，同时微信还可以实现跨平台的好友添加，微信用户可以通过访问手机通讯录来添加已开通微信业务的朋友和家人。微信不同于其他类似社交平台的特点就在于，其建立的好友圈中均是已经认识的人，建立起来的人际网络是一种熟人网络。其内部传播是一种基于熟人网络的小众传播，其信任度和到达率是传统媒介无法达到的，因此能够获取更加真实的客户群。博客的粉丝中存在着太多的无关粉丝，并不能够真真实实地为你带来几个客户。但是微信就不一样了，微信的用户一定是真实的、私密的、有价值的。也难怪有的媒体会这样比喻："微信 1 万个听众相当于新浪微博的 100 万粉丝"，虽然有夸张成分，但却有一定的依据。

（2）可随时随地提供信息和服务，信息和服务能够到达的时间更长。相对于计算机而言，手机是用户携带在身上的工具，具有移动终端优势。微信天然的社交、

---

[1] 微信公众平台的优势和特 [EB/OL]. http://www.meizhida.cn/Article/ShowMarketing003.

位置等优势，会给商家的营销带来很大的便利。同时相对于 APP 而言，由于不需要下载安装，因此更加方便。

（3）营销和服务的定位更精准。微信公众平台可对用户进行分组，并且通过"超级二维码"特性（在二维码中加入广告投放渠道等信息），可准确获知客户群体的属性，从而让营销和服务更个性化、更精准。

（4）富媒体内容，便于分享。新媒体相对于传统媒体的一个显著特点就是移动互联网技术的应用，通过手机等终端可以随时随地浏览资讯传递消息，使碎片化的时间得以充分利用，而微信在这方面可谓做到了极致。微信特有的对讲功能，使得社交不再限于文本传输，而是图片、文字、声音、视频的富媒体传播形式，更加便于用户分享自己的所见所闻。同时用户除了使用聊天功能以外，还可以通过微信的"朋友圈"功能，通过转载、转发及"@"功能来将内容分享给好友。

（5）微信公众平台，一对多传播，信息高达到率。微信公众平台于 2012 年 8 月 18 日正式上线，通过这一平台，个人和企业都可以打造一个微信公众号，并实现和特定群体的文字、图片、语音的全方位沟通与互动。微信公众平台是企业进行业务推广的一种有力途径。微信公众平台的传播方式是一对多的传播，是直接将消息推送到手机，因此到达率和被观看率很高。已有许多个人或企业微信公众号因其优质的推送内容而拥有数量庞大的"粉丝"群体。由于"粉丝"和用户对微信公众号的高度认可，借助于微信公众号进行植入式的广告推广，不易引起用户的抵触，加上高到达率和观看度，能达到较理想的效果。

（6）LBS（Location Based Services）：基于地理位置的服务。它包括两层含义：首先是确定移动设备或用户所在的地理位置；其次是提供与位置相关的各类信息服务；意指与定位相关的各类服务系统，简称"定位服务"。相比于传统网络媒体，微信的地理位置服务是一大特色，"查找附件的人""摇一摇""漂流瓶"等功能均是以 LBS 为基础。微信可轻易通过手机 GPS 服务获取用户的地理位置信息，用户在分享最新动态时勾选地理位置，好友便能看到其所在地，而地理位置是商家进行精准营销的重要信息。

（7）便利的互动性，信息推送迅速、实时更新。微信作为一款社交软件，其便利的互动性是区别于其他网络媒介的优势所在。尤其是微信公众平台中，用户可以像与好友沟通一样与企业公众号进行沟通互动。企业通过微信公众号可以及时向公众推送信息，并迅速更新信息。同时，公众平台还会进行一些互动，比如竞猜、大转盘等，可以极大地增强营销的互动性和趣味性。

（8）营销成本更低，可持续性更强。以往顾客离开企业或门店后，除了电话与短信，没办法与客户再建立联系；现在企业把客户聚集到公众平台上来，可向客户不定期推送信息,让客户对企业的品牌认知越来越深。过去,企业投放媒体广告,投放时效果不错,广告结束了,销售也结束了,客户没留住,因此需要不停地投放广告,而广告成本也持续增长,这是企业面对的共同问题。要是把所有客户加到公众平台,建立联系,持续下来,能发挥更好的效果,节省投放广告的费用。

3. 微信在教育行业的应用[1]

微信在教育行业的应用主要表现在四个方面:为招生服务、为学生服务、为教学服务、为校园服务。

(1)微信移动端的宣传展示窗口

图 7-74　微信移动端的宣传界面

---

[1] 教育行业微信应用探讨 [EB/OL]. http://wenku.baidu.com/link?url=IbfQgdTQRGQI6-qZte2FPQfM0tDW52vEsdpu_Ku61W-2ZAii8gkcdB4MebiSmZIVdm08qQmov2L1Jvymo-N1vmC_PgF7c9hhaZ9zIpSXQuu.

图 7-75　微信学习列表

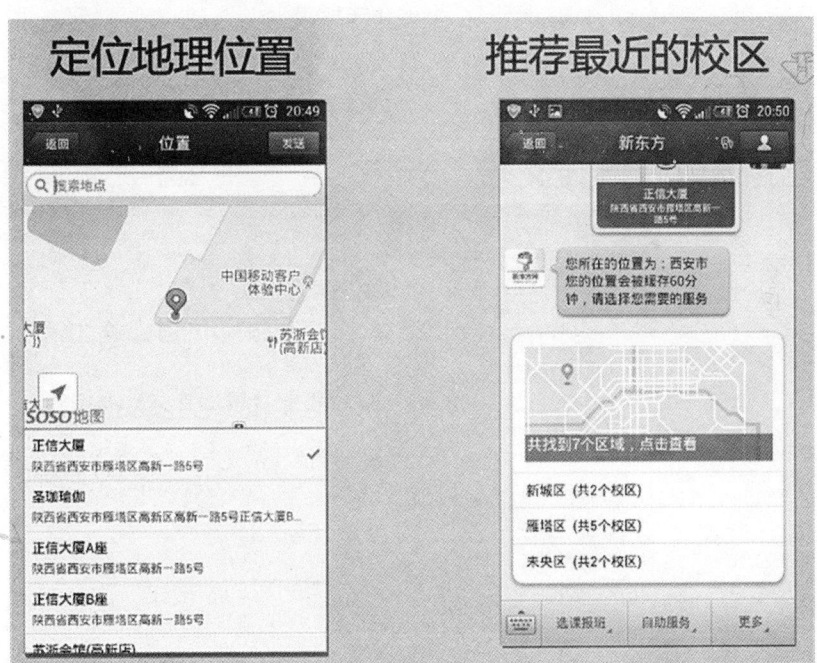

图 7-76　微信定位与搜索

（2）个性化的自动回复及展示

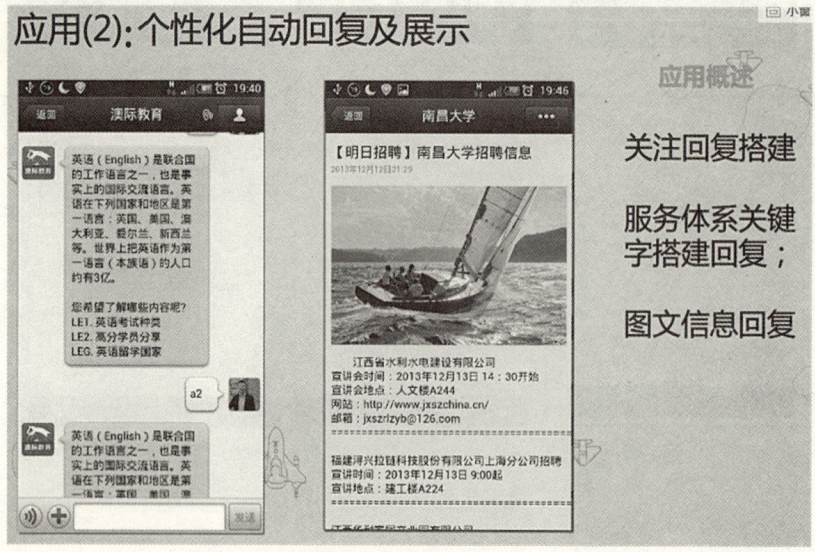

图 7-77　个性化自动回复

（3）微信自定义菜单展示

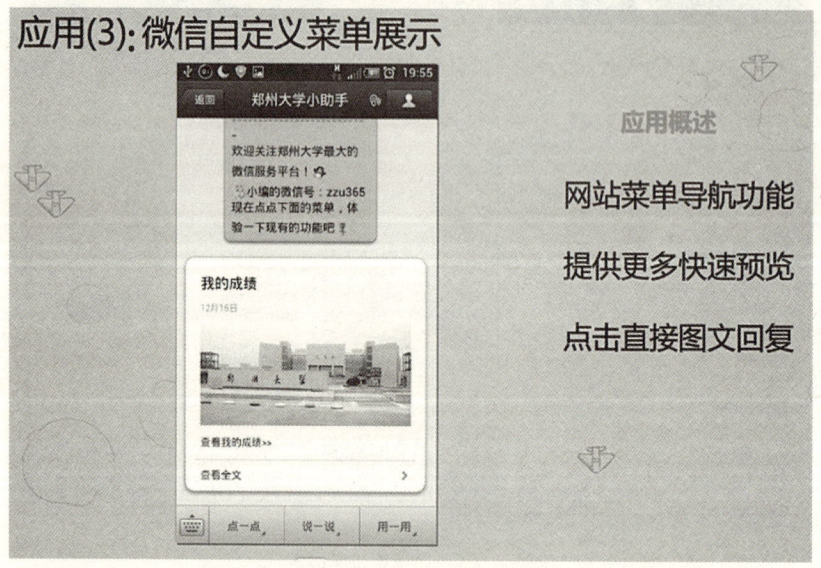

图 7-78　微信自定义菜单

（4）教育服务内容提供

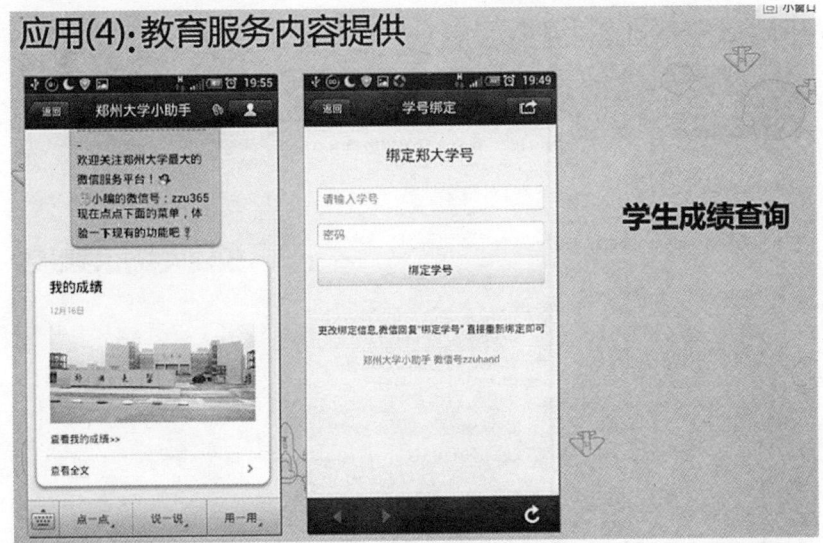

图 7-79　微信教育服务内容提供

图 7-80　微信学期课表查询

（5）校园生活服务功能

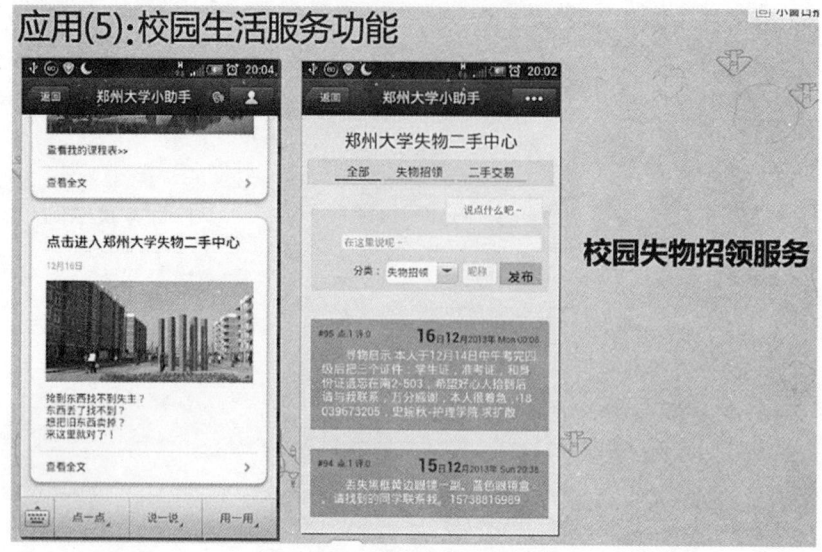

图 7-81　微信校园生活服务

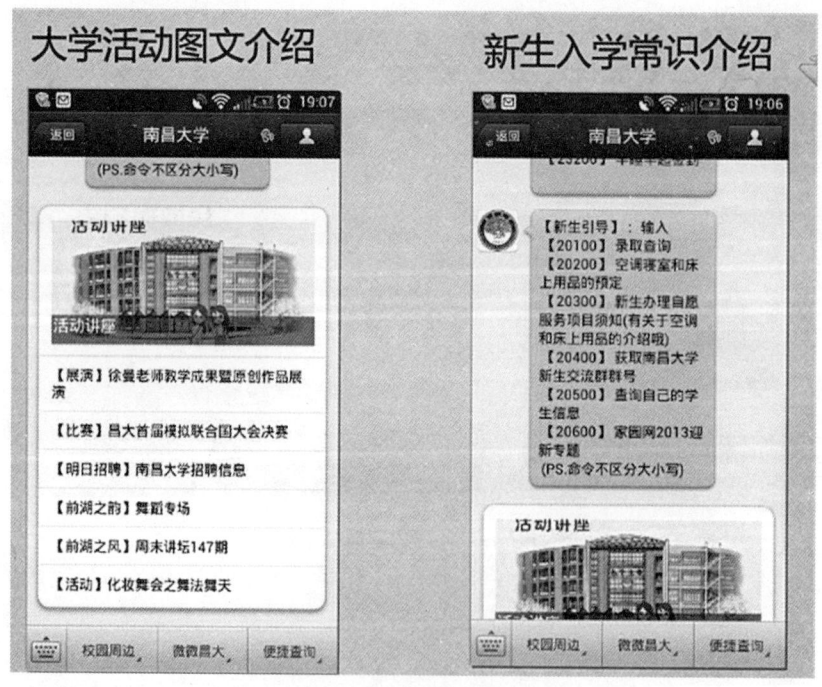

图 7-82　微信大学生活动平台

(6)学籍管理

图 7-83　微信学籍管理

(7)在线答题功能

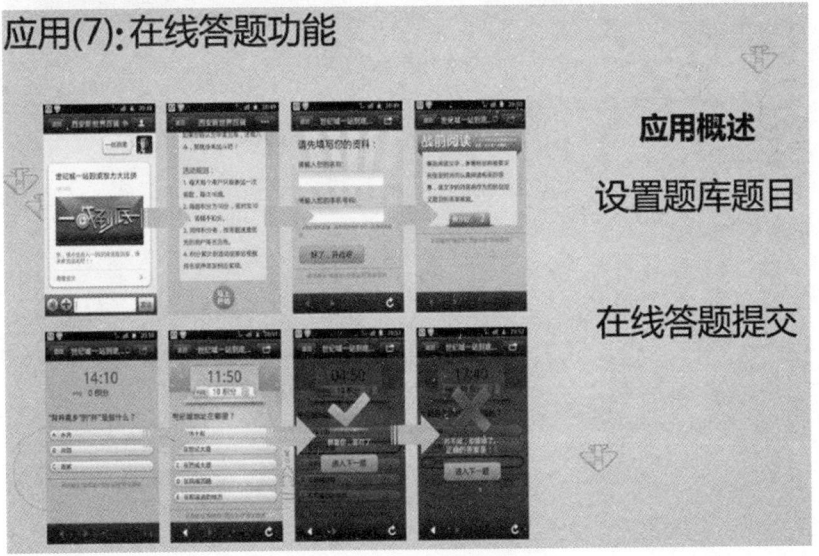

图 7-84　微信在线答题

（8）在线微调研

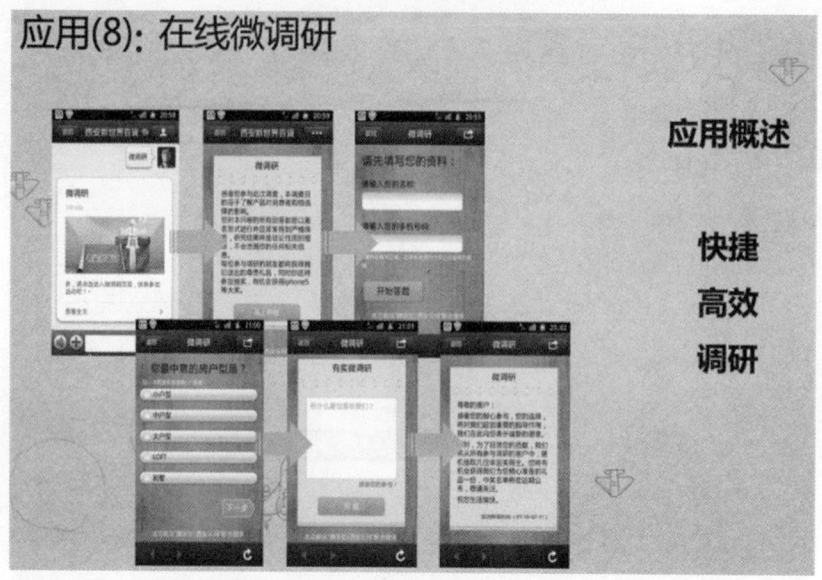

图 7-85　在线微调研

（9）在线微投票

图 7-86　在线微投票

参考文献

[1] 黎加厚.Moodle 课程设计 [M]. 上海教育出版社，2007.

[2] 黎加厚. 信息化课程设计——Moodle 信息化学习环境的创设 [M]. 华东师范大学出版社，2007.

[3] 马志强.Moodle 课程学习活动设计研究现状评述 [J]. 课程与教学研究，2010(10).

[4] 黄映玲. 国内 Moodle 研究之内容分析 [J]. 现代教育技术，2011(6).

[5] 潘山青，王琴. 浅谈 Moodle 在高校实验教学中的应用 [J]. 实验技术与管理，2009(10).

[6] 张肖，王攀花. 国内 Moodle 十年研究综述 [J]. 软件导刊教育技术，2013(8).

[7] 束宇航.Moodle 平台在高中信息技术教学中的应用研究 [J]. 中国科教创新导刊，2013(9).

[8] 王润兰.Moodle 平台在高校专业课程教学中的应用 [J]. 电化教育研究，2008(12).

[9] Moodle 官网.https://moodle.org/，2014.10–2015.1.

[10] EMoodle 中文技术网 [EB/OL].http://www.emoodle.org/，2014.10–2015.1.

[11] E 之家 [EB/OL].http://www.aieln.com/，2014.10–2015.1.

[12] 北京大学教育学院网络小组.《Moodle 教师手册》[EB/OL].http://www.360doc.com/content/13/0921/21/288774_316076068.shtml，2014.10–2015.1.

[13] 邱相彬. 基于 Moodle 平台的教师校本培训 [J]. 教学与管理，2010(11).

[14] 张祖春. 校本培训实施指南 [M]. 首都师范大学出版社，2004(9).

[17] 丁晋. 从 Sakai 项目谈高校网络辅助教学平台 [J]. 中国电化教育，2008(1).

[18] Sakai[EB/OL]. http://www.sakaiproject.org/ 2014,10.

[19] 梁明，赵薇，刘红霞. Sakai 平台上基于知识管理的网络课程创建探析 [J]. 现代教育技术，2008(4).

[20] 黎加厚，赵怡. 课程管理系统（CMS）及其选择 [J]. 现代教育技术，2008(9).

[21] 张丹，王建华. Sakai 平台应用研究 [J]. 黑龙江科技信息，2011(15).

[23] Michael Korcuska.Sakai 中国日讨论会发言，2008(3).

[24] 马彦利，胡寿平，崔立敏. 当今美国高等教育质量评估的焦点：学生学习成果评估 [J]. 复旦教育论坛，2012(10).

[25] 李莉. 电子档案袋——初任教师专业成长的有效路径 [J]. 电化教育研究，2011(12).

[26] 电子档案袋的知识汇总收集 [EB/OL]. http://www.zhixing123.cn/shijian/13554.html.

[27] 刘洋，兰聪花，马炅.电子档案袋评价与传统教学评价的比较研究[J].电化教育研究，2012(2).

[28] 李俊.基于电子档案袋的自主学习应用研究[D].河南大学硕士论文，2010.

[29] 电子档案袋系统（eportfolios）的开发研究[EB/OL].http://www.wz51z.com/Art/Art_33/Art_33_253.aspx.

[30] 脚印——电子档案袋[EB/OL].http://lijun.henu.edu.cn/index.html.

[31] 官海萍，朱欢乐.构建个人学习环境的社会性软件分析[J].中国远程教育，2012(9).

[32] 张海森.国外 Second Life 虚拟世界教育应用研究的最新进展[J].中国电化教育，2011(4).

[33] Second Life[EB/OL].http://baike.baidu.com/link?url=oT0jhyb_R7UlQ3fqnkhD6QYoHOZ–iVD2UhBp5DpA6TxiSIIu8G–tQsBIhzjKpk7j5oGMYv_x7hSEU063zVDF0a.

[34] 魏婷，李艺.Second Life 教育应用的现状、问题与趋势[J].开放教育研究，2009(12).

[35] Wiki 在教育中的应[EB/OL].http://blog.sina.com.cn/s/blog_541ea3fc010009ni.html.

[36] 谭支军.WIKI 在教育教学中的应用初探[J].中国远程教育，2005(5).

[37] 罗川.微博对大学生价值观教育的影响及建设研究[D].西南大学硕士论文，2014.

[38] 高国华.微博在高校思想政治教育中的创新应用研究[D].杭州师范大学硕士论文，2013.

[39] 黄梦蝶，杨坤.微博应用于教育的文献综述[J].软件导刊（教育技术），2012(7).

[40] 黄平江.QQ 在教育教学中应用现状综述[J].黑龙江科技信息，2008(23).

[41] 教育行业微信应用探讨[EB/OL].http://wenku.baidu.com/link?url=lbfQgdTQRGQl6-qZte2FPQfM0tDW52vEsdpu_Ku61W–2ZAii8gkcdB4MebiSmZlVdmO8qQmov2L1Jvymo–N1vmC_PgF7c9hhaZ9zIpSXQuu.

[42] 王珏，吕迎蔚，费颖.社会性交互在非正式学习中的研究——基于 Web2.0 环境下[J].中国教育技术装备，2009(18).

[43] 王珏，吕迎蔚.微博在大学生交互式教学中的模式构建与应用[J].科教文汇，2014(11).

[44] 汤富源，许礼华.一种基于社会性软件的非正式学习方法[J].信息教育，2008(4).

[45] Tom 的好看薄.网络学习中 Google 服务的整合应用[EB/OL].http://www.haokanbu.com/story/1747/.2009(4).

[46] 陈丽，全艳蕊.远程学习中社会性交互策略和方法[J].中国远程教育，2006(8).

[47] Danny's Web. 学习、非正式学习 [EB/OL]. http://www.lifegrowing.com/danny/post/468.html.2007(3).

[48] 钟琦，张剑平. 高师院校大学生非正式学习的现状探究——社会性软件使用的调研与结果分析 [J]. 远程教育杂志，2012(4).

[49] 董京峰，王伟娟，朱立波. 社会性软件促进非正式学习 [J]. 开放学习，2009(7).

[50] 操玉杰，易明，毛进. 社会性软件对知识传播的影响研究 [J]. 情报科学，2013(1).

[51] 微信公众平台的优势和特点 [EB/OL]. http://www.meizhida.cn/Article/ShowMarketing003.

[52] 教育行业微信应用探讨 [EB/OL]. http://wenku.baidu.com/link?url=lbfQgdTQRGQl6-qZte2FPQfM0tDW52vEsdpu_Ku61W-2ZAii8gkcdB4MebiSmZlVdmO8qQmov2L1Jvymo-N1vmC_PgF7c9hhaZ9zIpSXQuu.

图书在版编目（CIP）数据

教师大数据应用学习 / 胡水星主编. -- 杭州：浙江教育出版社，2016.12
（教师学习与专业发展丛书）
ISBN 978-7-5536-5075-3

Ⅰ. ①教… Ⅱ. ①胡… Ⅲ. ①中学－计算机辅助教学－教学研究 Ⅳ. ①G434

中国版本图书馆CIP数据核字(2016)第271524号

教师学习与专业发展丛书

教师大数据应用学习
JIAOSHI DASHUJU YINGYONG XUEXI

主编　胡水星

责任编辑	孙露露
美术编辑	曾国兴
封面设计	艺诚文化
责任校对	戴正泉
责任印务	陆　江
出版发行	浙江教育出版社
	（杭州市天目山路40号　邮编：310013）
图文制作	杭州林智广告有限公司
印　　刷	浙江新华数码印务有限公司
开　　本	787mm×1092mm　1/16
成品尺寸	185mm×260mm
印　　张	21.25
字　　数	404000
版　　次	2016年12月第1版
印　　次	2016年12月第1次印刷
标准书号	ISBN 978-7-5536-5075-3
定　　价	36.00元
联系电话	0571-85170300-80928
电子邮箱	zjjy@zjcb.com
网　　址	www.zjeph.com

版权所有·侵权必究